어린이의 교육과정 되기

들뢰즈, 테 파리키와 교육과정에 대한 이해

Young Children Becoming Curriculum

Deleuze, Te Whāriki and curricular understandings

Marg Sellers 저

손유진 안효진 유혜령 윤은주 이경화
이연선 이진희 임부연 전가일 한선아 역

창지사

Young Children Becoming Curriculum:

Deleuze, Te Whāriki and curricular understandings

머 리 말

이 책은 교육과정에서 어린이를 수용(재구상)하기(re[con]ceiving)의 관점으로 바라보고 지금까지 어린이와 교육과정을 양분화하는 관습적인 사고에 이의를 제기하며 새롭게 보기(contest)를 시도한다. 이 책의 저자인 Marg Sellers는 교육과정과 관련하여 어린이를 다시 바라보는 새로운 관점을 가지고서 국제적으로 주목을 받고 있는 테 파리키(Te Whāriki) 교육과정을 어린이가 어떻게 이해하고 있는지에 대한 개혁적인 연구를 지속해 왔다. Sellers는 특히 교육과정과 그 운영방식이 어린이에게 무슨 의미인지를 어린이가 하는 놀이를 통해 탐구하고자 하였다. 그래서 Sellers의 박사학위 논문은 새롭고 다르게 사유하기 위한 노력으로 진행되었는데, 이 과정에서 특히 Gilles Deleuze와 Felix Guattari의 철학적 상상계를 많이 활용하고 있다. 이러한 노력으로 이 책은 궁극적으로 내용과 형식에서 비선형적 구조의 틀을 마련하였고 새롭고 다채로운 내용을 담게 되었다. 이 책에 들어 있는 소제목과 주제들은 다음과 같다.

- 리좀, 리좀적 방법과 분석
- 고원
- 탈주선의 탈~영토화
- 역동적 공간
- 권한부여의 관점

Deleuze와 Guattari 방식의 상상계를 생성적으로 배치한 이 책은 어린이와 교육과정과의 복잡한 관계를 다르게 사유하는 방법을 제안하고 있고, 교육과정이 어린이에게 어떻게 작동하는지에 대한 어른의 생각을 새롭게 수용(재구상)할 수 있는 가능성을 열어가고 있다. 이 책은 유아교육계의 학생과 교사, 학자들과 현장의 실천가들에게 매우 흥미로운 책이 될 것이며, 또한 교육과정에서 철학과 이론, 실천적 이해에 관심이 있는 학자들에게도 상당히 호소력이 있는 책이 될 것이다.

Marg Sellers는 오스트레일리아 멜버른에 있는 RMIT 대학교 사범대학의 유아교육과에서 학부와 석박사과정을 가르치는 교수이다.

출판시리즈명: 유아교육 새롭게 보기(Contesting Early Childhood)
시리즈 편집자: Gunilla Dahlberg와 Peter Moss

본 출판시리즈는 현재 유아교육 분야를 지배하고 있는 주된 담론에 대하여 의문을 제기하면서 다양한 관점과 논의로 이루어진 대안적 내러티브를 제시한다.

이 시리즈는 유아교육의 현장 활동과 새로운 정책 수립이 급격히 증가하면서부터 어떠한 교육적 가능성이 실현되고 있는지, 또한 이에 수반되는 위험은 어떠한 것인지를 검토하고, 이 분야가 점차 어떠한 방식으로 조정과 통제로 물들어가고 있는지 조명한다. 이 시리즈에서 출판하는 저서들은 유아교육현장에서의 활동이 실제로 어떻게 윤리적이고 민주적인 실천에 기여할 수 있는지 보여준다. 저자들은 서구 사회 및 개발도상국 등지에서 전개되고 있는 대안적인 교육 실천으로부터, 그리고 발달심리학과 같이 다소 상이한 학문 분야로부터 새 아이디어를 취하고 이를 탐구해 들어간다. 이들은 현행 이론 및 최선의 교육 실제를 현재 전 세계에서 일어나고 있는 정치적, 사회적, 경제적, 문화적, 기술공학적인 주요 변화의 맥락 속에서 이해한다.

유아교육 새롭게 보기(Contesting Early Childhood) 출판시리즈의 저서명:

Sellers (2013) *Young Children becoming Curriculum*
Taylor (2013) *Reconfiguring the Natures of Childhood*
Moss (2013) *Early Childhood and Compulsory Education*
Vecchi (2013) *Art and Creativity in Reggio Emilia*
Lenz Taguchi (2009) *Going Beyond the Theory/Practice Divide*
Olsson (2009) *Movement and Experimentation in Young Children's Learning*
Edmiston (2007) *Forming Ethical Identities in Early Childhood Play*
Rinaldi (2005) *In Dialogue with Reggio Emilia*
MacNaughton (2005) *Doing Foucault in Early Childhood Studies*
Penn (2005) *Unequal Childhoods*
Dahlberg and Moss (2005) *Ethics and Politics in Early Childhood*

어린이의 세계와 유아기, 교육과정에 대하여
늘 다르게 사유하도록 내게 감동을 준
Caelan, Leo, Taylah, Arran, Zach, Eden에게
이 책을 바친다.

차 례

역자서문

지난 수십 년간 우리 사회에서 교육과정은 구조적으로 정교하게 짜인 촘촘한 그물이나 잘 닦여진 '홈 파인 공간(striated spaces)'과 같은 것이었다. 이 그물은 개별 학습자나 환경 요인에 의해 흔들리지 않은 견고함을 지닌 것일수록, 방향이나 목적뿐 아니라 배움의 구체적인 방법을 제시하는 세밀함을 갖출수록, 어떠한 개별 학습자에게도 비슷하게 적용할 수 있는 '일반성'을 갖춘 것일수록, 그래서 더 구조적이고 더 '객관적'일수록 우수한 것이었다. 그러나 구조적으로 촘촘한 이 그물은 지난 10년간 서서히 우리를 옥죄어 왔다. 이 그물은 우리를, 즉 어린이 그리고 어린이와 함께하는 수많은 어른의 삶과 배움을 특정한 모양으로 압박해 왔다. 그물이 정교하면 할수록, 길이 정교하게 홈 패여 있을수록 배움의 모범과 정해진 답, 객관에 대한 지향과 고정된 실재는 강력해졌다. 그러한 압박이 우리의 삶과 배움을 옥죄어와 종래에는 숨이 막힐 지경이 되었다. 우리에겐 홈 파여진 길을 따라가는 것을 벗어나 정해지지 않은 다른 길로 갈 수 있는 가능성이 필요했다. 우리의 교육과정이 고정된 커리큘럼(curriculum)이 아니라 되어가는 과정인 쿠레레(currere)가 될 가능성, 교육과정이 정해진 답을 찾는 것이 아니라 다양한 사유가 역동하는 장 그 자체가 될 가능성이 있어야 했다. 그래서 Sellers와의 만남은 우리에게 유아교육과정이라는 촘촘한 그물, 세밀하게 홈 파인 공간에서 벗어나 숨통이 트이는 가능성이 되어 주었다.

이 책에서 Sellers는 유아의 교육과정을 타자에 의해 주어진 것이 아니라 아이들 스스로 만들어 가는 '되기'로 제시한다. Sellers는 뉴질랜드의 유아교육기관에서 만난 장면들을 통해 테 파리키(Te Whāriki)를 만들어 가는 '되기'로서의 교육과정을 보여 주고 있다. Sellers에게 유아교육과정은 이성적이고 논리적으로 정교하게 짜여진 그래서 최대한 흔들림 없이 보편적인 '발달에 적합한 실제'가 아니다. 저자에게 유아교육과정은 정교하게 짜인 그물이나 세밀하게 홈 파인 공간이기보다 느슨하게 짜여진 돗자리(테 파리키)를 뜻한다.

Sellers가 주목한 느슨한 돗자리로서의 유아교육과정은 들뢰즈주의자의 관점으로 표현하면 '매끄러운 공간(smooth space)'으로, 이것은 그동안의 '홈 파인 공간'으로서의 유아교육과정과 대비되는 것이다. 이것은 그동안 교육과정을 대할 때 우리를 사로잡았던 객관과 이성, 정답과 구조를 중심으로 하는 사유로부터 탈주하는 것이다. 저자의 표현처럼 이것은 '열린 공간들'이고 '사물의 흐름들'이 뒤얽힌 리좀이다. 저자는 이 책의 고원 곳곳에서 이러한 리좀적 교육과정에 대한 실험적 사고를 강밀도로 펼쳐 보여 준다.

이 책은 머리말부터 결론, 1장부터 마지막 장에 이르는 단선적이고 선형적인 글쓰기로부터 탈주하기 위해 Deleuze와 Guattari가 『천 개의 고원』에서 취했던 방식처럼 각 장이 하나의 고원을 이루도록 구성되어 있다. 저자는 이 책 전체가 사유의 순서나 논리의 위계에 매이지 않고 어디서부터 읽기 시작해도 흘러갈 수 있도록 시작과 끝이 따로 정해지지 않고 끝없이 펼쳐진 고원이 될 수 있도록 했다. 이러한 맥락에서 저자는 글의 곳곳에 '시작' beginning과 '끝' ending이라는 단어에 부정을 뜻하는 금을 그어 놓았다. 저자의 글 자체가 이 글에서 드러내고자 했던 교육과정의 리좀적 운동성을 가질 수 있도록 리좀적 글쓰기를 실험하고 있는 것이다. Sellers는 교육과정 재구상하기, 교육과정을 복잡하게 수행하는 어린이, 어린이와 아동기, 리좀~지도 만들기, 놀이(하기), 리좀~병법으로 놀이하는 어린이, 충만한-힘이 있는 어린이(들) 되기, 물질성의 문제에 이르는 이 책의 고원 곳곳에서 이러한 리좀적 글쓰기를 실험했다. 그리고 이 실험 때문에 이 글을 읽는 것은 결코 쉽지 않았다. Sellers는 리좀적 글쓰기 실험의 강밀함을 위해 이 책에서 리좀적 사유를 표현할 수 있는 시적인 언어와 은유, 독특한 표현 방식과 틈새적 언어표현에 공을 들였다. '그리고…그리고…그리고'는 개념과 물질, 인간이 모두 세계 속에 개별자로 존재하는 것이 아니라 '세계의 존재'로서 서로서로 이어지고 있다는 것을, '배움~삶', '읽기~글쓰기~말하기'에서 강조되는 '~' 기호는 이들이 어느 한쪽에서 다른 한쪽으로 나아가는 선형적인 것이나 서로 분리되어 있는 현상이 아니라 서로서로 끝없이 이어지며 얽혀 있는 덩어리임을 알려준다. 이것은 '재현의 위기'를 극복하고자 하는 연구자로서의 재현 전략이며 또한 언어가 표현되는 순간 결국 이성에 갇혀버리는 모순을 극복해야만 하는 들뢰즈주의자로서의 몸부림이기도 하다. 그러한 몸부림 때문에 Sellers의 문장들은 결과적으로 결코 쉽게 읽히지 않는 복잡성을 지니게 되었다. 특히나 또 다른 언어로 그러한 전략들을 옮겨 표현해야 하는 역자들에게 그 작업은 몹시도 난해한 것이었다. Sellers가 괄호를 사용해 의미의 중층성을 보여 주었던 묘미는 한글로는 도저히 살려내기 어려웠고, 영문만이 가지는 중층적 의미들은 한국어로 옮기는 순간 사라져 버리기도 했다.

번역과 수정 작업 내내 생각했다, 한 언어로 표현된 어떠한 사유와 그 사유의 방식을 다른 언어로 대응하여 '번역'하는 일이 과연 가능한 것인가? 번역한다는 일의 (불)가능성을 절감하면서 내내 '우리 역자가 이해한 것이 저자가 의도한 것과 맞는가?' 하는 불안도 가시지 않았다. 그렇게 의미의 중층성으로 인한 난해함과 씨름하던 끝에 저자에게 몇 가지 개념의 뜻을 가르어 줄 것을 요청하는 메일을 보냈다. 우리의 이해가 저자의 의도가 맞는지를 확인받고 불안을 떨쳐내고 싶었기 때문이다. 그 불안은 어쩌면 여전히 하나의 문장에 대한 하나의 적합한 해석의 과녁을 맞히려고 하는 우리의 습관화된 이성중심주의에서 발흥된 것일지도 모른다. 이는 Sellers에게 받은 메일을 통해 통찰할 수 있었다.

저자는 우리가 matters의 이중적 의미를 문맥상 적합하게 분별한 것인지 묻는 메일에 대해 "하나의 단일한 해석은 없으며 대부분이 문장에서 양방향 모두로 읽힐 수 있음"을 이야기했다. Sellers는 "하나의 적합한 해석보다 오히려 글 읽기의 복잡성을 드러내고 싶었다."고 하며 자신의 대답이 우리가 원하는 것이 아닐지는 모르겠으나 그것이야말로 들뢰즈적인 리좀의 방식임을 강조했다. 저자의 답장 메일을 보고 또 보며 특정한 방식으로 고정되지 않는, 기존의 홈 파인 공간이 아닌, 어떤 방향으로 회절될지 예측할 수 없는, 꿈틀거리고 흐르며 피어나는 '리좀'과 더 가까이 만나게 되었다. 들뢰즈주의자다운 답변으로 리좀적 사유가 무엇인지 다시 한 번 보여준 저자에게 감사를 전한다. 번역과 수정의 오랜 과정을 인내로 지켜준 창지사 측에도 감사드린다.

Sellers를 통해 역자들이 '홈 파인 공간'에서 '매끄러운 공간'으로 탈주할 가능성이 있는 유아교육과정을 더 가까이 만났듯이 독자들 또한 '매끄러운 공간' 그리고…'되기'로서의 교육과정 그리고…리좀적 사유와 리좀적 글쓰기…그리고…더 많은 '그리고' 이후와 조우하길 바란다. 그 쉽지 않은 여정을 시작하는 독자들에게 Sellers가 보낸 답변의 한 문장을 선물한다.

"들뢰즈적인 사유 안에서는 시작과 결말이 없으며, 단지 입구와 출구의 초점, 장소 그리고 공간만이 있을 뿐입니다."

2018년 6월

번역에 참여하면서 들뢰즈를 공부한 사람들 씀

감사의 글
Acknowledgements

이 책은 Queensland 대학의 Eileen Honan 교수와 La Trobe 대학의 Noel Gough 교수로부터 지도받은 나의 박사학위 논문을 재구성하여 집필한 것이다. 박사학위 논문을 심사해 준 Bronwyn Davies와 Elizabeth St. Pierre로부터 보다 많은 독자들을 위해 재구성해 보도록 격려받아 집필하게 된 것이다. 특히 Peter Moss와 Gunilla Dahlberg를 포함하여, 여러 학자들의 격려가 없었다면 아마 이 책은 나오기 어려웠을 것이다. 이러한 학자들의 격려와 지난 십여 년 동안 아오테아로아(Aotearoa)[1] 뉴질랜드 포리루아(Porirua)의 Whitireia Community Polytechnic에서 함께 일한 동료들과 호주 멜버른의 RMIT 대학의 동료들에게 감사의 마음을 전하고 싶다. 그리고 뉴질랜드에 있는 유치원 교사와 어린이에게도 진심 어린 마음을 전하고 싶다. 그들은 나를 자신들의 교육기관에 들어오도록 기꺼이 허락해 주었고, 자료수집에 참여해 주었으며 어린이, 교육과정, 아동기에 대하여 새로운 사고의 가능성을 열어 주었

1) 역자 주: '아오테아로아(Aotearoa)'는 원래 뉴질랜드의 일부 지역(North Island)을 가리키는 지명이었으나, 현재는 뉴질랜드 국가 전체를 지칭하는 마오리족 언어로 뉴질랜드 국가명에 함께 붙어 사용되고 있다. 언어적 의미는 '길고 흰 구름의 땅'이란 뜻이다(Wikipedia).

다. 그리고 내가 이 책 집필이라는 (모험)도전[2]을 계속할 수 있도록 힘이 되어 준 나의 자녀들과 손녀손자들은 끊임없이 **편지**, 전화, 이메일, 페이스북, 스카이프 등을 통해 함께해 주었다. 모든 이들은 그 세계 속에서 나와 늘 함께했고, 내가 책, 논문, 생각에 푹 빠져 다른 세계에 있을 때에도 어디에서나 함께했다. 아버지는 늘 나를 믿어 주었고, 한결같은 지지와 사랑을 보내 주었다. 나의 어머니는 내가 교육학에서 꿈꿔온 것을 이루도록 정신적 지주가 되어 주었다. 무엇보다 내가 가장 감사하고 싶은 사람은 Warren Sellers, 나의 교육적 노력과 삶, 사랑의 동반자인 남편이다. 나의 철학과 교육과정과 배움에 대한 경험에 대해 끊임없이 그와 대화를 나누었다. 이러한 리좀적 생성물이 발현되어 나타날 수 있도록 하는 기술적 협력을 아끼지 않은 그에게 진심으로 감사의 마음을 전하고 싶다.

그리고 이 책에서 그들의 작품을 사용할 수 있도록 허락해 준 다음의 예술가들과 학자들에게도 감사의 마음을 전한다.

Chris Harrison, Carnegie Mellon University, 사회적 네트워킹 이미지(*Internet Map: City-to-city Connections*(http://www.chrisharrison.net/projects/Internetmap/medium/euroblack.jpg)의 사용을 허락해 줌

Marc Ngui, Toronto, Canada, 「천 개의 고원 그리기: 도입 문단 15」(*Intro Paragraph 15*(www.bumblenut.com)의 그림을 사용하도록 해 줌

2) 역자 주: 저자는 (ad)venture로 표기함에 있어 신나고 즐거운 경험인 adventure와 위험의 요소를 더 진지하게 포함하는 도전을 의미하는 venture의 의미를 이중적으로 전달하고자 하였다(M. Sellers, e-mail 교신, 2018. 7. 5). 번역과정에서 이중적 의미를 담은 표현은 저자의 의도를 최대한 반영할 수 있게 표기하였다.

Dr Warren Sellers, 식물 리좀, 뫼비우스 띠, 탈~영토화 놀이관계 이미지를 그려줌

Professor Carlo H. Séquin, University of California, Berkeley, 수학적 조각 사진(*Symmetrical Half-way Point for Torus Eversion*(http://www.cs.berkeley.edu/~sequin/ART/AMS_MathImagery/Torus-Eversion_Halfway-Point.jpg)을 사용하게 해 줌

Paul Tricker, 바람과 파도의 회절 패턴 사진(http://trick-ersinegypt.blogspot.com.au/2010_09_01_archive.html)을 제공해 줌

Z. Vrkast, fibre artist, 섬유 작품(*Grey Suffolk and Banana Fibre*(http://www.flickr.com/photos/zedster01/7031516503/in/pool-1654385@N23)을 제공해 준 예술가

아래의 자료를 쓸 수 있도록 해 준 분들에게도 감사의 마음을 전한다.

1996년도에 Learning Media 출판사에 의해 출간된 『**테 파리키**(*Te Whāriki*)』에 실린 다이어그램은 뉴질랜드 교육부의 승인으로 재인쇄되었다(Crown 저작권, 1996).

아래에 출간된 문헌에서 재구성되어 편집된 자료는 모두 출판사들의 허락과 공동 저자인 Dr Eileen Honan의 허락을 받고 '고원'을 통하여 통합되어 작성되었음을 밝힌다.

Honan, E. & Sellers, M. (2006) So how does it work?—rhizomatic methodo-logiesed. Engaging Pedagogies: Australian Association for Research in Education 2006 International Conference, Adelaide, SA: AARE.

Honan, E. & Sellers, M. (2008) (E)merging methodologies: putting rhizomes to work. *In* I. Semetsky (ed.) *Nomadic Education: Variation on a Theme by Deleuze and Guattari*. Rotterdam: Sense Publishers, 111-28.

Sellers, M. (2005) Growing a rhizome: embodying early experiences in learning. *New Zealand Research in Early Childhood Education,* 8, 29-42.

Sellers, M. (2009) A rhizo-poiesis: children's play(ing) of games. *Complicity: An International Journal of Complexity and Education*, 6, 91-103(http://ejournals.library.

ualberta.ca/index.php/complicity/article/view/8819/7139).

Sellers, M. (2010) Re(con)ceiving young children's curricular performativity. *International journal of Qualitative Studies in Education*, 23, 557-78 (http://www.tandfonline.com).

Sellers, M. & Honan, E. (2007) Putting rhizomes to work: (e)merging methodologies. *NZ Research in Early Childhood Education*, 10, 145-54.

출판시리즈 편집자의 추천사
Series editors' introduction

Gunilla Dahlberg와 Peter Moss

이 책은 『유아교육 새롭게 보기(*Contesting Early Childhood*)』 시리즈의 열한 번째 책이다. 이 시리즈는 두 가지 목적을 가진다. 한편에서는 현재 유아교육을 지배하고 있는 담론에 문제를 제기하는 작업이다. 즉, 진리라고 주장되어 온 것들에 이의를 제기해 보고, 새롭게 생각하고 말하고 실천하는 방법들을 찾아가고자 한다. 또한 불가피하고, 본질적이면서 자명하다고 믿었던, 그래서 보편적이라고 생각하고 다른 대안을 허락하지 않음으로써 우리의 생각과 행동을 숨막히게 만드는 독재적 사고를 강화해온 방법들을 찾아내는 것이기도 하다. 다른 한편으로 이 책은 비판적이면서 동시에 다층적인 시각과 쟁점을 만들어 가며 대안적 내러티브를 제공하기 위한 것이기도 하다. 다행인 점은 지배 담론들의 압박에도 불구하고 다양성이 아직 질식하여 사라지지 않았다는 것이며, 우리의 시리즈는 일종의 포럼을 제공하고, 이 포럼을 통해 관점의 다양성과 쟁점을 표현하고, 또 어떻게 그런 다양성이 실천될 수 있고 현실화될 수 있는지에 대한 생생한 예들을 제공해 준다. 이 책을 출판 시리즈 중의 하나로 선정함으로써 '유아교육에서의 운동과 실험'(Olsson, 2009)에 기여할 수 있게 되길 희망한다.

편집자로서 우리는 Marg Sellers의 연구가 유아교육에서의 운동과 실험에 대한 매우 좋은 사례를 제공해 주고 있다고 생각한다. 뉴질랜드에 있는 유치원에서 어린이와 함께해 오면서, Sellers는 어린이뿐만 아니라, 교육과정에 대해서도 새로운 시각을 제시해 왔다. 교육과정을 이해할 때 흔히들 그러하듯 교육과정을 단순히 실행의 관점에서 생각하는 대신에, 교육적 관계의 복잡성을 추적하기 시작했고, 교육과정을 어린이에게 이미 정해진 무엇으로 여기기보다는 직접 행위하는 주체로서 어린이가 어떻게 교육과정의 실행자, 교육과정의 주인공으로 발현되어 가는지를 보여 주었다. 이러한 의미에서 교육과정은 어린이가 체험적 시간을 살아가며 경험하는 것이 된다.

이 책에서 교육과정은 **테 파리키**(마오리어로 직조된 돗자리), 즉 유아기부터 학교까지의 모든 교육활동을 담은 뉴질랜드 유아교육과정을 지칭하는 것이다. 1996년에 공표된 "이 교육과정은 마오리족과 협력을 통한 문화적 교류의 생성물이라고 볼 수 있고, 국가 전체의 유아교육 분야에서 다양한 시각들을 종합한 것이기도 하다"(Carr, 2013: 97). 이러한 매우 독특한 교육과정은 다양한 문화와 언어들의 '마주침'을 통해 만들어진 것이고, 매우 중립적 시각과 맥락에 대한 인식, 교육에 대한 폭넓은 개념을 제공하는데, 이러한 점이 Marg Sellers에게 그동안 유아교육을 지배한 담론을 보편화하고 강화하는 일에서 벗어나서 의미 있는 대안을 제시하도록 고무한 것으로 보인다. **테 파리키**는 어린이와 교사뿐만이 아니라 연구자를 위해서도 '매끄러운 공간(smooth space)'을 만들어 준다. Sellers의 표현을 빌리자면 매끄러운 공간이란 "'사물들-흐름'이 제공되는 열린 공간들"로, '홈 파인 공간(striated spaces)'과 대비되는 공간이다. 홈 파인 공간은 이미 짜여진 교육과정이 제공되는 닫힌 공간을 만들어 내는데, 이 닫힌 공간은 어떤 폐쇄된 사물들이 선형적으로 단단하게 굳어지는 그런 시점이나 위치를 만들어 내는 공간이다. Sellers는 복잡하고 도전적인 작업을 통해 '매끄러운 공간'에 의해 창조된 가능성을 충분히 활용하도록 해냈다.

우리는 여기서 '도전'이라는 용어를 사용하는데, 이는 우리가 근대의 덫(trappings)을 넘어가는 것이 얼마나 힘든 일인지를 알기 때문이다. 이미 정해져 당연시되어 온 재현과 정신적 투영에 도전하고 또한 오늘날 제도의 복잡성을 단순화시켜 버리면서 유아교육을 지배하는 담론에 도전하는 것이다. Deleuze와 Guattari의 탁월한 저서인 『천 개의 고원(*Thousand Plateaus*)』으로부터 받은 깊은 영감을 통하여, Sellers는 데카르트적 '주체중심'의 세계관과 플라톤 이래 서구 형이상학을 주조해온 사유체계로부터 탈주하기 위해 많은 노력을 기울였으며, Deleuze와 Guattari의 리좀적 방법론을 활용하여, 어린이와 유아기, 그리고 교육과정의 관계를 재개념화하는 새로운 길을 찾아냈다. 어린이의 놀이를 다시 한 번 확증하는 것을 통해, 표상하기보다는 추적하는 방식을 통해, Sellers는 되기의 리좀적 과정과 변화의 흐름을 드러내었다. 이러한 작업들은 끊임없이 자신의 문제의식을 주의 깊게 따라가면서, 사건과 발생, 일어남(events, happenings, and occurrences)에 대한 진심 어린 걱정과 관심 가지기를 통해 만들어 낸 것이다. Sellers는 어린이와 함께 사건들에 참여함으로써, 비결정론적 방향을 향해 관심을 조정해 가고, 또한 어떤 특정한 순간에 존재하는 생동감 넘치는 가능성을 찾아낼 수 있었다. 이것은 전혀 예상하지 않은 과정, 새롭게 또 새롭게 '되기'의 과정에 있는 가능성들이었다.

Marg Sellers가 자신의 연구에서 해낸 것은 Michel Foucault로부터 받은 영감을 얻은 **사건화된 존재**(*eventualized existence*)이다. Foucault (1991)는 우리의 지식이 전통 내에서 너무 일반성에 갇혀 있고, 우리가 비-사건화된 존재의 추상성과 은폐에 갇혀 있다고 주장했다. 그렇게 함으로써 우리는 경험이 현전하는 순간의 내재성을 잃어버렸다는 점을 지적한다. 우리는 삶, 그리고 삶의 리듬을 잃어버렸다. 이것이 Sellers가 어린이의 놀이와 교육과정을 하나의 사건으로 보고 추적해 가면서 삶으로서의 되기의 과정으로 되돌리고자 한 것이라고 생각한다.

배치로서 이 책에 관하여 The book as an assemblage

Marg Sellers의 책은 유아교육을 지배하고 있는 담론들, 즉 선형적이고 결과에 대한 확신에 사로잡혀 있는 담론들에 대한 도전이다. 이러한 도전은 교육과정과 깊게 얽혀 있는 어린이를 연구하면서 도출해낸 해석에서도 나타나지만, 한편으로는 이 책의 글쓰기 방법에서도 여실히 나타나고 있다. 이 책의 주제와 형식, 즉 무엇에 대해 쓰고 어떤 방식으로 쓸지에 자신의 이론적 관점이 녹아 있다. Deleuze와 Guattari (1999)가 『천 개의 고원(*A Thousand Plateaus*)』에서 써 내려간 것처럼, 저자는 이 책을 어떤 순서로든 읽을 수 있는 고원들로 배치했음을 알 수 있다.

Deleuze와 Guattari는 '고원(plateau)'이라는 개념을 Gregory Bateson의 발리 사람들의 문화에 관한 저서에서 빌려 왔다고 한다. Bateson은 고원이라는 말을 어떤 특이성을 지칭할 때 사용하였다. 즉, 그 발달이 다른 활동을 재활성화시키고 투입되어 강도가 지속적으로 스스로 진동하는 영역을 말하는 것이다. 즉, 이런 방식을 통해 강한 상태의 구조가 형성되며, 그 사이로 수많은 경로가 존재하게 된다. 이는 우리가 어떤 하나의 정점이나 종점을 향해 움직이려는 생각들을 피하도록 한다. 즉, 오늘날 유아교육에서 지배하는 담론들과는 반대론적인 입장이 되는 것으로, 미리 정해지고 계열화된 성취 목표에 고착되는 대신에 우리를 향해 열린 수많은 가능성의 틈새에서 항상 존재하도록 만들어 가는 것이다.

이러한 연결된 경로와 궤도를 추적하면서 Sellers는 어린이의 놀이나 유아교육기관의 일상에서 발생하는 독특한 사건이나 강도 높은 상태를 추적하기 위하여 매우 독창적이고 시적인 방법으로 글쓰기 도구들을 고안해 냈는데, 그것은 관습적이고 선형적인 글쓰기 방법들을 벗어나도록 해 준다. 확정적인 표현(~이다. ~이다, ~이다)을 쓰기보다는 '그리고…그리고…그리고'로 풀어내고 특이하게 '~', '[ ]', '/' 등의 기호를 사용함으로써 읽기~글쓰기~사유하기를 동시에 하면서, 가능성이라는 관계의 장에서 궤도를 추적하도록 해 주는 다차원적인 구성방식을 창조해 낸다. 그리고 이를 통하여 Selllers가 표현한 대로 연구자료가 "어린이의 '배움~삶'에 관한 대단히 섬세하게 복잡한 이해"를 잘 가시화시켜 준다. 그리하여 각각의 고원에서 자신만의 읽기~글쓰기~사유하기의 방법은 마치 『천 개의 고원』을 집필하는 동안 Deleuze와 Guattari가 했던 것과 같이 개념들의 블록을 이루었고, 이질적인 요소들이 역동적으로 서로 묶여서 병합되도록 하였다.

Deleuze의 철학적 개념이 이 책에서 매우 중요한 '도구'가 되어 왔다. 그렇지만 Deleuze(Massumi, 2002: 244)가 말했듯이 이 철학적 개념들이 도구로 쓰이기 위해서는 비철학적인 것들이 충분히 축적되어 그 문턱(threshold)을 넘어야 한다. Brian Massumi는 이것을 '철학자의 실용주의적 문제'라고 부른다. 실제로 '의미를 가지기 위해서는, 철학은 비철학적인 것의 손에 의해 집어 올려져야 하며, 참여하는 그 손은 공동의 실험(collective experimentation[ibid])의 손이어야 하는데, Marg Sellers는 그러한 손을 가지고 있음을 보여준다.

철학적 개념들을 집어 올리고 작동하게 함으로써 Sellers는 민주주의를 재고찰하고 정치적 변화들을 가져오도록 하는 일에 가치 있는 공헌을 하였다. 경이로운 소수의 경험들을 환영하고 주의 깊게 들음으로써(Bennett, 2001), Sellers는 Humberto Maturana(1991)가 옹호했던 바와 같이, 삶의 과정을 통하여 세계를 창출해 냈고, 하나의 몸이 어떻게 다른 힘과 함께 배치되면서 무엇을 할 수 있는지를 우리에게 잘 보여 주고 있다. 그렇게 함으로써 어린이가 새로운 것을 배우면서 오히려 어른인 우리를 돕고 있다는 점을 독자도 알 수 있도록 하고 있다.

어린이는 아직 사회의 고정된 생각에 고착되어 있지 않기에, 훨씬 더 변형적이고 리좀적으로 사고하는 자이고, 오히려 어른의 고착된 사고를 뛰어넘을 수 있다고 말하고 있다.

Deleuze와 Guattari의 『천 개의 고원』에 서평을 쓰면서 Brian Massumi(1999: xiv)는 그들의 책은 마지막 말을 쓰지 않았음을 밝히고 있다. 그들의 바람은 그 마지막 말이 몇몇 독자들과 함께 머무르기를, 그래서 그들의 일상적 삶 속으로 들어가도록 하는 것이다. 시리즈 출판사로서 우리는 이 책에 대해서도 마찬가지의 바람을 가지고 있다. 이 책은 우리에게 강도의 역동성을 남겼으며, 새로운 생각, 새로운 지각, 새로운 감각을 가지게 하였다. 이 책은 우리의 몸으로 **되었다**.

참고문헌

Bennett, J. (2001) *The Enchantment of Modern Life.* Princeton, NJ: Princeton University Press.

Carr, M. (2013) Making a borderland of contested spaces into a meeting place: the relationship from a New Zealand perspective. In P. Moss (ed.) *Early Childhood and Compulsory Education: Reconceptualising the Relationship.* London: Routledge.

Deleuze, G. & Guattari, F. (1999) *A Thousand Plateaus. Capitalism and Schizophrenia.* London: Athlone Press.

Foucault, M. (1991) Questions of methods. In H. L. Dreyfus and P. Rabinow (eds) *The Foucault Effect: Studies in Governmentality.* London: Harvester Wheatsheaf.

Massumi, B. (2002) *Parables for the Virtual: Movement, Affect, Sensation.* Durham, NC: Duke University Press.

Maturana, H. (1991) Science and daily life: the ontology of scientific explanation. In F. Steier (ed.) *Research and Reflexivity.* London: Sage.

Olsson, L. (2009) *Movement and Experimentation in Young Children's Learning: Deleuze and Guattari in Early Childhood Education.* London: Routledge.

…시작하며…

…Preambling…

내가 어머니와 가졌던 마지막 대화는 최근에 어머니가 자신의 가족사에 대한 글을 나한테 보낸 직후였던 것 같다. 어머니와 내가 할아버지가 어머니를 초등학교까지만 보내고 더 이상 상급학교에 보내지 않았던 일이 어머니의 일생에 어떤 영향을 미치게 되었는지에 대해 이야기를 나눈 것은 처음이 아니었다. 그때 어머니는 12살이었고 아오테아로아 뉴질랜드의 작은 지방 학교에서 꽤 공부 잘하는 소녀였지만, 매우 가부장적이고 권위적인 집안에서 할머니가 돌아가신 후 맏딸로서 7명의 동생을 돌보아야 하는 일이 그녀가 공부를 지속하는 것보다 더 중요한 일이 되어버렸다고 회고했다. 어머니는 이러한 할아버지의 결정에 대해 며칠 동안 울었지만 할아버지를 그렇게 오랫동안 증오하지는 않은 것 같다. 어머니는 내가 할아버지를 비판하자 "할아버지는 그때 자신으로선 최선이라고 생각하신 대로 한 거야."라고 말하며 오히려 할아버지를 감싸셨다. 그러나 나의 탈구조주의 페미니스트 관점에 의하면, 학업을 중단하고 그 이후 80년 가까이 어머니가 가졌을 많은 경험은 쉽게 묻힐 이야기가 아니었고, 어머니의 스토리를 더 숙고해 볼 필요가 분명히 있었다. 어머니의 중단된 학업에 대하여 내가 최대한 존중해드리는 방법은 내가 공부를 계속해나가는 것이었다. 2003년 어머니가 돌아가시던 순간과 거의 같은 시기에, 나는 한 학회에서 은유와 내러티브를 활용한 비판적 교육과정 이해에 대해 발표를 하고 있었다. 그 학회에서 나는 한 교육실습생에 대한 자서전적 방법을 사용한 연구, 매기의 이야기'[1])를 발표하였는데, 그것은 교육과정에 내재된 권력이나 사회의 통제와 같은 불가피한 윤리적 주제들에 대한 것이었고, 이러한 주제에 대해 우리가 함께 읽고, 곰곰이 생각해 보고, 논쟁하고 토론해야 한다는 것이었다. 이후에 이러한 생각을 하면서, 나는 권력과 통제에 대한 매기의 이야기가 나의 어머니와 같이 교육의 선택권을 갖지 못하는 힘없는 존재자에게 어떤 울림을 주고 있음을 알고 감사히 생각하게 되었다. 이것은 아래에 설명할 마르시라는 한 여자 아이의 이야기에서도 마찬가지로 나타나는데, 자신의 삶~배움(living~learning)의 순간에 강력한 선택권과 힘을 어떻게 주장(선언)했는지 보여준다.

몇 달 전에 나는 유아교육 현장에 있는 교육실습생을 방문하게 되었는데, 그곳에서 교사들이 꽤 말썽꾸러기라고 하는 만 2세 된 마르시 라는 유아를 만나게 되었다. 비록 교사들이 나에게 말해 주지 않은 내 용이 있었는지 모르지만, '말썽부리는(disruptive)'이라는 용어는 보통 논쟁이 필요치 않으며 자명한 의미를 지니고 있다. 그러나 그때 내가 관찰한 것은 프로그램과 교사들이 마르시에게 말썽을 부리는 것이었 지, 그 반대가 아니었다. 내가 목격한 바에 의하면 마르시의 행동은 자신의 '배움~삶'을 위한 일종의 욕망 표현이었다. 즉, 마르시는 삶에 대한 배움과 배움의 체험(living experience)을 원하지만 교실에서 요구 되는 하루일과의 규범 속에서 그 욕망들은 좌절되어 버렸던 것이다. 그때는 오전 간식 시간이었는데, 마르시는 아직 책상에 앉아 이야기를 들으며 음

---

1) 캔터베리 대학 연구팀의 일원으로서 Deb Lean은 매기의 에피소드와 내러티브, 은유들을 제공해 주었는데, 이러한 것들은 NZARE/AARE 학술대회의 주제였던 '교육연구, 위험요인과 딜레마'(Educational Research, Risks & Dilemmas, Hyatt Regency Hotel and University of Auckland, 29 November-3 December 2003)와 연결하여 학교와 교사교육에서의 숨겨진 교육과정에 대한 비판적 이해를 증진시키는 데 적절한 예들이었다.

식을 기다릴 준비가 되어 있지 않았다. 마르시는 아직 퍼즐 맞추기를 하고 있었고, 그 퍼즐을 끝내는 것…**그리고**…이야기를 듣는 것을 동시에 할 수 있는 방법을 협상하려는 곤혹스러움이 복잡하게 얽혀 강화되는 그런 순간이었다. 마르시는 자기가 두 가지를 모두 할 수 있다는 신호를 보냈으나, 선생님은 책상에 다른 친구들처럼 앉아야 한다고 주장하였다. 내가 보기에 마르시는 분명 교실에서 말 안 듣는 말썽쟁이는 아니었다. 오히려 마르시가 욕망하는 배움~삶의 경험, 교육과정 경험과 표현된 교육과정 수행성이 오히려 방해받고 있는 것이었다(마르시의 이야기는 나중에 **울림의 전조**라는 고원에서 자세히 다룰 것이다).

여기에서 나의 어머니, 매기, 그리고 마르시로 연결되는 이야기로부터 '어린이의 교육과정 이해'라는 연구 주제가 떠올랐다. 이 이야기들을 직조해 나가는 것은 학문적 연결이며, 특히 나로 하여금 **다르게 생각하도록** 환기시켜 준 Foucault의 권력, 통제, 처벌, 감시라는 개념에 대한 나의 응대이기도 하고…**그리고**…Deleuze와 Guattari의 **다른 방식으로 사유하기**와 그 가능성을 열어 주는 상상력을 나름대로 응용하고자 한 것이기도 하다. 나는 박사학위 논문에서도 어른이 이해하는 교육과정에 대한 개념과 어린이가 직접 살아가는 교육과정의 수행성을 함께 고민해 가기 위해 Delueze와 Guattari 방식의 철학적 이해를 응용하였다.

관심의 (발현)병합 [e]merging interests

2002년에 나는 Deleuze와 Guattari(1987)의 『천 개의 고원: 자본주의와 정신분열(*A Thousand Plateaus: Capitalism and Schizophrenia*)』에서 "리좀이란 무엇인가"라는 내용을 우연히 보게 되었다. Deleuze는 이 책에서 식물학

에 등장할 듯한 '리좀(rhizome)'이라는 용어를 선형적이고 계열 적으로 순서화되고, 위치가 이미 정해져 있는 일방향적이고 이분법적인 논리와 다르지만 반대되는 것이 아닌 **다차원적**(*multidimensional*) 시스템'을 떠올리게 하는 개념으로 설명하고 있다. Deleuze와 Guattari 는 이 순차적인 선형성을 리좀적 사고와 대비되는 말로 '수목적 사고 (arbor-escent thought)'로 언급하고 있다. 수목적 사고는 나무에 대한 은유로서 지식을 나무-뿌리적 사고(root-tree thinking)로 생각하는 것이다.[2] 반면에 리좀은 다차원적이고 역동적으로 사고가 끊임없이 생각의 연결망을 만들어가는 과정이고, 이 과정에서 다양한 지식이 발생하는 것을 말한다. 사유방식으로서의 리좀은 모든 차원에서 동시 다발적으로 확장되고 열려 있는 경로 혹은 궤도로 나아가는데, 이 통로와 통로가 만나는 지점에서 형성되는 고리(nodes)를 통해 서로 연결된다. 어떤 지점(position)은 한 지점이 다른 지점과 접속되는 고리 지점을 통과함으로써만 배치가 일어나게 되고 더 많은 연결점을 만들어 냄으로써 끊임없이 리좀을 확장해 간다. 그래서 나는 우리가 관심을 가지는 어린이, 아동기, 교육과정 등에 관한 다양한 생각을 위계적 방식이 아닌 리좀적 방식을 활용하여 작업해 볼 수 있겠다는 생각이 들어 매우 흥분되고 고무되었다. 더 나아가, 『폐허 위에서 작업하기: 후기구조주의 페미니스트 교육이론과 방법(*Working the Ruins: Feminist Poststructural Theory and Methods in Education*)』(St. Pierre & Pillow, 2000)이라는 책에 수록된 St. Pierre와 Donna Alvermann이 쓴 Deleuze와 Guattari적인 상상력과

2) 역자 주: 여기서 '나무-뿌리적 사고'란 Deleuze 철학의 핵심적 용어 중 하나인 리좀적 사고와 반대되는 사고를 말하는 것으로, 주로 몸통이라는 중심이 있는 나무가 뿌리를 뻗어 나가는 방식을 말하며, 한 가지 중심에서 다른 사고가 선형적으로 위계를 가지는 방식을 뜻한다.

유목민적 사고, 그리고 리좀적 사고분석에 관한 글들이 리좀적 사고가 작동하는 방식을 실제 보여 주고 있어서 도움이 되었다. 이 책은 나로 하여금 교육과정을 더 의욕적으로 탐구하도록 만들어 주었다. 또한 앞에 언급한 마르시의 이야기는 교육과정 수행성에 관해 표현한 존재적 이야기로서 Gaile Cannella(1997)의 『유아교육 해체하기: 사회정의와 혁신(*Deconstructing Early Childhood Education: Social Justice and Revolution*)』에 수록된 아동기의 관습적 담론들에 대한 후기구조주의적 도전과 관련되어 있다. 이 책에서 Cannella는 어린이를 일종의 '더 젊은 인간으로서의 존재'로 재개념화하고 존중할 것을 요구하고 있고, 어른과 어린이라는 이분법적 관계에서의 불평등한 권력과 힘으로부터 벗어나 다시 고려하여야 한다고 주장하고 있다. 권력적이지 않은 비위계적 작동으로서 리좀적 사고는 이러한 가능성을 열어 주었다.

그러나 진심으로 내게 지속적인 자극을 준 것은 Foucault와 Deleuze의 이론적 연결점이다. **호기심**으로 표현한 Foucault의 의도는 지식의 발생 그 자체에 대한 탐구뿐 아니라, 어디까지 사고의 영역이 확장될 수 있는지를 발견하고자 하는 열정이라 볼 수 있다. 중요한 것은 '앎'으로서, "만약 누군가와 다른 생각을 하고 또 다른 사람이 보는 것과 다르게 인식하게 된다면, (중략) 그리고 이미 알고 있는 논리에 꿰맞추어 정당화하기보다는 도대체 어떻게, 그리고 어느 정도로 **다르게 사유한다는 게 가능한지**를 아는 것"(Foucault, 1990: 8-9, 본서에서의 강조)이 중요하다. 다르게 사유하기뿐 아니라, 다르게 글쓰기도 이러한 노력의 일환으로 볼 수 있다. Deleuze(1995: 8)에게 있어서는 사물들이 어떻게 작동하는지가 중요한 문제이다. 즉, "'사물이 작동하는가', 그리고 '어떻게 작동하는가?', '우리에게 어떻게 작동하는가?'"라는 질문들이 중요하다. 리좀과 같이 Deleuze와 Guattari의 상상적 범주 안에서 '다르게 사유한다는 것은 말하기 과정의 작업을 다르게 사용하며 글쓰기 한다는 것을 의미한다. 리좀을 작동하는 방식은 철학적 견지에서 리좀을 어떻게 이해하는지에 영향을 준다. 그래서 다양한 상상적인 가능성을 탐구하는 과정에서 나는 몇 가지 글쓰기 도구들을 사용했는데, 그것들은 텍스트를 생성하는 관습적이고 선형적인 접근들을 벗어나는 운동이었다. 내 박사학위 논문(Sellers, 2009b)의 이러한 리좀적 (재)구성([re]constitution)에서, Deleuze와 Guattari가 말한 '기계'들을 표현해 보고자 하였으며, 그들이 말한 도구들을 활용하여 사고와 글쓰기라는 두 가지 리좀적 활동을 실천해 나갈 수 있었다.

리좀에 대해 읽기~글쓰기 writing~reading a rhizome

이 책에서 나는 너무 제한된 방식인 선형적 자료 생성과 순차적 목차 대신에 어디서나 다양한 방식으로 연결가능한 '고원(plateaus)'(Deleuze & Guattari, 1987)이라는 용어를 쓸 것이다. 이러한 고원에서는 어디서부터든 어떤 순서로든 읽을 수 있기 때문에, 문헌연구, 자료 수집과 분석 등을 분리해서 안착시키지 않았으며 서로 뒤섞여서 늘 다른 방식으로 놀이하는 어린이의 배움~삶 생활의 이야기를 말하기 위해 통합되기도 하였다. 예를 들면, 텍스트는 가끔 다양한 스타일과 형식으로 표현되기도 하는데, 때로는 마치 두 개나 세 개의 단(columns)으로 병치하여 풍경화나 초상화처럼 펼쳐서 선행연구 자료나 그 분석 내용, 비평 등을 제시한다. 어린이의 놀이와 대화를 모아 만든 스토리보드는 그들의 언어와 실제 활동에 대한 리좀적 분석을 더 풍요롭게 생성하고 있음을 보여 주고 있다. 즉, 어린이의 말과 실제 활동은 어른이 분석한 것보다 더 중요할 수 있다. 사실 여기서 사용된 대부분의 언어적 표현은 학문적이지만 때론 시적인 표현을 포함하려고 하였으며, 이러한 시적으로 울림이 있는 표현은 어린이 놀이의 복잡성과 공명하며 어우러진 이 안에서 어린이의 게임(games)[3], 그들의 놀이(하기)(play[ing]) 그리고 학문적 담론들은 (발현)병합([e]merging)하며, 이 발현적 병합은 항상 이미 리좀의 강도를 증가시키는 것이다. 이 책에서 제안하고자 하는 것은, 다르게 읽기~글쓰기~사유하기, 다르게 작업하기와의 **마주침**(*encounters*)'일 따름이다. 어떤 고원에서든지 생각(idea)들은 언제나 다른 고원들로 미끄러져 들어간다. 이는 다양한 사고가 다양한 방법으로 축적되면서, 우리가 그동안 갇혀 있다고 생각하는 제한된 학문의 구조를 넘어서면서 연구 배치가 보여 주는 복잡성이 강도를 높여간다는 것을 말해 준다. 그러나 리좀적 작업은 오로지 다른 사고를 향하는 것으로, 여기서 '**향하여**(*towards*)'라는 것은 어떤 노력이 고정된다는 것으로 (잘못)해석되는 것을 피하고자 하는 의도를 가지고 쓰여졌다. 또한 '향하여'는 어떤 사고가 일어나더라도 즉시적으로 탈~영토화되고(de~territorialized), 녹여내고, 재구성된다는 것으로, 마치 구름이 탈주선(lines of flight)과 다른 공간을 통해서/함께/속에서(through/with/in) 발생하고 흩어지며 다시 구성되듯이 사고들과의 관계를 통해 재구성된다는 의미를 가진다.

이미 미끄러져 들어왔으나 아직 설명되지 않은 글쓰기 장치들이 작동하고 있는데, 리좀에 관해 말하는 활동들에 리좀적 작업이 항상

3) 역자 주: Sellers는 어린이의 놀이와 함께/속에서/주변에서 내포되는 비형식적 극놀이 형태를 '게임'이라는 용어로 표현하고 있다. 즉, 놀이가 작동하는 개방적 플랫폼으로서 미리 정해 둔 극본이 존재하지 않는 자유로운 극놀이를 지칭하고자 하였다. 그러나 경쟁과 합의된 규칙 등을 포함하는 '게임'의 전통적인 의미와의 혼동을 피하기 위해 저자와의 협의를 통해 문맥에 따라 놀이, 놀이주제 등으로 번역하기도 하였음을 밝혀둔다.

이미 존재하고 있다는 것이다. 이는 내가 글쓰기에서 '~, ( ), /, **그리고…그리고…그리고…**'라는 표시를 자주 사용하는 방식을 포함한다. 특히 이 책에서 내가 '~'라는 표시를 쓸 때는 상호성이 있으면서 한쪽이 다른 한쪽을 함께 연루시키는 관계에 있는 단어~개념을 만나게 할 때이다. 예를 들면, 탈~영토화(de~territorialization)라고 할 때는 우리의 생각이 다양한 공간에 들어갈 때 그 공간, 즉 우리가 사고공간과 다른 사람들의 사고공간을 영토화시키지만, 그 공간에 들어서는 순간 곧 우리들의 계속되는 사고에 의해 변화가 이루어지면서 탈~영토화 운동을 동시에 생성한다는 의미를 담고 있다. 이 **영토화**와 **탈~영토화가 서로** 미끄러지듯 이어지는 운동은, 각각의 상태가 오로지 다른 한쪽의 관계에 기대어 존재할 뿐이다. 탈~영토화는 이 끊임없이 변화하고 뒤섞이는 상태를 알려주는 기호 같은 것이다. 이러한 과정에서 사고~사유하기(thought~thinking)는 서로 동시에 함의된 관계로서, 아이디어들이 계속 (발현)병합되는, 발현과 병합이 동시에 일어나는 관계이고…**그리고…**(더한 무엇이 있음을 말하는 것이고)… 사유하기~글쓰기(thinking~writing)라고 표현한 것은 각각이 다른 것이 되는 상태인데, 예를 들면 쓰기가 사유하기로부터 발현되고, 사유하기가 쓰기 과정에서 일어나는 상태를 말할 때이다. '( )'를 사용할 때는 의도적으로 두 번 읽어 강조가 필요한 것을 말하는 것으로, 예를 들면 수용(재구상)하기(re[con]ceiving)란 표현을 쓰는 것은 다시 구상하기와 수용하는 상태 모두를 말하고자 할 때이다. 순간(운동)(mo[ve]ment)이 동시에 운동과 그 순간을 모두 말하는 것과 마찬가지이다. 그리고 '/'의 표시는 다층적 읽기를 표현하고자 할 때인데, 예를 들면 **통해서/함께/속에서**(*through/with/in*)라고 할 때 '/'는 through, within, in으로 각각의 전치사를 따로따로 그리고 함께 읽으라는 뜻으로, 동시다발적인 다양한 읽기의 가능성을 열어두기 위해 사용하였다. 다층적 읽기를 강조하고자 할 때, Deleuze와 Guattari 방식으로 '**그리고…그리고…그리고…**'(Deleuze & Guattari, 1987: 25)라고 쓰는 것은 사고~사유하기를 위한 어떤 가능성을 지속적인 가능성으로 만들어 가고자 할 때 사용하였다. Deleuze와 Guattari는 '연접(conjunction)'의 의미로 '그리고(and)'를 '리좀적 천'(p. 25)으로 설명하는데 이는 어떤 재료, 덩어리, 그리고 물질로 된 리좀적 활동이 항상 이미 개방된 상태라서 어떤 구체성, 확실성, 그리고 결론들이 영원히 끝나지 않고, 오로지 같은 순간(운동)의 상태에만 도달하는 것으로, 탈~영토화의 순간(운동)을 통하여 지나가고…**그리고**…거기에는 항상 이미 좀더 협상할 무엇인가가 있다는 것이다.

단어 옆에 *sous rature* 라고 적혀 있거나 줄이 그어져 지움 표시가 있는 것은 그 단어가 아직 전적으로 후기구조주의 담론에 쓰기에는 적절하지 않으나 현재로서는 그 특정의 의미를 묘사하기에 더 적합한 단어가 존재하지 않을 때 사용하였다. Deleuze의 철학 속에서 작업하면서, 단어 위에 줄이 그어진 지움 표시는 개념을 탈~영토화해야 하며 탈주선을 타고 무엇인가를 다르게 사유한다는 의미를 담은 것이다. 예를 들면, 리좀이 계속 성장해 가면서, 모든 차원에서 한꺼번에 변화하고 운동할 때, 그것은 어떤 처음도 없고 끝도 없는 것이다. 그러나 '처음'과 '끝'이라는 단어를 쓰지 않고 이것에 대해 말하는 것은 매우 어려운 일이라 ~~처음~~과 ~~끝~~(~~beginning~~ and ~~ending~~*sous rature*)이라고 씀으로써 모순성을 표시한다. 비슷하게, 이 책에서 나의 ~~연구논~~문(~~thesis~~)*sous rature*, 이렇게 쓸 때가 있는데, 그것은 고원 위에 재배치되어 있음을 의미하는 것으로서, 일반적으로 관습화되어 있는 논문 형식과 달리 논문의 목차에 따라 순차적으로 읽어 나가는 형식에 따르지 않고 어떤 순서로 읽어도 됨을 표시하는 것이다. 이렇게 텍스트를 후기구조주의 방식으로 작업해 가는 것은 다른 사고의 가능성을(에로) 열어 가는 것으로써, **현실계**(*actual*)와

잠재계(*virtual*)의 가능성을 개방해 가는 것이고, 아이디어를(**에로**) 개방하는 것이고, 그래서 그곳에 더한 다른 사고의 가능성이 있을 수 있다는 역동적이고 변화하는 시간–공간의 끝없는 운동성이라는 항상 이미 있는 조건을 표현하는 것이다.

이 교육과정의 공간에서 일어나는 일
happening upon this curricular space

나의 유아교육관련 일은 1960년대 후반에 아오테아로아 뉴질랜드에 있는 유치원의 교사로 시작되었고, 그 이후 25년 동안 매우 다양한 지역과 주, 도시근교와 시골 등에서, 때론 원거리 교육을 통해 교사와 학부모로서 지내 왔다. 1990년대에 잠깐 동안 유아교육 분야를 떠난 걸 제외하고는, 나는 지속적으로 교육과 관련된 좀 더 폭넓은 영역의 교육학을 배우고자 대학으로 돌아와서 공부를 하였고, 2003년도에 유아교사를 가르치는 일로 다시 유아교육 분야로 돌아오게 되었다. 그때 나는 예비유아교사 실습 지도를 나갔는데, 이후 내 박사학위 논문에 강한 영향을 준 만 2세 된 마르시를 만나게 되었다. 이후 3년 동안 많은 양의 글을 읽고, 쓰고, 사유하면서 어떻게 리좀적 작업으로 연구를 해나갈 수 있을까를 고민하였고, 나는 두 대의 비디오카메라를 가지고 유치원에 들어가 아이들과 함께 참여연구자(participating researcher)로서 아이들이 교육과정에 대한 앎을 어떻게 완전하게 충만한–놀이로서 수행하고 있는지, 그리고 그 교육 과정 수행성(curricular performativity)을 어떻게 표현하는지를 36시간 동안 기록하였다.

연구의 리좀을 생성하기 generating the research rhizome

아오테아로아 뉴질랜드의 유치원들은 어린이 중심의 학습과 자유놀이에 대한 긴 역사를 가지고 있다. 이러한 역사는 또한 오랫동안 유치원의 학습공간에 대한 철학으로 진화했으며, 어린이와 교사의 공통된 이해를 위해 협력하고 어린이의 배움을 향한 욕망을 가장 중시하는 철학이 모두 포함되어 있었다. 나의 박사학위 논문의 자료를 모은 유치원은 비록 하루일과가 여전히 관습적이었지만 프로그램 전체를 지배하는 것은 아니었다. 어린이의 놀이를 보호하기 위해 외부(인)의 방해를 최소화하였고, 어린이는 간섭 받거나 재촉당하지 않고 충분히 놀 수 있었다. 물론 대부분의 유아교육기관에서처럼 일련의 집단 활동이 일어나고 있지만 활용되는 자원과 재료들은 다양한 배움의 기회를 제공하는 것으로 보였고, 놀이를 게임처럼 즐기는 어린이가 생성하는 복잡한 배움의 도구로 간주되고 있었다. 예를 들면, 어린이를 위해 미술영역에는 다양한 물감 놀이, 그리기, 콜라주 재료의 심미적 잠재성을 탐색하는 공간을 제공하지만, 이러한 탐색은 진행되는 놀이의 일부로서, 문자/숫자 배우기…**그리고**…갈등을 해결하는 사회적 기술 배우기…**그리고**…과학 활동…**그리고**…어른과 대화하는 법 등도 모두 포함하는 것이었다. 이 모든 열린 기회들은 지속적인 배움의 형태로 이루어지고 있었다. 또한 이 정리정돈 시간도 약간 느슨하게 진행되었는데, 어린이가 더 많은 상상력을 활용하는 역할놀이나, 신체, 언어, 수학적 놀이~학습을 지속할 수 있는 기회를 더 주기 위한 것이었다. 예를 들면, 몇몇 여자 아이들은 꽤 자주 모래놀이를 정리하면서 트럭이나 굴착기 같은 놀잇감을 가지고 놀기도 하였고, 또 어떤 아이들은 퍼즐놀이를 하다가 선반에 재정돈하기 전에 또 허물고 다시 쌓아보는 놀이를 하였다. 정리정돈 시간도 그날의 마지막 배움을 향한 놀이처럼 진행되는 것이 보였다. 아이들은 정리 창고에 손수레를 넣어두러 가는 길을 멀리 돌아 경주하듯이 끌고 가기도 하고, 꼭대기 요새에서 타이어를 정돈하기 위해 굴렸다가 (또 올리기도 하고), 다양한 모자와 스카프를 접고 인형들을 역할놀이 영역에 있는 침대에 잘 뉘어 놓고, 또 자르고 모양내는 데 쓰이는 다양한 모양의 찰흙놀이 도구들도 정리정돈하고, 놀잇감 상자에 놀잇감을 즐겁게 정돈하는 모습이 보였다.

이렇게 유아교육기관에서 어린이를 위한 놀이공간, 프로그램, 놀이 주제나 활동을 생성함에 있어 교사가 운영하는 방식도 매우 중요하다. 많은 유아교사들이 그렇듯이 열린 놀이~학습 공간을 제공하고자 하였으며, 어린이와 상호 작용하면서 완전히 어린이의 관점에서 이루어져야 한다는 것을 알고 있었다. 그러나 무엇보다 중요한 것은 이곳의 유아교사들이 교실이라는 학습 공간에서 어린이와 **함께** 있었으며, 자신들이 통제권을 당연히 가지는 것으로 가정하지 않으려고 부단히 노력하면서 어린이와 불필요하게 상호작용하지 않는 데 익숙해져 있었다는 것이다. 이러한 교육현장에서 나는 최적의 리좀적 움직임이 있을 수 있다는 것을 예감하였다. 아이들의 몰입을 이끌어 내는 완전히 방해받지 않는 놀이 시간이 매우 적절히 일어났고, 나는 이러한 리좀적 순간(운동)을 비디오로 촬영하여 더 좋은 자료를 생성할 수 있었다. 어린이가 주도하는 모습을 따라가는 것은 교육과정에서 어린이의 욕망을 이해하는 데 생산적인 방법으로 여겨졌으며, 게임처럼 재미있고 활력 있는 놀이는 교육과정을 수행하고 표현하는 어린이의 놀이(하기)(play[ing])를 통해 발생하고 있었다. 나는 비록 미리 설정된 목적의식을 가지고 미리 주어진 상황으로 들어가려던 것은 아니었지만, 이러한 리좀적 과정들을 무작위로 기술하려고도 하지 않았다. 그것은 동시에 계획하면서도 계획되지 않은 것, (비)계획적인([un]planned) 것, 새로운 열린 계획을 품고 있는 ~~계획~~이었으며, 아무렇게나 몰고 가는 것은 아니었으며 불가피하게 열린 공간을 향해 탈주선을 타고 가는 것으로, 지속적으로 (발현) 병합([e]merging)되는 공간을 열어 주었다. 이것은 연구에 몰입해 들어가는 과정이었는데, 새로운 것을 향해 새로운 가능성이 열리는 것, 꼭 '새로운' 상황이 발생할 필요는 없지만 그러한 발생은 분명히 차이나 다름이 발생하는 전조로서, 분명히 리좀을 통해/함께/속에서 작동하는 것이었다.

~~논문~~을 책으로 ~~thesis~~ to book

리좀이 그러한 것처럼 사물들은 지속적으로 상호접속의 다양체를 통해 강도를 증가시키며, 모든 것은 항상 이미(always already) 변화와 역동성을 가지고 있다. 비록 이 책은 내 박사학위 ~~논문~~의 리좀연구에 대해 말한 것이지만, 그 자체도 미완성적이고 아직 충분하지 않으며, 연구 이야기가 끊임없이 다르게 되어 가는 과정에 있음을 말하고자 한다. 더 광범위한 독자들을 대상으로 이 연구 이야기들을 전달하고자 한 것인데, 여기서 광범위한 독자란, 현재 Deleuze와 Guattari의 철학을 함께 실천해 보고 싶은 공통의 흥미를 가진 유아교사, 유아교사교육자, 예비유아교사, 또한 학자와 행정가, 현장전문가를 포함하는 모든 사람을 뜻한다. 이 책은 교육과정 탐구가 인식론적, 존재론적으로 철학적 근원을 찾는 것이어야 하기에 고원들을 다시 모아 배치해 보는 방법을 활용해 볼 수 있도록 하여 스스로 보다 적극적으로 참여하고 개입할 수 있도록, 그들을 초대/자극(invite/incite)하고자 쓰여졌음을 밝힌다. ~~논문~~ 내용 중 일부는 여기에 포함시키지 않았는데, 예컨대 리좀의 작동에 대한 자세한 설명은 담지 않고 여기서는 다만 리좀의 조건과 표면을 지각할 수 있는 리좀 분석을 실행할 것이다. 또한 윤리적인 문제들,

자료수집의 구체적인 내용, 어린이 대상 연구의 함의점들은 모두 박사~~논문~~에는 있지만 이 책에는 소개하지 않았다. 어린이, 아동기, 교육과정에 대한 이론의 역사는 매우 간략화되어 있는데, 이것은 내가 현재의 이론들을 매우 다른 방식으로 사유하는 것을 좋아하기 때문이다.

그러나 이 ~~논문~~에서 나타난 리좀적 활동들은 나의 이론적 앎이 지속적으로 (발현)병합하도록 지탱하는 주춧돌이 될 것이고, 책 전체에서 계속 언급되고 있는 '회절(diffraction)'이라는 개념은 Barad(2007)에 의해 영감을 받아 기술하였음을 밝힌다. 더 자세한 내용은 **울림의 전조**(*Preceding echoes*)라는 고원을 참조하기 바란다. 박사논문 심사자 Bronwyn Davies가 팀이라는 어린이의 충만한-힘이 담겨 있는 활동에 대한 심사평을 하는 과정에서 내가 무심코 "제도적 기관의 '윤리'" 담론으로 미끄러져 들어가, 그만 어린이의 앎에 대한 권력을 연구자에게만 부여해 버렸던 내용은 모두 **어린이(들) 되기와 충만한-힘-되기**(*Becoming child[ren] and becoming power-full*) 고원을 참조하기 바란다. 그리고 Liselott Mariett Olsson(2009)과 Hillevi Lenz Taguchi(2010)의 읽기~사유하기 연구에서 나타나는 유물론적인 문제들은 이 책에서 **물질성 문제**(*Materiality matters*) 고원을 참조하기 바란다. 종합해 보면, 내가 책을 쓰면서 의도하지 않은 채 더하거나 빼버린 내용들이 있는데, 이 모든 것은 **테 파리키**와 (재)접속되는 **후기**(*Aftrwrding*)에서 좀 다르게 나타나 있다(Ministry of Education, 1996). 어쨌든 리좀이 ~~시작~~도 없고 끝도 없는 것처럼, 몇 가지 결론적인 생각들이 비록 구체적은 아니라 하더라도 **후기**에서 모두 설명하였다. 이 소제목의 단어에서 모음 생략이 일어나는 것은 일부러 의도한 것으로, 이는 독자들, 맥락, 접속지대와 사이-내부의 관계에 적합한 방법들과 늘 (재)협상되는([re]negotiated) 존재들이 있고, 이는 되기의 사이 공간에서 늘 미완성적인 것들로 존재한다는 암시를 주기 위해서임을 밝혀둔다. 이러한 접근과 관련하여 **테 파리키**의 관점을 다시 살펴보고 함께 들여다볼 만한 대화들을 여기에서 소개하지만 여전히 읽기~글쓰기~사유하기를 향해 열려 있을 것이다.

이러한 순간(운동)을 통해서/함께/속에서 나는 다른 사람들도 이리좀적 영역에서 협상하고 또 어린이의 사고를 수용하는 리좀적 대화를 생성할 것을 기대하고, 어른이 생각하는 교육과정과…교육 과정의 수행성을 통해서 혹은 그 안에서 지각할 수 있는 것들을 만들어 내고…또 다르게 생각하는 것을 배우고…어린이와 아동기의 교육과정에 대해 다르게 생각하고…유아교육기관에서 어린이를 위한 살아 있는 삶~배움의 경험을 생성할 수 있고…또 이러한 모든 것은 결국 다른 세계로 미끄러져 들어가는데, 그 세계는 아동기와 그 이후를 말한다. 후기구조주의적 수행성을 리좀적 순간(운동)(mo[ve]ment)으로 볼 때, 모든 일을 고정시켜 숨막히게 하지 않고 삶~배움의 복잡한 구조와 함께/속에서/통해서 영원히 끝나지 않을 (불)확실성으로 미끄러져 들어간다. 교육과정을 실행하고 생성하는 이러한 복잡성에 주목하며, 자신들의 세계를 통해/함께/속에서 흥분~자극~초대를 통해 탐구해 간다. 이것은 나의 글에서 나타나는 배움의 여정으로서, 자극하는 순간(운동)을 통해 독자들을 협상할 수 있는 공간으로 초대하고자 하는 것이다. 즉 무엇을, 어떻게, 왜 그렇게 될 것인지를 생각해 볼 수 있는 공간으로 여행하는 것이고…**그리고**…또 독자들이 어린이가 실행하는 교육과정의 복잡성을 향해 보다 열린 사고-사유하기를 하도록 시간-공간과 협상할 수 있도록 고무시키는 것이고…**그리고**…이러한 배움으로 충만한-힘을 가지고 유아교육과정을 수용(재구상)해 보고자 하는 것이다.

환경(들)에 대한 지도 만들기

Mapping milieu(s)

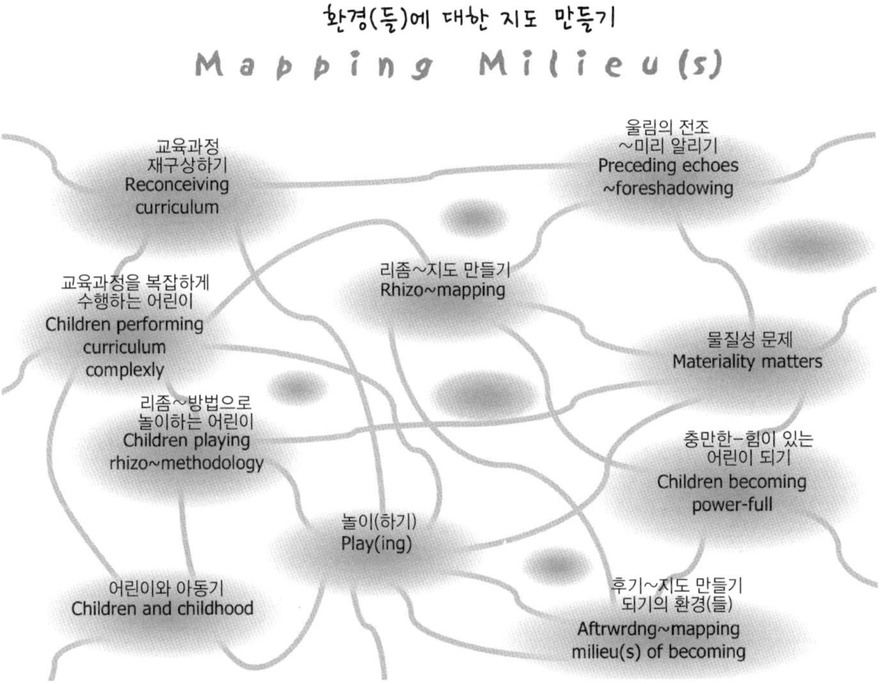

[지도 0.1] 환경에 대한 지도 만들기

고원을 시작하는 페이지

Pateau starting pages

지도, 그림과 스토리보드

Maps, figures and storyboards

지도

그림

스토리보드(칼라부분)

울림의 전조~미리 알리기

Precededing echoes~foreshadowing

몇 가지 미리 알리기로 리좀을 시작하며

starting up rhizome with foreshadowing ideas

이 책에 배치된 고원들은[1)] 맨 처음 장(章)인 **울림의 전조**(*Preceding echoes*)로부터 마지막 **후기**(*Aftrwrdng*)에 이르기까지 역동적으로 변화하는 한 덩어리, 즉 리좀이다. 이 리좀은 내 박사학위 논문을 위한 연구(Sellers, 2009b)로 큰 (모험)도전([ad]venture)을 통해 출현한 것인데, 이후 부분적으로 수정을 가한 내용이다. 나는 이 책의 내용을 전통적인 논문체제 형식을 거슬러서 선형적인 장별 배치로 구성하지 않았다. 그 대신 문헌 및 자료를 여러 방식의 고원적 환경으로 만들어서 이를 통해 내가 한 연구 내용들을 다양한 각도에서 말하고자 하였다. 이 책은 나의 학위 논문을 가지고 교육과정 속의 어린이를 수용(재구상)(re[con]ceiving)해 보려고 시도한 것이다. 그러므로 이 책의 구성체제는 내 박사학위 논문을 위한 연구의 과정을 몇 개의 장으로 나누어 일직선으로 배치한 것이 아니다. 이것 자체가 리좀이고 또한 리좀을 연구하는 방식이라고 볼 수 있다. 즉, 연구와 리좀이 함께 작동하도록 순환적으로 배치한 것이다. 따라서 이 책의 고원들은 독자가 자신의 관심에 따라, 또

1) 역자 주: 이 책에서 '고원'이라 함은 장(章)을 의미한다. 저자는 이 책의 각 장별 내용을 읽어나가는 순서를 독자의 관심 및 사고의 발전에 따라 자유롭게 하도록 권유한다.

는 읽어나가는 동안 발현하는 탈주선에 따라 어떠한 순서로 읽어도 무관하도록 쓰여 있다. [지도 1.1]에 이 책의 전체 내용을 읽는 네 가지 방식을 제안하였다. 우선 이 책 전체에 담긴 Deleuze와 Guattari(1987)의 상상계들을 이해하기 위하여 이 **울림의 전조** 부분을 먼저 읽는 방법(지도 1.1)이 있다. 그러나 나는 독자가 자신의 현재 관심에 맞추어, 또는 이 책을 읽는 도중에 일어나는 관심의 변화에 따라 읽는 방식을 스스로 선택하기를 권한다.

어린이와 아동기에 대한 이해

- 울림의 전조
- 어린이와 아동기
- 놀이(하기)
- 교육과정을 복잡하게 수행하는 어린이
- 충만한-힘이 있는 어린이-되기
- 리좀~방법으로 놀이하는 어린이
- 교육과정 재구상하기
- 리좀-지도 만들기
- 물질성 문제
- 후기

교육과정

- 울림의 전조
- 교육과정 재구상하기
- 교육과정을 복잡하게 수행하는 어린이
- 리좀-지도 만들기
- 놀이(하기)
- 리좀~방법으로 놀이하는 어린이
- 어린이와 아동기
- 충만한-힘이 있는 어린이-되기
- 물질성 문제
- 후기

연구방법론

- 울림의 전조
- 리좀~방법으로 놀이하는 어린이
- 리좀-지도 만들기
- 충만한-힘이 있는 어린이-되기
- 교육과정을 복잡하게 수행하는 어린이
- 놀이(하기)
- 어린이와 아동기
- 교육과정 재구상하기
- 물질성 문제
- 후기

이 책의 현재 배치

- 울림의 전조
- 교육과정을 재구상하기
- 교육과정을 복잡하게 수행하는 어린이
- 어린이와 아동기
- 리좀-지도 만들기
- 놀이(하기)
- 리좀~방법으로 놀이하는 어린이
- 충만한-힘이 있는 어린이-되기
- 물질성 문제
- 후기

[지도 1.1] 관심에 따라 고원들과 협상하는 순서

나는 교육과정이 '무엇을 어떻게', 그리고 '왜'라는 방식에 초점을 둔 전통적인 담론을 포함하여 사람들에게 각기 다른 의미를 지닌다는 것을 잘 알고 있다. 그러나 이 책에서 나는 교육과정을 전통적인 방식으로 풀어내기보다 '그것이 어떻게 작동하는가?'(Deleuze, 1995)에 초점을 두려고 하였다. 나는 교육과정이 우리 주변 세계에서 어떻게 전개되는지, 그리고 우리가 어떻게 경험하고 있는지에 대한 관심을 가지면서, 교육과정을 과정적인 것으로, 또한 어린이의 체험으로, **쿠레레**(*currere*)로, 그리고 항상 이미 되기(becoming)로서 이해하는 데 관심을 두었다. 이러한 사고방식에서는 교육과정이 하나의 사물과 같이 고정된 실체라기보다는 우연적으로 '일어나는 것(happening)'이라는 관점이 녹아 있다. 그리하여 나는 교육과정이 현장에서 실제로 어떻게 작용하는가, 우리가 그것을 어떻게 작용하도록 만드는가, 우리가 현장에서 교육과정-하기(curriculum-ing) 및 교육과정 수행성의 차원에서 그것을 어떻게 작동시키고 있는가 하는 쟁점들을 중심으로 탐구하고자 한다. 이러한 관점은 교육과정이란 다름 아닌 우리 자신이라고 본 Grumet(1988)의 교육적 신념에 함축되어 있다. 교육과정이란 개념은 그것이 일어나는 현장의 조건들과 다양한 수행적 표현들 속에서 어떻게 실천되는가의 문제로서, 교육과정 수행자들과 한데 뒤얽혀 있기 때문이다. 독자가 다음과 같은 질문을 가지고 접근한다면 이 책의 내용을 보다 수월하게 이해할 수 있을 것이다. Deleuze와 Guattari의 상상계는 교육과정 및 어린이의 교육과정 수행성을 이해하는 데 어떻게 관련되는가? 어린이는 교육과정을 실제로 어떻게 수행하는가? 어린이의 교육과정 수행이 교육과정을 이해하는 데 어떻게 기여하는가? 아오테아로아 뉴질랜드 국가수준 유아교육과정 문서인 **테 파리키**(*Te Whāriki*)(Ministry of Education, 1996)[2)]를 이해하는 데 있어 이러한 질문을 제기한다면 어떠한 반응이 나타날 것인가?

나는 어린이가 세계에 대하여 이해하는 내용이 어른의 것과 마찬가지로 중요하다고 생각한다. 그래서 내가 취하고자 하는 접근은 어린이와 아동기, 또한 그들이 **이해하는** 내용을 어른이 교육과정을 이론화하는 **개념**에, 그리고 **테 파리키**의 내용을 해석하는 데 수용하자는 것이다. 즉, 교육과정 속에서 어린이를 **수용(재구상)**(*re[con]ceiving*)하고자 하는 것이다. 이러한 작업은 어린이의 놀이 및 놀이하기를 통해서/함께/속에서 표현되고 있는 그들의 교육과정 수행성, 즉 그들이 교육과정을 현장에서 어떻게 수행하고 있는가의 측면에 초점을 두는 것으로, 놀이적 성격이 강한 탐구이며 다소 모험적인 도전이기도 하다. 유사하게 나는 문헌과 놀이하고자 한다. 이 문헌들을 자료 속에 나타난 어린이의 놀이 장면으로 가져와서, 어린이의 놀이 행위가 이 문헌들 앞뒤로 이동하며, 결합되었다 물러나기를 반복하는 진자처럼 가지고 놀이할 것이다. 이러한 나의 놀이가 수렴/확산하는 고원들을 자체적으로 발생시킴으로써 책의 내용을 선형적으로 전개하는 종래의 배치 방식을 벗어나는 것이다. 이와 같이 리좀적 방식의 방법론으로 놀이하여, 근대주의적 논리를 깨뜨리고 불안하게 하며 위반하면서 새로운 가능성을(에로)[3] 열어나간다. 나는 항상 이미 내 박사학위 연구를 (다시)생각하고 있는데, 물질성의 새로운 관념이 출현할 경우, 박사학위 ~~논문~~에서 미처 발견하지 못했던 또 다른 이분법적인 구분, 즉 물질|담론 간의 위계적인

---

2) 흔히 **테 파리키**(*Te Whāriki*)라 부르지만 공식 명칭은 *Te Whāriki* : *He Whāriki Mā tauranga mō ngā Mokopuna o Aotearoa: Early childhood curriculum*(Ministry of Education, 1996)이다. 이 교육과정 문서 내용에서 제목 외에는 마오리 단어들을 외국어임을 나타내는 이탤릭체로 표기하지 않는다. 그 이유는 마오리어가 아오테아로아 뉴질랜드의 공식 언어이기 때문이다.

3) '가능성을(에로) 열어나간다(opens [to] possibilities])'라는 표현은 가능성을 향하여 여는 활동을 암시하고 있는 동시에, 이미 잠재적으로 함께 연결될 수 있는 가능성이 있다는 것을 의미한다.

경계를 발견하게 되어 곧 이를 무너뜨리고 해체한다. 이 작업은 물질적인 관계성을 실제로 드러냄으로써 논리중심주의(logocentrism)의 우위성을 파열시키는 것인데, 이 책의 내용 배치에서도 이러한 몇 가지 사례가 이미 일어났고…**그리고**…이 책을 마무리하는 순간의 생각하기 및 **후기**에서도 또 다른 이분법이 (발현)병합하였다[4]. 그것은 비형식적(비|형식적)[5] 배움보다 형식적 배움을 우위에 두는 위계적 관념이었으며 이는 곧 비|의무교육, 그리고 학교|유아교육 간에 이분 구도적 관념을 발생시키는 것이다. 그러나 이 책~배치(book~assemblage)[6]의 공간–시간에서는 이러한 점들을 표면적으로 언급하지는 않는다. 대신 리좀의 환경에 대하여 더 많이 암시할 뿐이다…

내 박사학위 연구의 자료는 아오테아로아 뉴질랜드의 한 유치원에서 어린이와 함께 놀이로 가능한 리좀적 모험을 하면서 생성된 것이다. 그것은 어린이의 놀이 장면을 녹화하여 임의로 선택한 내용이다. 리좀적 분석은 이와 유사한 방식으로 다양한 고원들을 통해 발현하거나 함께 병합되는 것으로서, 자료와 연구 여정을 기록해나가는 과정으로서 놀이적이면서도 진지한 (모험)도전이다. 예를 들면, 시적인 아이디어와 형식을 가지고 작업하기도 하고, 다양한 배치 형식을 만들어 냄으로써 자료 텍스트의 물질성이 중요하다는 것을 보여 주며, 전통적인 선형적 읽

4) '(발현)병합하는'이란 표현은 그로부터 발현하고 그것에로 병합된다는 이중적 의미를 가리킨다([E]merges: emerges from and merges with).

5) 역자 주: 이 맥락에서 저자가 '비|형식적' 등의 단어에 넣은 '|' 부호의 의미는 개념 간 이분법적 구분을 강조하기 위함이다.

6) [스페인어나 포르투갈어에서 단어 위에 붙이는 기호인] '틸데(~)'가 붙은 단어는 항상 이미(always and already) 함께 함축되어 있고(co-implicated), 체화되며(embodied), 다른 것에로 병합되면서(merge), 또한 그 병합된 것으로부터 발현하는(emerge) 표현의 조건 및 질료를 암시한다.

기 방식에 대해 전적으로 도전하는 자세 등으로 나타난다. 교육과정은 되기가 일어날 수 있는 환경(들)인데, 이는 내 사고의 그림자로부터/함께/속에서 출현한다. 교육과정 속의 어린이를 다시 이해하는 작업은 항상 이미 무엇인가 다른 것으로 되어 가는 어린이의 다양체와 함께하는/다양체의 놀이적인 (모험)도전이 된다.

울림의 전조라는 서론격의 글을 쓰는 일 또한 근대주의적인 학문 영역의 논리보다는 다소 덜 구조화된 형식으로 모험을 감행하는 일이다. 이 책~배치에서 사고~사유하기를 전개해나가는 방식은 어떤 내용도 경직되게 구체적으로 응고되지 않도록 하기 위함이다. 그리하여 리좀 자체가 ~~시작점~~도 ~~끝점~~도 없고 사이-내부의 중계점 공간들만 지니기 때문에 처음과 마지막은 모두 **삭제**된다. 사물들은 미끄러지면서 넘나들고, 지속적으로 전통적인 사고를 귀띔하지만 생각이 균형을 잃게 되며, 혼란스럽게 복잡한 탈질서와 (불)협화음을 만들어 낸다. 이 책~배치의 리좀적 공간에서는 서론이 결론이 되기도 한다. 마치 서론과 결론 두 부분이 다 서로에게 발전해 들어가고 서로를 신장해 주는 것으로 나타나기 때문이다. 그리하여 서론~결론적인 아이디어의 (발현)병합 속으로부터 연구 프로젝트의 중간과정 이야기가 펼쳐지게 된다. 서문이 개론적인 도입부 아이디어가 되고, 이는 또한 결론짓는 생각이 되며, 동시에 글쓰기를 마친 후의 생각이 되고, 이는 곧 **후기**(*Aftrwrdng*)가 된다. 이 책에서의 텍스트적인 문체나 표현들 드러내기, 괄호 치기( ), 빗금 기호(/)들은 이 책을 이루는 아이디어들이 계속 달리 (불)완전하게 변한다는 것을 효과적으로 암시하기 위하여 사용하였다. 연구를 텍스트화함으로써 책~배치로의 되기가 이루어지고, 이러한 텍스트적인 수행성으로 말미암아 나의 연구는 비로소 지각가능한 것이 된다. 이 텍스트적 수행성의 공간은 Deleuze와 Guattari의 사상적인 환경으로서, 사이-내부 운동의 역동적 환경을 통해 이 책의 **후기**…는 앞서서 말하는

울림의 전조와 함께한다. 그러므로 여기에 배치된 서론적인 아이디어들은 계속 변화하며 발현하는 덩어리로서 언제나 그 역동적인 (모험)도전 과정의 일부일 뿐이다.

~~시작하기~~ 이전에~마르시를 위한 편지

before ~~beginning~~~a letter for Marcy

이 편지는 내가 내 박사학위 ~~논문~~을 제출하기 위해 고원들의 배치를 읽으면서 쓴 것이다. 내 연구 활동을 위하여 다름 아닌 마르시라는 여자아이를 통하여 얻었던 영감에 감사한다. 그때나 지금이나 마르시는 영감 그 자체였다.

사랑하는 마르시

이 편지를 쓰는 데 몇 년이 걸렸단다. 내가 너를 더 잘 기억할 수 있도록 여러 생각과 아이디어, 영감, 지각과 개념, 통찰과 의혹, 제안과 의향, 이미지와 상상하기, 단어와 그림, 읽기와 쓰기를 의식적 그리고 무의식적으로 한데 끌어모았단다. 내가 너를 만났던 날, 너는 나에게 모든 곳에 있는 모든 유아교육기관의 모든 아이나 다름없이 비춰졌었어. 내 마음의 눈으로 볼 때 어른 세계로부터 무조건적인 존경을 받아 마땅한 많은 세계(들)의 아이들 모습이었지. 나의 백인화되고 서구화된 이해와 함께/속에서 작업하는 과정에서, 내가 교육과정을 배움~삶이 혼합된 것으로 최초의 신선한 접근으로 다가가면서 너는 내가 구체적으로 체화하고픈 별개의 특별한 아이가 되었어.

너는 나에게 어린이와 아동기, 교육과정에 대해 어떻게 달리 생각할 수 있는지, 그리고 사고하기에 대해서도 어떻게 달리 생각할 수 있는지 계속해서 영감을 불어넣어 주었어. 여러 해가 지났지. 우리 배움의 환경들 속으로 우리의 탈주선들이 교차하면서 서로 만났을 때 나는 네가 아직 세 살도 안 되었다는 사실을 상상하기 어려웠단다. 이제 이 편지를 쓰면서 그때의 내 연구 일기로 (되)돌아가서, 네가 그 어린~나이 든 아이라고 나 자신에게 확인시킨다. 2003년 8월에 쓴 내 연구 일기를 보면, 어떤 영유아기관에서는 영아들과 걸음마기 아기들, 어린이가 자신이 원하는 시간에 원하는 방식으로 먹고 자고 놀이할 권한을 가지지 못하고 있다고 적혀 있다. 이건 네가 나에게 일깨워 준 것이었어. 그리고 나는 어린이가 자신과 주변 세계에 대해 스스로 이해하고 있는 것을 중요하게 받아들이면서, 교육과정을 재구상할 것을 생각하기 시작했다는 것도 적어 두었지. 이 내용들은 네가 담임 선생님한테 어떻게 (잘못)이해되었는지를 말해 주는 것이었어. 이러한 생각들은 내가 박사과정에 있을 때 교육과정 속에서 어린이를 수용(재구상)하는 (모험)도전을 하도록 해 주었단다.

2003년 8월 14일

오늘은 아마도 Foucault가 그의 무덤 속에서 놀라 돌아누웠을 것 같다. Foucault는 감옥에서 이루어지는 훈육과 처벌의 관계를 분석하고 감시를 통해 행사되는 권력을 해체하는 작업을 하였다. 죄수들은 가차없는 관찰의 대상이 되었는데, 이러한 감시는 도처에서 제약 없이 억압적으로 행해졌다. Foucault에 따르면 이 훈육적인 감시가 권력의 노골적인 외현적 형태라고 할 수 있는 반면에, 심리학의 개인주의 성향을 띤 자기훈육의 관념은 보다 응집력을 확인하고 지속시키기 위해 부르주아 사회에서 발명된 은밀한 형태의 감시이다. 이와 같이 우리는 권력 행사의 개별화된 형태로서 자신에 대한 스스로의 감시 방식을 개발하여 온 것이다. 그것은 각자가 자기훈육을 개발하는 방식인데, 결국 그것으로부터 우리는 효과적으로 지배당하게 된 것이다.

Valerie Walkerdine(1992)은 그러한 훈육과 감시를 학교와 관련지었는데, 어린이가 심리학 이론과 교육 활동의 대상이 됨에 따라 교사에 의하여 감시를 당하게 된다고 보았다. 심지어는 놀이를 어린이의 주권적 활동으로 인식함에도 불구하고, 어린이는 놀이 상황에서도 개별 어린이의 발달을 책임지는 교사에 의해 결코 방심하지 않는 총체적인 통제의 시선 아래 놓이게 된다. 그러나 교사는 언제라도 이를 정당화하는 답변을 내놓을 수 있다. "교사는 어린이를 도와주고 활동을 활성화시켜주며 촉진시켜 주기 위하여 어린이 곁에 있습니다. 교사의 권력 아래 놓이는 아이는 현실 적응을 잘 못하는 등의 문제, 즉 병리적 문제가 있는 어린이에 한해서지요"(p. 20)라고 주장한다.

어느 날 나는 한 사립 영아교육기관에서 현관문을 여는 비밀번호를 몰라 한동안 밖에 서서 기다렸다. 근처에는 아무도 보이지 않았다. 그런데 버튼을 누르자 매니저가 나타났다. 마치 기업체 사무실이나 교도소 같이 널따란 곳에 들어서자 커다란 책상과 접수대가 놓여 있었고, 직원 공간을 지나 건물 전체에 걸쳐서 난 넓은 복도로 이어지며 큰 창문을 통해 어린이가 보육되고 노는 모습을 전 영역에 걸쳐 볼 수 있었다. 감시는 도처에서 직원과 어린이에 대하여 이루어지고 있었다. 심지어는 조리사의 작업 장면도 지나가는 통행인에게 노출되어 있었다. 그것은 개방적인 공간 계획에 의한 것인데, 뚜렷한(하지 않은) 경계로 (비)제약적인 흐름이 어린이와 교사의 한 영역으로부터 다른 영역으로 흐르게 하기 위한 것이다. 나는 그곳에서 Foucault가 말한 훈육과 통제, 특히 감시가 작동하고 있는 모습을 현실적으로 느꼈다. 그리고 이것이 교육적인 실천과 어린이의 학습에 대해 무엇을 의미하는지 Walkerdine이 분석했던 내용을 공감했다.

3세 미만의 아이들이 두 개의 커다란 원형 탁자에 앉아 있는 방 안으로 걸어 들어가면서 나는 아이들이 겉으로는 교사가 읽어 주는 이야기에 '귀 기울이는 것' 같았으나, 분명히 읽어 주는 내용과 읽어 주는 사람, 그리고 환경에 몰입하지 못하고 있는 것을 보았다. 한 아이가 다른 탁자에서 혼자서 퍼즐 맞추기를 하고 있었는데, 퍼즐조각이 어느 정도 맞춰지자 곧 Walkerdine이 예로 들었던 불쌍한 병리적 아이의 우스운 모습을 보여 주었다. 이 어린이는 퍼즐 맞추기를 하면서 교사가 읽어 주는 이야기를 듣고 있었는지 모르지만, 그것이 중요한 문제는 아니다. 이 아이는 또래 그룹에 합류하는 데 저항함으로써 '문제아'이고 '말썽쟁이'로 분류되고 있었다. 그러나 그렇게 '낮은' 현실 감각을 지닌 이 아이 혼자만 자신과 또래들이 종속되어 있는 권력과 통제를 느꼈을까? 이 아이는 한 인간으로서 자

> 신의 배움에 있어 주변 환경이 억압적이라는 것을 감지하지 않았을까? 다시 말해서 아직 세 살이 채 못된 아이로서 자신이 원하는 것을 배우고자 했을 때 주변 환경이 억압적으로 작용했음을 알아차리지 않았을까?

마르시, 비록 이 이야기를 너에 관한 이야기로 썼지만, 이것은 네가 직접 말해 준 것이 아니라 나와 함께했던 짧은 기간 동안 네가 자신을 세계와 어떻게 연결 짓는지를 보고 나서 내가 써 내려간 것이야. 위에서 이미 암시했지만, 내가 너의 ~~(비)안전한~~ 세계로 안내되어 들어갔을 때, 마치 Foucault가 언급했던 일망감시체제(panopticon)의 시야 속으로 들어가는 것과 같았어. 나는 아직 세 살이 채 되지 않은 아이들의 방에서 오전 간식 시간 전에 읽어 주도록 되어 있는 이야기책을 듣기 위해 커다란 둥근 탁자에 앉아 기다리고 있는 아이들을 보았어. 선생님은 아이들을 둘러보며 이야기책에 대한 아이들의 관심을 계속 유지하기가 어렵다고 생각하셨어. 마침 내가 들어가자 일종의 방해가 되었는데, 사실 어떤 아이도 교사나 이야기책에 쉽사리 몰두하는 것 같지는 않았어. 마침 부엌에서 음식 냄새가 흘러나와 아이들의 관심을 이야기책과 이야기 듣기보다 음식과 간식 먹기에 집중하게 하는 듯했어. 마르시, 너의 관심도 분명히 다른 데에 가 있었지. 선생님들의 눈에 띄지 못했지만 너는 퍼즐을 맞추는 데 집중하고 있었는데, 다른 아이들과 함께 이야기 듣기에 참여하라고 선생님한테서 한 번 지적을 받았지. 아니나 다를까, 너는 선생님의 지시에 거부했어. 그때 나는 방 한쪽의 작은 의자에 앉아 있었는데, 예상치도 못한 순간에 네가 방을 가로질러 나에게 달려와서 내 무릎에 앉았지. 나는 무의식적으로 너를 팔로 안았고 너는 곧 선생님이 읽어 주는 이야기를 듣기 시작했어. 잠시 동안 문제는 해결된 것 같았어. 네가 규칙에 순순히 순응하고 있었기 때문이지. 너는 퍼즐 맞추기를 버리고 나서, 은연중에 와서 이야기를 듣는 데 동의했으니까.

바로 그 순간, 나는 네가 그러한 방식으로 수업에 순응하는 것은 결코 수용될 수 없다는 걸 깨달았어. 너는 다른 아이들과 똑같이 둥그런 탁자에 가서 앉기로 되어 있었기 때문이지. 그런데 나 또한 너의 그러한 거부, 즉 네가 원하는 방식으로 이야기를 듣는 것에 동조하고 있음을 깨달았어. 그렇지만 그건 나중에 산만한 행동으로 간주되는 것이었어. 내가 너를 살며시 바닥에 내려놓았을 때, 내 가슴이 내려앉았어. 선생님들은 네가 너만의 방식으로 교육과정에 참여하고 있다는 것, 즉 너의 교육과정 수행성을 인정하지 않은 거지. 물론 나도 거기에 부분적으로 동참했고. 처음부터 너는 네 마음대로 퍼즐 맞추기를 해서는 안 되는 거였고, 퍼즐은 완성될 수 없는 거였어. 또 커다랗고 둥근 탁자에 놓인 의자가 내 무릎보다 우선시되는 거였어. 그런데 정작 네가 경험한 것은 단순히 자신에게 '힘을 실어줄 수 없다(dis-empowerment)'는 문제만이 아니었어. 그보다 너의 충만한-힘의 흐름이 진압당해 버렸다는 것이 더 심각한 문제였어. 권력이란 통제와 감시 체제를 통해 행사되는 힘, 감응이라고 본 Foucault의 생각을 조명해 보았지. 네가 경험한 바로 그 장면은 내 머릿속에 돌이킬 수 없고 잊을 수 없는 장면으로 새겨져 있단다. 비록 내가 그 상황에 갑자기 등장한 것이고 너와 교실 활동의 맥락에 대해 아는 것이 없는 외부자~관찰자에 불과했지만, 너는 내 무릎에 뛰어들어 이야기 듣기 활동에 참여하고자 함으로써 어느 정도 수준에서의 순응적 행동을 보였던 것이었어. 그러나 그러한 너의 행동은 더 강력한 어른의 권력체제에 협조하길 거부하는 것으로 비춰짐으로써, 비록 너는 그 상황과 타협하고자 한 거였지만 결국 끝내 수용될 수 없는 행동이 되어 버렸지. 선생님들은 **테 파리키**(*Te Whāriki*)에 명시된 어린이 개개인의 학습 성과를 위한 것이었다고 자신의 교육 방식을 정당화할지 모르지. 그러나 네가 **테 파리키**의 내용을 해석하는 방식은 좀 다른 거였어. 교육과정이 너에게 무엇을 의미하는지 네 행동으로 표현해 주었듯이 말이야. 그것은 너 자신에게 충만한-힘을 자연스럽게 발휘하면서, 한 어린 인간 존재로서 자신의 목소리가 경청되고 존중받으며 이해받길, 그리고 소중한 존재로 인식되길 바라는 욕망을 드러내고 있었어.

이러한 생각을 끝으로, 나는 너에게 보내는 감사와 존중의 이 긴 편지를 이제 마치려고 한단다. 너는 비록 이 편지를 읽을 기회가 없을 테지만, 이 편지는 교육학 문헌에 실려서 모든 어린이를 참으로 존중할 수 있는 유아교육과정을 열어가는 데(동시에 유아교육의 한 열린 틈으로서) 기여하게 될지도 모른단다. 이것이 이제까지 유아교육을 지배해 온 방식과 근본적으로 전혀 다른 방식의 사고(에 대한 틈)를 여는 데 관심을 불러일으키길 간절히 바래. 마치 마르시 네가 너의 공간을 열고자 하였듯이, 내 박사학위 연구의 이 (모험)도전이 어린이에 대한 이해를 통해서/함께/속에서 유아교육과정의 공간을 탈~영토화를 열어가는(탈~영토화를 향해 열어가는) 방법이 되길 바란다. 내가 그러한 공간을 열고자 모험적으로 시도하는 것은 마르시 너를 비롯하여 많은 곳의 모든 어린이를 위한 것이란다.

존경과 찬사와 감사를 보내며,

Marg

추신: 마르시, 이어지는 책~배치의 내용은 이 편지의 추신일 뿐이야. 비록 여기에 쓰인 언어가 네 언어와 다르지만 내가 너에 관하여 표현한 내용은 너의 배움~삶의 모습과 공명한다고 믿어.

~~시작하기~~~독자를 위한 메모
~~beginning~~~a note for the reader

그 어떤 것도 '새롭게 시작되는 것'은 없다. 모든 것은 이미 지나간 것과 또 곧 다가올 것과 잠정적으로 연결되어 있어서 과거~현재~미래의 이질적인 공간-시간들로부터/함께/속에서 중계점들의 순간(운동)[7]으로 (발현)병합하며 과거~현재~미래와 마치 실처럼 연결되어 있다. 불확실하게, 이 책을 구성하는 배치의 중계점은 대답-없는-질문을 통한 과정, 즉 또 다른 질문을 체화시키고 있는 미결정의 '대답'으로서, 일종의 (비)편파성을 암시하고 전문가의 권위를 탈중심화하며 강도를 가속화한다. 그리고, '마무리(ending)' 부분은 단지 밀물이 다시 속도를 내기 전에 더 많은 사고~사유하기의 한가운데로 돌아오거나/통해서/속에서/향하여 잠시 썰물로 물이 빠지는 것과 같은 일시적인 멈춤일 뿐이다. 그렇다면 유아교육과정에 대한 새로운 사고를 착상하는 순간(운동)을 발생시키고자 하는 열망을 가지고 어떻게/어디에서 ~~시작할~~ 것인가? 이는 어린이 자신의 삶~배움의 세계에 고유한 교육과정 수행성을 발생시키기 위하여 어린이를 어른의 경우와 똑같이 의미 있는 관점 및 의견과 이해, 그리고 경험, 역량 및 기술을 지닌 어린 사람들로 배려하고 환영하는 방식으로 대하는 것이다. 이 큰 질문은 항상 그리고 이미 또 다른 무엇이 가능한지를 곰곰이 생각하는 리좀적 방식으로 사고가 일어날 수 있는 환경을 조성하는 것이다. 구체적인 출발점이 없는 이러한 의문의 혼란스러움~중계점(muddle~middle)은 아마도 특별한 현상은 아닐 것이다. Deleuze와 Guattari(1987)는 아이디어들이 선형적인 발전의

7) '순간(운동)(mo[ve]ment)'이란 '순간(moment)'과 '운동(movement)'의 의미를 합한 말이다.

방식이 아니라 종종 중계점의 공간 속으로부터 일어난다고 설명한다. 이는 비록 도전적이기는 하나 그 아이디어들은 "시도해 봐, 모든 게 바뀌는 것을 보게 될 거야"(p. 23)라고 우리를 몰아댄다. 그리하여 나는 아이디어들이 일어나는 장이 되는, 어디로부터든, 중계점과 협상하기를 시작한다…이 책의 **후기**가 말해 주듯이…나는 이제 ~~시작한다~~. 그것은 결코 종결될 수 없는 그 어떤 이야기가 된다.

이 책~배치를 미리 알리기

foreshadowing the book~assemblage

이 책~배치를 생성하는 사고는 어린 유아와 그들의 아동기(들), 그리고 그들의 교육과정 수행성에 관한 관습적인 종래의 이미지와 함께 Deleuze 관점의 철학적 논의를 전개해나가는 가운데 이루어진다. 리좀적 접속은 Deleuze-Guattari 철학의 상상계적 사유를 어떻게 실천가능하게 할 수 있는지 그 방안을 탐구하면서, 그리고 종래의 관습적 사고, 이를테면 장별로 체제를 구성하고 읽어가는 것과 같은 일정하게 형식화된 사고 밖으로 나갈 수 있는 가능성을(에로) 열어감으로써 발생하게 되는 것이다. 연구 과정에서 이 리좀적인 사유하기~읽기~글쓰기~행하기 전체 과정 내내 몇몇의 상상계가 선형적 논리를 교란시키고 이 독특한 배치를 만들어 내기 위해 활용되었다. 이 배치는 어떤 출발점이나 종결점, 원천이나 목적지가 없이 생각들을 연결시키기만 하는 고원과도 같은 것으로서 대화 내용들을 모은 것이다. 리좀과도 같이 이 배치는 이질적이고 항상 중계점에서 어떤 요점들을 만들어 내는 데 관심이 없고 운동과 속도의 선(lines)으로만 이루어져 있다(Deleuze & Guattari, 1987). 이 고원들이 어떻게 작용하는지를 설명하는 문제, 즉 표현 방식과 내용 등의 문제는 그것들이 작동하는 실제적이고 기능적인 측면을 들여다본 Deleuze(1995)의 관심과 같이 공명한다. **울림의 전조**라는 이 (서두의) 고원에서는 다른 고원들을 어떻게 읽어나갈 것인가에 관하여, 다시 말해서 Deleuze적인 상상계를 내가 어떻게 활용하고 있는지, 그리고 이 연구의 사유하기~읽기~글쓰기와 관련된/함께/속에서 나의 주체성이 어떻게 주름 접히고 중첩되었는지를 논의할 것이다.

이 고원들을 읽는 데 있어 지도 1.1은 **관심에 따라 고원들과 협상하는 방법**, 즉 독자가 자신의 관심사, 이를테면, 어린이와 아동기의 개념화, 교육과정 철학, 연구방법론 등에 따라서 어떤 순서로 이 책을 읽을 수 있는지 그 예시적인 방법들을 보여 준다. 이 지도에 제시된 네 번째 독해 방식은 이 책에서 제시한 대로 처음부터 순서대로 읽는 것이지만, 이 순서를 따를 필요 없이 다른 순서로 읽는 방식도 가능하다. 이 책의 장별 구성체제 그대로 따라 읽는 방식은 연구를 통하여 탈주선을 그리는 나의 방식을 따르는 것이다. 언제나 탈주를 열어가는 선(opening line of flight)이 있지만, 글쓰기와 함께/통해서 이 탈주선을 전개한다고 하여 곧장 직선적으로 진행해가는 것은 아니다. 대신, 특히 내가 글쓰기를 진행하다가 (다시)돌아와서 여러 부분의 표현을 다듬거나 특성을 명료하게 하는 등의 (재)작업을 할 때에는 탈주선이 종종 이리 갔다 갑자기 저리 갔다 하며, 작업이 여러 방향으로 전개되곤 하였다. 또한 **물질성 문제**(*Material matters*)라는 고원은 비교적 나중에 생성되었는데, 이는 더 많은 리좀으로 구성된 인간-비인간 관계에 관한 다수의 문헌에 몰두하면서 이루어졌다.

고원 지도를 그리는 **환경(들)에 대한 지도 만들기**(*Mapping Milieu[s]*)(지도 0.1)는 고원들을 연결하는 방식으로, 내용의 배치를 설명하는 지도를 만드는 일이다. 고원들을 연결하는 방식은 임의적이지만, 이 책~배치에서 각 접속의 구체적인 특성을 조명하기 위해서 그 연결 방식을 드러내고자 한다. 예를 들면, 연구 자료를 보면 게임 놀이에서 명확히 드러나는 어린이의 교육과정 수행성은 교육과정에 대한 그들 나름의 이해를 나타내고 있으며, 또한 어린이가 게임을 놀이하는 자신의 지도 만들기 행위와 연결되는 것이다. 그러므로 **교육과정 재구상하기** 고원은 **교육과정을 복잡하게 수행하는 어린이** 앞에, 또한 **리좀-지도 만들기**는 **어린이와 아동기** 앞이 아니라 다음에 놓이게 되는 것이다. 도입부에 더 가까운 리좀식 방법론에 대해 설명하는 내용은 이 책 전체의 독해에 유용하겠지만, 사실 이 내용은 어린이가 리좀적 이해를 실제로 어떻게 수행하는지를 보여 주는 자료의 단편들을 발췌한 것이다. 그렇기 때문에 **리좀~방법으로 놀이하는 어린이는** 이 책의 후반부 ~~종결~~ 부분을 향해 놓이게 된다. 이 고원을 이와 같이 나중 순간에 위치시킴으로써 후반부 독해를 위한 전경으로 교육과정 수행 상태의 어린이를 배치시킨 것이다. 이러한 배치는 곧 이 연구프로젝트의 '마지막 말'을 할 수 있는 기회를 어린이에게 남기는 일인 동시에, 그들이 무엇을 알고 있는지, 또 우리가 그들로부터 무엇을 배울 수 있는지를 이해할 수 있도록 그 가능성을 열어 주는 모습이다. 그리하여 이 연구프로젝트가 탐구하는 내용에 대하여 다름 아닌 어린이가 항상 이미 암묵적으로 깊이 이해를 하고 있음을 암시하고 있다. **후기**는 어린이가 자료와 함께/속에서 드러내 보인 내용들을 내가 어른의 관점에서 요약한(성인화된) 것이다. 어떤 의미에서는 암묵적이지만 분명히 작동하고 있는 Deleuze-Guattari적인 상상계를 어린이가 어떻게 스스로 이해하면서 수행해나가는지, 그 이미지와 상상, 그리고 상상계를 독자에게 그대로 남겨놓을 수도 있었다. 그러나 글을 끝맺는 순간(운동)에서 나는 다소 망설이며 기존의 관습에 항복하여 몇 가지 결론을 성인화된 형식으로 제시하였다.

어떠한 독자가 어떤 형태의 읽기를 하든 이 책을 읽는 순간에 일어나는 탈주선을 따라 읽어나갈 수 있다. Deleuze(1995)가 "당신의 저서인 『천 개의 고원』은 어떻게 배열된 것입니까?"라는 질문을 받았을 때, 그는 "그 책은 각기 틈이 벌어져 있는 한 세트의 둥근 고리들과 같습니다. 어느 고리라도 다른 고리에 갖다 끼울 수 있습니다. 각각의 고리 또는 고원은 그 자체만의 분위기, 즉 자체의 톤과 음색을 가져야만 합니다"(p. 25)라고 대답하였다. 여기에서 (모험)도전은 이 모든 고원들을 다 개별적으로 또한 특이하게 작동하도록 하는 것이었다. 물론 나는 유사한 생각이 반복되어 나올 위험이 있다는 것을 인정하였다. 그러나 수렴/확산의 순환 속에서 각각의 (이접)접속 현상들이 서로 다른 사고의 공간–시간과 함께/속에서 일어났고, 이와 함께 여러 파열/교란/단절된 개념이 일어났다. 반복적인 생각은 항상 이미 새로운 이해를(에로) 열어 준다.

상상계를 소개하기 introducing imaginaries

Deleuze-Guattari 철학의 주요 개념들을 상상계로 제시하는 일은 은유(metaphor)의 관념 밖으로 움직이는 일이다. 은유는 단어나 구절이 사물이나 행위로 전환되어 어떤 무엇이 다른 것을 표상하거나 연상하게 하거나 상징하는 것이다. Deleuze와 Guattari(1994)는 개념을 분리될 수 없는 요소들을 지닌 다양체로 설명한다. 그것은 비대칭적으로 구성되어 있어서 (오직 언제나) 단편~전체(fragmentary~whole)일 뿐이다. 다시 말해서 "오직 이러한 조건에서만 그것은 자신을 끊임없이 위협하고 뒤따라 붙으며 재흡수하고자 하는 정신적 혼돈으로부터 벗어날 수 있다"(p. 16). 이 '단편적'이라는 개념은 항상 이미 다른 개념들과 관련되는 것이며, "식별불가능성의 문턱"(p. 19)에서 (비)편파적으로 겹쳐지는 동시에, 각 단편과 전체는 "진동의 중심부"(p. 23)로서 개별적으로, 또한 특이하게 공명하는 유동적인 것이다. 그것은 은유적인 표상에 저항하여 비전체화하는 운동(non-totalizing movement)이다.

사고를 달리한다는 것, 즉 "표상의 외부 바깥에서 사유하기"(Due, 2007: 9)인 Deleuze와 Guattari의 기획에서 철학은, 사유한다는 것은 무엇인가(즉, 우리가 사유하기와 함께/속에서 무엇을 하는가와 사유하기가 하는 것은 무엇인가)를 지각함으로써 발현한다. 그리하여 다양체적인 '개념(concept)'으로서의 '상상계(imaginary)'는 복잡한 사유하기가(와 함께) 작용하는 방식이 된다. 그것은 창조적이고 발명적이며 풍부한 정신적 능력 속에 존재하는 '상상적인 것'이라는 일반적 이해와는 다른 개념이다. Deleuze 관점에서 상상계에 대한 이해는 Lacan의 정신분석학적 상상계 개념과도 구별된다. 후자에서는 언어가 그것이 표상하는 무엇과 동일시된다(Clark, 2004). Warren Sellers(2008)는 리좀적 사고하기의 주름(folds)과 함께/속에서 작업하면서, 상상계를 "어떤 사물이나 상황, 환경 등을 지시하는 정신적 이미지가 아니라, 특성화하는 감응(characterising affect)"(p. 8)으로 본다. 이를 통해 "정신에 어떤 전체화된 주요 구성물을 남기는 것을 피할 수"(p. 269) 있다. 그는 리좀을 은유나 전통적인 형용어구가 아닌 상상계로 인식하면서, 리좀을 어떤 실체로 '포착할 수' 없다고 말한다. "리좀을 포착가능한 무엇으로 표상하려는 어떤 노력도 그것을 시도하자마자 실패한다"는 것이다. 그리하여 "사고의 상상계로서의 리좀"과 "리좀으로서의 상상계"는 서로 분리불가분의 관계에 있다. 이 두 가지 표현은 "이외의 다른 방법으로는 결코 수용할 수 없는 '이해한다'는 현상이 무엇을 뜻하는지 드러내 주는"(p. 206) 역할을 함께한다.

표상적인 방식으로는 생각할 수 없는 측면을 조명하기 위하여 Braidotti와 St. Pierre 역시 Deleuze와 Guattari의 철학 개념을 함께하되 형상화(figuration)라는 개념을 사용한다. '형상화'란 비록 우의적이거나 풍유적인 상징주의로 빠질 위험이 있긴 하지만, Braidotti(2000)에 따르면 다르게 사고하기 위하여 "상상을 개념적으로 부과하여 사용하는 것"(p. 170)이다. St. Pierre(1997)도 유사하게 Deleuze 관점에서의 형상화를 언어의 친숙한 용법 '외부에서' 사고하는 방식으로 사용한다. 이는 교육 이론과 실제에 대한 이해를 변용시킬 수 있는 생소한 질문을(에로) 열어나가는 것이다. St. Pierre는 Braidotti와 Deleuze를 직접적으로 연계하면서 다음과 같이 말한다.

> 형상화는 모순이나 분열된 것(disjunction)에 일관적인 응집력이나 통일성을 부여하는 우아한 은유가 아니다. 오히려 그것은 "정치적으로 고지된 지도(politically informed map)"(Braidotti, 1994a: 181)이고, 응집력 있는 가상체로 감춰진 혼란 속으로 "탈주선"(Deleuze & Parnet, 1987: 125)을 그려 넣을 수 있는 지도제작상의 무기이다. 형상화는 무질서로부터의 보호막이 아니다. 왜냐하면 그것의 목적은 파악할 수 없는 것을 위하여 명료함을 내던져버리면서 매우 엄격한 혼란을 만들어 내는 것이다…형상화하기로 사고한다는 것은 "보다 높은 정도로, 보다 빠른 속도로, 다방향적인 방식으로 살아가는 것"(Braidotti, 1994a: 167)이다. 이는 '현실에서 이루어지고 있는' 것을 이해하려는 열망을 희생해야만 하고 연구자가 당혹스러움 자체의 가치를 위하여 그것과 함께 작업하는 것을 결코 멈추지 않는 법을 배워야 하는 난국으로 우리를 인도할 수도 있다.
>
> (St. Pierre, 1997: 280-281)

이성에 반대되는 순수 상상력이나 환상이라고 이해할 수 없는 상상계(형상화)는 전환과 교변작용(transaction)이 일어나는 공간에서 불안정하고 우연적인 것으로 기능한다. 그것은 근대주의적인 경직성의 바깥에서 다르게 사고하고 글쓰기 위하여, 이제까지와는 다른 종류의 작업 가능성을(에로) 열어가는 것이다. 또한 St. Pierre(1997)에 따르면, "그러므로 형상화한다는 것은…우리가 인식론의 교착 상태로부터 빠져나오려고 노력할 때 우리로 하여금 현실에 대하여 다른 방식으로 움직이게 만든다"(p. 281). 내가 여기에서 **리좀**, **고원들**, 그리고 **배치~다양체**(*assemblage~multiplicity*) 개념과 함께 열어나가는 Deleuze-Guattari 관점의 상상계는 내부작용의 복잡한 관계 속에서 이 **책~배치**의 표현과 내용을 특징짓고 있다. 이 상상계는 대화에서 리좀적 작동 속에서 활용될 때 더욱 깊이 설명될 수 있다. **유목민**(*nomad*)의 상상계는 미끄러져 빠지는 한편으로, **탈~영토화하는 탈주선**과 **매끈한 공간**과 함께 뒤섞이며 연구의 과정과 글쓰기를 알려주고 이를 수행한다. **환경**(*milieu*), **되기**(*becoming*), **특이성**(*singularities*), **유목민**(*monad*), **감응**(*affect*), **욕망**(*desire*) 등의 기타 개념은 이러한 내용이 실제로 작용하는 순간에 일어나는 대화 속으로 도입된다. 나는 논의를 지나치게 분산시키지 않기 위해 몇몇 개념에는 해당 맥락에서 각주를 달았다. 이러한 상상계를 활용하는 데 있어 어느 것도 중심화되지는 않는다. 대신 이것은 함께 작용하면서, 어느 한 개념이 아직 설명되지 못한 다른 것들로부터/속에서 도출되는 것을 설명해 주며, 여러 서로 다른 순간(운동) 속에서 달라지는 복잡한 배열과 함께/속에서 공동으로 함께 함의된다.

많은 연구자들은 자신의 읽기~글쓰기~연구방법론에 핵심적인 중요성을 지닌 상상계를 나름대로 가지고 있다. 예를 들면, Stagoll(2005)의 경우 차이(difference)와 생성(becoming)이 중심적인 상상계이고, Boundas(2005)에게는 강도(intensity)가 주요 개념이다. Roffe(2005)는 다양체(multiplicity) 개념이 기본적이며 매우 중요하다고 말한다. Braidotti(1994a)는 리좀을 가장 우선적인 형상화라고 주장한다. 그러나 그는 후일 자신의 중심적인 형상화를 "일반적인 소수-되기, 또는 유목민-되기, 분자-되기"(Braidotti, 2001: 392)로 변경하였다. Colebrook(2005)는 "각 용어의 정의는 텍스트와 다른 경로로서 다른 감각을 생산해 내는데, 이는 그 자체로부터 더욱 확대된 또 다른 정의가 발전하게 한다"(p. 3)고 말한다. 따라서 내가 상상계를 제시하는 순서는 그것이 이 책~배치에서 어떻게 작용하는지, 또한 내가 대화적으로 그것을 어떻게 활용하는지에 관련된 것이다. 수평적이고 탈-중심화(a-centred)된 리좀의 중계점과 함께/속에서 작업하면서, 어느 하나가 다른 것보다 더 중요하다는 인식은 할 수 없다. 그러므로 내 주의를 끄는 것, 즉 리좀부터 시작하기로 한다.

리좀 rhizome

사유하기~읽기~글쓰기에 대한 Deleuze와 Guattari의 리좀적 접근은 (은유적인 표현으로) 지식의 나무 체계 속에서/에 의하여 표상된 것들을 비롯하여, 종래의 관습적인 순서/매기기, 계열화하기, 범주화하기, 선형성의 전개 방식을 교란시키는 것이다. 지식의 나무 체계라는 수목형 사고는 우리가 과거로부터 지식을 '받아들이며' 그것을 발전시켜서 후속 세대들에게 그 결실을 전달한다는 전제하에 나무의 가지와 뿌리의 비유를 활용한다. 하지만 이러한 수목형 사고는 이분법적인 논리를 형성하게 한다. 즉, 지식이 고정된 상태로 존재하며 뿌리적인 근본이 있고 표면 아래의 것은 표면 위의 것을 반영한다는 가정이 숨어 있는 것이다. 그리하여 선형적으로 질서 있는 사고 체계, 즉 한 방향으로 가지들이 뻗어나가면서 역방향으로는 '뿌리를 내리는' 사고를 표상한다. 물론 사고가 다른 방향으로 전환하거나 옆길로 벗어나는 경우도 있지만, 사고는 "본뜸과 재생산의 논리(a logic of tracing and reproduction)"(Deleuze & Guattari, 1987: 12)를 통하여 계보학적으로 일어난다고 본다. '본을 뜬다'는 것, 즉 사본을 만든다는 것은 이미 존재하는 구조적 패턴들이 계속 반복된다는(마치 뿌리와 가지들처럼) 믿음 위에 가능한 것이고, '재생산한다'는 것은 이미 완결된 구조나 고정된 실체가 있다는 가정하에 그것이 계속하여 재구성된다는(마치 나무가 자라듯이) 믿음에서 가능하다. 본을 뜨고 재생산함으로써 결과적으로는 '같은 것(the same)'을 더욱더 생산해 내게 된다. 이는 지식 내용을 구체적인 지점과 위치를 지닌 것으로, 즉 특정한 공간적 장소로 제한하여 위계적이고 연쇄적으로 순서화된 과정으로 엮어낼 수 있게 한다. 인간은 그러한 과정에 따라 사고하면서, 결국 관습적으로 내려오는 기존의 논리적이고 응집력 있는 결론에 도달하게 되는 것이다.

이처럼 '같은 것'을 재생산하는 수목형의 사고와는 반대로, 계속하여 이질적인 것과 접속하는 리좀형의 사고는 이 책~배치가 취하는 리좀적 방법론에서도 나타나듯이, 복잡한 리좀의 운동이 그 특징이다. 리좀은 중단 없는 상호관계적인 운동으로 이루어진다. 이 운동은 접속성의 흐름(flow of connectivity)으로서, 서로 다른 것들과 유사한 것들을 수없이 가능한 배치로 엮어낸다. 어원적으로 'rhizo–'는 '결합하는(combining)'의 뜻을 지니는데, 식물학적 용어인 리좀(rhizome)은 땅 표면을 기는 형태의 줄기나 땅 밑에 있는 뿌리와 같은 줄기(뿌리줄기)를 말한다. 이 뿌리줄기는 땅 표면에서 여러 방향으로 뻗어나가는 형태(예: 키쿠유 잔디)를 비롯하여 굵고 부풀어오는 덩어리 형태의 괴경(예: 수선화, 뿌리 생강)에 이르기까지 다양한 형태가 있다. 식물학적인 면에서 리좀은 수평적으로 움직이고 다방향으로 확산되며, 재생장점과 가지가 분기되는 지맥과 뿌리로 혼돈스럽게 탈–중심화되어 있다. 그렇기 때문에 복잡한 모양을 하고 있으며, 뻗어나갈 때는 동시에 외부로 (연장되며) 내부로 (확대되고) 위로 (분기하며) 아래로 (뿌리를 내린다)(그림 1.1a). 사고와 사유하기 과정에서 리좀은 "망상조직처럼 서로 얽혀 관계를 맺고 횡단한다"(Colman, 2005a: 231). 그러나 리좀은 이렇게 추상적

이거나 잠재적인 의미로만 쓰이는 것이 아니라, 인터넷과 같이 무한한 접속성의 현대 정보테크놀로지의 특성을 뜻하는 등 매우 현실적인 의미로도 사용된다(그림 1.1b).

[그림 1.1a]
리좀~다방향성과 탈-중심화
(Warren Sellers의 그림)

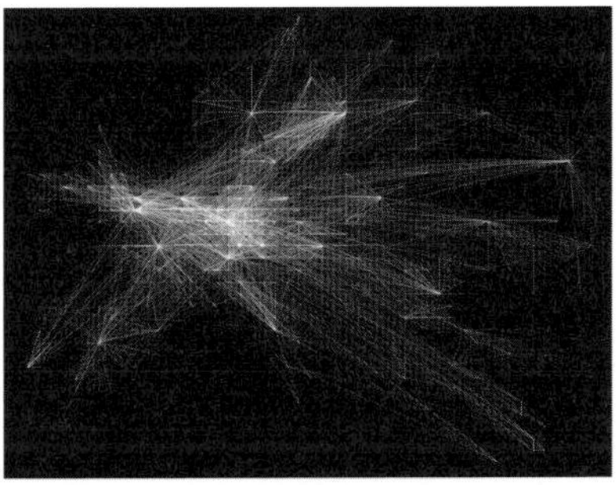

[그림 1.1b]
끊임없이 접속을 만들어 내는 인터넷
(Chris Harrison의 그림, http://www.chrisharrison. net/projects/internetmap/medium/euroblack.jpg)[8)]

이 그림에서 보이는 두 가지 이미지는 공통적으로 리좀적 방식의 작업이 지닌 매우 복잡한 성격을 나타낸다. 이 이미지들은 우리의 연구 자료에 대해 우리가 사유하고, 글을 쓰며, 분석하는 일을 기존과는 다른 순서로 무질서하게 접근할 수 있도록 그 가능성을(에로) 열어 준다. 이를테면, 사고와 아이디어가 변하고 (다시)돌아오며 (불가능해 보이는) 접속을 (다시)형성하는 등 예견하지 못했던 방향으로 작업이 움직일 수 있도록 해 주며 놀라움을 초래한다. Deleuze와 Guattari(1987)는

8) Carnegie Mellon 대학교의 Chris Harrison이 이 사회적 연결망의 이미지, 즉 도시와 도시 간의 접속들인 인터넷 지도를 만들어 주었다.

"리좀은 시작이나 끝이 없다. 그것은 언제나 도중에 있을 뿐이다. 사물들의 사이에 중간존재(interbeing)로, 즉 **간주곡**(*intermezzo*)과도 같이 어디에서 출발하고 마치는 것이 아니라, 그저 오고 가는 중계점으로부터 또 다른 중계점을 통해 나아간다"(p. 25, 원전에서의 강조). 간단히 말해서, "리좀의 구조는 '그리고…그리고…그리고…'로 이루어지는 연접(conjunction)이다"(p. 25). 만약 여기에 방해를 받거나 파열이 일어난다면, 이 리좀은 다시 출발할 것이다. 기존에 있던 선들을 거쳐 새로운 선들을 생성하면서 이 탈주선들은 리좀의 일부가 된다. 개미들은 이러한 방식으로 파괴를 거부하는 리좀이다. 리좀도 무너질 수 있다. 그러나 단지 잠시일 뿐이다. 리좀은 결코 포기하는 경우가 없다. 언제나 방해나 파열이 일어난 후 다시 시작한다. 이러한 파열과 침입을 당하면서 리좀의 모든 부분은 항상 이미 또 다른 어떤 것에 접속한다.

따라서 리좀적 방식으로 사유한다는 것은 어떤 사고나 행위 및 개념에 접근하여 이 세계에 존재하고 작용하는 수많은 다양한 방식을 발생시키고 배치할 수 있도록 무한한 가능성을(에로) 열어 주는 것이다. 리좀식 사고는 선형적이고 고정된 종결점이나 안정적이고 구체적인 결론을 지향하기보다는 흐름(flow)과 운동(movement)에 관심을 두기 때문에, 이에 따라 이 책~배치에서 종래의 친숙한 방식과는 다르게 접근한다. 그러나 이러한 접근 방식은 이 책~배치의 독자와 저자 모두에게 있어 생소한 도전이 될 수 있다. 이 책~배치에서 고원을 발생시키는 데 중요한 것은 접속의 지점이나 그 위치가 아니라, 접속성, 즉 틈과 사이 안에서 흐름과 운동이 일어나는 사이-내부-성(in-between-ness)이다. 다소 포착하기 힘든 이 흐름을 기록하기 위해서는 그 자체로는 분명하게 설명될 수 없는 여러 열린(열리는) 상상계들이 함께 쌓이는 상황을 전제로 하여야 한다. 이들 상상계를 어떻게 이해하는가 하는 문제는 다분히 독자가 누려야 할 특권이라 하겠다. Deleuze와 Guattari는 "맥락이 변화하면" 상상계들이 서로 "반향을 일으킨다"(Larraine, 2005a: 207)고 보고, 자신들의 상상계를 어느 고정된 의미로 설정하는 경우를 피하려고 하였다. 그럼으로써 결코 전체화될 수 없는 단편~전체가 발생하게 하는 것이다. 최종적인 정의는 우리의 손을 벗어난다. 이는 앞으로의 활용을 위한 가능성을 표현하는 것이 중요하다. "어떠한 새로운 사고가 진정으로 사유하기를 가능하게 하는가? 우리가 진정으로 무엇인가를 느낄 수 있도록 하는 것은 어떠한 새로운 감정인가? 어떠한 새로운 감각과 지각을 우리의 몸에 열리도록 할 수 있는가?"(Massumi, 1987a: xv). 리좀으로 사유하고 글을 쓰는 일은 여러 사고가 동시적으로 (발현)병합되기 때문에 끊임없이 수렴되고 확산되는 열린 체계이자 열린 체계를 실행하는 일이다. 예를 들어, 글쓰기는 탐구의 방식으로서(Richardson, 2000a), 또는 유목민으로서 "글쓰기가 들판을 찾는 중에 생산해 내는 사유하기 속"(St. Pierre, 2000: 258)을 여행하는 것이다. 이와 같은 리좀의 유목적 운동과 협상하면서 나는 이 책~배치를(의) 글쓰기를 함으로써 (이 글쓰기를 통하여)[9] 작업을 전개한다.

내 글쓰기와 사유하기 및 학문적 탐구에 대한 리좀적 접근은 Deleuze와 Guattari 관점의 다른 여러 상상계들도 포함하기 때문에, 다음 절에서 고원(plateau)에 대하여 설명하고자 한다. 고원들은 관습적인 학문적 글쓰기의 선형성을 혼란스럽게 하며 방해하고 탈중심화하며 분산시키고 불안전하게 하고 소멸시킨다. 리좀은 상상계들 간의 상호놀이

9) 이 책을 집필하는 데 있어 책 내용을 향하여 전진하는 형태로 접근(progressing to)하는 것보다 발생적으로 전개하는 편(generatively processing)이 더 적절하다. 나는 'progress'를 구체적인 목적지나 보다 완결된 상태를 향해 연쇄적으로 부가되는 전진 운동이나 발전으로 나아가는 것으로 이해한다. 반면에, 작업을 'process적'으로 한다는 것은 비위계적인 다차원적 운동을 함을 말한다.

작용을 한데 뒤섞으면서 고원들을 발생시키고, 또한 고원들은 더 많은 리좀을 생성한다. 고원을 생성하는 일은 노력의 강도를 높이는 것이 되는 것으로, 더 많은 중계점 또는 환경을 만들어 낸다.

고원 plateaus

Deleuze와 Guattari(1987)는 고원을 "강도로 인해 지속적이며 자체적으로 진동하는 지역"(p. 22)으로 보며, 어떠한 외부적 종결점이나 최종적 정점을 발전시키기 위한 것이 아니라고 주장한다. 오히려 "고원은 어떤 상황들이 하나의 활동을 어느 절정에서 자동소멸되지 않을 정도의 강도까지 올리기 위해 결합하면서 도달되는 것이다"(Massumi, 1987: xiv). 고원은 결코 끝나지 않는 배치이다. 어떤 다양체라도 비강제적인 방식의 강도로 다른 다양체들과 접속한 경우 이를 고원이라고 할 수 있다. 이러한 강도는 리좀으로 생성되고, 리좀은 또 다시 강도가 된다. 리좀과 함께 고원은 항상 이미 강도의 환경이 되는데, 그것은 실체(entities)라기보다는 우연하게 일어남(happenings), 즉 정태적이거나 불변하는 사물이라기보다는 운동하는 힘들의 장(fields)이다(Boundas, 2005). 고원은 **그리고**…**그리고**…**그리고**…를 통해서/함께/속에서 항상 이미 강도를 더해간다. 따라서 고원은 변화무쌍하고 사이-내부, 달리 표현해서 **간주곡**과 같은 유동적이고 역동적인 공간들로 이루어진 열린 체계이다. 그 공간들과 함께/속에서 수많은 잠재적인 길과 접속들이 존재하고(할 수 있고) 개발된다(될 수 있다). 지도 1.2에서 보는 바와 같이, Marc Ngui는 Deleuze의 『천 개의 고원』의 통로들을 디아그람(diagram)[10]으로 시각화하였는데, 구조화된 선형적 사유와 글쓰기(사각형들)와는 대조적으로, 고원들(타원형들)은 자유롭게 미끄러지며 넘나드는 모양으로 나타난다(지도 1.2).

리좀과 함께 작업하면서, 고원과 함께/속에서 글을 쓴다는 것은 항상 이미 중계점들을 거쳐 가고 있다는 것이다. 그러므로 계속적으로 (발현)병합하는 고원들 가장자리로 혹 경계가 형성될 때는 그 경계들을 흐릿하게 지워 사라지게 만든다. 이것은 어떠한 극점이나 끝점에 대한 선명한 감각, 즉 그러한 것이 있을 것이라는 가정을 혼란시켜버리는 것이다. 그리하여 리좀으로 인하여 고원은 결코 완결된 상태나 명확하게 정의내릴 수 있는 실체가 될 수 없다. 리좀과 고원은 항상 이미 계속 진행 중에 있는 우발적 사태들일 뿐이다. 고원은 어떤 경우에라도 완전하게 만들어질 수 없다. 단지 순환적으로 거듭거듭 (재)구성되는 것이기 때문에, 우리는 항상 완성된 상태의 고원에 대해 말할 수가 없다. 오직 리좀의 '**일부분**', 또는 고원의 '**일부분**'에 대해서만 말할 수 있을 뿐이다(Deleuze & Guattari, 1987: 9).[11] 리좀은 다방향적으로 확산되며, 다차원적으로 강화되는 고원들로/에 의하여 구성되는 리좀으로/에 의하여 구성되는 고원으로/에 의하여 구성되는 것으로…언제나 도중의 중계점에 있으며, 모든 것 속에 있고, 수렴적인 순환을 발생시키며, 또한 이것

10) 역자 주: 공리계가 창조적인 탈주선을 봉쇄하고 체계 속으로 종속시키는 데 반해, 디아그람(diagram)은 공리계와는 달리 특정 체계의 바깥에서 복잡하고 역동적인 방식으로 새로운 것, 특이한 것을 발생시키는 메커니즘이다(진중권, 『현대미학 강의』, 2003: 289). 또한 디아그람은 그 메커니즘을 나타내는 추상적인 '도표'를 뜻하면서 '도표'로 번역되기도 한다(Deleuze, 『천 개의 고원』, 김재인 역, 2001: 271-279).

11) 그러므로 리좀 앞에 정관사 'the'나 부정관사 'a'를 붙이는 것은 부적합하며, 이를 삭제하는 편이 마땅하다. 그러나 이들 'the'나 'a' 관사를 붙이는 것이 독자의 이해를 쉽게 하는 경우가 있는데, Deleuze와 Guattari(1987)의 Massumi 번역판에서 관사를 사용한 것은 용인될 수 있다고 본다.

에 의해 발생된다. "각각의 고원은 어디에서건 시작될 수 있으며, 어떤 다른 고원과도 관계할 수 있다"(p. 22). 항상 이미 접속성이 존재하고 결합이 만들어지고 있으며, 또한 비예측적으로 최초로 다른 무엇, 즉 어떤 새로운 것이 창조되고 있다. 여러 다른 고원들이 외부적인 제약을 넘어 접속하고 생겨난다. 고원은 관습적인 방식으로 경계를 그어서 만들어지는 것이 아니라, 그 자체가 주름을 펼쳐내는 데 따라 반향하면서 강도가 되는 것이다(Lorraine, 2005a).

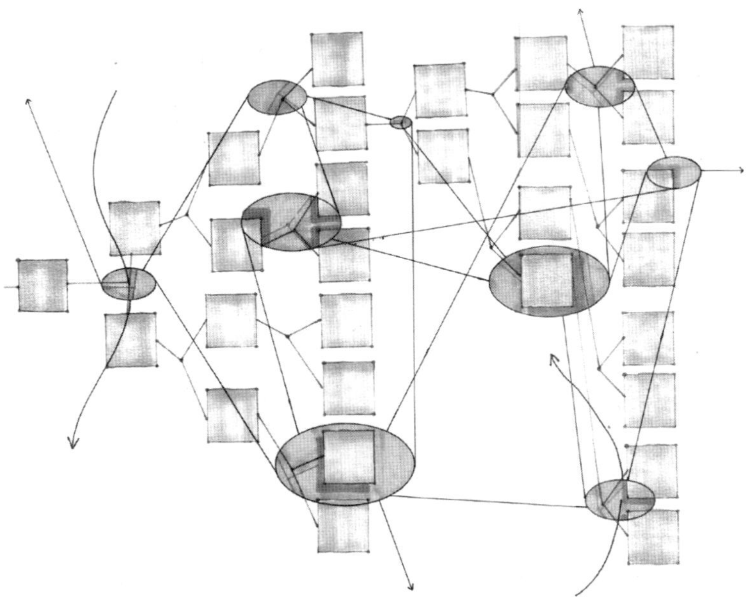

[지도 1.2]
개방식인 형태로 접속하는 고원들과 구조화된 선형적 사고[12] (**천 개의 고원: 서론의 15개 단락**)(Marc Ngui, www.bumblenut.com)

12) 이 그림은 Marc Ngui(Toronto, Canada)가 제작한 **천 개의 고원 그림: 서론의 15개 단락**이다(www.bumblenut.com).

이 책~배치에서는 각 고원들이 단편~전체인 배치와/속에서 회절적으로 작동할 것이므로 고원들을 어느 특정한 순서대로 읽을 필요는 없지만, 먼저 첫 상상계에 관하여 설명하는 여기 이 고원(**울림의 전조**)에서부터 읽어나가는 편이 이해하기 쉬울 것이다. 이제 막 싹 트기 시작하는 생각들을 통해서/함께/속에서 펼쳐지기 때문이다. 선형적인 순서로 연쇄된 장들이 아닌 고원들의 집합인 책~배치를 창조한다는 것은 표현과 내용에 있어 회절하는 고원들과 함께, 다르게 사고할 (발현)병합 가능성을(에로), 그리고 다르게 되기를 위한 공간들을(에로) 열어나가는 일이다. 고원-되기는 배치-되기이다. 이 고원들의 배치는 고원들의 (한) 배치(들)인 이 책~배치가 된다.

> **주변인-되기**(*becoming-an aside*)…앞에서 언급한 바와 같이, 어느 한 상상계를 논한다는 것은 다른 상상계들과 관련된다. Deleuze와 Guattari(1987)에게 있어 되기란 개념은 어떤 예상된 상태나 미래의 조건을 향해 계열적인 진행 또는 역행을 하는 것이 아니다. 되기란 리좀에 **관한** 것인 동시에 리좀 **자체인** 개념이다. 그 자체 외엔 아무것도 생산하지 않는다(pp. 238-239). 되기는 하나의 배치가 그것이 만드는 접속들을 통하여 끊임없이 변화를 통해서/함께/속에서 이루어지는 역동적인 과정이다. 그러므로 되기의 특성은 각각의 경우가 고유한 성격을 지닌 사건들(events)의 순간(운동)이라는 데 있다. 다시 말해서, "지속적으로 진행되는 순환적 생산 과정 속에서…끊임없이 계속되는 변화의 흐름이다. Deleuze는 현재란 되기를 생산하는 순간일 뿐이라고 본다"(Stagoll, 2005: 21-22). 이러한 방식으로 되기는 언제나 무엇인가 다른 것-되기라는 특징을 갖는다. 예를 들면, 어린이-되기, 세계-되

기, 교육과정-되기, 지각불가능한 책~배치-되기라는 것-되기 등이다. (되기 개념에 관해서는 **어린이와 아동기** 고원에서 더 논의하기로 한다.)

Deleuze와 Guattari는 저서 『천 개의 고원』(1987)에서 자신들이 글쓰기를 순환적으로 작업했다고 말한다. 선들(lines)은 시간과 공간이 한데 혼합되어 유동적인 순간(운동)으로 함께-함의된(co-implicated) 이질적인 공간~시간 속에서 쓰여졌다. 재생산이나 재/반복으로 선형적 발전을 이룬 것이 아니었다. 이러한 방식으로 선들이 관습적으로 미리 설계된 방식을 따르거나 계열적으로 구성하는 방식을 분열시키고 방해하도록 고원들을 배치하였다. 이는 한 고원에서 다른 고원으로 자유롭게 이동하는 생각의 흐름을 따른 것이며, 현재 고원에서의 논의를 다른 고원으로 이동하기 전 언제쯤 마쳐야겠다는 생각 없이 진행한 것이었다. 이들은 다음과 같이 말한다.

> **그 어떤 것을 따른다는 것은 재생산하기와 같은 것이 전혀 아니다.** 어느 누구도 재생산하기 위해 따르는 일은 결코 없다…재생산하기는, 재생산된 것 자체로서는 사실상 외부적인 것이라고 할 수밖에 없는 이 고정된 '관점'을 계속 영속시킨다는 것을 뜻한다. 그것은 강둑에서 강물을 바라보는 것과 같다. 그러나 어떤 것을 따른다는 것은 재생산의 이상과는 다른 무엇을 뜻한다. '더 나은' 것을 말하는 것이 아니라, 그냥 '다른' 무엇을 말이다. 우리는 형태(form)를 발견하는 데 관심을 두지 않고 질료(matter)나 물질(material)의 '특이성'을 감지할 때 따를 수밖에 없고…우리가 변형체의 지속적인 변형 속에 깊이 잠겨 드는 것이다…
>
> (Deleuze & Guattari, 1987: 372, 원전에서의 강조)

이와 같이 변형체의 변형 속에 지속적으로 잠겨 듦으로써, 저자들은 다양하게 분기/수렴/근접하는 순환성을 발생시킨다. 그리하여 고원들을 읽는 일은 책의 어느 부분에서 읽기 시작하여도 무방한 것으로, 사실상 책의 여러 부분에도 자연스럽게 연결된다. 즉, 되기 고원들, 배치를 (재)구성하는 고원들, 도처에서 서로 분기하고 침입하는 다양체(속)에서 접속하고 있는 고원들에 결합하는 것이다. 이와 마찬가지로 고원들은 바로 이 책–되기의 다양체 속에서도 배치하기를 진행하고 있다.

다양체 배치하기~다양한 배치
assembling multiplicities~multiplicitous assemblages

Deleuze와 Guattari는 다양체를 통상적인 의미에 따라 여러 부분으로 이루어진 다양한 실체나 여러 단위의 불변하는 단위체라고 보지 않는다(Colebrook, 2002). 그 대신 다양체는 사상이나 생각 및 아이디어의 무한하고 다양한 것들을 발생하고 불러오며, 계속하여 수차례 변형체들이 다양하게 변형하는 것, 즉 지속적인 다차원적 확장성을 지닌다. 배치란 다양체의 끝없이 강도를 높이는 차원성을 말하는데, 이는 그 자체가 다양체와의/속에서 접속을 이룸으로써/통하여 발생하는 것이다. 다양체가 출현하는 순간(운동)에는 갈라진 틈들 속으로 다양체가 동시적으로 침입하고 (다른) 공간으로 수렴한다(Massumi, 1992). 따라서 다양체들은 다차원적 강도이자 다른 다양체들을 위반하며 항상 이미 변화하면서 다른 다양체들과 끌어당기고 다시 밀어내며 접속하는 리좀이다. 탈주선과 탈~영토화를 통해 스스로를 바꾸는 다양체들인 것이다. 여러 다양한 운동들 속에서 많은 탈주선들이 기존에 만들어진 배치를 가로지르며, 그것을 다른 곳으로 휩쓸어 가져가고, 다른 배치들 위에 영토적인 배치를 새롭게 열어낸다(Deleuze & Guattari, 1987: 504-505). 그것은 항상 이미 상승작용을 하며 탈-중심적이고 (발현)병합하는 우발적 사태들이 복잡하게 펼쳐지는 것으로, 다양한 배치를 발생하는 영토인 **동시에** 접속들이다.

이 책에 전개된 여러 텍스트들은 접속과 내부작용의 이질적인 진행을 통하여 다양성을 지닌 배치가 된다. 이것은 결합이 확장됨에 따라 자연히 변화하며, 부단히 성장해가는 단편~전체를 창조하기 위하여 작용한다. 구체적으로 이 배치는 이 책에 나오는 한 유아교육기관 현장에서 어린이가 표현하는 교육과정 수행성을 새롭게 이해하는 작업을 한다. 이러한 내용의 배치는 독자들의 각자 다른 읽기 방식을 통해/함께/속에서 달리 (발현)병합하는 여러 중첩적인 고원들을 구성해 주고, 또 그 고원들로 구성된다. 이 고원들은 여러 문헌들과 자료, 리좀방법론을 한데 혼합하여, 교육과정, 어린이 및 아동기에 대한 여러 개념, 그리고 어린이의 교육과정 수행과 그들의 충만한-힘, 놀이(하기), 리좀-지도 만들기, 리좀방법론, 물질세계와 아동들의 관계를 재이해하고자 한다. 어떠한 고원이라도 복잡한 전체의 다양하고 단편적인 강도들을 통하여 미끄러지며 넘나드는 배치를 발생시키는 한편, 서로 관련되면서도 차이 나는 고원들이 한데 모이면 더 많은 배치~다양체~리좀을 발생시킨다. 고원들은 배치가 끊임없이 변화하는 환경을 통해서/함께/속에서 이동함에 따라 순환적으로 발생하는 다양체를 통하여/함께/속에서 (발현)병합한다. 이는 비예측적이고 차이 나는 생산적인 접속을(에로) 열어 주고, 새로운 방식의 사고 및 배움~삶을 향하게 하고…**그리고**…이러한 리좀 고원의 다양체적 배치에서 이제 유목적 사고가 출현하게 된다.

유목민으로 연구하기~사유하기~읽기~글쓰기
researching~thinking~reading~writing as nomad

근대적 사고는 주체와 객체가 안과 밖으로 분리되어 작용하는 이원론적 성격을 지니고 있으며, 어딘가에 토대를 둔 고정되고 안정된 인식론을 제시한다. 그러나 유목적 사고는 비록 그 목적이 파기될 가능성이 있는 순간에도 개방된 사고 체계를 생산적인 방식으로 작용하도록 활성화시키면서, 선형적 원리와 본질주의적 사고 논리를 혼란시킨다. 최소한 "자신의 상상을 실천에 옮기고자"(Gough, 2006a: xiv) 시도하는 사람들에게는 무엇을 생각하여야 하는가에 대한 제약이 있을 수 없다. 계속 확장되는 차이의 영토와 사유가 들고 나는 통로들을 향하여, 생각이 자유롭게 이러 저리 떠돌면서 친숙함의 바깥으로 흐르며 새로운 것이 발현하는 장소들을(에로) 열어간다. 협상 중에 있는 운동과 영토는 서로 감겨 얽혀들어 가며, 각각 서로와 함께/속에서 존재한다. 그곳은 열려 있는 곳, 또는 질료-흐름(matter-flow)으로 매끈한 공간이다. 어느 한 지점에 정박할 수 있거나 지정할 만한 참조점이 없으며 한정 짓는 경계들도 없다. 인간은 유목적인 순간(운동) 속에서 일어나서 어떤 다른 곳으로 이동하며, 어느 공간에다 자신을 정렬시킨다. 우리가 기존의 것과 다른 어떤 것이 최초로 발생할 수 있는 공간을 탐색하며 유목적으로 작업할 때, 무엇이 진리이고 의미인가라는 질문들은 한쪽으로 밀려난다. 대신, "그게 어떻게 작동하고 있을까?", "지금 어떠한 새로운 사고를 할 수 있을까?"(Massumi, 1992)와 같은 질문에 골몰하게 된다. 이 리좀 연구의 유목적 공간 내부에서 또 다른 질문이 St. Pierre(2004)의 생각과 함께 흐르면서 발현하고 있다. 여기 이 놀이의 공간(the space of the play) 속에는, 그리고 놀이-공간(the play-space) 속에는 무엇이 존재하고 있는가? 이 공간에는 그 밖에 또 다른 어떤 것들도 존재하는가? 물리적 환경과 활성화된 놀이 외에 다른 공간들이 있는가? 다른 내부작용의 공간에는 무슨 일이 일어나고 있는가?

유목적 사유는 차이를 타고 다닌다(Massumi, 1987a). 그것은 "글쓰기가 생산하는 사고 속을 여행"(St. Pierre, 2000: 258)할 때 가능하다. 그러한 사유는 중계점(들)으로부터/통하여 진행되는 것으로서, 시작하고 끝나는 선형적 과정이 아니라, 혼란스럽고~어정쩡하며 어질러 있는 아이디어들을 통하여 앞뒤로 움직인다. 곧 복잡하게 다차원적인 장을 통하여 일어나는 것이다. 유목적 사고~사유하기는 텍스트 주위를 둘러싸며 주름을 잡고, 한 텍스트를 다른 텍스트 위에/안에/향하여 접으면서 텍스트와 연구 자료를 다차원적으로 읽기를(에로) 열어 준다(Richardson, 2000b). 곧 가능성이 활성화되는 공간을 의식적으로 주의 깊게 협상하는 태도로서, 산책 걸음으로 길을 만들어가는 것에 비유될 수 있다. 이는 자신이 살면서 체험하고 자신에 대한 앎을 이루어가는 안쪽 세계와 그 밖에 있는 바깥쪽 세계들 사이를 앞뒤로 오가면서 소통함으로써 새로운 가능성의 공간을 열어가는 노력이다(Verela, Thompson & Rosch, 1993). 유목적 사고~사유하기는 텍스트와 주제, 그리고 저자 간의 상호관계를 이해하게 해 준다(Richardson, 2000a). 구체적으로 저자가 해당 주제를 어떤 내용으로 만들어가는가, 또한 텍스트의 물질성이 점차 나타나기 시작하면 그것이 저자를 어떻게 변용해가는가 등등의 보다 많은 사고~사유하기를 발생시키는 것이다.

이와 같이 체화된 사유하기~읽기~글쓰기를 탐구하면서, St. Pierre (2000)는 이미 기존에 작용했던 공간들, 즉 정신적 공간들 및 텍스트 공간들, 그리고 이론적 공간들로 (되)돌아오는 것에 대해 언급한다. 이 공간들은 불가피하게 각각 다른 무엇이 되어 가는 적극적인 변화 과정 속에 있기 때문에 항상 이미 그 자체가 전적으로 변하고 있는 것들이다. 그러나 여러 고원의/속의 공간으로 지속적으로 (재)방문하고 (재)회귀함으로써 이 책의 **물질성 문제** 고원의 경우처럼 이제까지는 발견할 수 없었던 가능성을(에로) 새롭게 열어갈 수 있다. 이 고원은 연구 자료로부터 앞서 발생한 고원들과는 다른 내용, 즉 인간과 물질세계 간의 관계를 조명하는 해석으로, 좀 더 나중의 생각에 따라 만들어진 것이다. St. Pierre가 넌지시 암시하고 있듯이, 어떤 결론적 사고나 후기라도 항상 더 많은 중계점(들)을 협상하고 싶은 욕망이나 자체적인 필요가 분명히 발생함에 따라 앞선 메아리들의 서문에 불과한 것이 되고 만다. 따라서 사고~사유하기를 리좀~유목적으로 탐구해나갈 때 탈~영토화(계속하여 무경계의 공간들을 [재]협상해나가는)와 탈지층화(선형적 공간들로부터 함께/속에서는 규정되지 않고 또 규정될 수도 없는 매끈한 공간들을 만들어 내는)가 행해지고 무한한 운동을 하는 탈주선을 그리게 된다. 그럼으로써 접속성과 이질성, 실질적인 다양성, 의미를 생성하지 못하는 파열, 그리고 지도 만들기와 본뜸을 체화시키며 진행할 수 있게 된다(Deleuze & Guattari, 1987). 그것은 끊임없이 (발현)병합하는 탈주선들을 통하여 중계점들로 쌓이고, 고원들로 뭉쳐지며, 다차원적인 운동을 통해 배치해나가는 탈-중심화된 연결접속들의 강도가 강화되어 가는 모습이다.

탈주선의 탈~영토화하기 de~territorializing lines of flight

탈주선의 특징은 "창조적인 변이"(Lorraine, 2005b: 144) 또는 변화의 순간(운동)에서 무한히 (발현)병합하는 접속성을 지닌다는 데 있다. 탈~영토화는 "배치의 창조적인 잠재력"(Parr, 2005: 67)으로서 탈주선이 어떻게 작동하는가(Deleuze & Guattari, 1987)에 달려 있다. 그것은 영토로부터 떠나는 것인 동시에 다시 영토에 소속되는 것이다. 마치 뫼비우스 띠의 표면이 절대로 끊어지지 않고 이어지는 특이한 모습이듯

이[13], 이러한 운동은 동일한 평면 위에서 계속 일어난다. 서로 상반되는 양극의 다른 운동이 아니다. 그러므로 탈주선은 끊임없이 (탈)접속함으로써 영토들을 창조하고 정복하며 변화시키는 탈~재~영토화의 역동적인 순간(운동)이다. Deleuze와 Guattari(1987)는 그것이 리좀~고원~다양체~배치 속에서 결코 어떤 점이나 끝, 또는 목적지 같은 것으로 환원될 수 없는 운동이라고 설명한다. 즉, "리좀은 단지 선들로만 이루어져 있다…그러나 점과 위치가 일정하게 지정된 채로 결합하는 수목형의 연결망이 아니다"(p. 21). 모든 배치는 영토들이 접속하면서 이루어진다. 그것은 또한 영토를 가로질러 관통하고 현재 모습과 멀게 변형시키는 탈주선들, 또는 탈~영토화하는 선들로 이루어진다(p. 504).

그러나 Deleuze와 Guattari는 모든 탈주선들이 다 생산적인 방향으로 변화하지는 않는다고 본다. 탈주선이 분절해내는 경직된 선들을 다시 구성하고 선형성을 다시 만들어 낼 때는 파괴의 선이 될 수 있다. 예를 들면, 어떤 이들은 해석하는 행위를 이미 확립되어 있는 의미화된 패턴을 그대로 본뜨는 일로 간주한다. 반면에, 지도는 지각(불)가능한 탈주선(어떤 이에게는 지각가능하지만 다른 이들에게는 지각불가능할 수 있는)을 따라 접속하는 성격을 지니고 작용하는 것이다. Lorraine이 잘 표현하고 있듯이, Deleuze와 Guattari는 자신들의 저서를 고원들의 지도로 저술하였는데, 이는 독자가 이 책을 읽으면서 생각과 사유하기의 탈주선들을 끊임없이 (탈)접속함으로써 더 많은 지도 만들기를 하도록 하기 위함이었다. 즉, 독자가 이 책이 의미하는 바를 투명하고 순수하게 해석하는 데 몰두하도록 한 것이 아니라, 사유한다는 것이 과연

13) 뫼비우스의 띠는 "한 끝을 180도 비틀어서 다른 끝에다 붙인 길다란 사각형 모양의 띠로서…단지 한 표면으로만 끝없이 계속되는 형태를 하고 있다"(Oxford English Dictionary).

무엇을 하는 것인지에 몰두할 수 있도록 한 것이다. 이것은 사고가 어떻게 작동하는지에 관한 것이다.

매끄러운 유목적 공간들 smooth nomadic spaces

홈 파인 공간들이 폐쇄적인 데 반해, 매끄러운 공간들은 "사물-흐름들(things-flows)이 분배되는" 개방된 공간이다. 홈 파인 공간은 점과 위치들로 짜여지는 공간이며 선형적이고 굳어진 고형체들을 둘러싸서 아우르는 데 관심을 둔다(Deleuze & Guattari, 1987: 361). 유목민은 매끈한 공간 속에서 작업하며 코드화된(홈 파인) 공간에 제약받지 않고 속도와 운동을 이해하는 데 관심이 있다. 매끈한 공간은 특징적으로 빠르거나 느린 순간(운동)들로 수많은 점과 사이-내부를 연속하여 스쳐지나가는 들고남과 통행이 일어나는 곳을 말한다. 유목민은 항상 이미 중계점에, 사이-내부에, 연속적인 릴레이나 포물선 궤도, 즉 탈주선을 그리며 점들을 지나간다(p. 380). 유목적 순간은 어떤 장소에 도달하려고 하거나 어느 한 장소나 다른 장소에 정주하는 것이라기보다 이동하는 점들의 열린 공간을 통해 빠르게~느리게 움직이는 것 자체이다. 예를 들면, 비가 내리는 상황에 따라 여러 장소에 다르게 출현하고 성장하는 "리좀적인 초목"(p. 382)을 따라다니는 유목민들에게는 지나다니는 통로 자체가 항상 바뀌게 된다. 유목민은 어떤 지점에 스스로 자신을 고정하거나 폐쇄시키며 홈 파인 공간을 만들 수 없으므로, 이동할 때면 "그저 앉은 채로…[그리고] 이동하며 잠시 앉아 있는 채로 있을 수밖에 없는"(p. 381) 자로서, 언제든지 일어나서 이동할 수 있는 매끄럽고 열린 공간에 자신을 내려놓는다. 유목민은 매끈한 공간 안에서 작업하면서 "어느 순간에라도 일어나서 다른 곳으로 이동할 수 있다"(Massumi, 1987a: xiii). 그러나 매끄러운 공간은 지속적으로 다른 공간을 탈~재~영토화하며 건너다니는 통행들로 인하여 변용되고, 또한 그 통행을 변용하며 홈 파인 공간들과 연접한 상태로 작용한다. 다시 말하면, 매끄러운 공간이 지속적으로 홈 파인 공간 속으로 "해석되고 횡단되는" 동시에, 홈 파인 공간 또한 지속적으로 "뒤집어지고 매끄러운 공간으로 되돌아가면서"(Deleuze & Guattari, 1987: 474), "유목민은 탈~영토화한 바로 그곳에다 재영토화하는 것이다"(p. 381). 이러한 까닭에 리좀~후기구조주의적 사유의 매끄러운 공간은 항상 이미 그늘 속에 숨어 있는 근대주의적 덫을(에 대하여) 경계하며 정신 차리고 있지 않으면 안 된다. 본뜸은 언제나 지도 위에 다층적 구조(palimpsest)[14]로 존재하며, 지도는 언제나 본뜸 위의 그림자이다.

이 연구를 통한 내 사고와 사유하기의 움직임은 리좀~후기구조주의적 접근을 전면에 내세움으로써 앉은 채 여행하는 것을 몸으로 체화해 내는 여정이 된다. St. Pierre(2000)는 유목적인 사고를 설명하면서, 낙타 위에서 여행하는 유목민의 경우 비록 이동하는 중이지만 동시에 정착해 있는 이중적인 상태에 있음을 지적한다. 이는 움직이는 낙타 위에서 그저 잠시 앉아 있는 상태임을 말하는 것이다. 그는 이것을 사고와 사유하기를 통한 다차원적 전개(processing)를 이해하는 방법이라고 말한다. 내가 비록 키보드를 치면서 컴퓨터 앞에서 글쓰기를 하느라 앉아 있지만, 잠시 앉은 상태로 여행하는 유목민과도 같이 나는 내 사유를 통하여/함께/속에서 이동하고 있다. 즉, 비록 디소긴의 외부 운동이 앉아 있는 상태에 영향을 주기도 하지만, 몸은 기본적으로 앉아 있

14) 역자 주: palimpsest는 원래 '거듭 쓴 양피지의 사본'으로 양피지에 씌어 있던 글자를 지우고 그 위에 다시 글자를 쓰는 방식을 일컫는데, 이 글에서는 다층적 구조를 뜻한다.

는 상태이고 생각이 운동하고 있음을 말하는 것이다. 유목민은 낙타의 운동과 함께 이동한다. 내 손은 사유하는 내용을 기록하기 위해 키보드와 연결되어 이동하고…**그리고**…내가 조작하고 있는 컴퓨터라는 테크놀로지의 하드웨어와 소프트웨어는 모두 내 사고의 패턴과 글쓰기에 영향을 주고 있다. 어떤 순간(운동)에서는 내가 어느 한 영토의 혼란스럽고 난삽한 중계점이 변화하는 공간~시간 속에서 길을 잃기도 한다. 연구 자료와 리좀방법론이라는 극히 변하기 쉬운 사막의 모래더미 속에다 연구와 글쓰기를 풀어놓은 채 말이다. 연구 자료와 사유하기~글쓰기, 그리고 텍스트라는 공간들은 계속 끝없이 증가하는 텍스트적인 환경 속에서 상상계들이 지속적으로 (접히고)펼쳐지는 가운데, 다양한 순간(운동)들과 함께/속에서 끊임없이 변화한다. 리좀과 고원, 배치를 유목민, 탈~영토화, 탈주선, 매끈한 공간과 함께 담아낸 첫 번째 상상계인 이 글은 내가 리좀적 접근으로 연구와 글쓰기를 얼마간 수행하고 있다고 설명해 준다. 이제 나의 리좀적인 연구 이야기를 통해 보다 많은 내용이 연구 프로젝트의 자료와 방법론, 문헌으로부터/함께/속에서 (접히고)펼쳐지며, 그리고 이 글쓰기의 고원들 전반에 걸쳐서 더 많은 내용들이 전개될 것이다. 중요한 것은 나의 주체적인 이해가 그 내용을 이끌어간다는 것이다.

나의 주체성~체화된-나-되기
my subjectivity~becoming-embodied-I

주체성은 보통 반성(reflection)과 반성성(reflexivity)에 연합되어 있다고들 말한다. 그러나 회절적 이해(diffractive understanding)로 작업하기 위해 나는 이것을 깨뜨리고자 한다. Barad(2007)는 물리적 세계에서의 회절 현상을 "파동들이 서로 겹쳐질 때 결합되는 방식과 관련된" 것으로서, "파동이 장애물을 만날 때 굴절하고 확산하는 뚜렷한 현상"(p. 74)이라고 설명한다. 따라서 파동은 교란(disturbance) 자체이지 그 어떤 실체나 사물이 아니다. 예를 들면, 바다의 파도라는 파동은 좁은 틈을 통과할 때 장애물을 만나게 되면 방해받기 이전의 형태로부터 변형되어 서로 겹쳐지는 운동이 일어난다. 물론 공기의 파동(바람)이 바닷물의 파동을 방해할 때도 회절적인 패턴이 발생한다(그림 1.2).

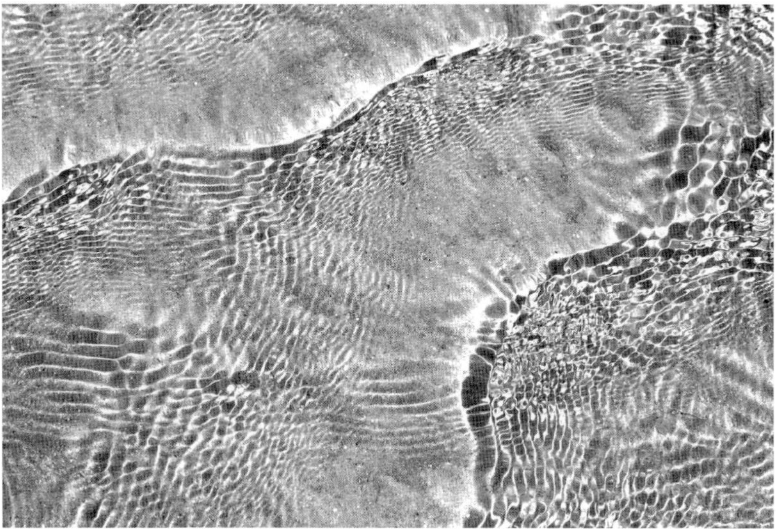

[그림 1.2]
바람의 파동에 의해 방해받은 바닷물의 회절적인 패턴들(Paul Tricker 사진. http://trickersinegypt.blogspot.com.au/2010_09_01_archive.html)

파도는 원래의 패턴대로 계속되지만 방해받았을 때 발생한 교란 행위와도 결합한다. 그래서 파도가 이전 상태와 현재 변화되는 상태로 계속 운동하면서 커지거나 작아진다. 회절 현상을 통해 드러나는 사실은, 서로 다른 몸체들이 만날 때 그것들의 지속적인 관여에서 중요한 것은 바로 이 몸체들의 사이-내부에서 무엇인가가 일어난다는 점이다. 이해를 강화시키는 것은 단순히 서로 분리된 두 몸체 사이에서 일어나는 상호작용의 문제가 아니라, 두 몸체의 사이-내부에서 일어나는 내부작용(intra-activity)의 관계인 것이다. 이것은 이를테면 바다와 바위 사이의 상호작용 순간에 (발현)병합하는 파도의 내부작용 **운동**(*movement*)을 바라보면 알 수 있다. 예를 들면, 이 운동은 관계적 운동 속에서 파도가 어떻게 물질화되는지에 대하여 우리가 잘 이해할 수 있게 해 준다. 결국 바다와 바위, 바람을 서로 분리된 몸체로 생각하는 것이 아니다.

이처럼 회절적 이해라는 개념을 가져와 주체성을 조명하는 방식은 비판적이면서도 정중한 방식으로 세계에 관여하면서 "세계를 바로 그 내부로부터 이해하는 방식이자, 우리가 바로 그 일부로서 이해하는 방식"(Barad, 2007: 88)이다. 회절적 접근은 여러 다양한 관계적 접촉들이 겹치면서 중첩적으로 일어나는 영역에서, 우리가 구체적으로 이를 체화할 때 또는 사유할 때 함께 작용한다. 이와는 반대로 반성적 접근은 세계의 일부로서 세계의 내부에서 이해하려고 하기보다는 거리를 두고 떨어져서 "멀리서 이해하고자 하는 원거리-배움을 시도하는 것"(p. 90)으로서, 각각의 분리된 몸체들 간의 상호작용에 초점을 둔다. 반성성은 연구자로서의 나의 행위가 참여자로서의 어린이에게 어떻게 영향을 미치는가에 주목한다. 반면 회절적으로 사유하기는 연구자와 어린이의 사이-내부에서 일어나는 것, 즉 어린이와 어른이 참여자-연구자들로 뒤섞이는, 접속의 내부작용적인 공간-시간 속에서 일어나는 바로 그것에 직접 관여하며 몰두하는 것이다. 이러한 접속, 구체적으로 말하자면 어린이~어른~참여자~연구자~연구~놀이 등등에 토대를 둔 것으로, 오직 한데 얽히고 체화된 상태로만 지각가능한 것이다. 이는 항상 무언가 다른 것-되기(becoming-something different)를 통해 전개된다. 회절적 접근은 "차이들이 만들어 내는 한데 얽혀져 있는 효과들"(p. 73), 바로 그 속으로부터 그것을 이해하고자 하는 것이다. 차이의 접힌 주름들과 차이가 어떻게 물질화되는가를 탐구하는 데 집중하며, 차이를 축소하기 위해서가 아니라 차이(들)가 중요하게 관여하고 있으며 항상 이미 지각(불)가능함을 이해하기 위해 작용한다. 회절과 차이에 대한 이러한 이해는 Deleuze 철학의 상상계(**울림의 전조** 참조)와 포이에시스(poiesis)(**놀이**[**하기**] 고원 참조)가 그러하듯이, 연구자의 실제적인 수행과정 속에서 함께 일어나는 것이다. 앞에서 언급한 반성과 반성성은 은유적인 사고에서와 같이 재현주의에 연관되는 내용이다. 또한 고정된 '실제' 세계와 특정한 사회 집단의/속 행동을 재현한다는 점에서 결국 동일성을 추구하는 미메시스(mimesis)와도 관련된다. 그러나 실제 수행적인 회절적인 이해는 주체/객체가 내부작용적 관계를 통해 (발현)병합하면서 실천이 여러 가지 서로 다른 종류의 지식-만들기 실제(knowledge-making practices)가 가능하다는 것을 알려주며, 그 가능성을(에로) 실제로 열어 준다. 회절적 접근은 내부작용적 행위의/를 통한 이해를 강화한다. 반면 반성적 접근은 원인과 이에 상응하는 효과를 분석하는 데 몰두함으로써 몸체와 상호작용을 축소해버리는 위험이 있다. 내부작용이 일어나는 관계적인 영역에서 지금 이렇게 체화된 나~우리(embodied I~we)가 우리들 자신을 특이하고도 개별적으로 지각하는 방식은 상호 접속된(interconnected) 인간과 물질 간의 관계적 감응(affect)이며, 이 관계에 의하여 변용되는(affected) 것이다. 이 관계적 감응 및 변용에서는 나~우리가 내부적으로, 또한 그 관계들과 함께 작용한다. 그리하여 나는 자신의 '나'를 항상 이미 다른 그 무엇-되기 중에 있는 체화된-나로 이해한다.

나는 뉴질랜드 여성~파케하~아오테아로아(woman~Pākehā ~ Aotearoa)로서 말하고 글을 쓴다. '파케하(Pākehā)'는 '비-마오리인(non-Māori)'으로 번역되는데, 비원주민 태생의 모든 뉴질랜드인을 말한다.

비록 이 단어가 마오리인이 아닌 모든 문화권의 사람들을 의미하지만, 뉴질랜드에서는 일반적으로 유럽 태생의 지배적인 백인 다수를 가리킨다. 그러나 나는 자신을 파케하로 간주할 때, 내가 모국의 토착민인 마오리인들과 함께 지내온 체험적인 관계를 가장 먼저 떠올리게 된다. 나의 페미니스트적인 신념과 후기구조주의적인 사유는 나의 삶~배움을 변용하기 때문에, 나는 서로 다른 공간~시간들 속에서 끊임없는 회절적이고 이실석인 과정 중에 있다. 즉, 여성~아내~할머니~유아교사~교사교육자~학자로서 말이다. 이 모든 것 속에서 나는 지배자이면서 동시에 소수자이다. 백인이고 교사라는 점에서 지배자라고 할 수 있고, 여성이면서 유아교육 분야에서 일한다는 점에서 소수자인 것이다. 또 다른 순간에는 복합적이고 모호하며 모순적인 경험들로 이루어진 이 연결접속 환경에서 나의 주체성의 회절적 가능성들을 협상한다. 이 경험들은 중첩적인 (탈)연속성으로 특징지어지며, 항상 이미 리좀적이고 체화되어 있다. 주체성은 항상 이미 유동적인 흐름 속에 있다. 그것은 잠정적이고 (비)편파적이며, 무언가 다른 것-되기의 지속적인 상태 속에 있다. 그러므로 나는 항상 이미 (불)변화하며, (비)편파적으로, 지각(불)가능하게 저자-되기 연구자-되기 후기구조주의적인 사유자-되기 페미니스트-되기 여성-되기 중에 있다. 나는 앞의 문장에서 되기들 사이에 의도적으로 쉼표를 생략했는데, 그 이유는 무언가 다른 것-되기의 리좀적인 흐름이 복잡한 양상으로 반복됨을 암시하기 위해서이다.

그러나 Deleuze와 Guattari 사상의 여성-되기 관념은 페미니스트 학자들 사이에서 논쟁을 일으킨다. 이 책~배치에서 나의 관심은 어린이(들)-되기에 있지만, 나의 여성-되기 사고는 불가피하게 담론을 변용한다. Deleuze와 Guattari(1987)는 되기란 "항상 여성-되기를 통과한다"(p. 291)고 말한다. 그러나 Braidotti(1994b)는 이러한 생각의 양가성을 지적한다. Braidotti가 확신하는 바는 이러한 생각이 한편으로는 성별 차이를 극복하기 위해 젠더 이분법을 중성화하는 것이다. 또 다른 한편으로는 '여성' 주체를 변형적인 '여성-되기'의 과정 속으로 용해시키는 것인데, 이 과정에서 사실 젠더중립적 되기, 즉 여성을 구조화하는 힘 속으로 '여성'이 소멸되게 된다. 마찬가지로 Grosz(1994a)는, Deleuze와 Guattari가 "만약 우리가 이미 주변인이거나 여성이라면 주변인-되기나 여성-되기의 과정이 결코 전략이 될 수 없다는 것을 인식하지 못한다"(p. 188)고 지적한다. Grosz(1994a: 189)는 Irigaray(1985)를 인용하여 여성-되기가 역설적으로 "여성으로 하여금 자신의 구체적이고 결코 일반화될 수 없는 되기 및 욕망-생산, 그리고 존재의 형태들을 탐구하고 질문해 들어가는 것을 방해한다고 말한다.

근래에 Braidotti(2001)는 "다양한 되기를 향한 합성의 평면(plane of composition)으로서의 주체"(p. 410)라는 내용으로 작업할 때 필요에 의해 Deleuze의 주장을 변형했음을 인정하였다. 그는 주체성을 '구성적 역설(constructive paradox)'이라는 측면에서 접근하였는데, 이 측면에서는 프로세스적 되기(processual becoming)가 핵심 내용이 된다(p. 395)[15]. 나는 이러한 생각을 가지고 작업하면서 나 자신을 항상 (나의, 특이하게) 여성-되기를 생산하는 과정 속에 있는 것으로 인식한다. 나는 주변화된 여성으로부터 해방되었고, 과거, 현재, 또는 미래 순간들 속에서 고정되어버린 존재가 아니다. Dosse(2010)가 말하듯이, "되기는 시간을 깨고 나오며 결코 거기로 축소되지 않는다"(p. 323). Deleuze와 Guattari에게 있어 무언가 다른 것-되기는 역사적으로 개념화될 수 없는 것이다. 다시 말해서, 과거, 현재, 미래로 선형적인 시간적 진행 순

15) 역자 주: '프로제스적 되기'에서 'process'의 개념은 선형적인 개념인 'progress' 와 달리 비위계적이고 다차원적인 운동을 말한다. 앞의 각주 10)를 참고할 것.

서로 역사화될 수 없으며, 다른 사람과 차이 나는 다른 인물이 되는 것을 뜻하는 것도 아니다. 되기는 그 이전의 것을 넘어서는 것(beyond before)이다.[16] 그것은 시간 바깥에서, 또한 내가 되었을 법한 그 무엇인가의 바깥에서 작용하는 것이다. 그리하여 다른 것-되기의 오직 탈~영토화하는 공간~시간일 뿐이다. "우리는 어떤 것에 의해서도 되기 속으로 던져질 수 있다. 그것이 결코 예상해본 적 없는 가장 하찮은 무엇이라 하더라도"(Deleuze & Guattari, 1987: 292). Deleuze와 Guattari식의 되기에 관한 나의 주체적 읽기는 주변화된 여성-되기의 잔유물을 글자 그대로 불러오려는 분노의 감각들을 벗어버리게 하면서, 내가 나의 모든 다른 되기를 구성하는 여성-되기를 드러내게 한다. 그러고 나서 나는 나의 모든 다른 되기를 구성하는 여성-되기를 자랑스럽게 드러내 보인다. Irigaray, Grosz, Braidotti가 Deleuze와 Guattari가 조명한 여성-되기에 대하여 비판했음에도 불구하고, **나의** 가장 근본적인 여성-되기는 내가 생산하는 모든 다른 되기들로부터 분리될 수 없다. 나에게 있어 여성-되기란 한 번 경험하고 지나가는 것이 아니다. 여성-되기란 항상 이미 (비)편파적으로, 그리고 회절적으로 모든 다른 되기들인 것이다. 내가 그것을 모두 인간-되기의 현상에 결부시키는 데서 알 수 있듯이, 여성-되기란 '여성'이라는 특정한 생물학적 성에 한정된 환원 현상이 아니다. "여성-되기란 언제나 다른 무엇의 기능이며"(Deleuze & Guattari, 1987: 275), 단지 나의 되기에 대한 저주도 아니다. 여성으로 중성화되었다거나 내가 사라진 듯한 느낌과는 반대로, 나의 여성-되기의 여성은 여성-되기의 (재)생산 속에서 항상 이미 회절한다.

16) 이 구절은 Warren Sellers가 지은 말이다(개인적 대화에서, 2010년 1월).

그러나 내가 여러 다양한 되기들과 함께/속에 체화된 여성–되기로서 이 책을 저술하는 동안, 이 연구에서 내가 말하고 있는 지점 자체, 즉 어린이를 **위하여** 말하는 곳이 애매한 채로 남아 있다. 나는 이 연구 프로젝트의 성인 진행자로서 어린이와 그들의 아동기, 그리고 그들이 이해하고 있는 교육과정, 또한 이 모든 것을 통해서/함께/속에서 이루어지는 그들의 되기를 조명하고자 노력한다. 그러나 그들에 **관하여** 말하기 위해 바깥으로 움직이고자 시도함에 있어, 내가 그들을 **위해** 말할 수 있다고 생각하면서 나는 더 나아가 그들의 '목소리'를 선별적으로 해석하면서 (잘못)전유할 수도 있는 모험을 하고 있는 것이다. 그러나 이 책~배치를 저술하는 연구 프로젝트를 미리 결론지어 끝내버리는 우를 범하지 않기 위하여 어린이의 실제 발화 내용으로 그들의 언어와 놀이(하기)를 표현할 수 있는 다양체적인 텍스트를 발생시키면서 어린이에 대하여 글쓰기 작업을 한다. 이것은 불가능한 과제인 것처럼 보이는데, 나는 오랜 기간에 걸친 이 연구가 과연 어린이가 자신의 이야기를 말하는 진정한 방법을 열어나갈 수 있는지, 다시 말해서, 내가 되돌아가서 어린이의 놀이(하기)에 관하여 그들과 좀 더 이야기할 수 있었는지 스스로 질문한다. 그러나 내가 얼마나 자주 스스로 질문하며 되돌아갔는지는 크게 중요하지 않다. 매번 내가 그들의 이야기에 관여할 때, 비록 그들의 사유하기와 행위의 흐름이 매번 다르다 할지라도 아마도 같은 강물의 흐름 속에 발을 내딛는 것과 같다고 할 수 있다. 그리하여 나와 그들의 대화가 그 속에 등장하는 특정한 의문들에 답을 한다기보다는 보다 많은 가능성을(에로) 열어가기를 계속하게 될 것이고…**그리고**…아무리 많은 시간이 흐른다 하여도 그들의 놀이(하기), 지속적으로 탈~영토화하는 영토에 관하여 나는 항상 새롭게 사유하는 것을 멈출 수 없을 것이다.

마주침의 계획(평면)들 plan(e)s of encounters

나는 사유를 재사유하려고 시도하면서 이 고원과 함께/속에서 체화된 (탈)개인적 힘-감응의 다양체들 간의 접속망을 통하여 작업한다. 특히 다르게, 지배적인 사유의 외부에서 회절적으로 사유하며, 예컨대 어린이와 아동기, 교육과정에 있어서 발달에 적합한 실제와 함께 오래 지속되어온 지배적인 사유의 '바깥에서' 사유한다(**교육과정 재구상하기** 고원에서 논의된 바와 같이). 현재 우세한 힘을 지니고 있는 발달 이론의 과학적 정향(scientific orientation)을 깨뜨림으로써, 우리는 정당하게 인정받아야 할 충만한-힘을 지니고 교육과정을 수행하는 어린이, 그리고 어른이 개념화해놓은 교육과정에 대해 어른과 마찬가지의 지식을 지닌 이론가로서의 어린이를 위한 가능성을(에로) 열게 된다. 유사하게 Olsson(2009)은 Deleuze와 Guattari 철학을 유아교육에서 공동으로 행위주체적이고 충만한-힘으로 생산적인 공간들을 발생시키는 데 적용한다. 이들 공간은 마주침의 관계적인 평면으로서 작용하는데, 어떤 경우에는 변형하고 접속하며, 어떤 경우에는 그렇지 못하다. 그곳은 토대나 주체(들) 또는 객체(들)의 안정성을 찾을 수 없는 공간으로, 어린이의 주체성, 배움의 과정, 교사들, 그리고 그 환경의 물질성 자체가 충돌하는 장으로서의 환경이다. Olsson은 Deleuze의 내재성(immanence)과 초월적 경험론(transcendental empiricism)의 개념을 활용하여 연구와 실제의 복잡한 관계에 관하여 이전과는 달리 사고하는 방식으로 연구|실제의 이분법적 분리를 분쇄한다. 여기에서 연구와 현장 모두에 관한 이론과 실제는 "그 무엇을 설명하거나 포함하여 봉쇄하려고 하지 않고, 타자의 원인으로 간주하지도 않는다. [대신에 그것은] 통찰이 일어나는 만남을 위해 물음을 제기하는 것이며, 무언가와 함께 말하는 것이다(a speaking with). 그리하여 이론과 실제를 **실험**(*experiment*)하고 새

로운 것을 **시도하도록** 한다"(Olsson, 2009: 208, 원전에서의 강조).

Olsson은 자신의 연구 전체에 걸쳐 주체성(subjectivity)과 배움을 어린이와 교사, 물질성의 관계적 장으로 본다. 배움 공간들의 협상이 어떠한 과정적 상태에서 일어나는가에 주목한다. 그 상태와 함께/속에서 주체성과 배움의 (재)구성이 "신념과 욕망의 **흐름**(*flows*)으로부터"(p. 49, 원전에서 강조) 시작된다. 그리고 그 흐름의 **운동**(*movement*)이 주체성과 배움의 표현이 된다. Olsson은 배움을 향하여 어린이가 열망하는 과정을 전면에 드러내면서, 미리 처방된 기준에 따라 계획하고 통제하며 평가하는 모든 시도, 즉 어린이의 배움의 순간(운동)을 깨뜨리는 흐름을 비난한다. Olsson은 "개인과 사회 등과 같은 특정한 개념으로 구성되거나 상상된 실체들의 **사이-내부**에서 일어나는 일을 우리가 어떻게 다룰 것인지, 이에 대한 새로운 논리를 찾아야 한다"(p. 31, 원전에서의 강조)고 촉구한다. 이를 통해 어린이가 공동으로 함께 갈망하는 것이 교실과 학교체제에 중요한 공헌을 하는 것임을 깨닫고 수용할 수 있는 것이다(p. 186). Olsson은 개인|사회의 이분적 구분이 주체성과 배움을 정체시키는 결과를 야기한다고 주장하였는데, 이는 내가 어른|어린이의 이분법이 교육과정 수행에 있어 어린이다운 고유한 표현을 차단한다고 지적한 것과 일맥상통한다.

이와 같은 주장은 어린이와 아동기를 억압하는 근대주의 동일성 담론을 무너뜨리기 위한 노력이다. 그리하여 어린이(들), 아동기(들), 성인기의 개념들 사이에서 존재하는 다양한 차이를 긍정할 수 있고 "차이의 실증성(positivity of differences)"(Braidotti, 1994b: 164)에 올라탈 수 있는 가능성을(에로) 열어 주고자 하는 것이다. 가려져 있던 그늘진 곳에서 "수행적인 발화"라는 아이디어가 출현하게 되는데, 이는 "리좀적인 음성(rhizovocality)"(Jackson, 2003: 707)을 어린이가 자신의 어린이다운 표현으로 나타낸 것을 가리킨다. 얼핏 보면 이 개념은 이 연구가 안고 있는 문제인 근본적으로 어린이를 위하여 말한다는 것, 즉 어린이의 어린이다운 표현을 명료화하는 데 어려움을 안고 있음을 잘 나타내주는 것처럼 보인다. 그러나 여기에서 사유하기~글쓰기는 불가피하게 나의 성인화된 지각을 사용하는 체화된-나-되기를 통하여 어른으로서 내가 이해한 것과 함께/속에 놓여 있는 것이다. 그러나 Foucault(Deleuze와의 대화 속)의 관점을 빌어서 말한다면 이 문제는 나를 어린이의 앞에, 또는 바깥이나 심지어 옆에 놓고 "각 사람과 모두를 위한 침묵의 진리"(Deleuze, 2004: 207)를 말하고자 하는 게 되어서는 안 된다. 그 대신, "타자를 위해 말하는 행위의 무례함"(p. 208)을 무릅쓰고 내가 자칫 수용(불)가능한 방식으로 협상할 수도 있는, 그러한 관계적인 내부작용 속에서 이루어져야 한다고 생각한다. 내가 불가피하게 어린이를 위해 말하고 있기 때문에 글쓰기의 과제는 더더욱 문제시된다. "전통적으로 인류학적이고 심지어는 고백적이기까지 한 '나', 즉 비판적인 질적 연구 전통에 자주 출몰하는 유령과도 같은 '나'"(Jackson, 2010: 583-584)를 어떻게 깨뜨릴 것인가, 나-되기를 어떻게 체화할 것인가가 중요한 것이다.

리좀-유목적으로 고원들과 함께/속에서/통해서 책~배치 읽기~글쓰기 reading~writing the book~assemblage rhizo-nomadically with/in/through plateaus

이 책에서 내용을 선형적으로 배열하지 않고 리좀과 함께 고원들을 발생시키는 것은 이 책~배치의 연구하기~글쓰기~읽기를 방법론적으로 작업하는 모습을 나타내기 위한 것이다. 리좀적 글쓰기(rhizo writing)와 리좀을 글쓰기 하기(writing the rhizome)의 체화된 과정을 통하여, 저자~독자~텍스트의 체화된-나-되기가 아이디어, 사고, 개념들의 공간-시간을 협상하면서 계속적으로 변하는 다양한 경로, 또는 배치들을 발생시킨다. 이들은 항상 이미 유동적인 흐름 속에 있고 되기의 지속적인 과정 속에 있다. 이들은 시간적으로 또한 공간적으로 접속된 각각 분리된(되지 않은) 고원과 같은 (비)실체들의 집합을(에로) 열어 준다. 이들은 항상 이미 (발현)병합하는 단편~전체(들)를 형성한다. 이것은 사유하기~대화하기~토론하기~글쓰기의 경계에다 계속적으로 작용을 더해가는 것일 뿐 아니라, 동시에 글쓰기에 관한 것이기도 하다. 글쓰기는 내부자~외부자로서 외부적인 것과 내부적인 것을 통해 미끄러지고 넘나들면서, 고원들의 강도와 강도의 고원들을 항상 이미 발생시키고 있는 중계점(들)과 함께/속에서(부터) 나온다. 나는 이 배치들을 한데 모아서 내가 사유자~독자~연구자로서 체화된-나-되기를 협상하는 글쓰기 작업을 한다. 이것은 항상 모든 공간-시간에서 방해 없이 흐르면서 침입/붕괴/폭발/파열하는 것이 아니다. 이러한 파열은 고원들이 협상되면서 (발현)병합할 때 이를 따라 일어난다. 어느 특정한 아이디어도 반드시 사유의 관계 속에서 그 어떤 위계성을 주장할 수 없다. 단지 그늘진 곳으로부터 이동하여 항상 이미 변하는 읽기~글쓰기~사유하기 여정 속에서/곁에서/함께 조명될 뿐이다. 나는 탈주선을 따라서 무한한 영토적 공간의 안과 밖으로 흘러간다. 경계를 가로질러 절단하며 리좀적 생각과 사유를 나르면서, "다른 그 무엇이 일어날 수 있는 공간들"(St. Pierre, 2004: 287)을 탐색한다. 이 책~배치와 여기에 담긴 연구 이야기는 탈-중심화된 (잘못)이해의 덩어리들로 분기/수렴/근접한 것의 축적일 뿐이다.

미끄러지면서 나아가는 이 연구 여정의 글쓰기~읽기와 함께/속에서/위하여 가능성을 열면서, 이제 독자가 고원을 여기에다 쓰든지 아니면 다른 탈주선을 따르든지 고원들을 협상해나갈 선택권은 개방되어 있다. 이 과정적 나-되기의 (모험)도전에서 나는 독자와 저자가 고원들을 따라 흐를 것을 예상한다. 또한 뒤얽히고 체화된-나-되기로 여행하며, 다차원적인 부가적/내부적/텍스트적인 경험의 읽기~글쓰기~사유하기 배치를 통해 한데 혼합되면서, 역동적으로 변하는 대화적 공간-시간 속에서 함께 연루되고, 모든 사람과 모든 것이 항상 이미 유동적인 흐름 속에서 지각(불)가능하게 여기에 함께 암시되며…

> **주변적 암시**(*allusion-an aside*)…'넌지시 암시하다(allude)'는 이 책의 글쓰기가 취한 충만한-놀이적 삶을 내비치고 있다. 'ad(향하여)' + ludere(놀이하다)'가 합성된 라틴어 *alludere*로부터 유래한 말이다(*Concise Oxford Dictionary*, 1999).[17]

17) Pearsall(1999)을 볼 것.

교육과정 재구상하기~되기의 환경(들) 지도 만들기

Reconceiving curriculum~mapping (a) milieu(s) of becoming

교육과정 재구상하기 고원을 열며

opening this reconceiving curriculum plateus

이 고원에서는 교육과정을 되기(becoming)의 환경(들)으로 생각할 방법을 모색하기 위해서 (재)구상하기의 개념을 도입하여 전통적 교육과정 개념과는 다르게 사유하고자 하였다. 일반적으로 특정 대상이나 사물로 봐온 'the' 교육과정의 기술적 관점을 차단하기 위해, 여기에서는 '교육과정'이 하나의 대상(object, 교과)에 의한 사물(things, 내용지식)의 구성이라기보다 사태의 복잡한 배열이라는 의미로 'the'를 삭제하였다. 'the'를 옆으로 제쳐놓음으로써 자서전 접근과 같은 교육과정에 대한 총체적 접근방식이 빛을 보게 된다. 자서전 접근은 삶의 과정, 즉 개별적으로 맥락화된 배움~삶(learning~living)의 경험에서 체화된다. Pinar(1974)는 교육과정을 재개념화하기 위해 자서전이라는 개념을 사용하여 개인적 교육경험의 본질에 대한 이해가 중요하다는 점을 강조하였다. 이와 더불어 Apple(1979)의 이데올로기 비판 또한 교육, 학교 및 텍스트에 박혀 있는 힘의 파급 효과를 직시하면서 교육과정을 재개념화하였다. 자서전과 권력 개념을 보완하면서 나는 유아교육과정에 미친 발달심리학의 영향이라는 과학적 성향을 벗어던지고 Deleuze와 Guattari의 상상계를 따르고자 한다.

과정적이며 체험된 이해라는 측면으로부터/함께/속에서(from/with/in), 교육과정을 고정되고, 안정되고, 정정되고 고쳐진 대상으로 다루기보다는 탐색과 탐구의 문제로서 심층적으로 다루고자 하였다. 교육과정의 **재개념화**(*reconceptualizing*) 논의로 돌아가서, **재**(*re*)는 여기서 지속적으로 행해지는 과정을 의미한다. 모더니즘의 구조적 예상이 여전히 남아 마침내 새로운 개념에 도달할 것을 기대할 것이다. 그러나 내가 하고자 하는 (재)구상하기([re]conceiving)의 노력은 교정의 장치이거나 재개념화의 실천 그 자체는 아니다. 이것은 고착화될 개념이 만들어질 가능성을 피하기 위한 노력이다. 오히려 사물을 다르게 생각하고, 사물이 어떻게 작동하는지, 즉 교육과정이 어떻게 작동하고 또 어떻게 다르게 작동하는지를 이해하기 위한 사고과정을(에로) 작동시키고자 한다. 따라서 나는 교육과정에 대해 다르게 생각하고, 특히 어린이를 교육과정에서 동등한 놀이(자)로 여기고 아울러 교육과정을 교육과정 수행성의 환경으로 (재)구상함으로써, 성숙한 어른의 개념을 강조하는 어른|어린이 사이에 놓인 위계를 없애고자 한다.

이 고원에서 독자는 유아교육과정의 환경을 돌아다니면서 유아교육과정에 영향을 미친 역사철학과의 대화를 만나게 될 것이다. 유아교육과정의 계보로서 유아교과과정에 대한 발달심리학 및 사회문화적 접근의 영향, 아오테아로아 뉴질랜드 국가유아교육과정인 **테 파리키**(Ministry of Education, 1996)들이 직조처럼 엮이는 부분을 보게 될 것이다. 다른 고원(plateau)과의 연결짓기, 즉 **리좀-지도 만들기**와 **복잡하게 교육과정을 수행하는 어린이**와 지도 만들기의 상호접속성이 나타나는데, 이는 이 책의 연구 자료에서 나온 어린이의 교육과정 수행성에 대한 복잡한 문제와 어린이가 실행하는 학습을 이해하기 위한 하나의 방법을 제시하고 있다.

옛날 옛적에 교육과정은…그리고 지금은 되기…
once upon a time, curriculum was…and is becoming...

2천 년 전 Cicero(로마의 철학자, 정치가, 변호사, 웅변가, 정치이론가, BC 1세기부터 집정관)는 **교육과정**을 맥락화된 삶과 **학습과정**이라는 뜻으로 사용하였으며, 사람들이 사는 한시적 공간을 배워야 할 사물(교육과정의 **내용**, the *what* of curriculum)이 든 용기로 생각하였다. 그러나 교수법과 수업에 관한 교육문제 **방법**(the *how*)에 대해서는 별 의문을 품지 않았다. 이후 수세기 후인 활자 이전 중세시대에서는 장인(master)이 초보자를 가르쳤으며, 19세기 말까지도 여전히 교육과정은 단순히 내용으로만 이해되었다. 즉, 교과목 교육과정 내용이 주 관심사였던 반면에 **방법**이라는 교육 절차(pedagogical process)에는 별 관심이 없었다. 그러나 교육 절차에 관한 질문은 Rousseau, Itard, Seguin, Montessori 및 Dewey의 이론과 실천에서 입증되면서 점차 쟁점화되었다. 이 교육자들은 '비정상' 어린이와 불우한 어린이를 교육하기 위한 방법과 절차를 개발했다. 그 후 이러한 발전은 '정상' 학교교육 내의 가르침에 영향을 미쳤다. 논의를 위해 나는 '비정상'과 '정상'이란 용어를 위의 유명한 교육자의 시대에 그들이 선의에서 뜻하였던 바에 맞추어서 사용하고자 한다. 오늘날 이 용어는 다음과 같은 이데올로기적 문제를 제기하며 타고난 결함을 가진 어린이를 문제 삼는다는 이유로 논란의 소지를 불러일으킨다. 누가 비정상/정상을 결정하며, 어떤 이유에서 결정하는가? 교육적 개입이 '필요'하다고 판단되는 어린이는 누구인가? 아울러 이런 개입은 어떻게 조직될 것인가? 그리고 이 어린이는 어떻게 관리될 것인가?

학교교육이 보다 보편화되면서 가치 있고 중요한 지식을 둘러싼 교육과정의 근거에 대한 의문제기는 정치적 필요와 경제적 관심사로 자리매김하게 되었다. 어린이에게 **무엇**(*what*)을 가르쳐야 하는지, **어떻게**(*how*)

가르쳐야 하는지 등은 실천가, 정책입안자 및 학자들의 논쟁거리가 되었다. 그 논쟁에는 심리학, 철학, 사회학 및 정치학 등 다양한 학문이 관련되었다. Egan(2003)은 과감한 주장을 내놓았는데, 지난 2천 년 동안 교육과정에 대한 수많은 의문제기에도 불구하고 교육과정이 어떻게 이해되는지에 대해서는 크게 달라지지 않았다는 것이다. 서양적 이해에서는 **내용**과 **방법**에 대한 역사적 반복은 빈번히 이루어졌다.

20세기 동안 세 가지 교육모형이 지배하였다. 이 세 모형은 교육과정에 대해 서로 다른 해석을 내놓았으며, 구체적인 내용은 다음과 같다. 첫째, 수동적인 어린이가 획일적 학교문화 속에서 사회화되기를 요구하면서 표준화되고 융통성 없이 고정된 교육과정이다. 둘째, 자연적으로 발현되는 대로 행동하는 생물학적 어린이를 가정하면서, 생물학적 준비 정도에 따라 교육과정 목표 및 방법을 결정하는 것이다. 셋째, 학습자와 교사가 공동으로 작업하면서 과정적 통제권을 공유하는 가운데 경험을 변화시켜 진보적으로 촉진하는 모형이다. 비록 지난 50년 동안 교육과정에 관한 논의가 주요 기계적 패러다임의 의존에서 벗어나 교육과정이 **무엇인지** 또 **어떻게** 실행되는지에 대해 비판적인 시각을 갖기 시작했음에도 불구하고, 이들 모두 어느 정도 애매하게 공존하고 있다. Pinar(1975a)의 지적에 따르면, 교육과정의 **내용**과 **방법**은 전통적으로 다양하게 이해되어 왔다. 과정으로, 그 과정에서 사용된 재료 혹은 인공물로, 의도된 학습결과로, 과정중심으로, 교육과 동의어로, 예컨대 공부하는 수업전략과 상용화된 패키지로, 혹은 수업 및 평가 등으로 다양하게 이해되어 왔다. 즉, 교육과정은 이렇게 바뀌는 의미들로 채워져 왔다.

최근 수십 년 동안 다학제적 학문의 발전 덕분에 기술 중심의 'the' 교육과정에서 벗어나 유아교육과정을 보다 유기적으로 재개념화할 다양한 기회가 마련되었다. 특히 사회학, 심리학, 비판이론 안에서 후기구조주의, 페미니즘, 탈식민주의 관점이 내놓은 성과로부터 영향을 받았다. 예를 들어, Silin(1987, 1995)의 철학적 관점은 역사적으로 유아교육과정에 영향을 미친 지배적 지식기반을 탐구하면서, 교육 목표를 그 자체로 일반적으로 잘못 해석되어 버린 심리학적 사고에의 의존성을 문제 삼았다. 또한 Kessler와 Swadener(1992)는 교육과정의 사회학으로서 유아교육과정을 탐구하였다. Bloch(1992)는 비판적 페미니즘 관점으로 유아교육 연구와 실천에서 발달심리학의 실증주의적 전통에 대한 지나친 강조를 문제 삼았다. Miller(1992)는 페미니스트의 자서전적 이해를 논의의 장으로 끌어들였다. Jipson(1992)은 페미니스트 교육학을 실행했다. Cannella(1997)의 비판적인 관점은 어린이에 대한 경제적, 정치적 관심을 해체시키며 어린이를 위한 사회정의를 장려하였고, Viruru는 탈식민주의적 비평을 열었다(Viruru & Cannella, 2001). 이와 같이 인류학자, 사회학, 여성주의자, 역사가 및 유아교육자들과 그 외 관계자는 어린이의 성장, 학습, 교육과정의 실천을 이해하는 데 있어 발달적 접근방식을 지속적으로 비판하는 작업에 힘을 쏟았다. 아동에게 **무엇을** 가르쳐야 하는지와 아동을 **어떻게** 가르쳐야 하는지에 관한 조건과 문제는 따라서 실천가, 정책입안자를 비롯하여 학제 간 관점을 포함한 논쟁거리가 되었다.

재개념화하기를 소개하며 introducing reconceptualizing

1970년대에는 이전에는 숨겨져 있던 풍성한 경험들이 드러나고 지원구조를 근본적으로 되돌아보면서, 개념적으로나 방법론적으로 교육과정의 특성화에 중요한 전환점이 마련되었다(Grument, 1999). 이 작업은 명료하게 정의된 교과영역을 제시하면서 외현적 행동목표를 진술하는 방식으로 교육과정의 범위를 한정시키며 기술적 모형을 증진시켰던 Tyler의 전통에 대한 반동이었다. 교육과정 (재)형성([re]shape)에 주력한 학자들은 Tyler의 선형적 구조원리에 반대하면서 교육과정을 복잡한 것으로 보고자 하였다. 이들 교육과정 학자는 배우기~가르치기의 철학적, 역사적 및 정치적 차원에서 교육과정 분야를 (재)정립하였다. 여기서는 교육과정을 계열적 순서도 목표의 목록도 아니라, 이론적, 사회적 및 문화적 현상을 수반하는 과정적, 학제적 경험으로 설명하였으며 "모든 삶의 경험이 학습을 진전시키고 고무시키는 잠재력이라는 가치를 가지게 된다"(Kincheloe, Slattery & Steinberg, 2000: 325)고 보았다. Pinar(1974)와 Apple(1979)은 교육과정에 대한 기존의 접근방식에 문제를 제기하였는데, Grumet(1976b)의 자서전적 관점 안에서 재개념화를 반사적(reflexive) 작업으로 보면서, 체험된 경험 옆에 나란히 개념적 이해를 배치시켰다. 이것은 교육과정(사물로서)의 개발에 대한 현실적 관심으로부터 벗어나 교육과정의 절차적 이해에 대한 이론적/실제적 관심으로 전환시킨 실례에 해당한다(Pinar, Reynolds, Slattery & Taubman, 1995). 'the' 교육과정의 대안을 생성하는 것뿐만 아니라 교육과정 분야의 지도 만들기(mapping)에 대해 서로 생각을 다시 해보는 것이다. Marshall, Sears와 Schubert(2000)가 설명하듯이, 재개념화는 패러다임이 아니라 전환하는 토대에 관한 것이다.

교육과정 재개념화에서 이러한 철학적 변화, 즉 교육과정이 의미하는 바를 'the' 교육과정의 기계론적 개발로부터 이론 및 실제 용어를 통한 철학적 이해의 방향으로 초점을 이동시킨 것은, 유아교육자들이 유아교육과정에 대한 (다른) 사고방식을 재고하면서부터 주목받았다. 1980년대 초반부터 교육과정 구성과 내재된 권력관계에 대한 역사적 문제제기와 함께 교육과정에서의 이데올로기, 지식과 힘을 다루는 교육과정에서의 비판이론이 유아교육 연구와 문헌에 모습을 드러내기 시작하였다. 영국의 경우를 살펴보면 다음과 같다. 교사와 학습자의 관계를 문제시하고, 가정과 학교 간 연대를 강조한 David(1980)의 급진적 사회 사상과 Walkerdine(1998/1984)의 발달심리학 및 아동중심 교육 강조에 대한 비판이 이에 해당한다. 뿐만 아니라 미국의 경우에는 다음과 같은 연구업적을 들 수 있다. Suransky(1982)는 아동기의 실종에 관해 연구하였으며, King(1992)은 유아교육 분야에 만연한 발달에 근거한 분석을 비판하고 어린이의 놀이에서 맥락의 중요성을 강조하였다. 또한 Ayers(1992)는 교수경험에 대한 교사의 자서전적 설명을 연구자와 정책입안자의 학술적 대화로 끌어들였다. 1983년부터 1990년대 초반까지 교육과정이론 연례 학술대회는 재개념주의 연구를 위한 미국의 주요포럼의 장이었다. 그리고 거기에서 벌인 토론은 유아교육과정의 재개념화에 중요한 역할을 하였다.

이 재개념화 작업에서 많은 유아교육과정 이론가, 실무자 및 연구자는 교육의 목적을 설정하는 데 심리학적 고려에 의존하고 있는 현실에 부딪쳤으며 이 심리학적 의존 때문에 사회학이나 철학적 관점은 발을 붙일 수 없었다는 것을 깨닫게 되었다(Silin, 1995). 한편 발달이론이 설 자리를 잃어가고 있음에도 정부가 내놓은 경제적, 정치적 의제는 이러한 비판적 우려를 여전히 고려하지 않았다(Cannella, 2005). 뿐만 아니라 (1970년 이전) 지배적 사고의 지식체는 이 모든 우려를 보이지 않는 어둠 속으로 빈번하게 내팽개쳐 버렸다. Miller(1982, 1999), Davies(1989) 및 Silin(1995)은 연구를 통해 비판적, 사회학적, 페미니즘적 관점에서 교육과정의 담론에 참여하기 시작하였다. 모든 이의 목소리가 들리도록 하려는 비판적 탈식민지 연구 또한 이 노력에 동참하여 발전에 이바지하였다(Bishop, 2008; Smith, 1999; Swadener & Mutua, 2007). 그리고 권력문제, 어린이의 다양한 체험과 토착 지식이 교육과정의 담론 안으로 들어왔다(Grieshaber & Cannella, 2001; Ritchie, 2001; Reedy, 2003;

Quitero, 2007). 전반적으로 문제 제기가 다시금 이루어졌다. 예를 들면, 누구의 지식이 특권으로 인정되는가(Bloch, 2007), 연구방법론을 선택하는 자는 누구인가(Rhedding-Jones, 2007) 등의 문제가 제기되었다.

재개념화 작업에 따르면 우리가 어린이와 교육과정에 대해 안다고 생각해온 것은 소위 목소리를 낼 수 있고 이론화할 수 있는 사람들의 가치와 편견에 영향을 받고 있으며, 이것은 위험한 일이다. Lubeck(1991)은 다음과 같이 말한다. "재개념화 작업은 화를 내는 일이자 또 꿈을 꾸게 만드는 일이다"(p. 168). Cannella(2005)에 따르면, 더 실용적 의미에서 재개념화 작업은 특정 지식에 드러난 의제 및 숨겨진 의제가 도전받게 하였다. 즉, 어떤 상황에서 어떤 신념이 진화되었는지, '진리'가 어떻게 구성되었는지, 누가 지지를 받고, 누가 상처받고, 누가 특권을 부여받았으며, 누가 자격을 상실했는지에 대한 문제가 제기되었다. 우리가 하는 일은 무엇이며, 왜 그 일을 하는지, 누가 이름을 보는지, 또한 이들의 (비)의도된 결과가 무엇인지에 대한 의문을 제기할 때, 우리는 무엇이 빠졌고 무엇이 가능한지를 이해하기 시작한다. 이런 이데올로기적 가정에 대한 비판은 이 책~배치 곳곳에서 찾아볼 수 있다. 바라는 변화(더 중요하다는 선을 위해–누구의? 왜?), 삶의 과정(어느 과정이 중요한가?)으로 교육과정을 풀어내고(안 맞는지?) 또 개인적 이상(누구의 용어로?)에 대해 열정적으로 또한 창조적으로(누가 이것이 중요하다고 하는가? 왜?) 반응하고 차이를 생각하는 것(무엇을 의미하는가?)에 대한 담론에서 나타나고 있다. 교육과정에 관한 정치적 의제, 개인적 혹은 사회적 의제는 **방법**과 **내용**에 중점을 둔 일반적 교육과정을 저지시키지는 못하지만 영향을 미치고 있음도 부정할 수 없는 사실이다. 정치적 용어로 쓰면, 사이–내부에서 일어난 일은 항상 이미 인식(불)가능하다. 누가, 왜, 무엇이 중요한가에 대한 정치적 쟁점에 연루되면서, 즉 방법과 절차 문제를 숙고하게 될 때에야 비로소 철학적 문제가 부상한다.

> 교육과정에서 **방법**이라는 문제를 받아들이기 어려운 것은 거의 모든 것이 교육과정 분야에서는 교육적 관련성을 가지기 때문이다. 즉, 교육에서 거의 모든 것을 하면서 '교육과정' 속에서 작동하고 있다고 그럴싸하게 주장할 수 있는 것이다.
>
> (Egan, 2003: 69, 원전에서의 강조)

그러나 우리가 살고 있는 세상의 복잡성을 감안할 때 Egan이 암시한 것처럼 이것이 문제가 될 수 있을까? 예를 들어, **쿠레레**(*currere*)의 개념을 사용한 Pinar(1974; Pinar & Grumet, 1976)는 자서전적 경험하기를 통해 교육과정을 복잡한 것으로 만들면서 우리와 함께/안에 살고 있는 탈근대적 상황에 적합한 맥락을 포함시켰고…**그리고**…Grumet와 Stone(2000)은 삶과 배움의 필연적 얽힌 관계를 교육과정의 본질로 특징지었다. 즉, "교육과정은 일상적 삶으로 **존재한다**. 즉, 사회적 실천의 집합, 관계의 집합, 사건의 집합, 오고 감의 집합, 쓰기와 지움의 집합이다. 또한 정치, 재정, 자격인증, 사회적 유동성"(p. 191, 원전에서의 강조)이 모두 이에 해당하며…**그리고**…Warren Sellers(2008)는 *c u r a*를 고안해서 삶과 배움의 수행적 병합에서 이런 맥락적 포괄성을 설명했다. 즉, 삶~배움은 "지속적인~다양한~다른~학습 경험으로 항상-이미 일어나고 있는 것이다"(p. 207)…**그리고**…내가 여기 이 고원에서 *c u r a*의 자서전적 삶~배움의 체화가 이루어지고 있는 것이다. 수많은 탈주선들과 고군분투하는 글을 쓰면서 내가 시간-공간에서 많은 탈주선이 출현하는 것을 오랫동안 보지 못한 이래로 나는 모두를 이해하려는 바람으로 생각들을 수차례 다시 재구성하였다. 만약 그것에 어떤 논리가 있었더라도, 탈–논리적 리좀의 고원에서는 사라진다. 리좀은 수목적 선형성(linearity)을 거부한다. 그러나 나는 가위, 테이프, 종이를 거실 바닥에 펼쳐놓고 계속 해나간다…**그리고**…시간이 지남에 따라 박사학위 논문을 집필할 때, 그리고 이 책~배치의 지금 다시 여기에서…**그리고**… 다른 시간에 이 교육과정 언어(세계)(wor[l]d)에 대한 상이하게 떠오르는 자서전적 경험에 따라 텍스트가 내 생각을 (재)구성할 것을 요구할 수 있음도 알고 있다. 교육과정은 의심의 여지없이 이해한 것이 계속 바뀌는 것으로 가득 채워진 변화의 작업이다. 아마도 이것이 교육과정-하기(curriculum-ing)에 해당할 것이다.

'교육과정' (다시)생각하기…쿠레레를 통해 재구상하기
(re)thinking 'curriculum'...reconceiving through *currere*

'교육과정'의 개념은 Egan(2003)이 '달리기, 경주, 코스'(p. 10)로 설명하는 '달리다(to run)'를 의미하는 라틴어 부정사 *currere*에서 파생되었다. 비슷하게 Kincheloe 등(2000)은 '경마장 달리기'(p. 329)에서처럼 과정의 활동을 특히 중시하였다. 1970년대 중반에 과정의 활동이 아닌 실체(entities)로서 과정을 생각하는 인공물–지향(artefact-oriented) 접근법에 대한 비판적 대응으로, Pinar와 Grumet(Pinar, 1974, 1975b; Pinar & Grumet, 1976)는 학습자의 체험과 학습 맥락을 함께 묶기 위해서 **쿠레레**(*currere*)의 개념을 도입했다. 아울러 그들은 **쿠레레**를 교육경험으로써 교육과정을 재개념화하는 이론과 방법을 뜻하는 것으로 사용하였다.

> **쿠레레**는 코스와 주자의 준비도 관점에서는 **경주를 뜻할 뿐만 아니라 경주의 어떤 특정 트랙에서, 어떤 특정 주자가, 어떤 특정 날에, 어떤 특정한 바람이 부는 데서 뛰는 경험을 한다**…교육경험은 그 세계를 도용하지 않으면서 세계를 지배하는 과정이며, 자기 자신을 해체하지 않고 그 세계에 자신을 투사하는 과정이다…
>
> (Grumet, 1976: 36, 본서에서의 강조)

이 자서전적 접근은 개인적 교육경험의 이해가 중요하다는 점을 전제로 하며 이러한 삶~배움 경험이 중요함을 강조한다. **쿠레레**는 교육과정을 학습자~교사가 함께/속에서 구현되는 삶과 체험으로 간주함으로써 교육과정의 전통적 견해에 생명을 다시 불어 넣는다. 상보적 관계에서 내적 및 개인적 세계에 대한 지식과 알기를 향상시키는 학습경험을 통해 학습자와 교사 둘 다 동시에 전진하고 후진한다. 그러나 이런 경험문제의 탐구는 내용(**무엇**)(the *what*)에 관한 것이 아니며 또한 과정(**어떻게**[the *how*])과도 다른 것이다. 오히려 그것은 인지적 및 정의적 통찰력에서의 전환을 포함하는 교육 맥락에서 구현되고 있는 것에 관한 것이다(Pinar, 1974). 교사는 반드시 **쿠레레**의 학생이 되어야 하며, 이것은 그들/우리들/자아들의 학생이 되도록 배우는 것이다. 아울러 이는 어린이와 함께 끊임없이 배우는 것을 의미한다…우리가 우리 자신의 학습을 이해하려 할 때…어린이가 자기 학습에 관해 이해한 바를 우리가 이해하려 할 때…그러한 배움이 일어나는 것이다.

교육 여정은 경험의 조건과 문제에 관여하게 되기 때문에 매우 중요하다. 예를 들어, 우리는 교사~학생으로서 우리 자신에게 다음의 질문을 하게 되는데, 이때 동시에 어린이의 관점에서 그 질문을 숙고하게 된다. 이 질문은 Pinar(1974: 152–153)로부터 각색한 것이다. 만약 일상

생활에서 지리적, 사회적, 심리적으로 완전히 벗어나게 되면 어떤 느낌이 들 것인가? 이 장소, 이 사람, 다른 어린이~학습자~교사에 대한 내 경험은 무엇인가? 어떤 감정이 드는가? 언제? 왜? 나는 어떻게 반응하는가? 내 반응은 나에게 무엇을 말하는가? 나는 정말로 이 특정한 학습 여정을 만들고 싶어 하는가? 내게 선택의 여지가 있는가? 친구~교사~학생~동료는 어떠한가? 그들의 동기와 나에 대한 관심사는 어떠한가? 우리는 서로에게서 무엇을 배울 수 있는가? 이러한 종류의 질문은 내부작용으로 **쿠레레**의 자서전적 경험에 관여하는 회절적 방법을 요구하며, **내용-방법** 의제를 벗어나게 하면서 대신에 체화된 어린이~상대~나~학습 여정을 위해 사물들이 교육적 맥락에서 어떻게 작용하는지에 주목한다. Pinar의 주장에 따르면, 교육 여정의 경험과 교육경험의 여정을 연구하는 이런 접근법은 교육과정의 어원, **쿠레레**를 고려할 때 교육과정을 보다 적절하게 해석해 준다. 교육, 경험, 여행하기의 상호 관련성을 통한 이런 이쪽으로 하기(to-ing)와 저쪽으로 하기(fro-ing)는 Deleuze와 Guattari의 리좀 방식으로 작업하려는 욕망과 연결된다. 지도 만들기는 선형적으로 정렬된 이성적 접근을 휘젓는 하나의 사고방식이 된다.

> 지도는 모든 차원에서 개방적이며 연결가능하다. 분리가 가능하고 뒤집을 수 있으며 끊임없는 수정이 가능하다. 또 지도는 찢어지고, 뒤집어져서…개인, 집단, 또는 사회적 구성에 의해 재작업이 가능하다…지도는 항상 여러 입구를 가진 길들로 이루어진다…지도는 수행과 관련된다…
>
> (Deleuze & Guattari, 1987: 12)

흥미롭게도 교육과정을 재개념화하는 방법인 **쿠레레**는 Deleuze와

Guattari(1976)가 교육과정에 대해 다르게 생각할 가능성을(에로) 열어 놓은 리좀을 소개하기 직전인 1974년에 나왔다. 맥락적인 배우기~가르치기~교육과정의 배치를 제시하면서 Pinar의 자서전 접근법은 지배적인 과학적, 기술주의적 교육과정 개념을 비판하였다. 사고활동을 둘러싼 Deleuze와 Guattari의 철학적 담론은 모더니티의 선형적 사고가 가진 논리와 근거를 교란시켰다. Deleuze와 Guattari가 '후기구조주의'로 불리는 것을 거부하지만, 그 밖의/다른 방법으로 교육과정을 볼 (후기구조주의) 가능성을 열어 주었다. 그러나 Pinar는 충실한 재개념주의자이고, 재개념 이론은 다르게 생각하기로, 즉 Deleuze와 Guattari 방식의 이론과 유사한 맥락에서 읽혀질 수 있다. "재개념화는 절대 끝나지 않는다. 그것은 교리나 종말점이 아니라 새로운 구성이 출현하는 끊임없는 비판이다"(Cannella, 1997: 161).

쿠레레는 **내용**(*what*)과 **방법**(*how*)을 혼합하여 다른 종류의 교육과정 수행성을 재구상할 리좀적 가능성을 열어 준다. **쿠레레**의 교육과정-되기(becoming-curriculum)에 대한 이해와 함께…Dewey가 말한 경험으로서의 학습에 대한 이해와 함께 작동한다.

Dewey와 Deleuze 관련짓기 linking Dewey and Deleuze

Dewey(1943)는 전통적인 내용-지향적 교육과정을 반대하였다. 대신에 Dewey는 교육과정을 내용과 과정 모두로 이해했다. 즉, 학습자에게 유의미한 방식으로 통합되는 **내용**(*what*)과 **방법**(*how*)을 비롯하여 학습과정의 산물인 지식은 이를 생산한 활동으로부터 분리할 수 없다고 보았다. 따라서 그는 교육과정 경험, **그리고** 교과, **그리고** 사람과의 상호작용 **그리고** 환경으로 이해하였다. 암기식 학습을 **위한 자리**는 그에게는 없었다. 아울러 놀이는 어린이가 자신이 살고 있는 세계에서의 행위와 과정에서 핵심에 대해 생각하게 만들며, 이러한 행하면서 배우기(learning by doing)의 과정에서 핵심이었다. 교육과정에 대한 Dewey의 견해에 따르면, **방법**(*the how*)과 **내용**(*the what*)은 동등하게 취급되어야 하며 그릇된 이원론은 피해야 한다. Dewey의 경우, 교과는 안정적이지도 규범적이지도 않다. Dewey에게 **내용**(*the what*)은 항상 유동적이고, 끊임없이 바뀌고 맥락적으로 상황 지어진다.

> 교과를 어린이의 경험을 벗어난 그 자체로 미리 만들어진 고정된 것으로 생각하지 마라. 어린이의 경험을 빠르고 단단하게 굳어진 무엇으로 생각하지 마라. 어린이의 경험을 능숙하고, 배아적이고, 생명을 부여하는 무엇으로 바라보라. 어린이와 교육과정은 하나의 과정을 정의하는 두 가지 한계에 불과하다.
>
> (Dewey, 1943: 11)

여기에서 교육과정은 어린이의 경험, 즉 교육과정이 되는 어린이의 경험에서 나타난다. 이것은 Deleuze와 Guattari의 되기(becoming) 개념과 하나로 수렴될 수 있다. 어린이가 교육과정이 되고 교육과정이 어린이가 되며 따라서 교육과정과 어린이는 항상 이미 되기의 상태에 놓여 있다. 교육과정-되기(becoming-curriculum), 어린이-되기(becoming-child)는 되풀이되면서 변화하고 타인과 함께/속에서 구현된다. **내용**이 어떻게 표명되고, **방법**이 무엇인지 혹은 어떻게 이 둘이 함께 작용하는지는 어린이와 교육과정의 영토와 함께/속에서 흐릿해진다. 교육과정과 어린이 모두 탈주선의 탈~영토화를 통하여 (비)연속성의 과정을 통해/함께/속에서 증폭되면서 유동적이고 다양하게 나타난다.

Dewey의 이론은 논리적인 점진적 진보로 이해될 뿐만 아니라 알기(knowing)의 과정에 선행되는 총체적 경험상황으로도 이해된다(Semetsky, 2006). 교사들이 어른의 일상 활동에 어린이의 관심사를 관련짓도록 장려하는 경우, Dewey의 프로젝트 접근법은 선형적 운동이라기보다 "걸으면서 경로 정하기"(Varela, 1987: 48)와 비슷해진다. 예를 들어, Mayhew와 Edwards(1966/1936)는 시카고 대학교에서 John Dewey가 운영했던 만 6세 어린이 집단의 배움의 여정 이야기를 전하였다. 어린이는 자연적/살아 있는 세계와 기능(목공예, 요리)의 교육과정 영역과 관련된 주제들을 통해, 그리고 또래, 교사, 학교 공동체 및 외부 지역사회 간의 사회적 세계를 통해 리좀적 통로를 만들어 나갔다. 이 과정에서 실제 교육과정의 복잡성과 아동의 교육과정 수행성이 파악되었다. 일 년 이상 이 집단의 아동들은 농장 프로젝트에서 시작된 일련의 주제들을 통해 나아갔으며, Mayhew와 Edward의 이야기가 끝날 즈음, 농장 프로젝트에서 뻗어나간 집중적인 양/양모 주제탐구가 겨우 시작되고 있음을 알게 되었다.

탐구되었던 주제(**내용**[*the what*])의 범위나 위의 프로젝트가 어린이의 욕망과 탐구를 통해 **어떻게** 진전했는지만큼이나 고무적인 것은 이들이 어떻게 작동했는지에 대한 것이다. 프로젝트는 시간이 지남에 따라 성장하면서 직전 프로젝트들을 벗어났다. 프로젝트의 시작과 끝이 실제로 존재하지 않는다는 사실을 보여 주면서, 기술된 프로젝트는 항상 성장하면서 다양한 차원을 가지며 교육과정 강도의 중계점으로서, 즉 다른 무엇–되기(becoming-something different)의 환경으로 존재하였다. 어린이의 배움에 대한 욕망의 방향이나 정도를 억제하거나 혹은 어떤 식으로든 장악하려는 시도는 없었다. 위의 이야기를 살펴보면, 교사는 이미 발생한 것…진행 중인 활동에서 구현된 학습을…어른의 지식을 통해 향상시켜줄 수 있는 순간을 조용히 기다리면서 어린이와 마찬가지로 프로젝트에 참여하고 있었다…그리고 Dewey의 유산은 계속 진행 중이다. "실험학교의 교육과정은 절대로 고정되거나 굳어져 있지 않다. 계속 진화한다. 진행 중인 작업이다…"(University of Chicago Laboratory Schools, 2012).

Semetsky(2006)는 Dewey와 Deleuze의 유사성을 확인하고 Dewey의 "자연주의적 인식론 및 미학"과 Deleuze의 되기의 "개념적 공간"을 하나로 결합하면서 교육에서 두 이론 간의 관련성을 다루었다(p, xxi). Semesky는 '연구실험실'로서의 가르침과 배움에 대한 공통된 이해(p. 119)와 같이 각 철학탐구의 경험적, 실험적인 특성과 관련하여 사고의 연속성을 보여준다. Semesky가 말하는 잠재적 상호작용은 "**자유롭게 움직이며 작동하는**"(Dewey, 1925/58, Semetsky, 2006 재인용: xxiv, 본서에서의 강조), "구성적 생명력의 출현"에 주목하는 것이고, 이런 종류의 활동은 Deleuze와 Guattari의 유목, 리좀, 탈~영토화 탈주선과 배치~다양체의 공간으로 말할 수 있다. Semetsky는 Dewey와 Deleuze의 글에서 '살아 있는 정신'을 확인하면서, Dewey와 Deleuze는 각자의 글과 함께 서로의 글에서도 살아 있다고 보았다.

유아교육과정에 영향을 미친 발달심리학

developmental psychology impacts early childhood curriculum

아동발달 연구를 통해 유아교육과정에서 심리학적 해석이 번성해왔다. 사실 이러한 심리학의 영향은 쇠퇴하고 있음에도 불구하고(Prout, 2005), 유아교육과정 이론화와 실제를 여전히 지배하여, 보편화되고 개별화되고 정상화된 어린이라는 서구의 관점을 고취시켰다. 1890년대 등장한 아동연구운동은 어린이를 직접적 관찰을 통해 이해하고자 하며, 어린이가 알고 있는 것과 알아야 할 시기에 대한 과학적 연구결과를 인간 삶의 진보 수단을 이해하는 방법으로 활용하고자 하였다. 따라서 '정상적' 발달단계가 아동발달연구에서 보편화되었으며 이러한 실증주의 세계관은 유아교육이 수행하는 일련의 미리 정해진 경험을 정당화시켰다. 이렇게 가정된 '정상화된' 어린이를 관찰하여 얻은 정보를 활용하여 적합한 교육환경을 구축하고 개별화된 어린이의 발달적으로 이미 결정된 흥미에 맞춰 준비시켜 주려 하였다. 그러나 이러한 정상화에 가치를 두게 되는 견해들은 사실 어린이의 가능성을 제한하고, 결국 '정상'이 무엇인지를 정의하는 사람들, 어른으로서 전문가이며 대부분 백인 중산층, 즉 권력 상부계층을 지켜주는 것이 되었다.

따라서 유아교육은 아동발달과 합체되고, 발달은 학습과 동일시되었다. 아동연구는 아동발달에 관한 새로운 과학으로 변형되었으며, 실험을 중시하고 객관적이며 정량적으로 측정가능한 실증주의적 방법론이 필수가 되었다. Kessler(1991)의 주장에 따르면, 발달의 지엽적 개념은 유아교육 프로그램을 정의하는 관점으로 여겨지고 교육을 대체할 수 있을 것으로 과대하게 포장되었다. Walkerdine(1998/1984)은 아동발달에 대한 심리학 관점이 객관주의, 과학적 접근과 개인주의에 지나치게 특권을 부여한다고 주장했다. 예를 들어, Freud, Gesell 및 Erikson의 이론과 함께 Piaget의 성숙주의자 관점에서 바라보는 어린이는 예측가능하고 순차적인 단계를 거쳐 발달하는 것으로 여겨졌고, 이는 사회적 다윈주의 관점과 관련되어 유전적 혹은 미리 결정된 지능을 가정하는 자연주의적 관점에 반대되는 것이었다. 따라서 Piaget 이론은 신흥 과학기술 사상이 과학적 행동주의 방법을 재평가하던 1950년대에 발전하였다. 정신분석학은 이 시기에 번창했으며, 이들과 함께 1960년대에 아동연구 접근법에서 아동중심 교육이 성장하였다. 이후 등장한 학습이론(Bruner, 1986)은 인간발달의 문화적 본질을 무시하면서 보편적 관점에서 개인적 또는 개별화 과정으로 발달을 기술하였다(Rogoff, 2003).

Walsh(1991)는 초기 유아교육에서 발달이론이 널리 받아들여진 것을 Piaget 발달단계와 20세기 초 이론가들의 낭만주의적 성숙주의와의 불편하지 않은 결합으로 간주하였다. 그가 지적했듯이 Vygotsky의 사회문화적 접근법을 통해 개인주의적 관점의 약점이 자명해짐에도 불구하고 Piaget(교육자도 심리학자도 아니었다)에 대한 충성심이 여전히 강하다는 것은 참으로 이상한 일이다.

Vygotsky(1978)의 발달과 학습에 대한 사회적 구성주의 관점에서는 개별화된 심리가 문화적으로 중재된다고 본다. 우리는 타인과의 상호작용을 통해 배우며, 사고는 사회적으로 발달하고 타인으로 인해 우리는 현재의 자신이 된다. 사회적 상호작용을 통해 어린이는 자신의 문화에 필요한 마음의 습관을 배우고 의미를 도출한다. 이것은 어린이의 지식 구성, 문화의 공유된 지식을 나타내는 이러한 상호작용을 통해 어린이가 획득하는 특정 지식에 영향을 준다. 그러나 Cole과 Wertsch(1996)가 제안한 것처럼, Piaget와 Vygotsky 이론의 강점은 각각의 약점을 보완해 준다. 따라서 개인이 우선시되어야 하는지 혹은 사회가 우선시되어야 하는지에 대한 논쟁은 유용하지 않다. 어린이의 성장과 학습에 대한 최근의 사회문화적 반응은 Rogoff(1998)의 개인, 대인 관계 및 지역사회/기관에 대한 분석이 있는데, 이 세 가지 렌즈를 사용하여 사회문화적 복잡성을 분석한다. "개인, 대인 관계 및 지역사회/기관 분석 면을 사용한다는 것은 한 면에 초점을 맞추면서도 다른 면으로부터의 배경 정보를 여전히 활용하고 있다는 것을 말한다"(p. 688). 따라서 인간발달에서 문화적 맥락의 복잡성에 대해 보다 더 진정성 있게 관여하도록 한다.

그러나 사회문화적 맥락과 관련된 이러한 움직임에도 불구하고 발달에 적합한 실제(developmentally appropriate practice: DAP) 담론은 계속 영향을 미치고 있다(Bredekamp, 1987; Bredekamp & Copple,

1997). DAP는 보편주의를 반영하는데, 즉 아동발달 지식이 가치 있는 실천이 무엇인지를 결정한다고 가정한다. 그러나 Damon(1998)의 주장에 따르면, 그러한 거대하고 보편화된 시스템은 더 이상 실행가능하지 않다. 마찬가지로 Soto(Hatch, Bowman, Jor'dan, Morgan, Hart, Soto, Lubeck & Hyson, 2002)는 연구자와 현장실천가들이 "자유주의, 해방주의, 민주주의, 인간화, 참여, 실행지향, 정치, 페미니즘, 비판적 다문화주의, 반식민지 관점을 추구할 것"(p. 450)을 권고한다. 즉각적 맥락 및 보다 넓은 문화적 맥락에서의 다양한 가치, 신념 및 기대의 축적과 함께/속에서 활동하게 될 경우(Walsh, 2005), 다양한 문화적~맥락적 관점의 기능을 인정하게 되며(Bruner, 1996; Rogoff, 2003), 인간은 하나의 미리 결정된 실재를 따르지 않는다는 관점을 받아들이게 된다. 우리의 되기(becoming)에서 우리 스스로를 이해하는 데 사회문화적 맥락의 복잡성을 배제시키면서 심리학이 개인 인지의 우월성을 고양시키고 있는 것은 지금도 계속되고 있는 문제이다(Henriques, Hollway, Urwin, Venn & Walkerdine, 1998/1984).

인지발달이론에 특권을 부여하게 될 경우, 집단적 지향성보다 개인적 심리특성이 우선시된다. 또한 어린이의 마음을 안다고 가정하는 정형화된 남성적, 결정적 가정에 특권이 부여된다(Cannella, 2005). Henriques 등(1998/1984)은 체화된 주체(embodied subject) 개념을 통해 주관성에 대한 규범적 이해를 문제 삼으면서, 심리학에 기반한 가정 및 관련된 이론을 비판하였다. 이들에 따르면, 심리학은 "이성에 묶여 있지 않은 다중의 관계적 주체"(p. xviii)로 참여할 때만이 스스로를 새롭게 태어나게 할 수 있다. 그러나 이러한 이론적 비판에도 불구하고 뉴질랜드의 몇몇 박사학위 논문들에 따르면 교수 실천은 변화에 저항하고 있으며 발달이론이라는 전통의 영향을 여전히 받고 있다.

재개념화 프로젝트~테 파리키
a reconceptualizing project~Te Whāriki

1990년대 초 뉴질랜드에서는 유아교육을 의무교육에 더 가깝게 하려는 정치적 움직임에서, 유아교육과정에 대해 함께 고민하고 확장시키면서 전 세계의 재개념화의 이론에 기여하였다. 다소 색다른 의제로 유아교육과정에 대한 국가적 성명서가 개발되었다. **테 파리키**[1](Ministry of Education, 1996)는 1980년대 말 정부 주도의 교육개혁으로 1877년 교육법을 대체하기 위한 새로운 법안 마련 과정에서 이루어진 것이다. 특히 이 개혁을 통해 유아교육과 보육을 통합하여 교육부의 일원화된 체제하에 **출생부터** 만 6세까지 전체 유아교육분야를 포괄하였다는 점이 중요하다. 이전의 교육정책은 유아교육을 만 3세부터 4세까지의 유아교육에만 한정시켰었다. 1988년 교육부는 유아교육의 직무를 조사하기 위한 실무그룹을 구성하였다. 1990년에는 발달에 적합한 프로그램을 위한 교육과정 안내서를 개발하기 위한 제안서를 공모했다. 그러나 1991년 Helen May와 Margaret Carr는 전적으로 발달에 초점을 맞춘 접근법을 뛰어넘는 양질의 유아교육의 실천뿐만 아니라 유아교육 서비스의 다양성과 문화적 관점을 수용하는 교육과정을 공동으로 개발하는 방향으로 계약을 체결했다. 이들의 제안을 살펴보면, 내용, 과정, 맥락과 평가를 상호의존적인 것으로 보고 유아교육과정 개발에 대한 이전의 지배적인 서구식 접근을 재개념화하였다(May, 2002; Te One, 2003).

유아교육 분야와 광범위한 협의를 거친 후 테 코항가 레오(Te Kō

1) 일반적으로 Te Whāriki로 불린다. 여기에서 사용된 다른 마오리어 용어와 마찬가지로, 이탤릭체로 강조하지 않는 것은 마오리어가 뉴질랜드 공식 언어의 하나이기 때문이다. http://nzcurriculum.tki.org.nz/Curriculum-documents/The-New-Zealand-Curriculum/Official-languages.

hanga Reo)의 영향을 받아, 교육과 발달에 대한 마오리인의 이해를 바탕으로 하면서 어린이학습에 대한 서구의 이해를 연관시킨 이중문화적 교육과정 모형인 **테 파리키**가 개발되었다. 1984년에 설립된 테 코항가 레오는 마오리 언어(Te Reo Māori)와 문화(tikanga Māori)를 증진하고 양성하기 위해 마오리어 몰입 프로그램을 운영한 유아교육센터이다. 마오리인과 유럽계 백인(Pākehā)[2]의 와이탕기 조약을 반영하여, 뉴질랜드의 문화적 열망은 마오리인과 백인 사이의 관계 강화가 이 땅의 토착민의 언어인 마오리어를 존중하며, 이러한 존중관계가 모든 문화로 확장될 수 있다는 이해에 기초하여 이중문화주의를 지켰다. 그러나 Durie(1998)는 서양화된 용어인 이중문화주의 사용을 반대하면서 대신에 티노랑가티라탕가(tinorangatiratanga)라는 마오리 용어, 즉 가치와 신념을 존중하기 위해 함께 일하는 모든 문화에 대한 자기-결정권을 담은 용어를 선호하였다. 앞서 논의했듯이, **테 파리키**는 마오리의 자가결정권을 사회문화적, 맥락적으로 적합한 접근방식으로 구현한 것이다.

발달에 적합한 지침을 특징으로 하는 유아교육과정에 대한 정부의 계약요구에도 불구하고, 구체적 사항은 본질적으로 삭제하고 서구화된 요구는 근본적으로 대체하였다. 와이탕기 조약[3]을 고려하면서, **테 파리키**는 전통적인 마오리 철학 접근법을 구현하면서 당시의 영국과 미국의 비판적 사회학, 재개념주의적 관심사와 유사한 다양한 문화적 이해와 맥락적으로 적합한 실천의 가능성을(에로) 열어 주었다. 이 모형을

2) Pākehā 는 유럽출신의 백인 뉴질랜드인을 일반적으로 지칭하는데, 언어학적으로는 '비(非)마오리인' 모두를 포괄한다.

3) 와이탕기(waitangi) 조약은 아오테아로아 뉴질랜드의 건국문서로, 1840년 마오리와 영국 국왕이 마오리 부족의 정서, 문화유산, 영토를 보호하는 동시에 이 주자들을 영국 법에 따라 통치하기 위해 체결된 것이다. 조약 조항은 영국에 기반한 뉴질랜드 법 체제 안에서 마오리 부족의 보호와 참여, 지속적 파트너 관계를 보장하는 내용이다.

뒷받침하는 철학적 원칙, 즉 권한부여(empowerment)~whakamana, 전인적 발달~kotahitanga, 가족 및 지역사회~whānau tangata, 관계~ngā hononga는 동등하고 상호보완적인 마오리와 서양적 사고를 나타낸다. 동일한 방식으로 행복감~mana atua, 소속감~mana whenua, 기여~mana tangata, 소통~mana reo와 탐색~mana aotūroa 가닥들은 공유된, 바람직한 속성을 나타내고 있다(그림 2.1).

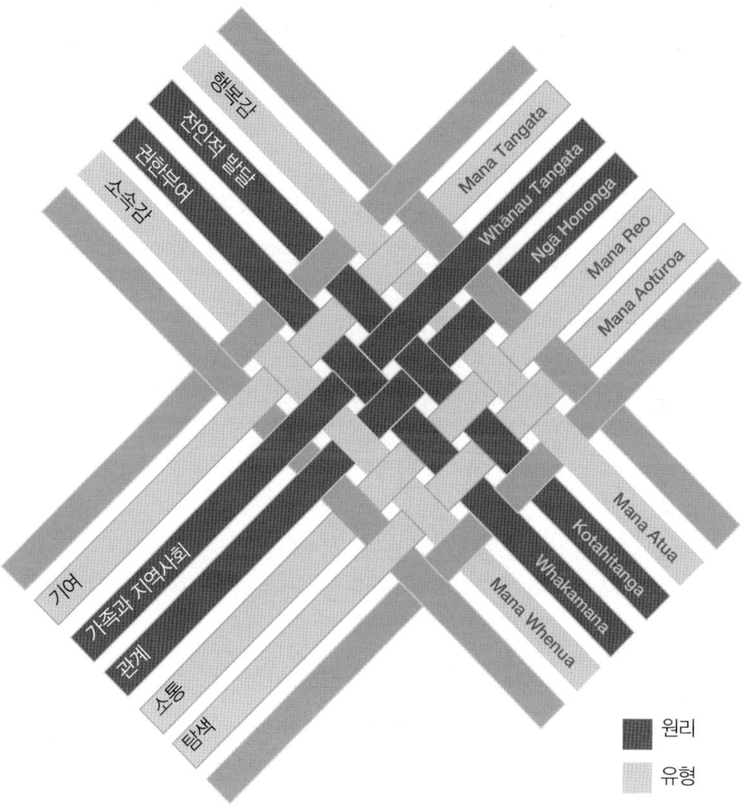

[그림 2.1] **테 파리키**의 원리와 유형의 직조 돗자리(Ministry of Education, 1996: 13)[4)]

4) 돗자리 이미지는 Learning Media에서 출간한 **테 파리키**에서 뉴질랜드 교육부의 허락을 구해 사용한 것이다(저작권, 1996).

이러한 맥락에서 **테 파리키**는 마오리인과 백인의 교육적 이상과 어린이를 위한 열망을 대응시켜 교육과정을 제시한 것으로서, '모두를 위한 직조 돗자리'로 번역된다. 철학적 원리, 그리고 그 원리에서 비롯된 유형(strands)은 돗자리의 날실과 씨실로 묘사된다. 원래 '어린이를 위한 교육목적'(May, 2002)으로 불렸던 유형은 문화적 차이를 엮어내는 개념을 통해 권한부여(empowerment)라는 기본 원리를 설명하고 있다. 공유된 개념적 유형은 마오리어와 영어 개념 간의 직역이 아니라, 건강한 공동체에 구현된 바람직한 특성을 나타내는 동등한 영역으로 간주되었다. 두 문화를 복잡하게 엮은 이 돗자리는 각 실이나 가닥을 따라 어린이를 위한 문화적 열망을 연결시킨다. 또한 원리와 유형이 서로 엮이면서 상호연결된다.

직조 돗자리로서의 **테 파리키**를 지지하면서 부제목으로 「*He Whāriki : He Whāriki Mātauranga mō ngā Mokopuna o Aotearoa*」, 즉 '아오테아로아 뉴질랜드의 어린이를 위해 엮은 지식망 유형'을 덧붙였다. 그러나 마오리 관점은 글자 그대로는 잘 구현되기 어려우며, 아오테아로아 뉴질랜드에서 유아교육 범위를 둘러싼 다양한 주제와 쟁점을 모으거나 엮는 은유로서의 파리키(whā riki)를 통해 더 잘 이해된다.[5] **테 파리키**는 모든 사람이 함께할 수 있는 은유적 돗자리를 제공한다. 이는 다양한 어린이 프로그램에 적용될 수 있는 원리와 유형으로 짜인 돗자리이다. 이와 함께 **테 파리키**로 인해서 유아교육기관은 문화적으로 다양한 공동체와 함께하면서 다양한 엮음의 가능성, 그리고 유아교육과정에 대한 이들의 고유한 소망이 직조 돗자리로 엮이는 방식으로 어린이와 아동기에 대해 다르게 인식하는 가능성을(에로) 열어 준다(Podmore & May,

---

5) Tomas Tawhiri와의 개인적 소통. 2008. 12. 22.

2003). 이 접근법은 배움을 보편적으로 규정된 "개별적으로 습득되는 기능의 층계"(May & Carr, 2000: 163), 흔히 학교교육을 위한 준비로 생각되는 단계로 생각하기보다는, 복잡하고 복합적인 것으로 받아들이면서 특정한 사회문화적 맥락에 연결된 지식과 기능으로 이해한다. **테 파리키**에 담긴 철학은 유아기의 배움을 유아기를 위한/함께/속에서의 학습으로 가치가 있으며, 형성평가의 과정을 강조한다. 따라서 **테 파리키**는 주류의 작동방식에의 추가가 아니라, 모든 언어와 문화가 진정으로 번영할 수 있는 교육과정의 공간이 된다(Mara, 1998). 원리와 목표를 함께 엮는 것은 어린이를 위한 이상과 열망을 표현한다. 이와 함께 사람들과 문화적 가치, 신념 및 전통을 같이 엮을 때 문화 전반에 걸쳐 서로 존중하면서 일할 가능성이 나타난다. 그러나 학자들의 주장에 따르면, 변화를 위한 촉매로서의 **테 파리키**의 가능성을 더욱 촉진하기 위해서는 가르침의 실제에 대한 사회문화적 이상이 함축적으로 지속해서 영향을 미칠 필요가 있다(Cullen, 2003; Edwards & Nuttall, 2005; Duhn, 2006).

원리와 유형의 엮음으로 교육과정을 제시하는 **테 파리키**는 규범적이거나 고정된 문서가 아니다. 그보다 방향을 제시해 주는 것으로, 내용은 명시되지 않았다. 다만 제안하는 학습결과를 지표로 제시하고 있다. 즉, '조리법'이 없는 교육과정이고 가능성의 '사전'이다(May & Carr, 2000). 그렇지만 학습결과를 명시한 것, 이런 결과를 달성하기 위한 학습경험의 예를 제시하고 영아 및 어린이용 핵심 교육과정 필수사항을 명확하게 제시한 것은 서구식 발달이론 및 성취기준으로 빠져들게 할 수 있다. 모든 문화적 관련성을 논의하지 않은 채 이런 학습결과에 지나치게 매달리게 될 때 특히 그럴 위험이 커진다. Cullen(2003)이 지적한 것처럼, 많은 유아교육기관의 프로그램은 발달적 담론이 번창했던 1980년대와 1990년대의 프로그램을 따르고 있다. 따라서 **테 파리키**는 교육과정에 대한 생각을 변화시키고 유아와 유아기 문제를 다루는 방식을 변화시킬 수 있는 가능성을 열어 주지만 모더니즘 헤게모니의 개념과 언어가 만연한 교육이론과 실천 분야에서 다르게 생각하고 말하려는 시도를 어렵게 만들고 있다. 즉, 어떻게 교사, 어린이, 가족 및 공동체의 서로 다른 문화에 적합한 방식을 통해 이러한 가능성을 표현할 것인가 하는 문제가 발생한다. 결국 다르게 사유하기를 지속해 나감으로써만이 가능해질 것이다.

지속적으로 교육과정의 재개념화가 진행되면서 유아교육과정에서 만연한 모더니즘적, 발달적 사고방식에 대한 문제가 제기되었다(Cannella, 1997, 1998, Kincheloe, 1997, Grieshaber & Cannella, 2001, Jipson & Johnson, 2001, Cannella & Viruru, 2004, Yelland, 2005). 그러나 이런 재개념화 과업으로 교육과정을 재구상하는 데 있어서 단 하나의 방법이란 존재하지 않는다. 오히려 재개념화 방식은 다방향적이고 다차원적이다. 지속적인 비평과 개정과 더불어 공동의 대화에서 도출되도록 하며, 새로운 창안과 새로운 언어를 사용하는 것에 열려 있다(Cannella, 1997: 160-161). 이런 공간은 Deleuze와 Guattari식의 읽기를 통해 가능성을(에로) 열어 줄 것이다.

'내용'과 '방법'으로 (되)돌아가기 (re)turning to 'what' and 'how'

내용에 치우친 관점을 약화시킨 역사적 사건이 전통적으로 모더니즘적 관점을 취한 교육과정의 기반을 흔든 것으로 여겨진 반면에, 뉴질랜드 유아교육과정 **테 파리키**(Ministry of Education, 1996)의 정의는 거의-아무거나-타당함이라는 Egan(2003)의 표현을 반영한다는 점을 유념할 필요가 있다. **테 파리키**는 학습자와 학습 문제를 둘러싼 모든 것이 중요하다고 강조하면서 동시에 **내용**과 **방법**을 명시화하지 않음으로써 다양체를 열어 준다. 교육과정은 다음과 같이 설명된다.

> 직접적 또는 간접적이건 간에, 어린이의 학습과 발달을 육성하기 위해 설계된 환경 내에서 발생하는 경험, 활동 및 사건의 총합인 …교육과정은 어린이가 속한 환경에 있는 사람, 장소 및 사물에 의해 마련된다. 즉, 어른, 다른 아이들, 물리적 환경 및 자원이 이에 해당한다.
>
> (Ministry of Education, 1996: 10–11)

다양하게 실천되고 있기는 하나, 뉴질랜드에서는 경험적 교육과정을 포괄적으로 이해하는 것이 일반적으로 수용되는 특징을 가진다. 이는 교육과정에 대한 Egan(1978)의 철학적 문제제기에 적절하게 작동하는 응답인데, Egan은 오늘날 교육학자들이 제시한 근원, 비전, 방향성이 (아마도) 일반적으로 실패했다고 주장한다.

> 교육과정에 무엇을 포함해야 할지 알려면 먼저 내용이 무엇을 위한 것인지부터 이해해야 한다. 교육의 목적에 대한 분명한 인식이 결여된다면, 교육과정에 포함될 내용을 정하는 핵심 도구가 없는 것이다. 오늘날 일반적으로 이 문제는 누적하는 변화속도의 측면에서 말해지며, 내용기반 교육과정에 관한 결정을 무의미하게 만든다. 앞으로 어떤 기능이 필요할지를 누가 명세화할 수 있겠는가? 이런 문제 언급 방식은 교육적 근본이 실패했음을 보여주는 **전형적인 예**이다. 이는 우리가 미래를 통제할 수 없음을 시사한다. 우리는 우리에게 가장 좋은 것이 무엇인지 이해할 수 없다.
>
> (Egan, 1978: 70, 원전에서의 강조)

교육과정은 삶~배움의 복잡한 생태학적 지속가능성 문제에 답변을 해야 한다. 그렇게 하지 않을 경우, Egan이 설명한 근원, 비전, 방향성이 결여된다. 우리는 교육과정을 처방하는 것에 '아니오'라고 말하고 교육과정이 의미하는 바를 재고하고, 우리의 시각을 바꾸고, 계속적인 교육과정 (재)구상의 노력을 (재)검토할 수 있는 기회를(에로) 열어 놓는 것에 '네'라고 기꺼이 말할 것이며 이는 상당한 용기와 비전을 보여 주는 일이다. 따라서 Egan이 (비)의도적으로 지적한 것처럼, 특히 어린이 학습과 관련된 교육과정을 내용기반으로 만들 필요는 없어 보인다. 유아교육과정이 어린이에게 어떻게 작동하는지 또 어린이가 교육과정을 어떻게 만들어 가는지에 대한 물음은 교육과정의 가능성을 펼쳐준다.

"'내용이 무엇을 **위한** 것인지에 대해 이해할 때 교육과정에 **무엇을** 담아야 하는지를 알게 되며"(p. 14, 원전에서의 강조), 어린이가 내용으로 삼고 싶어 하는 바가 **무엇인지**를 알아야 한다고 언급하면서, Egan(2003)은 교육과정을 기능적으로 이해할 것을 시사하였다. 이 부분을 진지하게 받아들이기 위해서 우리는 어린이를 진정으로 이해하고 그들의 교육과정 수행성을 어린이가 이해하고 표현한 것으로 수용하여야 한다. 미래에 어떤 기술이 필요할지 누가 말할 수 있는가라는 수사적 질문을 제기하면서, Egan은 어른이 최선의 답을 알지 **못함**을 넌지시 비추었다. 따라서 어린이가 교육과정과 함께/속에서 할 수 있는 일을 고려하는 것이 어린이에게 어떻게 작동하는지 이해하는 데 중요하며, 어린이의 이해를 대화의 장에 포함하는 것은 선택사항이 아니라 필수적인 것이라고 할 수 있다.

어린이 **자신**의 학습 **내용/방법**에 대한 요구는 교육자, 소아과 의사 또는 부모가 내놓은 어른의 예측만큼이나 미래의 삶~배움에 관련이 있고 적합한 것이다. 어린이의 교육과정에 대한 개념은 보다 비현실적(visionary)인 접근법일 수 있다. Schubert(1986)는 "최종 분석에서 모든 개인은 자신의 학습에 책임을 져야 한다. 따라서 어린이, 어른 또는 전체 공동체든…"모든 사람은 나이에 관계없이 스스로의 교육을 책임져야 한다"(p. 6)라고 말한다. '모든 사람'에는 영아를 포함한 모든 어린이가 포함된다고 가정할 때, 이는 교육과정에 대한 어린이의 이해를 받아들이기 위해 어린이가 적합하다고 생각하는 방식대로 학습의 성장을 향한 그들의 바람을 수용할 필요가 있음을 의미한다. 이 모두는 어린이의 학습이 무엇으로 구성되어야 하고 또 어떻게 해야 하는지를 일반적으로 주장하는 교육과정 이론가, 정책 입안가, 교육학자, 부모 등의 어른이 부과하는 규범적 제약이 없어야 함을 말한다. 어른의 세계에서는 자신보다 어린 사람들이 비판적 인식방법으로 교육과정에 참여할 수 있는 능력이 있다는 사실을 생각하지도 못하며, 성숙하고 합리적이라고 여기는 어른이 과연 '가장 잘' 알고 있는가에 의문을 제기할 필요성을 못 느낀다.

Deleuze(Foucault & Deleuze, 1980)는 위의 생각에 신빙성을 더한다. Deleuze에 따르면 학습에 관한 어린이의 언어적 및 비언어적 표현은 경청되지 않고 있으며, 교육 시스템에 어린이의 표현이 어떤 영향을 미칠 수 있는지 인식하지 못하고 있다. 권력으로 물든 개혁의 본질에 관한 대화에서 Deleuze가 주장하기를, 개혁은 종종 "대표성을 주장하고 타인을 위한 작업을 전문으로 하는 이들에 의해 고안된다…"(p. 208-209). 그의 주장에 따르면, "유아교육기관에서 어린이의 항변에 귀 기울인다면, 어린이의 질문에 주의를 기울인다면, 전체 교육 시스템을 폭발시키기에 충분할 것이다"(p. 209). 이것은 충분한-힘을 가진 말이며… **그리고**…나는 어린이를 대변한다고 생각하고 어린이의 지성적 공간-시간을 (잘못)이용하지 않으려는 마음에도 불구하고, 나는 이 어른의 (불순한) 권력체계의 일부이고…**그리고**…Foucault적 관점으로 보면 교육과정을 (재)구상하는 것은 불가피하게 이러한 권력체제의 일부이며…**그리

고…담론에 회절적으로 참여할 책임을 인정함에도 불구하고, 나의 응답은 불가피하게 권력에 물든 개혁체계의 부분으로 된다. 이러한/체화된–나(embodied-I)는 지속적으로 충만한–힘의 시스템에 의해 예고되어 왔다는 것을 깨달으며 나는 "담론을 구성하는 권력의 초점을 부정하는 것으로 보이는 자아의 구성으로 우연하게 빠져드는 것"(Davies, Browne, Gannon, Honan, Laws, Mueller-Rockstroh & Petersen, 2004: 360)에 민감하며, 그것이 (불)가능해지도록 노력한다. 따라서 대화는 항상 이미 인식(불)가능하게 (불)공평하다.

Wright(2007)에 따르면, 만 6세에서 8세 사이의 어린이 집단이 그래픽–내레이션을 통해 의미를 부여하고 자신들의 세계에 대한 이해를 표현하는 방법을 연구한 연구에서 그들이 가진 '추상적 개념의 대부분이 지혜를 보여 주었으며…그들의 나이를 훨씬 능가하는 것이었다'(p. 24, 본서에서의 강조). 어린이가 지혜를 발휘한다는 사실을 주장하면서도 어린이가 '자기 나이를 뛰어넘는' 것에 놀람을 보일 때 우리조차도 어린 인간으로서 그들의 능력을 과소평가하고 있지 않은가? 틀림없이, 우리는 어린이를 미숙하고 무능한 타자로 그 가치를 깎아내리고 있다. 그런 지혜를 깨달으려면 말하기와 귀 기울이기로 이루어진 상호관계가 필요하다. 또한 어린이의 지혜를 듣고 이해할 수 있도록 상당한 개방성을 가지고 행동해야 한다.

내 박사학위 논문에 기술된 만 4세 반 연령의 어린이의 교육과정 수행성이 표현된 바를 이해하는 것 역시 어려운 일이었다. 어린이는 교육과정의 형식적 이론을 학문적 용어로는 잘 이해하지 못함에도 불구하고, 그들 스스로 교육과정에 참여하고자 하는 의지로 어떤 배움–가르침이 자신들에게 잘 작동하는지에 대해 소통할 수 있다. 만 2세 마르시[6]는 책상

6) **울림의 전조** 고원에 있는 **마르시에게 보내는 편지**를 참조하기 바란다.

에 앉아 이야기를 들을 시간이 되었지만 맞추고 있던 퍼즐이 미완성의 상태여서 그만두지 않으려는 순간에 자신의 학습에서 무엇이 중요한지를 매우 자신 있게 잘 알고 있었다. 마르시는 내가 곁에 앉자 내 무릎 쪽으로 꽉 붙어서 대안을 시도하기도 하였다. 두 가지 행동 모두 소용이 없었다. 선생님은 마르시의 행동이 '방해하는' 행동의 전형이라고 지적하였다. 더 중요한 것은, 마르시는 자신의 연령을 넘어선 것이 아니라 연령에 적합한 지혜를 갖고 배움을 행하는 것에 대한 자신의 이해를 보여 주고 있었으나 교사는 이해하지 못했던 것이다. 일반적으로 발달에 대한 심리학적 해석이 만연하고 있다.

테 파리키의 직조 짜기(풀기)~직조 돗자리 엮기와 지도 만들기 (un)ravelling the weaving of Te Whāriki~generating matting and mapping

1996년에는 **테 파리키**가 다소 규칙적이고 선형적으로 엮은 직조처럼 제시되었지만, 파리키에 대한 May와 Carr(2000)의 보다 최근의 은유적 설명은 복잡성을 보여준다. 과거 지배적인 서구식 교육과정 모형이었으며, 여전히 지금도 유아교육에 남아 있는 신체, 인지, 정서, 사회 기능을 바탕으로 한 전통적 발달교육과정의 단계 모형과는 달리, May와 Carr에 따르면 교육과정을 중심으로 대화와 계획이라는 공간 내에서 기관 고유의 교육과정을 엮어 나갈 때, 교육과정 방사형 망(curricular spider web)이 생성된다. 이 방사형 망 이미지에서 제안된 조직을 다른 순서로 엮은 돗자리와 통합하면 "얽힘", 복잡성과 풍성함이 더해진 "태피스트리(tapestry)"(Smith, 2003: 7)가 열리고, 리좀 지도 만들기가 펼쳐진다. 지도에서 흔적 쫓아가기가 다시 이루어지는 운동에서 직조 돗자리는 복잡한 가능성의 엮기, 어린이의 새로운 이해와 (그들의) 배움이 가지는 강도를 풍성하게 하기 위해 이미 작동하는 교육과정의 다양한 방법으로 (발현)병합한다. 즉, 리좀 엮기의 리좀 지도 만들기이다.

이전 연구(Sellers, 2005)에서 나는 Deleuze와 Guattari식의 지도 만들기에 따른 엮기(matting) 아이디어를 **테 파리키**가 나타내는 관습적 엮기의 질서정연함을 흩트리기 위한 방법으로 들여왔다. 이 돗자리 아이디어는 아오테아로아 뉴질랜드 토생 클레마티스인(그림 2.2a) 푸아와낭가(Puāwananga)[7]와 같은 원추 꽃차례 식물에 대한 Surtees(2003)의 은유적 이미지, 그리고 펠트 처리된 직물의 얽힌 실(그림 2.2b)의 이미지와 유사하다. 펠트화된 작품을 만든 작가는 거미집[8]처럼 보인다고 말하였는데, 이는 엮은 돗자리와 짜기, 사본 뜨기(tracing)와 지도 만들기 간의 대조를 잘 나타낸다. 거미집은 거미가 짠 망 그 이상이며, '곰팡내 나는 축적'의 '손에 잡히지 않는 질감'이고, '미묘한 엮음'의 '누적물'이며 '복잡하게 얽힌 그물망'을 특징으로 하는 먼지와 찌꺼기의 축적물이다(**옥스포드 영어사전**, 온라인)[9]. 거미집, 돗자리 짜기와 지도 만들기는 리좀의 강도를 가중시키며, 사본과 지도는 항상 이미 탈~영토화하는 순간(운동)에 작동한다.

"씨실"(p. 146)이 엮일 때 **파리키**가 인지적, 사회적, 신체적, 문화적, 영적 차원을 포함하지만 어린이의 성장하는 성적 욕망을 배제하고 있

7) Puāwananga(하늘의 꽃)는 아오테아로아 뉴질랜드에 자생하는 클레마티스종으로 나무 위로 기어가듯 뻗어 생장하며 관목 덤불의 상층부를 덮으며 아름다움을 더한다.

8) Z. Vrkast는 Zed라는 이름으로 알려진 섬유예술가로서 http://feltbyzed.blogspot.co.uk/and http://feltingandfiberstudio.com/.

9) 참고문헌에 cobweb에 대한 출처가 제시되어 있다.

[그림 2.2a]
푸아와낭가(Puāwananga)(뉴질랜드 토생 클레마티스)(필자의 사진)

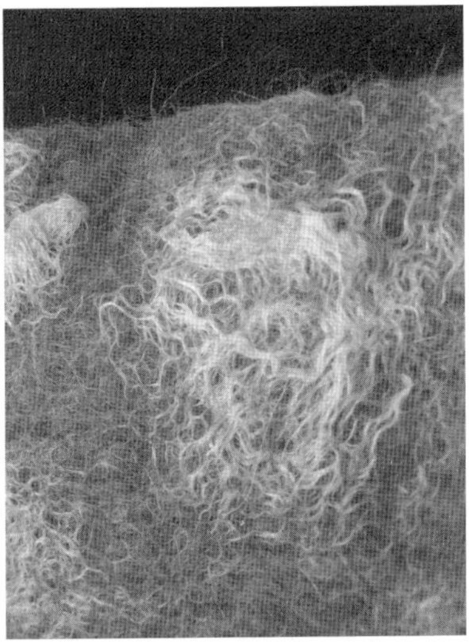

[그림 2.2b]
펠트 질감: 회색 양털과 바나나 섬유, 섬유예술가 Z. Vrkast의 작품(http://www.flickr.com/photos/zedster01/7031516503/in/pool-1654385@N23).

기 때문에 총체적 발달원리를 해체하기 위해서 Surtees(2003)는 **테 파리키**를 위한 변화가능성을 제시하면서 엮은 돗자리를 풀어헤친다. **테 파리키**를 개발하면서 Piaget, Erikson, Vygotsky, Bruner라는 이론가를 네 그루의 카우리 나무로 비유한 Carr와 May(1993)의 은유나 교육과정 개발이라는 숲을 통과하는 경로를 찾는 근거로 보려는 관점과 논쟁을 벌이려는 것은 아니지만, Surtees는 구조주의적 발달관에 대한 지나친 의존이나 후기구조주의와 인문학에 기반한 관점을 희생시키고 단지 생물학에 근거한 이론들은 어린이의 성장과 학습을 이해하려는 우리의 사고를 왜곡시킬 수 있음을 지적했다. 퀴어 이론(queer theory)을 사용하여, Surtees는 **테 파리키**를 짜는 데 있어서 대안적 실타래를 추가할

여지가 있으며, 퀴어 이론가를 포함하여 숲에 푸아와낭가(Puāwananga)를 추가하자고 제안한다. "이런 식으로 돗자리를 복잡하게 만드는 것은 이전에 문제 제기된 적이 없는 카우리의 지배가 무질서한 소목이 숲 아래로, 위로, 관통하며 엮어짐으로써 혼란스럽고 방해받으며 끊임없는 가능성을 열어 준다"(Sutrees, 2003: 150). 푸아와낭가의 얽힌 망은 우리가 볼 수 있는 땅 위의 이미지를 제공하는데, 이는 땅 밑의 보이지 않는 생물적 뿌리줄기의 상호 연결된 탈주선과 다르지 않다. 때로는 땅 위에서 얽혀 있지만(예: 키쿠유 풀) 너무나 복잡하게 얽혀 있어 어떤 일이 일어나는지 알기 어렵다. 다듬어지지 않은 푸아와낭가는 비슷하게 지각가능한 이미지(상상)를 만들어 낸다.

은유적으로 짜인 돗자리인 **테 파리키**는 원리와 유형을 객관적인 구조로 질서 있게 짠 것으로 묘사되지만, 복잡한 리좀 개념(Deleuze와 Guattari의 지도 만들기)을 포함하기 위해서 이 복잡한 순서(Deleuze와 Guattari식의 사본 뜨기) 읽기를 확장해 볼 수 있다. 유아교육과정을 복잡한 돗자리로 (재)개념화하고, 탈주선이 횡단하며 혼란스럽게 탈-중심화하고 되기의 환경으로 다시 보는 것은, 예기치 못한 연결을 그리며, 경로에 대한 리좀적 탐색을 하도록 하는 가능성, 즉 유아교육 (재)구상하기의 가능성을 펼친다. 리좀 지도 만들기로서 **테 파리키**를 바라보는 사고는 교사, 어린이, 연구자가 상이한 교육과정 공간-시간에서 전통적인 선형방식의 사고와 작동에 제약받지 않을 수 있는 방법이 된다. 그런 공간에서 우리는 복잡한 교육과정 이해, 특히 어린이의 이해가 파악될 수 있는 가능성을(에로) 열어 준다.

한 장소에서 뿌리와 줄기가 다른 식물의 잎 사이로 뻗어가는 푸아와낭가는 수목과 리좀 성장 사이-내부의 공간, 단단하게 뿌리내린 나무(내용만으로 교육과정)와 이리저리 뻗어가는~뿌리내리는~내쏘는~모으는 리좀 체계(되기의 장으로서의 교육과정) 사이의 공간을 나타내며 이는 돗자리 짜기(되기의 환경으로서의 교육과정)를 나타낸다. 비록 한 장소에서 뿌리내리지만, 푸아와낭가는 리좀식 지도 짜기의 작업을 보여 준다. 탈주선의 얽힌 망은 다양한 가능성을(에로) 열어 준다. **테 파리키**를 서로 얽힌 돗자리로, 교육과정을 되기의 환경 만들기로 보는 것이 그러한 가능성이 될 수 있다.

환경(들)(milieu)으로서의 교육과정~
~curriculum as (a) milieu(s)~

혼돈에서 환경과 리듬이 태어난다.

(Deleuze & Guattari, 1987: 313)

리좀적 사고로 볼 때, Deleuze와 Guattari 철학에서 **환경**(*milie*)이란 '주변', '매체(물질)', '중간'이라는 세 가지 의미를 포함한 말이다(Massumi, 1987b: xvii). 환경(들)에는 선형적 계열성을 이루는 시작과 끝은 존재하지 않는다. 오히려 중간, 또는 주위가 사고와 사유하기의 체화된 다양체를 강화시켜 준다. 환경은 바깥쪽과 안쪽 모두로 끊임없이 퍼지는 흐름을 통해 커지고 흘러넘친다. "유목민의 파도나 탈~영토화의 흐름"(Deleuze & Guattari, 1987: 53)은 중심에서 주변으로 가다가 갑자기 주변부가 중앙으로 돌아가, 새로운 주변부에 대비하여 새로운 중심을 향해 이동한다. 이러한 방식으로 환경은 다양한 내부 요소, 외부 환경, 중간 환경의 차이 나는 관계, 내부와 외부의 조건과 에너지원의 관련된 환경을 통해 지속적으로 (재)구성하고 진동한다. 어린이가 놀이, 즉 교육과정 수행성으로 파악할 수 있는 교육과정의 수행을 할 때, 그들의 특이한 내면성(inferiority)은 놀이의 외형성(exteriority)과 함께/속에서 작동하며, 내면성과 외형성은 계속해서 장소를 바꾸면서 서로의 존재에 의해서만 존재한다. 중간 환경의 줄거리에 대한 (재)협상이 존재하며, 또한 이것은 항상 주변에서 놀이하는 다른 아이들과 놀이주제와 관련해서이다. 이런 다른 아이들과 놀이주제는 항상 이미 관련된 환경, 즉 아이들, 줄거리, 놀이주제 등을 통해 에너지를 구성하고 있다.

이 강렬한 활동에는 모든 종류의 환경이 다른 것들과의 관계 속에서 빠져들고 미끄러지면서 "능동적, 지각적, 에너지 넘치는 특성"(Deleuze & Guattari, 1987: 51)의 복잡한 엮임이 존재한다. 교육과정과 관련하여 이 리좀 환경은 상보적 관계에 있는 어린이와 어린이 놀이이론과 어린이의 자발적 놀이, 교수학습의 담론, 어린이의 사회(화) 수행성, 어린이와 어른의 충만한-힘(power-fullness)과 협상하기, 어린이의 놀이 지도 만들기와 자신의 배움 놀이하기, 과거 교육과정 이론과 **테 파리키**에 제시된 현대 담론, 또 다양한 시대상에 나타난 어린이와 아동기 담론 사이의 빠져들기/미끄러지기에 해당한다. 초월코딩(transcoding) 또는 변환(transduction)을 통해 하나의 환경이 다른 환경에서 구성되거나 소멸된다. 하나의 환경이 다른 환경 위로 갈 수도 있고, 혹은 나란히 갈 수도 있다. 위에 나열된 환경에서의 활동은 특정 경계 내에 머물러 있지 않다. 어느 것이든 다른 것과 함께 (발현)병합할 수 있다. 예를 들어, 아동기에 대한 과거 담론이 어린이의 충만한-힘의 표현에 영향을 미치고, 놀이이론이 어린이의 자발적 놀이 이해와 이에 대한 어른의 해석에 영향을 미친다. 어린이, 게임, 놀이가 계속해서 복잡한 환경을 혼란스럽게 (재)구성해 갈 때, 섞이고 엮여 체화된 활동은 어린이의 놀이하기에서 지각가능하게 된다.

심리학적 관점과 사회학적 관점에서 볼 때, 놀이는 개별 아동이 보다 넓은 사회 세계에서 활용할 수 있는 기능을 발전시킬 수 있는 토대로 해석된다. 하지만 리좀적 사고는 이를 내면성, 외형성, 중간 공간 및 관련된 에너지원의 환경으로서 어린이 놀이의 이런 얽히고 섞인 특성은 어린이가 놀이할 때 말하는 줄거리(어린이는 자신이 무엇을 하고 있는지 자주 말한다), 놀이 참가들이 서로 (잘못)이해하는 공간을 포함한 것이다. 여기서 한 면에서는 제안된 줄거리에 한정되지만 다른 면에서는 우발적으로 이루어진다. 즉, 주인공이 나오고 사라지는 제한된 공간과 함께/속에서/통해 나타난다. 놀이의 환경으로는 그 외에도 참여자, 참여자의 충만한–놀이 활동, 에너지 힘, 놀이의 물리적 영토와 주변 환경을 비롯하여 자연 자원과 물질 인공물 등을 들 수 있다. 아울러 놀이에서의 상상적 영토, 교사와 주변의 다른 어린이, 그리고 아마 더 있을 수 있다. 이 모든 것은 어린이의 놀이와 함께/속에서/의/통해서 항상 이미 혼란스럽게 되기 상태에 있기 때문에, 환경의 표현과 운동은 환원 불가능하다는 것을 기억하자. Deleuze와 Guattari(1987)는 혼돈이 "모든 환경의 환경"(p. 313)이라고 말하며, 환경은 혼돈을 향해 열려 있고, 붕괴의 위험을 무릅쓰는 리듬과 관계한다. 즉 혼돈은 환경 사이에 놓인 초입 공간의 리듬이며, 또 이질적인 시간–공간의 중요한 순간들을 한데 모아주는 리듬은 반복이 아니라 차이이며 리듬은 사이에서 거듭되고 계속되는 순간(운동)이다–즉, "사물, 상호이기(interbeing), **간주**(*intermezzo*)"(p. 25) 사이에서 지속적으로 이루어지는 순간(운동)이다. 리듬이 가끔은 혼돈으로 부정적으로 인식되기도 한다. 어린이가 이야기 줄거리와 놀이 공간을 계속 조정하고 자신들의 놀이 내면과 다른 어린이의 놀이(하기) 공간과 주위에서 이루어지는 놀이의 외형 속으로 들어가고 나오기를 거듭한다.

'환경'과 '리듬'에 대한 사고는 교육과정에 대한 이해를 열어 주며, 어린이가 교육과정을 어떻게 작동시키는지에 대해 이해할 수 있는 가능성도 펼쳐준다. 어린이가 놀이하는 상상의 놀이는 환경 **내에서** 일어나는 환경 **그 자체**이며, 현재의 환경을 **조명**해 주며, 교육과정 수행성–되기를 보여준다. 이들 자신들의 놀이와 다른 아이들의 놀이를 통해서 줄거리를 엮어 낸다. 또한 생산적인 혼란의 환경에서 섞여서 줄거리를 놀이로 옮기고 시간–공간적인 상호연결을 탐구할 때 인물과 역할의 리좀적인 얽힘과 함께/속에서/통해서/사이에서 열리는 공간으로 (재)구성된다. 때로는 놀이(하기)가 한 장소에서 전복되고 없어지지만 다른 곳에 불쑥 끼어들기도 한다. 어린이는 자신들 공동의 상상력과 놀이의 상상계, 그리고 주변 어린이와 함께한다. 놀이(하기), 놀이주제 및 상호관계가 갖는 힘은 주변의 다른 놀이 및 관계, 아울러 프로그램 및 환경의 물리적 영토, 운영 문화에 영향을 주고받는다. 교육과정 수행성의 환경은 환경의 교육과정 수행성이 된다.

교육과정의 복잡성을 수행하는 어린이라는 연결되는 고원에서, 소개되는 세 개의 놀이는 환경(들), 놀이의 줄거리, 놀이 활동, 어린이 간의 관계 및 그들의 교육과정 수행성의 복잡한 상호관련성을 보여 준다. 또 다른 연결 고원인 **리좀**(*Rhizo*)~**지도 만들기**(*mapping*)는 이 환경으로서의 교육과정이라는 개념을 발전시킨다. 따라서 교육과정의 (재)구상하기는 항상 이미 끊임없이, 끝나지 않는 과정으로 결코 완결되지 않으며, 끝나지 않으며, 완전히 해결되지 않은 질문을 던지면서, 다르게 사유하기의 다른 방식에 대하여 다르게 사유하기에 대한 다른 사유하기를 계속하여 낳는다. 이는 재개념화 작업의 개방성이 함께/속에서 지속적으로 움직여 나갈 수 있는 다방향적, 다차원적 운동의 다양체를 생성한다. 이러한 공간–시간은 우리가 자신의 역사, 문화, 맥락적, 시간적 경험을 대화에 담도록 인정할 때 열려 있는 주관성에 의해 (불)공평하게, 지각(불)가능적으로 모양을 갖춰나가며, 그 과정에서 다양하고 회절적인 실재와 가능성의 환경을(에로) (다시)펼치는 것이다.

교육과정을 복잡하게 수행하는 어린이
Children Performing Curriculum Complexly

…우리는 교육과정을 서술하기 전에 삶으로 경험한다. 사건(event)과 사유는 결코 동시적이거나 동일하지 않다…삶으로서 교육과정과 공적으로 기술된 교육과정이 걸어가는 길은 가끔은 평행하지만 종종 그렇지 않으며 때때로 통찰이 교차하는 순간이 있다.

(Grumet, 1999: 24)

고원을 열며 opening the plateau

아이들은 교육과정을 어떻게 작동시키며 실행하는가? 이 고원에서는 교육과정의 새로운 이해와 비전 정립의 가능성을 위한 자발적 놀이로서 유아의 교육과정 수행성(curricular performativity)을 탐색하고자 한다. Grumet(1999)가 제안한 삶으로서의 교육과정을 떠올리며, 나는 어린이의 자신에 대한 이해와 학습에 대한 이해 측면에서 '윤리적 행위'(Gough, 2006a: xiv)를 촉발하는 다양한 '상상적 사유의 가능성'을 이야기하려고 한다. 교육과정의 **무엇**(내용)과 **어떻게**(과정)에 관한 관습적 대화를 벗어나, 어린이가 유아교육기관에서 자신의 학습을 **행하는**(*do*) 교육과정 수행성에 대하여 함께 생각해 보고자 한다. Deleuze와 Guattari(1987)의 표현에 의하면, 어린이~교육과정~놀이의 기계적 배치(machinic assemblage)는 어린이 스스로가 표현하는 교육과정 수행성에서 놀이(하기)를 받아들이게 하며, 더 나아가 교육과정에 대한 담론을 새로이 이해하게 해 준다.

교육과정 수행성의 복잡성 complexity of curricular performativity

이 연구에 등장하는 어린이의 자발적 놀이(game)에서 생생하게 드러나듯 교육과정과 놀이는 서로 복잡하게 얽혀 있다. 어린이가 교육과정을 스스로 이해하여 수행하는 것은 어른의 교육과정에 대한 관점을 향상시켜 주고 또 어린이를 새로이 수용(재구상)(re[con]ceive)할 가능성을 열어 준다. 어린이의 놀이와 어린이가 이해한 교육과정의 수행에 내포된 복잡성(complexity)을 설명하기 위하여, 동시에 이루어진 세 가지 놀이를 담은 4분짜리 비디오 녹화자료를 통해 교육과정 수행성 안에서의 탈주선에 대하여 이야기해 보려고 한다.

모래놀이터에서 어린이 대중문화에 영향을 준 골디락과 곰 세 마리, 초콜릿 공장, 진흙괴물 놀이가 서로 밀착된 공간에서 동시에 진행되고 있다. 5명의 남자아이, 케인(Kane), 라일리(Rylie), 캘럼(Callum), 알렉(Alec), 닉(Nic)은 초콜릿 공장 놀이에 푹 빠져, 양동이와 손수레가 옆에 있고 물통을 비롯한 다양한 용기에다가 분주하게 모래와 물을 섞고 있다. 이들 중 닉, 알렉과 케인, 그리고 조시(Josh)가 손에 흙을 잔뜩 묻히고서 서로 쫓으며 괴물 놀이를 하고 있다. 가까이에서 리비(Libby), 리(Lee), 앨리스(Alice)는 골디락 놀이를 하고 있는데 모래와 물을 섞어서 케이크를 만들었다가 다시 죽을 만들고 있다. 스토리보드 3.1의 두 번째 사진은 처음에 아이들이 서로로부터 그리고 장비로부터 어떤 자리에 위치해 있는지를 보여준다. 라일리는 물통(파란색) 앞에 있으며, 3미터 정도 떨어진 곳에 빨간색 양동이가 물구유에 가장 가까운 도르래 끝에 달려 있다. 2미터 정도 떨어진 곳에서 리비와 리는 양동이 가까이의 모래를 파고 있고, 앨리스(빨간색 옷)는 그 오른편에 서 있다. 케인은 이러한 놀이들이 모두 이루어지고 있는 공간 속을 이리저리 돌아다니고 있다.

이러한 놀이는 혼자 이루어지기도 하고 여럿이서 이루어지기도 하며 썰물과 밀물의 흐름처럼 쉼과 앞으로 급히 나아감, "중간에서, 중간을 통해 나아가고, 시작과 끝이 없는 오고감"(Deleuze & Guattari, 1987: 25)으로 때로는 막고 때로는 막히는 것으로 이루어진다. 이는 모두 놀이(하기)의 강도를 (재)구성하는([re]constituting) 것이다. 놀이(하기)가 매끄러운 순간을 가로질러 각 고원과 모든 놀이를 횡단하며 간섭하기(irruptions)와 붕괴/중단/앓기(dis/inter/ruptions)를 통해 탈주선이 교차함에 따라 연결고리가 나타난다. 이러한 뒤얽힌 매듭을 풀어 각각의 놀이에 대하여 이야기해 보고자 하는데, 이는 오직 본질적인 속성인 복잡성의 이해를 돕기 위해서이다. 놀이는 가끔 일시적으로 느슨해지는데, 예컨대 로프 가운데의 실들을 반대방향으로 돌렸다가 다시 힘을 가하지 않으면 꼬여 있던 원래 상태로 되돌아가는 것과 같다. 이것은 꼬여 있는 상태를 푸는 것이 아니라 반대 방향으로 꼬는 것(twisting backwards), 그 꼬임을 거꾸로 하여 설명을 해보는 것은, 놀이 장소의 복잡성을 다루기 위하여 필요한 부분이다. 이는 공간–시간의 사이–내부에서 혹은 뒤얽힌 꼬임을 반대로~비틀어서(backwards~twisting) 입구공간을 여는 기능을 해 줄 것이다. 이러한 놀이의 실들(threads) 간의 사이–내부를 통해 어린이의 교육과정 수행성의 복잡성과 놀이의 동조관계가 명백하게 드러나고 있다.

Deleuze와 Guattari 식의 반대로–비틀어 읽기는 집합적 지도 만들기(collective mapping)를 생성하는데, 괴물 놀이를 탈~영토화하는 탈주선의 복잡성, 초콜릿 공장 놀이 내의 어떠한 고정된 리더십도 허용하지 않는 흐름, 그리고 골디락 놀이의 젠더성(gendered-ness)을 바라보는 관습적 개념들은 리좀적 분석을 밝혀준다. 세 가지 놀이가 단독으로 스스로를 더 생성하며 그리고 함께 더 많은 리좀을 생성해 냄에 따라 끊임없는…**그리고**…**그리고**…**그리고**…가 누적되는 것을 알 수 있다. 나는 놀이와 놀이자의 어린이의 움직임과 제스처를 지도로 만들면서, 몇 가지 지도를 결합하였는데, 이는 먼저 세 놀이 모두를 따라가는 지도를 그리고, 또 하나를 여럿으로, 다시 하나로 가져오게 하는 지도를 만들고, 또 "탈~영토화라는 공변인(variable coefficiency)을 가진 다양한 지도를 만들면서, 그리고 리좀-뿌리 배치(rhizome-root assemblages)"(Deleuze & Guattari, 1987: 15)로 교차하는 탈주선을 생성하면서 이루어졌다.

초콜릿 공장 놀이 소개하기[1) introducing the chocolate factory

스토리보드의 처음 부분(3.1-3.6)은 '찰리와 초콜릿 공장' 놀이를 하는 다섯 남자아이의 활동을 보여 주는데, 이 4분 정도의 장면은 90분 이상 지속된 놀이의 일부이다. 이 놀이는 모래놀이터에서 자주 이루어진 활동으로, 윌리 웡카의 공장에서 초콜릿 만들기에 몇몇 남자아이들이 계속 바뀌면서 참여했다. 모래놀이터에 말구유 같은 물통이 있고, 여기에 모래와 탁한 물의 혼합물(초콜릿)이 담겨 있으며, 지금 캘럼, 라일리, 닉은 나지막한 높이의 근처 테두리 위에 놓인 쟁반과 양동이를 가지고 진흙투성이(양이 더 많은 초콜릿) 작업을 하고 있다. 윌리 웡카처럼 케인은 초콜릿 생산 사업을 관리하려 하고 있는데, 이는 케인이

1) 초콜릿 공장 스토리보드 참조: 스토리보드 3.1-3.6(이 책 pp. 145-150)

바라고 제안한 리더십이지만 실제로 그렇기도 하고 그렇지 않기도 하기 때문에 여기에서는 ~~리더십~~이라고 표기할 것이다.

초콜릿 공장~"우리는 초콜릿을 만들고 있어, 예 예 예 예 예"

the chocolate factory ~ 'We're making chocolatey yes yes yes yes yes'

전형적으로 자발적 놀이에서 그러하듯이, 아이들은 리좀 흐름(rhizo flows), 즉 놀이 진행은 개인적 혹은 집단적인 이해의 흐름 속에서 움직인다. 이러한 리좀 흐름은 어떤 리더십 역할도 미리 (중심을) 정하지 않고, 그저 도전적이고 논쟁적인 활동으로 이어진다. 리좀 흐름은 ~~리더십~~을 절대적인 것으로 간주하는 권위주의적 모더니스트 관점을 파괴하는 어린이만의 방식임을 알 수 있다. 케인이 원하는 대로 전체 통제권을 가지고 있을지라도, 자기 스타일대로 주도하는 것에 대한 관심의 정도는 계속 변화한다. 케인은 놀이에 대한 자신의 해석에 적합한 역할을 수행하면서 그 연속성을 최적화하려 한다. 예컨대 라일리와 캘럼이 모종삽 하나를 놓고 다툴 때, 케인은 초콜릿을 함께 만드는 데 주의를 계속 집중시키도록 만들었다(사진 4와 5).

캘럼은 둥근 모종삽의 뒷면으로 쟁반에 있는 모래더미 위를 평평하게 만들고 있다.

> 라일리가 소리친다: *안 돼! 이거는 납작하게 펴는 거란 말이야!*
> 캘럼이 라일리의 납작한 모종삽을 움켜쥔다: *나도 일분 동안 납작하게 펴야 한단 말이야.*
> 라일리: *안 된다고!*
> 캘럼: *나도 필요하다고!*

라일리: *안 돼!*
케인이 둘의 뒤로 걸어온다: *자~, 그 초콜릿이 어떻게 되어 가는지 한번 보자…아카가가…*

케인은 두 친구 모두가 작업하는 것에 만족한 표정을 지으며, 이상한 소리 내기로 돌아온다. 놀이가 지속되기 위해서는 놀이 전반에 일종의 합의가 필요하다는 사실은 놀랍지 않다. 이것에는 논쟁이 필요할 수도 있는데, 케인의 접근방법이 놀이자들의 활동을 중재하면서 놀이를 지속시키는 데 상당한 역할을 한 것으로 여겨진다. 공공연하게 말하지는 않지만 리더로 인정받고 있는 케인은 "자~"라고 말하는 목소리 톤과 초콜릿 살펴보기로 관심을 돌리는 것을 통해 모든 것이 (자신의) 통제하에 있다고 스스로 확신한다. 이는 초콜릿을 만드는 아이들이 계속 집중하도록 하고 놀이 플롯(plot)이 (케인의) 계획대로 이루어지도록 하면서, 스스로 자신의 통제권을 확인하는 미묘한(그다지 그렇지 않은) 방식으로 보인다. 그렇지만, 케인이 원하는 어떠한 형태의 통제든 플롯에 따라 곧 조정되는데, 초콜릿으로 주의를 돌려 자신의 감독 역할을 촉진하려 할 때 놀이에 대한 스스로의 이해에 따라 탈~영토화된다. 이 순간에 "'나(I)'라고 말하는 것은 더 이상 중요하지 않아 보인다. [그는] 더 이상 [자신이] 아니다"(Deleuze & Guattari, 1987: 3). ~~리더~~로서 케인이 이끄는 흐름은 놀이로부터/함께/속에서 (발현)병합([e]merge)되는 것이다. 주도하는 흐름의 변화 역시 명백하다. 납작한 모종삽을 놓고 벌인 논쟁으로 인해 놀이가 중단되지는 않았지만, 라일리가 이 놀이의 전개에 대한 의견을 가지고 있다는 사실, 케인이 윌리 웡카라 할지라도 초콜릿 제조자들도 이 이야기가 어떻게 이루어질지에 대하여 목소리를 낼 수 있다는 사실을 보여준다. 어떤 주목할 만한 리더십도 예고 없이 바뀔 수 있고 여기에서 나타나는 것처럼 탈주선이 흘러갈 때 변화가 더 쉬워질 수 있다.

케인이 리더로서의 흐름을 지속시키려 하는 반면, 양동이에서 모래를 가져가라고 초콜릿을 만드는 친구들을 불렀을 때의 반응에 기분 나빠하지는 않는다(사진 6, 7). 캘럼과 라일리는 계속해서 혼합하고 있고 닉만이 케인의 요구대로 따른다. 케인은 마음 상하지 않고서, 캘럼과 라일리가 자신의 제안을 무시하는 것이나 닉이 순순히 따르는 것 모두를 인정한다. 케인은 모래놀이터 테두리에서의 감독하는 위치를 바꾸어(사진 8) 모래를 쥐고서 혹시 다른 누가 초콜릿을 원하는지를 확인한다(사진 14). 캘럼은 초콜릿 만들기에서 케인이 확고하게 가진 ~~리더십~~을 인정하지만, 직접적으로 응답하지는 않는다. 캘럼은 케인이 말했던 극놀이 줄거리를 지지하는(사진 10) 동시에, 라일리가 모종삽을 둘러싼 갈등상황에서 그러하였듯이 놀이를 전개하는 과정에서 자신의 생각을 알리면서 가끔씩 리더로서의 흐름을 이어간다. 이제 캘럼은 이 장면에 새로 등장한 조시를 바라보며 큰 소리로 외친다(사진 9와 10). 변화하는 리좀 속에서 각자 리더십을 주장하고 인정하면서, 케인으로부터 캘럼으로(사진 14와 15), 또한 라일리를 거치며 놀이를 주도하는 흐름이 흘러간다.

캘럼과 케인이 대화를 나누며 주도성의 흐름을 교환하는 과정에서, (전체 놀이터의 소음으로 인해 비디오 녹화의 사운드트랙에서) 케인이 소리친 것(사진 15)이 명령인지 질문인지를 그 억양을 통해 구분하기는 불가능하지만 두 가지 모두였을 것이다. 즉, 질문하면서 따를 것을 동시에 요구하였으리라 여겨진다. 이러한 의미에서 다양하게 변하는 주도성의 흐름 속에서 케인의 ~~리더십~~ 흐름에 대한 (비)저항, ~~리더십~~이란 고정되거나 단선적으로 진행하는 것이 아니며 썰물과 밀물처럼 순환한다는 것에 대한 이해를 알 수 있다. “그 흐름이 ‘하나 혹은 다수’인지가 중요한 것이 아니다…[오히려] 하나가 다른 하나의 내부에 있으며 둘 다 다층적인 거대한 외부에 삽입되는…집합적 배치(collective assemblage)"(Deleuze & Guattari, 1987: 23), 즉 흐름을 이끄는 리좀의 다원성이 중요하다. 케인의 놀이 주도권은 한 번에 인정받고 지지받았다가 도전받기도 하고, 캘럼과 라일리와의 복잡성 속에서 (비)의도적으로 넘겨주기도 하고 나누어 가지기도 한다.

그러나 케인의 ~~리더십~~은 외부자들로부터 자신의 영토를 보호하는 활동으로 된다. 계속해서 주변에서 놀이하고 있었던 여자아이들(사진 2, 12, 14, 16)이 이제 케인에게 너무 가까이 있음이 명백하다(사진 17). 2초 후의 사운드트랙에는 자신들의 놀이 영토와 모래놀이터로부터 달아나는 여자아이들을 쫓아가기 전에 여자아이들에게 크게 으르렁대는 소리가 녹음되어 있다(사진 20과 21). 케인이 머리를 좌우로 움직이며 몸을 휘청거리고 어기적대면서 여자아이들을 쫓아갈 때(사진 21–27)의 걸음걸이는 Tim Burton 감독의 영화, '찰리와 초콜릿 공장'(2005)에 나오는 지팡이를 들고 우스꽝스럽게 걷던 윌리 웡카의 걸음걸이를 연상시킨다. 초콜릿 공장의 윌리 웡카처럼 케인의 아이디어는 자신만의 놀이영역의 물질적 영토이자 상상적 영토로부터 여자아이들을 쫓아내려는 것이었을까?

그런데 뒤편에서 여자아이들이 달리는 모습을 지켜보는 알렉을 제외하고는 초콜릿을 만드는 아이들은 자신들의 공장 주변에서 이루어지고 있는 쫓기 놀이에는 무관심하다는 것이 명확하게 보인다(사진 20). 그리고 몇 초 후(사진 26), 알렉은 쭈그려 앉아 모래를 파면서 케인이 여자아이들을 쫓아가는 것(사진 26과 27)을 주시하여 보고 있다. 캘럼은 그 소동의 한가운데에서 모형굴착기 손잡이에 걸려 넘어졌기에(사진 26과 27), 그러한 쫓기 놀이를 인지하고 있었을 것 같으며, 물통에서 물을 옮기면서 그 놀이 내내 몇 차례나 피했다(사진 1, 11, 18, 20). 케인에게 있어서 여자아이들을 물질적인 영토이자 상상의 영토로부터 쫓아내는 것은 중요한 일이다. 케인은 진지한 의지를 보이며, 여자아이들을 향해 으르렁대던 순간에서부터(사진 17) 일부러 엉성하고 비틀거리는 발걸음으로 그들을 쫓아갔다가(사진 21–28) 자신의 영토에서 침략자들이 사라진 것에 만족해하며 다시 돌아갈 때까지(사진 29와 29a) 캐릭터를 진지하게 표현해낸다. 초콜릿을 만드는 남자아이들은 케인을 리더로서 분명하게 인정해 주지는 않았지만, 그 영토에서 달아나는 여자아이들은 인정하고 있었다. 즉, 케인으로부터 도망친다는 것은 현실적 차원에서 물질적으로도 인정했다는 것이고, 초콜릿 공장 놀이에서 케인의 위치에 따른 ~~리더십~~을 지지한다는 점에서 가상적으로도 인정한 것이다. 현실에서는 모래놀이터의 물질적 영역에서 달아나는 것이고 가상적으로는 그 놀이의 영토로부터 달아나는 것이다. 이러한 순간(운동)(mo[ve]ment)에서 케인의 주도성은 초콜릿 공장이라는 영토를 넘어 여자아이들의 영토로 흘러갔으며 이렇게 두 놀이를 넘나드는 리좀 형태를 보인다. 이러한 변화하는 리더 흐름은 **그리고**…**그리고**…**그리고**…라는 리좀의 연접(rhizo conjunction)으로 나타나면서, 초콜릿 공장 놀이 전반에서 ~~리더십~~의 다층적 복잡성을(에로) 열어 준다. 그 놀이 내에서 괴물놀이가 발현하고, 윌리 웡카인 케인이 놀이 속 괴물이 되는 것은 놀라운 일이 아니다.

괴물 놀이 (발현)병합의 시작

introducing an (e)merging monster game

초콜릿 공장 놀이의 물질적, 상상적 영토와 함께/속에서, 그리고 그 주변에서, 초콜릿 공장 놀이 안으로부터 다른 놀이들이 발현하고 초콜릿 공장 놀이와 병합됨에 따라 탈주선이 교차한다. 닉, 조시, 알렉과 케인이 포함된 진흙괴물 놀이가 그러한 놀이의 하나다. 이 스토리가 시작될 때(스토리보드 3.7–3.10의 사진 2와 3), 닉은 초콜릿 제조자의 한 명으로 일하고 있고 알렉은 그 옆에서 구멍 파는 도구를 가지고 놀이하고 있다. 케인은 모래놀이터에 있는 물구유 주변을 배회하면서 이상한 소리를 내며 중얼거리고 있다. 조시가 잠시 후에 이 장면으로 들어온다. 조시는 윌리 웡카 역할을 하는 케인과 함께 시작하지만 하나의 (또 다른)(a[nother]) 리좀 읽기를 통해 새로운 괴물로 발현한다. 어린이가 서로의 옆에서 그리고 가운데에서 충만한–힘(power-fullness)을 가진 캐릭터들을 연기하는 과정에서 괴물 캐릭터는 플롯 전개에 따라 다양한 어린이의 놀이로 자연스럽게 흘러간다. 새로이 발현한 괴물 주제가 별개인지 유쾌한 이탈인지 혹은 그런 플롯에서 공통적인 요소인지의 여부는 부차적 문제이다. 흥미로운 것은 그 (발현)병합이 초콜릿 공장 놀이를 더 풍성하게 해 준다는 것, **그리고** 괴물 주제 놀이하는 과정에서 어린이가 Deleuze와 Guattari의 연접, **그리고**…**그리고**…**그리고**…에 대한 복잡한 이해를 몸으로 보여준다는 것이다.

괴물 놀이~"와아아! 나쁜 진흙괴물!"[2)]

the monster game ~ 'Whaaah! Bad muddy monster!'

어린이가 놀이로써 교육과정을 수행할 때, 생각하지 못했던 주제가 발현하고 예상하지 않았던 방향전환들이 이루어지고, 이러한 주제의 전환은 뒤에 이어지는 탈주선 혹은 놀이로 생성되어 간다. 저항이 있을

2) 괴물 놀이 스토리보드 참조: 스토리보드 3.7–3.10(이 책 pp. 151–154)

수도 있고 때로는 놀이와 놀이친구 모두를 버리고 떠나는 놀이자도 있지만, 이러한 탈주선들은 다양한 방식으로 놀이 전개에 활용된다. 초콜릿 공장에서 이어진 괴물 놀이에서 괴물 캐릭터는 케인, 닉, 조시, 알렉의 상호작용을 거치며 물 흐르듯 놀이하는 어린이에 의해 수행된다. 서로에게 충만한-힘을 가진 괴물 캐릭터를 표현하는 과정에서 이들은 다른 친구들의 극놀이 줄거리에 자신을 포함시키는 방법, 그리고 자신의 극놀이 줄거리에 다른 친구들과 (그들의) 아이디어를 포함시키는 방법을 찾는다. 이들이 따르는 탈주선은 다른 놀이자들, 그리고 (자신의) 아이디어를 포함하며 **그리고**…**그리고**…**그리고**…의 이해를 통해 놀이를 풍부하게 하고 확장하고 전개시키는 방식을 생성한다. 괴물은 고정되거나 안정된 캐릭터가 아니며 케인을 통해 닉으로, 조시로, 알렉으로, 케인으로 서로 이어지며 흘러간다. 놀이자가 사라져도 캐릭터/역할이 사라지지 않는다는 것은 교육과정을 선형적으로 보는 관점을 벗어나게 해준다. 예를 들어, 괴물 조시는 괴물인 닉이 떠난 뒤에도 그것을 이어간다. 그들의 교육과정 수행성은 또한 괴물|희생자 선인|악인 내부자|외부자와 같은 이분법적 이해를 뒤흔드는데, 각각이 다양한 공간-시간 속에서 괴물-되기 희생자-되기 선인-되기 악인-되기 내부자-되기 외부자-되기라는 이 모든 것이 **이음새 없이**(되기 사이에 콤마가 없음) 이어진다.

에피소드가 시작될 때 케인은 이상한 소리를 내면서 자신의 상상 세계 속에서 떠돌고 있는 것이 분명하다. 비록 처음에 얼핏 봤을 때는 케인이 초콜릿 공장 사업을 관리하는 데 무심한 듯 보이지만, 캘럼과 라일리가 납작한 모종삽을 두고 다투는 것을 보고 이동할 때는 매우 적극적으로 보인다. 케인은 이상한 소리를 내며 즉시 돌아오고, 리좀 순간(운동) 속에서 윌리 웡카-되기와 괴물-되기를 동시에 하는 것으로 보인다. 이러한 **그리고**…**그리고**…**그리고**…의 교육과정 수행성에서 진화하는 또 다른 괴물-되기 캐릭터는 닉의 역할인데, 닉도 역시 두 손으로 모래와 물을 섞고 있어도 초콜릿 공장과 거리를 두고 있는 것으로 보인다(사진 3, 4, 5). 그러나 케인처럼 닉은 초콜릿 공장 플롯에도 참여하고 있음이 분명한데, 이는 케인이 초콜릿을 집으라고 소리쳤을 때 닉이 반응한 것에서 뚜렷하게 나타난다. 닉은 요청/초정받은 것처럼 케인의 양동이에서 모래를 한 움큼 집는다.

그렇지만 사진 6에서 나타났듯이, 닉이 젖은 모래를 한 손 가득 떠내면서 자신의 진흙투성이 손으로 하고 싶은 다른 어떤 것이 마음속에 떠오른다. 갑자기 괴물 모드로 되어 자신의 손을 어깨 높이로 하고 손가락을 펼쳐 끝을 살짝 구부리고서(사진 8a), 조시와 맞선다(사진 8b). 부정적으로 여겨지는 괴물의 존재가 이 순간 놀이의 고원을 강하게 해주는데, 플롯이 전개되고 출현하는 캐릭터와 역할이 수행되면서 놀이의 진행을 지지해 주는 것이다. 케인이 주도적인 괴물 생성으로 형상을 갖추었지만, 이제는 새로운 괴물~닉, 즉 이 장면에 새로 들어온 조시와 맞서는 닉에 의해 그 역할을 빼앗긴다. 초콜릿 만들기 놀이에서는 주변에 있던 닉이 괴물 놀이에서는 내부자가 되어 외부자인 조시와 맞선다. 그러나 기세가 꺾이지 않은 조시는 그대로 서 있고 닉과 조시가 각각 충만한-힘을 가진 사람을 표현하면서, 조시가 내부자가 될 길이 열리게 된다. 닉이 '더 큰' 괴물 역할을 함으로써 케인의 권력 표현을 빼앗았던 것처럼, 조시는 뒤로 물러서기를 거부함으로써 닉의 권력에 도전하고 있는 것이다. 조시는 이제 강력한 놀이자가 된다. 그리고 각자의 권력을 표현하면서 그들은 함께 또 다른 세력이 되는데, 새로이 출현된 괴물 놀이가 지금까지 케인의 초콜릿 만들기 놀이에 대부분 지배되어 왔던 물질적 영토이자 상상의 영토에 도전하기 때문이다. 만약 케인이 그 영토와 초콜릿 만들기에 대한 유일한 통제자가 되고 싶은 욕망이 있었다면, 이것은 괴물 탈주선의 (발현)병합을 통해 와해되었을 것이다.

그런데 괴물로서의 닉이 계속해서 권력을 인정받았을까? 닉이 조시에게서 물러나 또 다른 희생자를 찾자, 조시는 괴물 모드로 들어가 손을 올리고 있다(사진 9와 10). 이때가 캘럼이 조시에게 소리 지르는 순간이다: **그래! 여기가 윌리 웡카와 초콜릿 공장이야!** 초콜릿 공장 놀이의 관점에서는 조시가 방어하며 손을 올리고 있는 것으로 해석하기 쉽다. 그러나 괴물 놀이의 관점에서 바라보는 해석은 다른 가능성, 즉 조시가 캘럼이 매우 가까이서 귀먹을 정도로 크게 외치는 소리에 관심을 기울이지 않는 것…**그리고**…괴물–되기에 관심이 있다는 것, 닉의 옆에서 놀고자 하거나…**그리고**…정면에서 더 행해질지 모르는 닉의 도전에 맞서려 한다는 가능성을 열어 준다. 지금은 괴물이 되어 가는 조시가 스스로 괴물 모드로 옮겨갈 준비를 하고 있는 것으로 보인다.

알렉은 손에 진흙을 묻히려는 의도를 가진 동시에 괴물 주제에도 참여하려는 듯하다. 알렉은 땅파기 도구를 가지고 놀던 데서 벗어나(사진 8a) 닉과 조시의 상호작용을 관찰하고 있으며(사진 8b), 손을 물구유에 담갔다가(라일리에게 일부 가려진 사진 9와 10), 자기의 발밑에 있는 모래에다가 문지른다(라일리에게 일부 가려진 사진 11). 닉은 알렉의 관심을 받으려고 노력하다가 실패하고서는, 데크에 앉아 있는 조시에게로 몸을 돌려(사진 11) 두 손을 들고 조시에게 달려든다.

> 닉: *괴물이다!*
> 조시는 물끄러미 바라보지만 움직이지 않는다.

잠시 후 닉은 이 장면을 떠나는데, 아마도 닉의 괴물 캐릭터는 알렉, 그리고 이어서 조시의 수동적인 저항에 의해 좌절되었을 것이다. 모두 함께 노는 것으로 합의할 수 있었지만 알렉과 조시는 괴물에게 희생되는 것을 거부함으로써 닉의 괴물놀이가 진행되는 것을 막았다. 따라서 조시의 권력이 닉의 권력을 무효화한 것으로 보인다. 대신 닉은 다른 방식으로 자신의 권력을 표현하는데, 바로 괴물 역할을 그만두는 것을 선택하는 것이다. **그리고**…**그리고**…**그리고**…로 이어지는 이러한 활동의 리좀 읽기는 특정한 어느 하나 혹은 다른 하나로 한정시키는 것이 아니라 다원성을 가진 이해 가능성을 창출한다. 그리고 나서 조시와 알렉은 이 접속적인 **그리고**…**그리고**…**그리고**…에 대한 이해를 더욱 심화시킨다. 조시가 주도적인 괴물이 되어 알렉을 쫓아감으로써 이 놀이를 이어가며, 알렉은 조시를 향해 자신의 진흙투성이 손을 들어 올리기는 해도 돌아서서(사진 15a) 도망간다(사진 15b와 15c). 아마도 이 괴물 쫓기는 누가 누구를 쫓는가보다 쫓는 행위의 연행, 즉 그 수행성 자체와 암묵적으로 연결된 간주이다. 조시는 자신이 누구를 쫓고 있는가에 상관하지 않는 것으로 보이며, 알렉이 진흙놀이를 위해 물구유로 돌아가자 조시는 외부 관찰자에게 괴물소리를 낸다(사진 18). 조시가 쫓는 대상이 확장되었으며, 지금은 데크에 앉는다(사진 20). 그러나 케인이 이제 여자아이들을 쫓아가면서 괴물 모드를 택하는데(사진 21–25), 조시가 이를 알아보고서 여자아이들을 쫓는 괴물 케인을 향해 달려가지만 케인은 여전히 여자아이들에게만 집중하고 있다. 이제 괴물로서의 조시는 사라지고 케인이 이 연구 자료 부분의 마지막 순간에 주도적인 괴물 역할을 다시 맡는다.

마치 "둑을 침식하고 한가운데에서 속도를 올리는…강물"(Deleuze & Guattari, 1987: 23)처럼, 괴물 역할을 누가 하고 어떻게 하는가에 관한 유동성(fluidity)은 모두에게 충만한–힘의 흐름을 열어 줄 뿐만 아니라 괴물 놀이에서 다른 공간도 열어 주며 케인이 윌리 웡카–되기의 흐름을 주도할 가능성도 열어 준다. 캐릭터들은 하나의 놀이에서 다른 놀이로 미끄러지듯 이어지고 각각이 서로를 강렬하게 해 준다. 거부될 때조차도, 예컨대 놀이자들이 희생자 역할을 거부했을 때에도 놀이는 계속된다. 닉이 조시의 희생자-되기를 거부하면서 놀이에서 떠났을 때도 놀이는 상관없이 계속된다. 놀이는 중단되지 않고, 조시, 알렉, 케인이 단독으로 그리고 함께 자신들의 권력을 표현하는 탈주선들을 따르면서 다른 곳으로 이입된다.

닉, 조시, 알렉이 초콜릿 만들기에는 주변적으로만 참여했는데 이것이 (또)다른 탈주선(들)과 함께/통해 흘러갈 가능성을 열어 준 사실이 흥미롭다. 행동주의적 관점에서 보면, 혹은 사회학적 관점에서는 이들의 낮은 참여도는 초콜릿 공장 놀이에서 자신들의 고유한 공간을 만드는 데 방해가 된다고 할 것이다. 그렇지만 생성적인 리좀 읽기에서는 닉과 조시가 이 극놀이 줄거리의 다른 가닥들을 상상하고 수행할 공간(들)을 가지고 있는 것으로 인식한다. 이들의 상상은 둘 다 동시에 주인공-되기 그리고 적대자-되기를 가능하게 해 주는 탈주선으로 동시에 흘러간다. 닉(주인공-되기)이 몸을 일으켜 서며 괴물이 되자(사진 8a), 알렉은 닉을 피해 물구유로 가는 길을 돌아서 가고, 조시가 닉의 경로에 유일하게 남겨진다. 조시는 순순히 따르지 않고 적대자 역할을 한다. 조시가 뒤로 몇 걸음 가기는 했지만 닉에게 뒤로 물러설 것을 요구하며(사진 8b), 닉의 괴물 캐릭터에 대한 자신의 반대(적대자-되기)를 표한다. 그러나 그렇게 하면서 조시가 주인공-되기를 하고, 이제 닉이 물러나면서 적대자-되기를 하고 있다고 말할 수도 있다. 괴물 캐릭터에 대한 실제적인 **대립**이 있었던 것은 아니다. 그보다는 괴물 닉과 새로 출현한 괴물 조시가 괴물 역할에서 **대립하며**[3] 놀이하고 있는 것으

3) 반대(opposition)의 라틴어 opponere, '대립'은 양자택일의 이분법적 관계를 나타낸다. 반면 병렬(apposition), '사물을 서로의 옆에 배치하는 것'은 '그리고…그리고…그리고…'를 나타낸다.

로, 이는 전개되는 활동의 복잡성을 조명해 준다. 따라서 괴물 놀이는 닉, 조시, 알렉의 교차하는 탈주선을 통해 출현한다. 그들은 각자 다양한 괴물-되기를 채택하면서 밀접한 거리에서 자신의 권력을 행사하며 참여하고 병렬적으로 위치한다.

어린이 놀이가 단선적이고, 인과관계 패턴을 가진다고 하는 행동주의적 주장을 해체시키는 이러한 어린이의 교육과정 수행성은 이해의 다차원성을 잘 보여준다. 리좀 읽기에서 케인, 닉, 조시, 알렉은 괴물 캐릭터를 물 흐르듯 이어가며 괴물은 괴물 생성의 단독 및 집합적 연출을 통해 변형된다. 거기에는 이것 아니면 저것이라는 양자택일 방식, 괴물 놀이와 별개로 분리된 초콜릿 공장, 선인 아니면 악인이라는 이분법적 관계가 없다. 이는 둘 다, 즉 **그리고**…**그리고**…**그리고**…의 관계인 것이다. 괴물 놀이가 출현하여 다시 초콜릿 공장 놀이에 지배될 때까지 놀이 고원을 더 강하게 만들면서, (그) 놀이 속에서/의/에서의 복잡성의 다른 차원들을 조명해 주고 생성한다. 케인, 캘럼, 라일리, 닉이 리좀 흐름을 주도하는 복잡한 활동으로서의 초콜릿 공장 놀이와 교차하는 괴물 놀이에서 닉, 조시, 알렉, 케인은 출현하는 자신의 권력을 표현하고, **그리고**…**그리고**…**그리고**…의 이해를 보여준다. 놀이가 진행되면서 플롯이 (발현)병합되고 놀이를 전개시킨다.

놀이와 함께/속에서 그리고 주변에서 리좀은 이음새 없이 작동하고 있다. 여자아이들의 골디락 놀이를 살펴보는 것은 젠더에 따른 체화된 리좀 수행성의 **그리고**…**그리고**…**그리고**…를 더욱 심화시킨다.

스토리보드 3.1 초콜릿 공장 놀이

닉, 라일리와 캘럼은 윌리 웡카의 초콜릿 공장에서 초콜릿을 만들고 있다.
라일리 (노래하듯): *우리는 초콜릿을 만들고 있어, 예 예 예 예 예…*
캘럼 (노래하듯): *예 예 예 예 예…*
닉 (노래하듯): *예 예 예 예 예…*

케인은 윌리 웡카처럼 걸어다니며 초콜릿 제조 사업을 감독하고 있는데, 다음과 같이 반복하여 흥얼거리고 있다: *우도두다비다…우바다…*
캘럼: *우리는 더 달콤하게 만들고 있어. 맛있어, 그지? 초콜릿 맛이 나지, 응?*

캘럼, 라일리, 닉은 양동이와 쟁반에다가 모래와 물을 섞은 혼합물로 작업한다.
케인은 *우도두다비다우바다*라는 이상한 소리를 내면서 돌아다닌다. 그는 모래를 한 손 가득 집어 들어 바닥으로 뿌린다.

캘럼과 라일리는 모종삽 한 개를 놓고 다툰다. 뒤편에 있던 케인은 그 사이로 걸어가서 초콜릿 만들기가 잘 진행되고 있다고 스스로를 납득시킨다: *자~, 그 초콜릿이 어떻게 되어 가는지 한번 보자…*

스토리보드 3.2 초콜릿 공장 놀이

케인은 도르래에 달려 있는 자신의 양동이를 흔들며, 초콜릿을 만드는 친구들에게 소리친다: *찰리와 초콜릿…이리 와서 초콜릿을 움켜쥐고 더 많은 초콜릿을 만들 수 있게 그릇에 담자!* 닉은 케인의 양동이에서 모래를 한 움큼 쥐었지만, 캘럼과 라일리는 물과 모래 섞기를 계속해서 한다.

알렉이 초콜릿을 혼합하는 놀이에 참여한다. 조시도 이 놀이가 이루어지고 있는 곳에 와서 지켜본다. 케인은 도르래를 책임지고 있는데, 도르래가 꼬여 있고, 계속해서 양동이를 흔들고 있다.

캘럼이 갑자기 조시에게 외친다: *그래! 여기는 윌리 웡카의 초콜릿 공장이야!* 조시는 방어하듯 두 손을 올린다.

스토리보드 3.3 초콜릿 공장 놀이

라일리와 캘럼은 계속 물구유에서 물을 가져가 자신들의 초콜릿을 혼합한다.

케인은 모래를 한 움큼 집어 자신의 초콜릿 양동이를 다시 채운다.

그는 모래놀이터 테두리에 올라서서 소리친다: *초콜릿 필요한 사람?*

캘럼은 올려다보지도 않고서 소리쳐 대꾸한다: *아니! 초콜릿 공장에서 초콜릿을 만드는 사람들은 안 필요하지!*
케인은 계속해서 외친다: *자! 초콜~릿! 초콜릿!*

스토리보드 3.4 초콜릿 공장 놀이

케인은 초콜릿 만드는 모습을 내려다보고 있다. 뒤편에서 여자아이들은 골디락에 대한 별개의 스토리라인을 의논하고 있다.

케인은 모래 한 주먹을 자신의 양동이에 떨어뜨린다. 잠시 후, 여자아이들이 케인 옆으로 다가오자 으르렁거린다: *크르릉~~!!!* 여자아이들이 달아난다.

남자아이들은 케인의 괴물흉내와 여자아이들이 도망가는 소리에 아랑곳하지 않고서 자신들의 놀이를 계속 한다. 캘럼은 모종삽에 떠서 양동이로 물을 옮겨오고, 라일리는 쟁반 안의 혼합물로 작업하고 있으며 알렉은 두 손으로 물구유 통에서 초콜릿을 만들고 있고 그 뒤편으로 여자아이들이 뛰어 지나간다.

여자아이들이 갑자기 멈춰 서서 케인 쪽으로 돌아본다.

케인이 테두리에서 엉거주춤하게 뛰어내리면서 말한다: *정말! 내게 좋은 생각이 있어…, 버서츠하바나…크르릉!*

스토리보드 3.5 초콜릿 공장 놀이

…그리고는 기묘한 모습으로 여자아이들을 쫓듯이 비틀거리며 걷는다: *하하.*

케인은 여자아이들을 쫓아간다. 캘럼은 모래와 물이 담긴 물구유로 가다가 모형굴착기 손잡이에 걸려 넘어지며 욕을 한다.

스토리보드 3.6 초콜릿 공장 놀이

케인은 초콜릿 공장 영역을 지키면서 으르렁거리고 소리친다: *내꺼야!*

케인은 도르래로 돌아간다: *아아! 하하하!*

스토리보드 3.7 괴물 놀이

케인은 이상한 소리를 내면서 돌아다니고 있다. 그는 윌리 웡카인 동시에 괴물이다.

케인은 모래 한 움큼을 쥐고서 바닥에 던진다: *…우도두다비아우바아…*
소매를 걷어올리고 있는 닉은 손으로 모래와 물의 혼합물을 만지고 있다.

두 손으로 모래를 섞으려고 하는 닉은 모종삽을 두고 다투고 있는 캘럼과 라일리에게 전혀 신경 쓰지 않는다.

캘럼과 라일리가 초콜릿 제조 작업을 제대로 하고 있다는 것을 확인하고서 케인은 계속해서 이상한 소리를 낸다…*아카가가…*

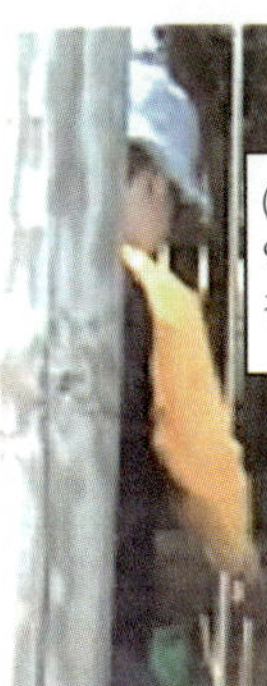

(가운데쯤 빨간 셔츠를 입은 라일리에 약간 가려져 있는) 닉은 허리를 굽혀 젖은 모래를 한 움큼 집고 있다.

스토리보드 3.8 괴물 놀이

닉은 몸을 일으키며 소리 지른다: *와! 나쁜 진흙괴물*…그는 모래투성이 손을 들어 올리는데, 손가락을 보기 흉하게 벌려 살짝 구부려 있다.

닉이 조시 앞에 맞서자 조시는 한 걸음 뒤로 물러선다. 조시: *날 내버려둬.* 조시는 닉을 빤히 쳐다보며 움직이지 않는다.
닉: *진흙괴물*…알렉이 이러한 교류를 지켜보고 있다.

닉은 조시에게서 멀어져 나와서(라일리에게 일부 가려져 있는) 알렉이 두 손을 지금 적시고 있는 물구유 쪽으로 향한다.

조시는 괴물처럼 두 손을 들어 올리자 캘럼은 조시에게 소리 지른다: *…여기는 윌리 웡카와 초콜릿 공장이다!*

(라일리에게 가려져 있는) 알렉은 진흙투성이의 손을 한 채로 물구유 옆에 몸을 구부리고 있다. 닉은 나무 데크에 앉은 조시에게 다가간다.

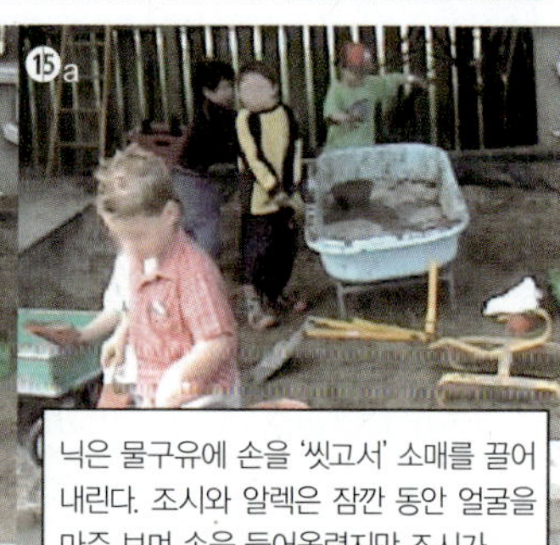

닉은 물구유에 손을 '씻고서' 소매를 끌어내린다. 조시와 알렉은 잠깐 동안 얼굴을 마주 보며 손을 들어올렸지만 조시가 알렉을 향해 발길을 옮기자 알렉은 돌아서 달아난다.

스토리보드 3.9 괴물 놀이

조시는 쉿쉿 소리를 내고 발을 쿵쿵 굴리며 알렉을 성큼성큼 쫓아간다.

조시에게 쫓기는 알렉은 되돌아 달려온다. 닉은 이 장면을 떠났다.

쫓기 놀이는 금방 끝나고, 알렉은 물구유로 돌아와 두 손을 진흙투성이로 만든다. 조시(왼쪽 끝부분)는 다른 외부자에게 쉿쉿 소리를 낸다.

알렉은 계속해서 두 손을 진흙투성이로 만들고 있다.

조시는 데크에 앉는다. 알렉은 모래놀이터 뒤편을 가로지르는 여자아이들을 지켜본다.

스토리보드 3.10 괴물 놀이

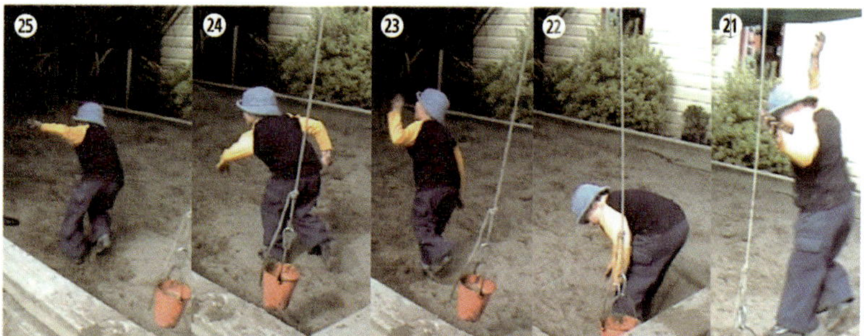

케인이 테두리에서 엉거주춤하게 뛰어내리면서 말한다: *야! 내게 좋은 생각이 있어…버서츠하바나… 크르릉!* 그는 기묘한 모습으로 여자아이들을 쫓듯이 비틀거리며 걷는다: *하하.*

조시(오른쪽 끝부분)는 괴물처럼 두 손을 올리고서 데크를 떠나 케인을 향해 달려간다.

케인은 여자아이들을 쫓아 비틀거리며 온다. 알렉은 케인이 다가오고 조시가 나가는 것을 관찰하기 위해 물구유 옆에 쭈구리고 있다.

케인은 여자아이들을 계속 쫓아가며 으르렁댄다: *내–꺼!*

스토리보드 3.11 골디락 놀이

리비, 리와 앨리스는 색상으로 자신들의 도구를 선택하고서 남자아이들의 활동에 가깝게 위치해 있다.
리비: *우리는 땅파기 놀이를 하고 있어.*

자신들은 도르래의 양동이로 놀 수 없다는 말을 들은 것에 대한 반응으로 리는 줄을 잡고서 도전적으로 웃는다. 라일리는 양보한다: *너희도 물을 조금은 가져갈 수 있어.*

땅 파기놀이는 곧 케이크 만들기 놀이로 바뀐다.

이들은 도구를 모아들고 자신들의 집을 만들기 위해 뒤편 울타리 쪽으로 자리를 옮기며, 리비는 케이크를 옮긴다.

스토리보드 3.12 골디락 놀이

리비: *우리가 무슨 놀이하고 있는지 알아? 우리는 골디락 놀이를 하고 있어!*

닉은 흙 묻은 두 손으로 박수를 치며 걸어간다. 리비는 뒤편 울타리를 가리키며 말한다: *우리는 가짜 케이크를 만들었는데 그건 저기 있고, 저기가 우리 집이야.*
리: *그리고 골디락이 울타리에 와 있으니까 우리는 숨는 게 좋겠어, 그지?*

리비와 리는 앨리스와 함께 모래놀이터 뒤편의 울타리로 간다. 리비가 알린다: *골디락이 왔어!*
앨리스: *그리고 서 남자아이들도 지기에 있어, 그지?*
케인이 주변에 서 있다.

리는 케이크를 혼합하기 위해 모종삽 가득 물을 가져온다: *잘 붙도록 물을 가득 넣어야 해.* 리비는 덤불에서 '케이크'를 지키고 있는데 이제는 케이크에서 죽(porridge)으로 바뀐다: *내가 지금 죽을 만들었어.* 알렉은 자신의 땅파기 도구를 가지고 여자아이들 앞쪽으로 둥글게 길을 파내고 있다.

스토리보드 3.13 골디락 놀이

리비는 죽에다 모래를 더 넣는다. 앨리스가 급하게 옆을 지나가서 *찰리와 초콜릿…*이라고 크게 말하고 있는 케인 쪽으로 간다.

리는 물구유에서 더 많은 물을 가지고 온다. 앨리스는 케인이 외치는 것을 바라본다: *초콜릿을 만들고 싶은 사람 또 없어?*

앨리스가 계속 바라본다.

리는 닉과 (닉에 가려져 있는) 라일리 옆에서 물구유의 물을 뜬다.

스토리보드 3.14 골디락 놀이

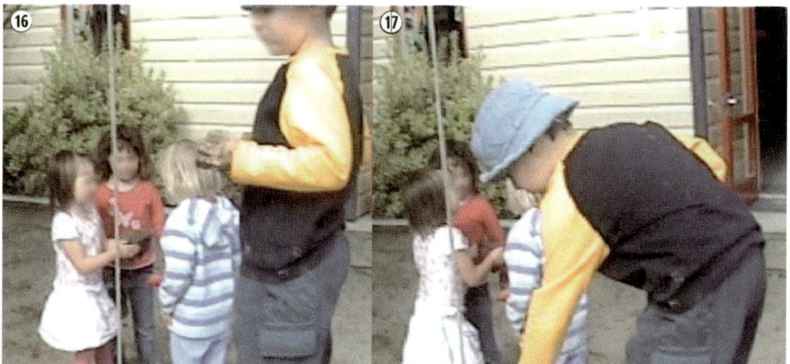

여자아이들은 자신들의 극놀이 줄거리를 어떻게 할지 의논한다.
리: *그래, 우리는 다른 쪽에서 해야 해, 그 곰들, 곰들이 따라 들어가는 곳…*
앨리스: *곰들이 그녀를 보고 돌아간다, 응?*
리비: *그리고 그리고 그리고 골디락*…리비는 모래가 담긴 그릇을 손에 들고 있다: *헤이, 음, 아, 음, 나 알아, 이게 골디락의 죽이 될 수 있고, 우리는 완두콩 푸딩 죽을 만들 수 있어…그거 맛있는 거야. 우리는 완두콩 죽도 만들 것이고 골디락의 독이 든 죽은 여-기 두자. 그녀는 케인 가까이의 모래놀이터 테두리에 올려둔다.*
케인: *크르릉!* 리는 비명을 지른다.

여자아이들은 모래놀이터 뒤편을 가로질러 뛰어가며 앞장서는 리비는 손에 죽그릇을 들고 있다.
리: *아아! 그가 우리를 쫓아오고 있어!* 빨리!

리비는 갑자기 멈춰 서서서는 케인 쪽으로 뒤돌아본다. 리가 그녀에게 부딧친다. 리비는 잠시 균형을 잃었지만 넘어지지는 않는다. 앨리스가 뒤에 걸어온다.

스토리보드 3.15 골디락 놀이

케인이 테두리에서 엉거주춤하게 뛰어내리면서 말한다: *내게 좋은 생각이 있어. 버서츠하바나… 크르릉!* 그는 쿵쿵거리며 여자아이들을 쫓아가며 낄낄 웃는다: *하하.*

앨리스와 리가 차례로 리비를 따라가는데, 리비는 자신들의 집을 향해 뒤돌아간다.

리비는 자신들을 향해 쿵쿵 걸어오는 케인을 보자, 다시 급하게 방향을 돌려 리와 앨리스 사이를 뚫고 물구유 뒤로 달려간다.

리비가 리와 앨리스 사이에 부딪치자 손에서 그릇이 떨어지지만, 멈추지 않는다. 리와 앨리스는 멈추고서 어디에 떨어졌는지 살펴본다.
리비는 달리면서 소리친다: *오오!*

스토리보드 3.16 골디락 놀이

케인이 나타나, 비틀거리면서 여자아이들을 무작위로 쫓아간다.
리: *이이!*
리비는 모래놀이터 테두리 주변을 돌며 달리다가 헐떡이며 말한다: *그는 돌지 않아…오오…*리와 앨리스가 바로 뒤에 있다.

리비는 케인이 어기적대며 그들을 쫓아오자 모래놀이터 밖으로 나가는 탈주를 이끈다.
리: *재는 정말 크게 으르렁 소리를 내…*

여자아이들이 가버렸다. 케인이 그들을 쫓으며 으르렁댄다: *내—께!*

케인: *아아! 하하하!*

골디락 놀이의 시작[4] introducing Goldilocks

모래놀이터는 주로 남자아이들이 점령하여 놀이하는 영역으로 간주되며(MacNaughton, 2000), 여자아이들이 이 영역에 들어가게 될 때는 남자아이들이 활동하는 주변에서 요리하는 형식으로 놀곤 한다. 여기서 나는 여자아이|남자아이 혹은 그들의 활동을 양분하려는 의도가 아니며, 여자아이들의 골디락 놀이에서 실행되고 감지할 수 있는 젠더화된 관계(gendered relationship)(Davies, 2003)의 복잡성에 초점을 맞추려는 것이다. 연구 자료 중 이 부분이 시작될 때, 리비, 리와 앨리스는 땅파기에 열중하고 있다. 이것은 곧 케이크 만들기로 되고 다시 골디락 놀이로 흘러간다. 남자아이들이 '찰리와 초콜릿 공장'을 놀이하는 것과 같은 방식으로, 리비, 리와 앨리스는 문화적으로 **친숙한 골디락과 곰 세 마리** 이야기로 놀이하는데, 이는 전통적으로 젠더화된 역할로 이끈다. 여자아이들은 놀이가 펼쳐지면서 놀이의 현실 및 상상의 공간을 내러티브로 옮기며 전통적인 여성, 즉 수동적인 주부(homemaker) 놀이를 하고 있다. 그 시간의 대부분은 여성의 이미지를 묵묵히 따르지만 그들도 전통적인 경계를 깨뜨리는데 바로 앨리스가 자신들의 물질적 공간을 지키는 수호자가 되며, 이 연구 자료의 마지막 부분에서는 여자아이들 모두가 남자아이들의 놀이 영역과 모래놀이터 바깥으로 자신들의 상상적 놀이 공간을 옮겨간다. 표면적으로는 이 골디락 놀이에서 여자아이들이 수동적이고 약한 희생자라는 전통적 여성 이미지를 수행하고 있는 것으로 보이지만, 그림자와 함께/속에서 뒤얽혀 있는 생성

4) 골디락 스토리보드 참조: 스토리보드 3.11–3.16(이 책 pp. 155–159)

적 리좀 읽기를 해보면 다른 해석이 나타난다. 여자아이들의 케인과 모래놀이터로부터의 탈주를 희생자~강한 여성으로 수행을 구현해가면서 '강한 여성'으로서의 자신들의 권력을 표현하는 것으로 이해할 수 있다.

참고

초콜릿 공장(스토리보드 3.1–3.6)의 사진들에 대한 번호 표기는 이 4분짜리 에피소드에서 동시에 이루어지는 세 놀이 모두에 동일하게 적용되기에, 이어지는 괴물 놀이 스토리보드(스토리보드 3.7–3.10)의 사진 번호가 같은 시점에 동시에 이루어진 '초콜릿 공장' 스토리보드의 사진과 같은 번호로 표기된다. '초콜릿 공장' 스토리보드에 있는 사진이 괴물 놀이 스토리보드에도 사용되며, 번호는 2, 3, 4 등으로 동일하다. 예를 들어 새로 **(발현)병합하는 괴물 놀이**는 '초콜릿 공장 놀이 속에서 뚜렷하게 보이기에, **괴물 놀이** 스토리보드의 첫 번째 사진은 2번으로 표기되어 있다. 또한 괴물 놀이에 중요한 다른 사진들이 있을 때는 번호 사이에 추가로 삽입되어 있다. 예를 들어 '초콜릿 공장' 스토리보드의 사진 8과 사진 9 사이에 **괴물 놀이**에서 중요한 활동을 보여 주는 사진들은 8a, 8b와 같이 표기되어 삽입되어 있다.

골디락 스토리보드 사진(스토리보드 3.11–3.16)의 번호체계는 괴물 놀이 스토리보드의 패턴을 따른다.

골디락 놀이 ~ "우리는 골디락 놀이를 하고 있어!"

the Goldilocks game ~ 'We're playing Goldilocks!'

각자 원하는 색의 놀잇감을 골라 땅파기를 시작한 리비, 리와 앨리스는 곧 자신들이 선택한 공간이 가지고 있는 문제를 마주하게 된다. 그들은 초콜릿 만들기 활동과 상대적으로 가까운 곳에서 시작했었는데(사진 2), 도르래에 매달려 있는 양동이를 채우기 시작하자마자 남자아이들이 쫓아내려 한다. 리가 도르래의 양동이를 꽉 잡고서 도전적으로 웃어보는 저항을 잠시 했던 것(사진 2a)을 제외하고는, 여자아이들은 다른 양동이를 찾아서 더 멀리 떨어진 곳으로 이동함으로써 남자아이들의 요구에 순순히 따른다. 그들의 땅파기는 다시 케이크 만들기(사진 2b)로 바뀌었다가 골디락 주제가 발현된다. 그렇지만 아직 이 놀이를 위한 물질적 영토를 확실하게 잡지 못해서, 여자아이들은 뒤편 울타리 가까이로 옮겨서 자신들의 집을 위한 자리를 잡았다(사진 2c). 여자아이들은 남자아이들 가까이에서 놀이하는 것에 대하여 신경을 쓰지 않는 듯 보였지만, 자리를 이동하여 남자아이들의 활동으로부터 더 멀어진다. 여자아이들은 새로운 집에서 극놀이 줄거리를 알리는데, 나에게도 자신들의 놀이에 대해 말해 주었고, 서로 세부적인 내용을 의논하여 확정한다(사진 5a, 5b, 5c).

이제 자신들의 공간에 대한 안정감을 충분히 가지고서 남자아이들의 존재에 대해 이야기하는데, 남자아이들이라는 존재는 확실히 걱정거리로 여겨지며 특히 탈~영토화하고 있는 물질적 공간보다는 놀이의 상상적 공간과 관련하여 더욱 그러하다. 리가 무엇으로부터 숨자고 하는지는 분명하지 않다(사진 5b). 어쩌면 골디락 놀이의 물리적인 영토와 상상계의 영토를 지켜내고자 남자아이들로부터 숨어 있어야 한다고…**그리고**…어쩌면 자신들이 곰인 척 가장하고 있어서 골디락이 나타날 수 있도록 숨어 있어야 한다고 생각하는 것인지도 모른다. 물질적 공간 점유에 대한 남자아이들의 도전, 그리고 자신들의 놀이를 지속시키고 싶은 여자아이들의 욕망을 두고 볼 때, 두 가지 모두에 반응하고 있는 것으로 볼 수 있을 것이다. 즉, 대부분의 경우 남자아이들의 시선에서 벗어나는 뒤편 울타리 근처에 있으면서 남자아이들로부터 숨는 여자아이이기(being girls), 그리고 골디락의 시야에서 벗어나려고 골디락으로부터 숨는 곰이기(being bears), 그 두 가지에 모두 반응하는 것일 수 있다. 이렇게 항상 이미 (불)공평한 리좀 읽기에서 그러한 동시성은 모순적인 것이 아니라 생성적인 것이다.

리비는 남자아이들이 무엇을 하고 있는지 알기에 남자아이들에 대해 덜 걱정하는 것으로 보이며, 골디락이기(되기)(be[com]ing)를 가능하게 하였다. 앨리스는 남자아이들이 거기에 있기는 하지만, 골디락이 곧 올 것임을 인지하고 수호자-되기(becoming-guardian)를 하고 있으며, 리는 자신이 이전에 말했던 것과는 달리 남자아이들의 존재는 인정하지만 그들이 자신들의 놀이에 영향을 주리라는 것은 부정하고 있다: *그렇지만 저 아이들은 골디락이 아니야.* 전에는 자신들에게 장소를 옮기라고 하는 남자아이들의 말에 따랐지만, 이제 여자아이들은 함께 강하게 맞서고 있다(사진 5c).

이 에피소드의 도입 부분에서 여자아이들은 놀이 내러티브를 생성함으로써 자신들이 탈~영토화하고 있는 물질적 및 상상적 공간을 규정하고 케인이 초콜릿 공장 공간을 지키는 것처럼 앨리스도 자신들의 공간을 지키는 수호자가 되어 가고 있음이 명백하다. 리비가 자신들이 골디락 놀이를 하고 있음을 알린 이후로 앨리스는 주위를 둘러보며 모래놀이터 뒤편에 위치한 자신들의 집을 경호하고 있다. 이런저런 방식으로 전체 모래놀이터 영역을 자기들 마음대로 하고 싶어 하는 남자아이들, 예컨대 곧 괴물이 될 닉이 진흙투성이 손으로 손뼉을 치면서 자신들의 영토를 지나가는 것(사진 5b), 케인이 초콜릿 공장 활동을 감독하는 것(사진 5c), 알렉이 여자아이들의 집 앞에다가 땅을 파서 기다란 길을 만드는 것(사진 5d) 등에 대하여 세 명의 여자아이들 중 앨리스가 가장 많이 의식하고 있는 것으로 보인다. 모래놀이터에서 영토를 주장하기 어려운 그리고/혹은 저항하여 도전하기 어려워하는 여자아이들의 상황을 닉, 케인, 알렉이 인지하는 정도에 따라 앨리스는 그들의 움직임에 주의를 기울인다.

수호자-되기를 통해 앨리스는 전통적인 수동적 여성성을 벗어던지고 영토를 지키려는 능동적인 방어자-되기(becoming-protector)를 하고 있다. 앨리스는 케인이 큰 소리로 외치자 갑자기 그 방향으로 돌진하며(사진 5e) 단호하게 껑충 뛰었다가 멈추어 케인을 감시한다(사진 5f). 비록 케인에게 아주 가까이 가지는 못했지만, 앨리스의 점프는 큰 소리로 외치던 케인을 깜짝 놀라게 할 만큼 충분히 가까워져 케인이 도중에 말을 멈추게 하였다. 앨리스는 골디락 놀이 공간을 케인이 언어적으로 침략하는 것에 대항하는 것으로 보인다. 점프를 통해 앨리스는 케인에게 초콜릿 만들기 놀이가 골디락 놀이에 위협적일 수 있음을 자신이 인지하고 있다는 것을 알리는 것…**그리고**…동시에 자기 자신을 케인에게 위협요소로 제시하고 있는 것이다. 앨리스는 그 공간을 골디락의 영토로 주장하고 자신들이 놀이하는 동안의 안전성을 확보하려는 것이다.

앨리스의 수호 아래, 리비와 리는 한때 케이크였던 죽을 만드는 데 열중하고 있는데(사진 7a), 리는 남자아이들 옆에서 물구유로부터 물을 떠오고 있다(사진 7b). 이들의 놀이는 순조롭게 진행되고 있다. 이들은 골디락 줄거리를 계속 의논하는데, 이 순간에는 실제로 행동하기보다는 어떻게 할지를 이야기하는 데에 몰두하고 있는 것으로 보인다. 이는 반복적이기는 하지만, 아마도 자신들이 놀이를 어떻게 진행할지에 대한 이해를 확실히 해두려고 하는 것으로 여겨진다(사진 16). 확실히 공간에 대해 더 자신감을 가지게 된 것으로 보이는 리비, 리와 앨리스는 모래놀이터의 제일 가장자리로부터 케인에게 상당히 가까운 곳으로 이동하며(사진 16), 이때 케인은 도르래의 가장자리에 서 있다. 케인은 자신의 활동에 몰두해 있는 것으로 보이지만(사진 17), 갑작스럽게 큰 소리로 으르렁대며 리비의 접근에 반응한 것은 케인이 골디락 활동을 상당히 의식하고 있음을 보여준다.

어린이 놀이의 다양한 탈주선을 따라가며 리좀으로 작동하고 있던 나는 연구 자료가 무엇을 조명해줄지 전혀 인지하지 못한 채, 그리고 특히 여자아이들의 영역이 이제 또다시 위태로워지려 한다는 사실을 인식하지 못한 채, 리비가 말을 시작했을 때 카메라를 움직여 다시 초콜릿 만들기 활동을 하고 있는 남자아이들에게로 방향을 돌렸었다. 그래서 리비가 정확하게 어디에 죽 그릇을 놓았는지 확인할 수가 없었다. 그렇지만 케인이 싫어할 정도로 너무 가까운 것은 확실하고(아마도 대략 1미터 정도 떨어졌을 듯함), 그리고 급한 퇴장을 나타내는 헐떡이는 숨소리와 비명소리가 있었기에 여자아이들이 케인의 관점을 받아들였다는 것도 명백하다. 여자아이들이 도망가면서 이어진 혼란 속에서 표면적으로는 여자아이들의 놀이가 중단된 것으로 보였다. 즉 여자아이들이 골디락 놀이를 끝냄으로써 또다시 남자아이들의 영토 주장에 굴복한 것으로 보였다.

그러나 과연 여자아이들이 남자아이들의 영토에서 도망친 것이며, 그 탈주가 골디락 놀이의 종결을 나타내는 것인가? 생성적 읽기는 다른 이야기를 드러내 보여 주는데, 바로 이 위기의 순간 새로운 탈주선이 출현한다는 것이다. 만약 케인이 곰이 된 것이라면, 자신들을 쫓는 케인에게서 도망친다는 것은 여자아이들이 미리 준비한 것은 아니며 전통적 극놀이 줄거리에서 예상되지 못했던 갑작스러운 마주침(encounter)에 대한 자신들의 이야기를 내리디브로 옮기지는 못했지만, 골디락 놀이를 계속 진행하고 있는 것이다. 자신들의 역할을 분명하게 드러내지는 않았지만, 죽을 만들면서는 곰이었던 여자아이들이 모래놀이터에서 달아날 때는 모두 골디락이 된 것으로 보인다. 이 변경된 극놀이 줄거리에서 여자아이들이 케인의 공간으로부터 달아난 것은 의심

할 여지가 없지만, 이는 케인의 초콜릿 공장 공간이 아니라 으르렁대는 곰의 공간으로부터 달아난 것일 수 있다. 초콜릿 공장 공간을 벗어날 의도였다면 리비는 죽 그릇을 버리고서 자신들이 서 있던 가장자리를 뛰어넘어 모래놀이터로부터 달아나는 가장 짧고 쉬운 탈출 경로를 선택했었을 것이다. 그러나 그러는 대신, 리비가 죽 그릇을 들고서 여자아이들을 이끌었던 실제 탈출 경로는 모래놀이터를 **통과하여**(사진 19) 모래놀이터 뒤편으로 달려가다가(사진 20), 잠시 되돌아가다가(사진 25a), 다시 뒤돌아 처음에 가던 방향으로 달려가는 것(사진 25b)이다. 이때까지는 여자아이들이 초콜릿 공장과 괴물 놀이로 모래놀이터를 지배하려는 남자아이들의 욕망에 순순히 따라주는 것으로 보였기에, 처음에는 여자아이들의 탈주도 마찬가지로 그럴 것으로 여겼다.

그러나 Davies(2003)가 주장한 리좀적 관점에서 보면, 아이들의 놀이를 남성|여성이란 이분법을 넘어서서 읽을 수 있다. 즉, 자신들이 만족하기 위하여 놀이의 강도를 높이려고 여자아이들이 곰들의 집인 모래놀이터 영역을 떠나서 상상의 숲인 놀이터를 달리는 것으로 보게 된다. 따라서 이들이 가장 짧고 쉬운 경로로 이 장면을 떠났더라면, 남자아이들의 **현실계**(*actual*)의 희생자이자 골디락 놀이의 희생으로 볼 수 있겠지만, 그러한 방식으로 공간을 탈출함으로써 여자아이들은 자신들의 **상상계(***imaginative*)의 놀이 영역으로부터 달아나는 **잠재계**(*virtual*)**의** 희생자가 된 것이다. 그런데 Deleuze의 관점에서 탈주는 창의적 반응이기에(Deleuze & Guattari, 1987: 55), 이러한 가정된 희생자 역할의 현실성(actuality)과 잠재성(virtuality)에 차이가 과연 있을까? 있기도 하고 없기도 하다. 현실성과 잠재성은 서로 뒤얽혀 있으며, 차이와 동일성은 알아보기 힘든 그 사이의 어딘가에 존재하기 때문이다. 즉, 잠재성은 현실 세계에서 전개되며, 잠재성이 현실의 확장이 되고 현실로 흘러들어가는 것…**그리고**…현실에서 살아낸 경험은 놀이라는 잠재적 혹은 상상

의 세계에서 (다시)살게([re]lived) 되는 것이기에, 체험(lived experience)은 놀이의 잠재적, 상상적 공간에 영향을 주게 된다. 따라서 어느 순간에 놀이가 현실 세계와 잠재 세계 중 어디에 위치해 있는지를 결정하기란 상당히 어려운데, 동시에 두 세계에 모두 있을 수도 있기 때문이다. 놀이가 관습적인 방식으로 '종료'되었더라면, 여자아이들은 남자아이들과 자신들 놀이의 희생자로 인식될 수 있었을 것이다. 그러나 그 놀이는 패닉의 탈주를 통해 현실 세계와 잠재 세계에서 동시에 계속되었다.

리비는 어느 방향으로 가야 할지 결정하지 못하고 여자아이들은 완전히 혼란스럽고 무질서했다는 점에서 그 패닉은 혼돈으로 보인다. 그러나 혼돈이란 공간-시간의 복잡성을 반영하는 것이라고 본다면, 리비의 패닉 상태는 그저 리비가 이 새로운 상황에 반응함에 따라 변칙적으로 나타난 것으로 보인다. 극놀이 줄거리를 지속시키는 측면에서 그러한 혼돈은 필수적이었다. 리비가 케인의 으르렁대는 소리에 놀랐을 때, 이는 자신의 극놀이 줄거리에서 (아직까지는) 예측했던 사건이 아니었다. 리비는 급히 이리저리 갔다가 되돌아왔고, 그 와중에 떨어뜨린 죽 그릇에는 관심이 없었다. 원래 죽 그릇은 곰의 집에 있어야 하기도 하고, 죽 그릇을 들지 않고서 도망가는 것이 더 쉽기 때문이기도 하였다. 여자아이들은 모두 골디락이 되어 곰으로부터 도망가는 역할을 하였는데, 서로 말하지 않고서도 케인에게 으르렁거리는 곰 역할을 암묵적으로 배정한 것이며, 어떤 대본이나 연기자도 더 나을 수 없었을 것이다. 케인은 그들을 쫓아가고 걷는 모양이 곰과 비슷하고 쿵쾅거리는 걸음은 어색하지 않아 나름대로 역할에 어울렸다(사진 26).

Deleuze와 Guattari의 관점으로 보면, 영토 배치(territorial assemblage)는 종종 "안녕, 이제 나는 떠나서 다시는 돌아오지 않을 거야."(Deleuze & Guattari, 1987: 327)라고 말하는 절대적 탈~영토화의 운동을 가져올 가능성이 큰 갑작스러운 저항이나 이탈을 재촉하며 힘을 결집시킨다. 따라서 얼핏 보기에 전통적으로 젠더화된 여자아이들의 수행은 약하고 희생되는 여성이 아니라 강한 여성으로서의 충만한-힘을 표현하는 것이 된다. 리비, 리와 앨리스는 전통적인 여성 이미지에서는 희생자로 보인다. 그러나 이들은 희생자로 가정되는 역할 속에서 탈~영토화 활동과 함께/속에서 참여함에 따라 전통적 골디락 줄거리를 충족시키면서도 자신들의 놀이를 더 재미있게 만들어주는 강한 여성으로 체화한다. 자신들의 놀이 영토가 다른 사람들의 영토와 접속되자, 영토를 지킬 수 있게 하는 탈주선이 다른 방식으로 열린다. 이 순간 영토를 지킨다는 것은 자신들의 놀이 속 캐릭터를 재설정하고(달아나는 것), 놀이의 물질적 공간을 재설정하며(모래놀이터 영역 바깥), 그리고 놀이의 실제 줄거리를 새로이 풀어내는 것(골디락은 이후 강한 여성 놀이로 변형됨)을 의미한다. 이것은 어린이 욕망의 생산성으로 이해할 수 있다. 즉, 이들의 탈주는 결핍이나 부정성을 반영하는 것이 아니며, 욕망은 결정된 것이 아니라 감응하는 것이다. 어린이는 놀이와 탈~영토화를 통해서 자신의 주체성이 가진 권력을 끊임없이 (재)구성하고 있다. 탈주 속에서 어린이는 자신의 캐릭터화된 생성을 탈~영토화하는 것…**그리고**…전통적인 골디락 줄거리를 탈~영토화하는 것…**그리고**…자신들이 함께/속에서 놀이하고 있는 공간을 탈~영토화하는 것이다.

Deleuze와 Guattari의 관점으로 보면 물리적으로 모래놀이터를 빠져나가 줄거리와 함께/속에서 탈주선을 따르는 것은 자신들의 여성 주체성(feminine subjectivity)의 욕망이 가진 힘 혹은 세력을 생성하고 표현하는 것이다. Deleuze와 Guattari(1987)는 동물행동학(ethology)을 참고하여 환경 내에서의 탈주를 정복 혹은 창조로 인식한다.

> [어떤] 환경이든 동물이 참여하며 어쩔 수 없는 위험을 감수해야 하는 외부 환경(a milieu of exteriority)을 항상 만나기 때문에, **탈주선**은 동물로 하여금 위험이 나타날 때 연관된 환경을 탈환할 수 있도록 유지되어야 한다. 두 번째 유형의 탈주선은 연관된 환경이 외부자에 의해 완전히 흔들릴 때는 그 동물로 하여금 이를 버리고 약한 목발과 같은 내부 환경(interior milieus)에 기대어 외부의 새로운 영역과의 연관성을 만들어 내도록 한다…그 동물은 투쟁자(fighter)라기보다는 도망자(fleer)에 가깝지만, 그의 탈주 또한 정복, 창조이다.
>
> (Deleuze & Guattari, 1987: 55, 원전에서의 강조)

골디락 여자아이들의 모래놀이터 탈주와 관련지어, Deleuze와 Guattari 식의 혁명을 촉구하는 위의 인용문을 다시 옮겨보고자 한다. "문제는 '그것이 진실인가?' 하는 것이 아니라 '그것이 작동하는가?, 어떤 새로운 사유하기를 가능하게 하는가?'이다"(Massumi, 1987a: xv). 이러한 Massumi의 질문에 자극을 받은 나는 Deleuze와 Guattari의 원저에 있는 표현을 통해 아이들의 놀이를 읽어 보고자 한다. 여기에서의 환경은 어린이, 여자아이와 남자아이 모두, 그리고 아이들이 놀이하고 있는 물질적 영토(모래놀이터) 및 펼쳐지고 있는 상상적 영토(놀이의 줄거리)로 구성된다고 간주한다. 골디락의 놀이자, 극놀이 줄거리, 영토와 같은 환경은 항상 어린이가 참여하는 외적 환경을 만나게 된다. 이 순간, 외부 환경은 윌리 웡카~괴물을 놀이하고 있는 케인, 남자아이들의 극놀이 줄거리와 다른 놀이자들이다. 여자아이들의 참여는 남자아이들 옆에서 놀이할 공간을 창조하는 것, 그리고 그 공간을 지켜내는 것이다. 그곳을 지키기 위해서, 앨리스가 케인을 향해 점프하여 물에 대한 접근성을 지켜냈듯이 여자아이들은 위험을 감수해야만 한다. 그러나 남자아이들의 활동과 상관없이 여자아이들의 물질적이자 상상적 영토의 안전성이 계속 지속되기 위해서도 탈주선을 유지해야 한다. 여자아이들은 처음에는 뒤편 울타리 쪽으로 장소를 이동해서 초콜릿 공장에서 떨어져 있었지만, 자신들의 놀이 환경이 외부자에 의해 완전히 흔들렸을 때에는 또 다른 탈주선을 따라야 할 필연성이 나타난다. 이러한 뒤흔듦은 케인의 으르렁거림, 즉 윌리 웡카~괴물, 그리고 이제는 곰으로서의 힘 표현에 의한 것이었다. 여자아이들은 물질적 공간인 모래놀이터를 버리는 것을 택하고, 놀이터의 다른 부분으로 달아나면서 외부의 다른 영토와의 연관성을 만들어 내는데, 이때는 약한 목발과 같은 내부 환경에 기대고 있다. 이후에 다른 공간에 돌입하기 위하여 골디락과 모래놀이터로부터 멀어지면서 이들의 극놀이 줄거리가 가진 부서지기 쉬운 연약함이 밝혀진다. 여자아이들은 싸우지 않고 달아나는 것을 선택하는데, Deleuze와 Guattari의 관점에서 볼 때 여자아이들의 탈주는 창조이자 정복이다. 환경의 일부와 사실상 골디락 환경 그 자체는 버려졌을지라도 다른 환경이 영토화되는데 이것이 바로 탈~영토화의 활동인 것이다.

이제 이러한 의미에서 희생자 역할을 하는 것은 자신들이 이해한 젠더가 가지는 권력을 표현하는 것이 된다. 여자아이들은 곰이 존재하도록 불러내고 자신들이 달아나는 이유로 케인(곰으로서)을 마음대로 사용하면서 "창의적인 변형이라는 즐거운 놀이에서 모든 종류의 혼종(hybrids)이 발생한다"(Braidotti, 1996: 313)는 사실을 이해시킨다. Braidotti는 이렇게 나타나는 주체성의 표현을 "여성다움과 남성다움의 병적인 상호 의존성으로부터의 탈주선"(p. 313)으로, 리비, 리와 앨리스를 "집합적으로 교섭된 궤도의 유목민 주체(들)"(p. 314)로 부를지도 모르겠다. 전통적인 골디락 줄거리를 따르는 것이 젠더화된 연약함이라는 이미지를 악화시켰는가에 대한 답은 이 연구 데이터 이후에 나타난 놀이에서 찾을 수 있다. 이후 여자아이들은 모래놀이터를 넘어서 놀이터에서 곰~괴물로서 자신의 극놀이 줄거리를 지속시켜나가는 케인으로부터 애니(Ani)를 '구하는'(여자아이들 스스로의 표현) '강한 소녀들(strong girls)'(자신들을 묘사하는 스스로의 표현) 되기가 이어졌다. 나의 읽기는 어느 정도 (불)공평하고 (불)가능한데(그렇지 않은데), 희생자~강한 여자는 체화된 수행(embodied performance)을 생성하고 리비, 리와 앨리스가 교육과정 속에서 다시 생각할 기회의 공간을 열어 주며, 아울러 교육자들로 하여금 어린이 놀이의 교육과정 수행성을 다시 생각해 볼 가능성의 공간을 열어 준다.

교차하는 탈주선을 통해/함께 흘러가기
opening into flowing through/with intersecting lines of flight

Deleuze와 Guattari(1987: 325)는 영토 배치 안에서 새로운 배치가 형성된다는 것을 주목하는 것이 중요하다고 지적하며, 이를 통행과 교차의 혁신적인 열림이라고 부른다. 이 책~배치 내에서 배치생성의 순간(운동)은 다른 고원 속에서/위에/으로 열린 고원으로, 환경이 또다른 환경을 열고 중계점이 또다른 중계점으로 나타나며, 그 다양체는 반복후렴구와 같이 결코 끝나지 않으며 점점 강해진다. 탈주선, 영토 그 자체에 영향을 주는 탈~영토화의 힘은 계속하여 변하면서 변화를 일으키고, 영역의 배치는 항상 이미 다른 배치로 옮겨가, (하나의) 시간-공간의 공존재적 환경을 생성한다. 따라서 초콜릿 공장, 괴물, 곰디락 놀이가 특이성을 지닌 단일한 배치인 동시에 결합하여 하나의 단편적 전체(a fragmented whole)로서 서로 상보적으로 자신들을 (재)구성한다. 이러한 세 놀이에 대한 4분짜리 연구 자료로 (되)돌아가는 것은 영토의 안에서 그리고 바깥에서부터 모두 힘을 모으기 위해 잠시 멈추는 반복후렴구와 같다. 이러한 놀이 사이에서/통해서 교차하는 탈주선들의 반복후렴구는 내부에서 그 충만한-힘을 찾으며…**그리고**…이러한 힘과 함께/속에서/통해서 다른 영토 속 바깥으로 나아간다. 교차하는 탈주선들과 작동하면서 (세 놀이에 대한) 지도 몇 장이 결합되어(지도 3.1) 그 모두에 대한 집합적 지도 만들기가 이루어졌고, 이는 어린이가 자신들이 이해한 교육과정을 작동시키는 복잡한 방식으로 열어 주는 지도가 된다.

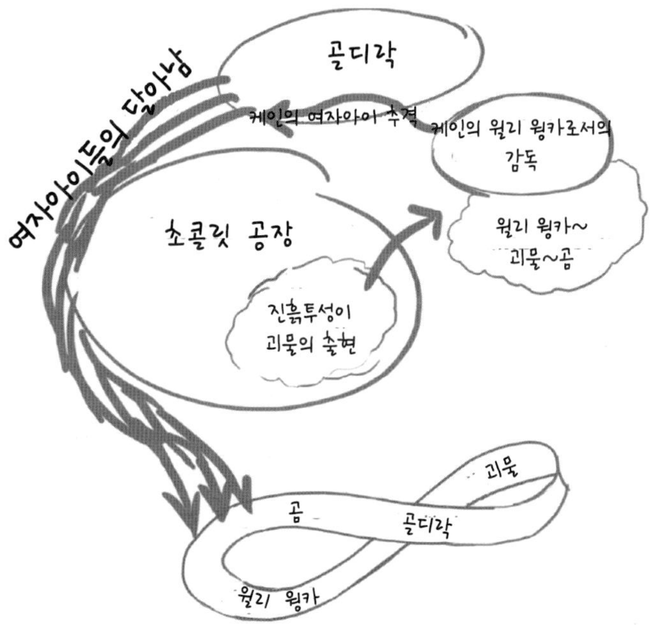

[지도 3.1]
교차하는 탈주선: 월리 웡카~괴물~곰~골디락을 통해 이어지는 놀이(하기)의 변화하는 고원

교차하는 탈주선~초콜릿 공장~괴물~골디락
intersecting lines of flight ~ chocolate factory~monster~ Goldilocks

표면적으로 모래놀이터에서의 활동은 때때로 아수라장으로 보이는데, 그 혼돈의 복잡성을 통해 리좀분석적으로 진행되면서 놀이 속에서/에서/의 혼돈복잡성(chaoplexy)[5]이 생성된다. 즉, 놀이자들…**그리고**…탈주선이 교차하면서 각각 다른 탈주선들과 함께 (발현)병합하는 여러 놀이의 줄거리…**그리고**…교육과정 수행성의 다원성을 협상하는 탈주 간의 복잡하게 혼돈스러운 상호접속이다…플롯은 놀이하기에서 발현하고…**그리고**…놀이는 놀이자들이 함께 얽힘에 따라 병합되고…**그리고**…놀이는 경계선 없는 공간 속에서 강화되고…**그리고**…골디락, 초콜릿 공장, 괴물 놀이는 서로를 탈~영토화하고…**그리고**…탈주선을 따라 다른 공간에서 (발현)병합한다. 극놀이 줄거리와 역할이 이어지고 캐릭터가 변형되면서 **그리고**…**그리고**…**그리고**…사이의 입구에서 연결이 (발현)병합하고 비선형적인 놀이진행이 뚜렷해진다.

극놀이 줄거리를 서술함에 있어서, 여러 아이들이 다른 캐릭터를 불러내어 존재하게 하면서 자신의 수행성 속으로 타자들을 촉발시키는 순간이 있다. 예컨대 리는 달려가면서 "**케인은 정말 크게 으르렁 소리를 내!**"라고 소리치는데(사진 27), 이는 일어났던 일에 대한 진술인 동시에 케인으로 하여금 계속 으르렁대도록 상기시키는 역할을 하는 것으로 보인다. 이에 반응하여 케인은 "내-것!"이라고 소리친다(사진 28). 그러나

5) 역자 주: Hogan(2008)이 처음으로 만든 신조어로서, 혼돈 이론에다가 수학의 복잡성 이론을 혼합한 개념임.

이 자료의 마지막 부분에서 겉보기에는 패닉 상태에서 이루어졌던 사건이 일어난 시간적 순서를 보면, 아이들은 단선적, 순차적으로 진행되는 놀이를 파괴한다는 사실이 가장 뚜렷하게 드러난다. 시간적 순서를 보면, 일이 일어나고 있다는 주장이 먼저 있고 그 이후에 그 일이 현실에서 일어난다. 예를 들어, 비디오 장면별로 시간적 순서를 살펴보면, 리가 케인이 자신들을 쫓아온다고 주장하고 난(42.24) 8초 후에서야 케인이 모래놀이터 가장자리에서 움직였음(42.32)을, 그리고 케인이 자신에게 좋은 생각(여자아이들을 쫓아내는 것)이 있다고 말하기(42.28) 8초 전에 여자아이들이 이미 달아나고 있음(42.20)을 알 수 있다.

42.18 리비: *…골디락의 독이 든 죽은 여-기 두자.*

42.19 케인: *으르렁!*

42.20 여자아이들이 도망쳐 달리다가 한 명이 숨을 헐떡이고서는 비명을 지른다.

42.24 달리면서 리가 말한다: *아아! 그가 우리를 쫓아오고 있어! 빨리!*

42.25 여자아이들은 이제 모래놀이터 뒤편을 가로질러 달리고 있다.

42.28 여전히 가장자리에 서서 케인이 말한다: *아! 내게 좋은 생각이 있어…*

42.28 같은 순간 리비는 탈출을 멈추어, 여자아이들이 달리기를 중단한다.

42.31 이제 케인이 가장자리에서 뛰어내린다.

42.32 케인: *으르렁!* 그리고 이제 여자아이들을 쫓아 달린다.

아이들의 상호 활동 속에는 자신들 놀이의 진행과정에 대한 암묵적 이해가 드러난다. 케인이 자신에게 좋은 생각이 있다고 말한 순간, 리비는 탈출을 멈추고 몸을 돌려 케인을 향해서 다시 되돌아 달려갔는데 아마도 이 행동이 쫓기가 더욱 확실하게 이루어지도록 만들었을 것이다. 여자아이들은 케인이 자신들을 쫓는다고 이미 정했고, 케인이 최소한 명시적으로 그렇게 하려 한다는 것을 표시하기도 전에 탈주를 시작한다. 케인이 뛰어내려 뒤뚱거리며 여자아이들을 쫓아온 것은 오직 여자아이들이 멈춰 서서 케인을 돌아봤을 때뿐이다. 놀이 속의 놀이자로서 어린이 간의 상호활동은 복잡한 결합, 리좀 고원으로 모이는 탈주선의 다양체를 보여 주는데, 단지 일순간적으로만 그러하여 모든 것이 즉각적으로 바로 탈~영토화된다. 변화(들)는 계속된다.

놀이는 마치 하늘의 구름[6]으로 이루어진 (하나의) 고원(들)과 같아서, 혼자서나 여럿이서나 하나로 흘러가며 끊임없이 변화한다. 으르렁거림, 숨찬 헐떡거림, 소리치기 간에 뚜렷한 구분이 없으며 빛의 희미한 감지, 통찰과 순간만이 있는 하나가 하나의(다른)(a[nother]) 탈주선으로 서서히 합체하는 것을 겨우 알아볼 수 있을 따름이다. 여기에 실증주의자의 단순명쾌함은 있을 수 없다. 가장 명료하게 말할 수 있는 것은 "표현 문제"(Deleuze & Guattari, 1987: 315)의 출현이 영토를 특징짓는다는 것이다. 특이성을 가진 하나이되 함께 병합하는 어린이와 골디락~초콜릿 공장~괴물 놀이의 다양체라는 영토는 상황과 표현의 영토화에 의해서/함께 기표되며, 그 영토는 즉시 충만한-놀이로 생성적 순간(운동)을 통해 재빠르게 모든 것을 구성한다. 연구 자료의 많은 순간들이 아주 빠른 속도(rapidity)를 보여 주는데, 골디락 놀이와 초콜릿 공장~괴물 놀이가 서로를 탈~영토화하는 속도, 리비가 죽 그릇을 내

6) 교육과정 탐구 내에서의 구름 조각하기의 수행을 보고자 한다면 다음을 참조하라. Sellers, W., & Gough, N. (2008). Currere and cloud-sculpting. *In* J. G. Knowleds, S. Promislow, & A. L. Cole (Eds.). *Creating scholastistry: Imaginig the arts-informed thesis or dissertation* (pp. 223–233). Halifax: Backalong Books.

려놓고~케인이 으르렁거리고~여자아이들이 달아나고~케인이 이들을 쫓아가는 속도가 그 예이다. 탈~영토화하기는 섬광처럼 빨리 일어나며, 활동은 모두 동시에 그 영토를 (재)창조한다.

이러한 놀이의 교차하는 선들에 주목함으로써 어린이가 만들어 낸 복잡한 환경과 그러한 복잡성을(과 함께/속에서) 수행해 내는 어린이의 유능함을 볼 수 있게 된다. 각각의 극놀이 줄거리는 각각의 놀이를 하는 어린이, 그리고 다르지만 교차되는 극놀이 줄거리를 가지고 주변에서 놀이하는 어린이를 포함하는 뒤얽힌 시스템을 통해 발전한다. 마찬가지로, 놀이(하기)에서 각각의 놀이는 인접한 놀이의 일면을 취하며 동시에 다른 놀이의 줄거리에 영향을 주기도 한다. 윌리 웡카~괴물~곰은 세 가지 놀이주제, 줄거리, 놀이자, 모래놀이터에서 영토화하는 물질적 공간 모두의 상호의존성(interdependency)과 뒤섞임을 인식할 수 있게 해 준다. 전반에 걸쳐, 어린이는 교육과정에 대한 자신들의 이해를 수행하고 있다. 그들은 교육과정(의) 행하기(doing), 즉 자신들이 어떻게 교육과정을 통해/함께 진행하는지, 어떻게 '교육과정-하기(curriculum-ing)'를 진행하는지, 교육과정을 어떻게 수행하며, 교육과정을 자신들의 배움을 위해 어떻게 작동하게 하는지를 보여 주는데, 이 모두가 '삶으로서의 교육과정(living curriculum)'인 것이다.

영토의 특징을 만드는 조건은 친구들과 같은 놀이에 참여하거나, 다른 친구들이 가까이에서 하는 놀이에 참여하는 것과 같은 사회적(사회화하는)(social[izing]) 활동이다. 이러한 수행성 속에서 어린이는 리더십과 젠더유형성에 대한 자신들의 이해를 실험할 뿐만 아니라 각각의 놀이가 그 자체 이상이라는 것, 즉 각 놀이가 다른 놀이의 일부가 되며 각각의 놀이자가 다른 놀이자들, 자신의 놀이 안에서의 놀이자 및 다른 놀이 안에서의 놀이자들의 일부가 된다는 것을 보여 주고 있다. 특정한 교과와 기능 측면에서 운영되는 교육과정에 대한 관습적 시각과는 대조적으로, 이 연구 자료 속의 어린이는 학습이란 형태와 표현 면에서 비선형적인(non-linear) 교육과정 환경을 통해 이루어진다는 것을 보여 주고 있다. 또한 리좀의 작동 과정에 대해서도 이해할 수 있게 도와주는데, **테 파리키**에서 교육과정을 정의한 것처럼(Ministry of Education, 1996: 10) 교육과정의 모든 초점은 서로 불가분의 관계에 있다는 것을 보여준다. 극놀이 수행과 구어 표현의 내적 작동은 사회적 소통의 표현 내에서, 그리고 어린이 문학의 다양한 매체 표현인 영화(찰리와 초콜릿 공장), 책(골디락과 곰 세 마리), TV(괴물/슈퍼영웅)의 표상으로, 그리고 이러한 것들에 대한 어린이의 상상하기를 통해 뒤얽힌다.

어린이는 자발적 놀이(하기)의 복잡성 내에서 잘 성장해가며, 선형적 과정(linear process)이 생성적 배움~삶의 경험으로서의 교육과정에 대한 풍성한 놀이(하기)에 반드시 필요한 것은 아니다. 어린이는 언제든…**그리고**…어떻게든…**그리고**…무엇이든…**그리고**…선형적 과정은 생성성(generativity)을 방해한다는 이해와 함께, 자신에게 제시되는 기회에 반응하는 것에 숙련되어 있다. 어린이는 자신의 아이디어, 혁신적 아이디어들을 통해 자유롭게 흘러갈 때, 창의적 상상하기가 빛을 발한다. 예를 들어, 전통적 방식의 성역할 수행성은 희생자~강한 여성의 체화된 수행을 통해 해체되는 것을 볼 수 있으며, 이는 남자아이들이 특정한 작동 방식에 동의하는 것을 필요로 하지 않는 것이다. 오히려 여자아이들의 충만한-힘의 표현은 놀이, 자신의 주체성, 그리고 (비)젠더화된 활동에 대한 이른의 이해를 딜~영토화하는 생성적 발수선을(에로) 열어 준다. 어린이가 자유롭게 흐르는 것처럼, 어떤 리더십 주체 지위 혹은 주체로서 이끄는 흐름도 마찬가지로 유동적이며 다양한 방식으로 협력하고 같이 작동한다. 따라서 어린이가 사회적(사회화하는) 수행을 '배우도록' 교육과정을 공식화한다는 것은 불가능하거나 극히 어렵다.

교육과정은 어린이가 자신의 학습에 대해 이해한 것을 스스로 표현할 수 있는 가능성을(에로) 열어 주어야 한다. 그리고 우리는 교차하면서 탈~영토화하는 탈주선 속에서 어린이가 자신을 둘러싼 사회적 세계에 참여하고 있으며 또한 그러한 세상을 표현하고 있음을 이해해야 한다.

어린이와 아동기
Children and Childhood

어린이~아동기의 고원을 열며
opening the children~childhood plateau

이 고원에서는 어린이와 아동기를 바라보는 후기구조주의적 여성주의 관점에 대해 다루고자 한다. 나는 백인 여성~아내~어머니~할머니~유아교사~교사교육자~늘 배우고자 하는 사람으로 살아왔다. 이러한 나의 주체성(subjectivity)에는 전통적인 서구식 관점과 후기구조주의적 여성주의 관점이 뒤섞여 있다. 이 장에서는 어른|어린이라는 이분법에 반대하면서 특이성(singularities)과 모나드(monad), 그리고 권리를 지닌 행위자로서 어린이를 바라보는 현대 담론을 살펴볼 것이다. 어린이(들)-되기(becoming-child[ren]) 그리고 무언가 다른 것이 되는 변화의 조건은 항상 이미 진행되고 있는, 하나면서 여럿이고, 단수이면서 복수인 존재로서 어린이를 이해하는 것에 대해 살펴보고, 또한 어린이-되기를 **테 파리키**(Ministry of Education, 1996) 교육과정과도 연결지어 볼 것이다.

어린이와 아동기에 대한 후기구조주의적 이해
poststructuralist understandings of children and childhood

어린이와 아동기에 대한 이해는 아동기를 어떻게 보는가와 밀접하게 관련되어 있다. 이것은 아동기를 어린이가 자신의 삶을 살아감과 동시에 사회의 일원으로 살아가는 시기라고 보는지, 아니면 사회구조는 지속적인 데 비해 아동기가 일시적인 기간이라고 보는지에 대한 우리의 시선과 관련된다. 근대 과학적, 보편적 개념의 어린이는 자연적으로 자라며 특정 연령의 발달단계를 거치면서 독립적으로 아동기를 경험하는 개별화되고 동질적인 존재이다. 이와는 달리, 후기구조적 관점에서 보는 아동기는 사회적으로 구성되고 역사적으로 우연히 마주치는, 문화적이고 맥락적인 시기이다(Cannella & Viruru, 2004). 후기구조주의 관점의 아동기는 무엇으로 또는 어떻게 진행되는지 명료하게 규정할 수 없다. 어린이와 아동기의 개념은 과거와 현재의 관점들이 서로 얽혀서 다양하게 드러나는 것이다. Dahlberg, Moss, 그리고 Pence는 다음과 같이 말한다:

> …본질적으로 존재하는 '어린이'나 '아동기'란 없다. '어린이' 또는 '아동기'는 발견되기를, 규정되기를, 현실화되기를 기다리는 상태도 아니다. 따라서 우리는 우리 스스로에게 그리고 다른 사람들에게 "어린이가 어떠하며 아동기는 무엇인지"를 말할 수 없다. 그 대신, "아동기와 어린이가 무엇이며 무엇이 되어야 하는지"에 대해 우리가 만들어놓은 수많은 어린이와 수많은 아동기가 있을 뿐이다.
>
> (Dahlberg, Moss, & Pence, 1999: 43)

아동기는 문화적으로 (재)생산되며 복잡하고 유연하며 맥락적이다. 또한 아동기는 단수의 어린이와 그들이 작동시키는 세계와 함께/속에서 만들어지고 또 다르게 이해된다. "개인 주체들과 사회구조를 만들고 유지하는 담론적인 그리고 상호작용적인 실제가 있다"는 것은 분명하다(Davies, 1994: 20). 후기구조주의 관점에서는 보편적이고 개별화되어 있는 어린이를 왜곡된 개념이라고 간주하면서, 문화적/제도적 상황 속에서 항상 이미 단수이자 여럿으로 배치되는 복잡한 존재로서 어린이를 바라본다.

특이성~모나드 singularities~monad

Deleuze(1993)의 특이성(singularity)이란 개념에 주목할 필요가 있다. 삶에 구조적으로 체화되어 있는 개별 주체와는 달리, 특이성들(singularities)은 내부~외부 체계가 서로 분리되지 않는 삶의 과정에 복잡하게 체화되어 있으며 항상 변화하는 것이다. "특이성은 온전히 자기-의식에 다다를 수 없다. 스스로 알아차리지 못하며, 알고 있던 자기가 앎을 행했던 자기와 같아질 수도 없기 때문이다"(Readings, 1996: 116). 이와 관련하여 Conley(2005)는 "특이성은 다양한 상황에서 바뀌고 여러 차례 굴절하지만, 항상 지각과 주체성, 정서성(affectivity), 그리고 창조와 연결되어 있다(p. 253)"고 설명한다. Braidotti(2001) 또한 특이성을 지닌 몸(singularized body)은 "집단 속에서 규정되고, 상호관련되어 있으며 외부적이다. 그리고 그것은 비인격적이지만 매우 특이하며…원자화된 개인이 아니라 다양체 되기들(multiple becomings)을 [통해]…유목적으로 스쳐 지나가는 이기(being)의 순간이다"(p. 407)라고 말한다. 특이성을 지닌 몸들 사이에 흐르는 내부~외부의 흐름(flow)은 개별화되고 안정적인 어린이란 개념을 교란시킨다.

Deleuze가 말한 '모나드(monad)'는 체화된 내부~외부세계에서 작동하는 것으로, 이때 세계는 지각의 형태로 각각에 포함되어 있다…모나드는 다른 모나드들의 외부에 존재하는 것이 아니다(Deleuze, 1993: 86). 외부세계의 되기(becomings)는 그 자체가 지니고 있는 내적 되기들의 지각(불)가능한 유한성과 함께/속에서 나타난다. 마찬가지로, 모나드는 항상 이미 (무)유한([in]finite)하다. 모나드는 다양체(multiplicity)를 품고 있는 하나임(oneness)을 나타내며, 이때 다수성은 하나임을 펼쳐내고 각각의 펼침은 타자를 통해/함께/속에서 끊임없이 움직인다. 특이성과 모나드는 함께 근대적인 '유일한(the)', '바로 그(the)', '어린이'를 (재)위치시킨다. 이와 같이, 특이성들은 다른 특이성들의 영토와 협상함으로써, 어린이와 아동기는 분리할 수 없이 뒤얽혀 있다. 어린이는 더 이상 개인들이 아니다. 특정 영토로 체화된 특이성들의 배치인 것이다. 이와 비슷하게 아동기 또한 개인화되고 독립된 경험이라는 개념이 성립되지 않는다. 어린이와 그들의 아동기들은 미끄러지는(slip-sliding) 내부~외부~모나드~유목민의 흐름으로 지각할 수 있다. 어린이와 아동기는 진동하며 가라앉기도 하고 떠다니기도 한다. 그러면서 앞으로 나아가는 것으로, 선형적인 연속체(linear continuum)에 저항한다. 하나의 연속체가 끊임없이 질서정연하고 추적가능한 계열의 인접 요소들과 중첩되면서 다양하게 확장될 때조차도 그러한 저항이 일어난다. 이와 대조적으로, 흐름은 "움직임과 유동성, 변주 속에 질료(matter)가 놓여 있을 때 그리고 질료가 특이성이란 전달자와 표현이란 특성을 지닐 때 지각가능하다…질료-흐름(matter-flow)은 **뒤이어 나타날 뿐이다**"(Deleuze & Guattari, 1987: 409, 원전에서의 강조). 따라서 질료-흐름은 똑같이 **따라갈** 수 있는 것이 아니라, 열려 있는 시간-공간 안에서만 지도로 그려질 수 있다.

주체성과 모나드~유목민 흐름
subjectivity and monadic~nomadic flow

개별화된 어린이와 모나드의 특성을 지닌 어린이란 개념은 주체와 주체성에 대한 이해와 관련된다. '주체성'이 주체들을 (재)구성하는 사회

세계들의 내부~외부 흐름을 의미하는 데 반해, '주체(the subject)'는 로고스 중심적이고 일반적 속성을 지닌 개인이란 근대성을 대표하는 개념이다. 주체성은 옮겨 다니면서 분열적, 다면적, 모순적인 상태로 지각되며 살아 있는 다양한 경험들로 드러난다(Davies, 1994). 그러한 경험들은 항상 이미 역동적이고 변화하며 다차원적인 특정의 담론, 실제들과 함께/속에서, 과정 속에 있는 주체에 의해/통해, 다수의 세계 속에서 드러나게 한다. 모나드한 외부-주체(ex-subject)는 사회 세계의 산만한 실제 속에서 만들어지며, 다수의 공간을 관통하면서 모순적인 다수의 주체들이 되어 간다. 나아가 이러한 다양체는 단일하고 이미 정해져 있는 그리고 외부에 의해서만 사회화되는 심리적 주체라는 개념을 방해한다. Braidotti(2001)는 주체성 주위에서 일어나는 그러한 움직임을 '사회적 상상', 즉 다양하고 복잡하고 다층적인 방식으로 주체를 구성하는 힘과 상호연결성의 네트워크[로서] 설명될 수 있다. 주체들은… 동시에 구성되기도 하고 '[한 번에]' 모든 수준의 주체들에게 가해지는 저항(interpellations)으로 인해 불안정해지기도 한다(p. 385). Deleuze와 Guattari가 말한 유목~유목적 흐름 속의 주체성은 복잡하고 다차원적이다. 주체성은 욕망하는 기계(desiring-machine)로서(Deleuze & Guattari, 1987), 그것은 구성되는 것이고 구성하는 요소이며, 체화되어 위치지어지는 특징을 가진다. 즉, 단일의 주체가 아니다. 또한 주체성은 모나드~유목민의 흐름 속 다양한 순간(운동)과 함께/속에서/통해 분열적이고 재위치/나열되는 것이다.

후기구조주의 관점에서 모나드~유목민의 다양체로서 어린이와 아동기를 이해할 가능성을(에로) 열기 위해서는 어른|어린이라는 근대적 이분법을 거부할 필요가 있다. 이와 같은 이분법적 분리에 따르면 어린이는 아직-어른이-아닌(not-yet-adults)으로 범주화하여 어린이를 균질화시키고 열등한 존재로 치부하며 아동기의 다양성을 가려왔다. 후기구

조주의에서는 어린이를 아직 어른이 되지 않은 존재로 이러한 이분화에 반대한다.

어른|어린이 이분법 adult|child binary

근대적인 어른|어린이 이분법에 반대하는 것은 어린이와 아동기(들)를 (다시)이해하는 데 있어 중요한 일이다. 이분법적으로 보자면, 사회구성원은 아동기와 성인기로 나누어진다. 그리고 사회구성원으로서 어린이가 지향해야 할 최종 목적은 권리와 의무를 동시에 갖는 성인기로 변화하는 것이다. 그래서 모나드적 어린이조차도 성인기를 향해 성숙해 가지만 하나의 집단으로 어린이의 열등한 지위는 그대로 유지하게 된다. 중산층 대부분의 어른은 아동기가 직업이나 사회적 책임과 같은 걱정거리가 없으니 황금기라고 진부하게 말한다. 그러나 이는 어린이의 신체적, 심리적 안녕을 위한 것이라고 하지만, 가족이나 학교 그리고 보다 넓은 지역사회에 종속되어 있으며 그들에 대한 어른의 차별적인 가치나 태도로 인해 이미 오염되어 있다. 따라서 어린이와 어른, 아동기와 성인기의 교차점들은 복잡하다. 그리고 그러한 교차점에는 과거와 현재가 마주칠 때 생기는 모순으로 가득 차 있다. 예를 들어, 앞서 아동기를 거친 어른의 경험은 바로 지금의 어린이가 경험하고 있는 아동기와는 다르다(Mayall, 2002). 어린이는 어른의 역사적 지식에 직면하면서 어른과 다른 독특한 이해와 공통된 이해를 발생시킬 가능성을(에로) 열어 주는 차이의 공간을 탐색한다. 그럼에도 불구하고 아동기와 성인기라는 시간의 차이들은 분명해진다. Moss(2002)는 어린이가 소외되지 않도록 유아기를 삶 전체에 걸쳐 보다 폭넓게 생각해야 한다고 주장한다.

정해진 사회적 규칙에 보호받도록 어린이를 종속시키는 과정에서, 아동기와 성인기의 세대 간 경계는 보다 분명해진다. Suransky(1982)는 기술공학과 제도적 강요의 형식을 띠는 어른의 지배적인 아젠다가 아동기를 침식시킨다고 주장한다. 이와 유사하게, Postman(1994: 98)은 아동기와 성인기 사이의 구분이 사라지고 있으며 어린이는 '어른-어린이' 또는 '키덜트'(Bird, 2003: 45)로 받아들여지고 있다고 하였다. 어른이 가진 정보와 가치는 뉴스나 광고와 같은 대중적인 매체를 통해 어린이에게 다가간다. 그리하여 어른과 어린이의 "행동, 언어, 태도, 욕망, 심지어 외모까지도 점점 구분되지 않는다"(Postman, 1994: 4). 그러나 Postman은 키덜트 문화에서 어린이는 자신을 어린이라고 이해하고, 어른을 자신들의 대행인으로 받아들인다는 사실에 주목하였다.

유아교육에서 해체를 주장한 Cannella(1997)는 어른으로서 특권을 얻기 전까지는 어린이를 유능하고 지적이며 자율적인 존재로 인식하지 않는 근대의 이분법적 시선에 반대하였다. Cannella는 어린이를 좀 어린 인간 존재라고 주장하였다. 비록 좀 **어리다는** 말에는 좀 더 나이 든 그리고 보다 바람직한 위치를 함께 내포하는 위험이 있기는 하지만, 그의 비판은 영향력이 컸다. 어린이를 모나드한 단일체인 젊은이처럼 복잡한 존재로 보며, 마찬가지로 아동기도 특정한 시기가 아니라 다양하게 발현되면서 여기저기 흩어져 있는 것으로 보는 것이다. Burtler(1990)는 '어린이'와 '아동기'를 결정되는 것이 아닌 구성되는 것으로 볼 수 있다면, 그 단어들을 폐기할 필요는 없다고 주장한다 어린이와 아동기를 (다시)이해하기 위한 가능성을 생각해 보는 것은 페미니즘의 다양한 목소리를 초대/선동(invite/incite)하는 것이며, 지배적인 이데올로기와 지식, 교육에 질문을 던지는 일이다. 어린이가 빠져 있는 어른|어린이의 이분법적인 위계의 개념은 어린이의 사회적 위치를 왜곡시키고 그들의 공헌을 절충하려 하려는 것이다. 이러한 점에 관심을 갖고 페미니스트

학자들은 어린이를 아직 어른이 아닌 존재로 보지 말고 어린 사람으로 보기를 주장한다.

어른|어린이의 이분법을 반대하면서 나는 어린이와 아동기가 배치(assemblage)라고 생각한다. 즉, 어린이와 아동기는 체험(lived experiences)을 포함하고 있고 어른의 경험과 유사하도록 연결지어 놓은 사회적 힘에도 반영되어 있는, 이질적이고 다수적인 욕망과 생산의 배치인 것이다. 이것은 어린이를 모나드한 단일체로서 아동기를 살아가는 어린 인간 존재로 바라보는 것이며, 이때 아동기는 성인기로 가는 단순한 경로 이상을 의미한다. 아동기는 삶이라는 축복을 수행해가는 시기이다. 아동기를 해결해야 할 삶의 문제로 여기고 어린이를 존중받을 자격이 없다고 보아서는 안 된다. 모든 인간 존재의 삶~배움의 경험(living~learning experiences)은 협상하는 것이기 때문에, 매우 복잡하고 모호한 삶에서 어린이가 경험하는 시간–공간이 아동기에 포함되어 있다. 따라서 어린이는 아동기 그리고 사회 속에서 살아가고 있는 충만한–힘(power-full)의 놀이자(player)이며, 자신들의 아동기와 되기의 지적인 욕망과 소통할 수 있는 그런 존재이다.

아동기(들)에 (발현)병합하는 어린이에 대한 이미지들과 주체 위치시키기 (e)merging image and subject positionings of children in childhood(s)

심리/사회적 담론들은 어린이와 아동기(들)를 다양하게 바라본다. 역사적으로는 세 관점이 아동기의 이미지를 지배해 왔다. 첫째는 어린이를 유약하고 순수하며 도움이 필요한, 보호해야 할 존재로 보는 것이다. 둘째는 어린이를 사악하고 위협적이므로 사회적 질서와 발전을 유지하기 위해 구분지어야 할 존재로 보는 관점이다. 셋째는 어린이를 미래를 위해 구원해 주어야 할 어른의 축소판 또는 초기 단계로 보는 관점이다(예컨대, Moss & Petrie, 2002; Woodrow & Brennan, 2001). 최근 후기구조주의적 관점은 어린이 주체를 어른과 동등한 위치로 설명한다. 즉, 행위주체로서 좀 더 어린 인간 존재(예컨대, Cannella, 1997; Sorin, 2003), 권리를 가진 자(예컨대, Bird, 2003; Moss & Petrie, 2002), 사회적 문제(Corsaro, 1997), 정보와 지식을 이용하기도 하고 생산하기도 하는 '생산소비자(produsers)'(Bruns, 2007: 3)와 같은 설명이 그 예이다. 자연과 문화의 역할에 관한 개념이 변화해온 것처럼, 다양한 시대에 걸쳐 다양한 관점이 영향을 미치면서 어린이와 아동기는 이해되어 왔다.

아동기란 사회적으로 구성되는 것이지 독립적인 실재가 아니다. 이러한 개념은 어린이에 대한 이미지들과 주체 위치시키기가 어떻게 작동하고, 그러한 것들이 철학이나 태도, 지배 문화에 의해 어떻게 만들어지는지 보여준다. Rogoff(2003)는 아동발달에 대한 서구 담론에 반대한다. 그는 어린이와 아동기에 대한 서구화된 이미지와 주체 위치시키기가 어떻게 자연적인 것처럼 일반화되고 있는지 언급하면서, 그러한 관점들이 부당함을 만들어 내고 정치적인 편견을 조장한다고 이의를 제기한다(Woodrow & Brennan, 2001). 어린이를 수동적으로 표현하는 그리고 아동기를 통제가 필요한 것으로 표현하는 이미지는 양육과 보호의 두 측면을 지니는 한편, 어린이와 아동기에 대한 이해를 제한시킨다(Woodrow, 1999). 이와는 달리, 후기구조주의에서 주체성의 위치는 항상 이미 변화하고 있으며 문절되고 다차원적이며 모순적이며, 다양한 담론들 그리고 세계와의 상호작용을 위한 열린 가능성들과 연결되어 만들어지는 것으로 이해된다(Davies, 1994).

오늘날 교육에는 어린이를 약한 존재, 괴물 같은(monstrous) 존재, 성인의 초기단계에 있는 존재로 보는 근대적 이미지가 만연해 있다. 어른이 어린이를 책임진다고 생각하면서 행위주체자로서의 어린이를 효과적으로 부정하고, 행동을 개선한다는 명목하에 어린이를 연구대상으로 삼고 있으며, 어른이 만들어 놓은 성취기준과 교육적 목표를 향해 어린이를 밀어붙이고 있다. 이때 어린이는 필연적으로 수동적이다. 어린이가 알아야 할 것과 왜 알아야 하는지 그리고 어떻게 배워야만 하는지 등 학습과 발달을 구성하는 요소를 다수의 성인 남성들이 결정한다. 근대적인 관점에서는 어른이 정해놓은 것이 어린이와 어린이의 학습과 진보에 긍정적인 영향을 준다고 간주하지만, 후기구조주의자들은 어린이를 어른에 비해 열등하고, 미성숙하고 순진하며, 덜 유능하고, 의존적이면서 불완전한 존재로 위치시키는 것에 반대한다. 그 대신, 후기구조주의자들은 어린이를 권리와 가능성을 가진 행위주체이자 유능한(rich) 어린 인간 존재라고 보면서, 어린이와 아동기를 (다시)이해할 수 있는 가능성을 열어 준다.

한편, 권리를 지닌 행위주체이자 유능한 어린이를 향한 운동이 서열적, 계열적으로 일어나지 않는다는 데 주목해야 한다. 아동기(들) 동안 어린이에 대한 생성된 이미지와 주체의 위치시키기는 가라앉기도 하고 떠다니기도 한다. 다양한 시간-공간에서 복잡한 담론들이 미끄러지듯 통과한다. (발현)병합하는 주체 위치시키기들은 다차원적으로 복잡하게 연결되어 간다. 권위와 규제의 역사적 얽힘, 그리고 현재가 계속 녹아들면서 미래를 향해(에로) 열려 있는 미래를 위한 가능성이 복잡하게 연결되어 있는 곳에서 어린이에 대한 특정 이미지들은 지각(불)가능하다. 어린이에 대한 이미지는 역사적으로 변하고 있다. 그래서 나는 어린이란 권리를 지닌 행위주체이면서 유능한 어린이 그리고 결코 고정되어 있지 않고 항상 이미 변화하는, 어린이-되기(becoming-children)의 생산적인 존재라고 생각한다.

행위주체적인 어린이 the agentic child

행위주체적인 어린이는 어린이를 다양한 사회적 맥락에서 능동적이고 영향력 있는 참여자로 위치시키는 구성개념이다(Cannella & Viruru, 2004). 행위주체적인 어린이는 세상에 참여할 수 있고, 사회적 상호작용을 통해 문화에 맞추어가고 문화를 재생산해 내는 존재이다. 그리고 그들은 종종 교사들이 생각할 수 있는 것 또는 가능하다고 생각하는 것 이상으로 학습 경험을 만들어 내기도 한다. 이때 어린이는 문화의 집단적 생산자이자 아동기의 공동구축자, 지식의 공동생산자, 하나의 사회집단, 유익한 존재, 자율적인 사회적 행위자인 것이다(예컨대, Prout, 2005). 서구의 교육관점에서는 어린이를 (교사와 다른 어른과 함께) 지식의 공동생산자로 보는 것은 아동기를 협상하는 데 있어 충만한-힘을 가지고 있는 것으로 강조하는 것이다. 그러나 Lee(1998)는 어린이를 행위주체적이고 능동적으로 사회에 기여하는 존재로 볼 때, 행위주체적 행동에 내재된 의존성과 미성숙성을 간과할 수 있을 것이라고 주장한다. 그는 행위주체자라는 사회학적 개념이 유능함과 완전함을 우선시한다고 주장한다. 그리고 그러한 본질주의적 개념은 주류에서 벗어나 있는 사람들을 배제시킨다고 주장한다. 유아교육에서 일반적으로 다루어지고 있는 어린이의 행위주체성이라는 개념은 문화와 결부되어 있다. 이와 유사하게, Davies(1990)는 개인을 선택권을 가진 존재로 그리고 그러한 선택을 감행할 수 있는 존재로 보는 전통적인 사회적 관점을 비판한다. 이러한 전통적인 관점에는 개인의 권리와 집단의 생산성, 젠더-성(gendered-ness)과 같은 복잡하고 모순적인 신념 체계가 반영되어 있지 않다는 것이다.

하나의 사회집단으로서의 어린이가 목소리를 가지고 가시적으로 드러나도록 하는 과정에서 소수자의 지위를 가진 아동기라는 조건 내에

서 작동하면서 행위주체성이 실제로 옮겨지는 방식에는 본질적으로 문제가 있다. 어른|어린이 이분법에 반대하면 우리가 알고 있는 아동기가 침식되거나 사라질까 봐 불안할 수도 있지만, 이분법이 사라지면 임의적인 세대 간 경계가 용해되고 덜 강제적이게 되며 어른과 어린이 모두에게 가능성이 열리게 된다. 그러나 이러한 사회학적 관점 역시 문제의 소지가 있다. 행위주체를 '목소리'에만 의존하여 판단한다면, 어린이의 참여를 격려하는 것이 사회적으로나 문화적으로 다양한 체험으로 구성된 세계를 살아가고 있는 어떤 어린이 집단들을 오히려 침묵하게 만들 수 있고, 참여(participation)를 격려하는 것이 어려울 수 있기 때문이다. 이를테면, 참여란 가족들 간 그리고 부모와 어린이 간에 협상의 문화가 존재하는 그러한 가족 안에서 살아가고 있는 어린이에게는 가능한 개념이다. 그러한 협상과 자기-표현은 서구 중산계층의 문화가 만들어 낸 것이지 모든 문화에서 일반적이지는 않다. **테 파리키**에 협상과 자기-표현이 포함되어 있고 뉴질랜드의 유아교육에서도 격려하는 것이지만 말이다. Davies(1990)가 지적하듯이, "우리가 접하는 모든 담론들은 누구나 자동적으로 할 수 있는 것이 아니다"(p. 342). 이 때문에 설사 행위주체성이 다양한 사회문화적 상황에 따라 다양한 방식으로 생산된다 하더라도, 서구화된 그리고 중산층에서 통용되고 있는 행위주체적인 어린이란 개념은 이미 특권을 받은 어린이집단에게 다시 특권을 주는 셈이 된다. 서구화된 민주주의는 협상기술을 어른의 삶을 위해 문명화하는 과정과 준비라고 강조하면서 변칙들을 만들어 낸다. 행위주체적인 어린이를 강조하는 것은 또한 괴물 같은 어린이를 길들이고 어린이를 미래의 어른이자 구원해 주어야 할 행위자로 보는 것이기도 하며, 아동기를 삶의 준비 과정으로 여기도록 만든다. 이처럼 문화와 결부되어 있는 행위주체적인 어린이는 이분화된 어른|어린이와 밀접하게 관련된다.

후기구조주의적 관점에서 볼 때, 행위주체성은 모순적이고 변화하는 위치들, 개인과 집단에 관한 사회적 신념의 수용과 저항, 그리고 여러 사회 전통을 둘러싸고 있는 조작들의 수용과 저항 속에 있다. 어린이(그리고 어른)는 지속적으로 적응을 배우면서 동시에 변화의 행위주체가 되어 간다. Davies는 행위주체에 대해 중요한 질문을 던진다.

> 개인의 주체성, 자신이 누구인지에 대한 생각 그리고 자신들과 사회 세계를 이해하는 특정의 방식은 어떻게 발달하는가? 우리가 발견한 언어들, 개념들, 아이디어들, 우리가 누구인지 말하는 방법은 어떠한가? 우리는 다른 사람과의 관계 속에서 하나의 실제를 수정하는 다양한 담론을 받아들이거나 거부하는가? 즉, 다양한 위치와 실제들 사이에서 어떻게 선택하는가?
>
> (Davies, 1990: 345)

분명한 것은 어린이와 아동기의 **어떠한** 이미지라도 그것을 이론화하게 되면 동질화(homogenization)의 위험이 생긴다는 것이다. 세상을 바라보고 이해하는 어린이의 다양한 방식을 교사와 어른이 배우지 못한다면, 다양한 살아 있는 경험을 일반화시켜버릴 수 있다. 어린이와 아동기의 주체 위치시키기가 불안정하고 복잡하며 논쟁거리기는 하지만, 모든 (어른이 만들어 낸) 담론은 궁극적으로 어린이가 그들 스스로를 어떻게 볼 것인지에 영향을 준다. 심지어 그러한 담론이 어린이를 능동적이고 우연적인 사회구성원으로 (다시)이해하도록 만드는 주체 위치시키기와 관련되어 있다 하더라도 어린이에게 영향을 준다. 행위주체성을 (일반적으로) 공유될 수 있고 참여적(기획)인 것으로 보기도 하지만, 그러한 관점에는 행위주체적인 어린이는 어른의 권위에 의해서만 나타난다는 의미가 들어 있다. 즉, 그러한 관점에는 필요한 담론적 사회적 자원들이 제공되고 행위주체성의 개인적 의미가 부여될 때에만 행위주체적인 어린이가 나타난다는 것을 내포하고 있다(Davies, 1990). 따라서 어른의 통제와 어린이의 복종을 의도적, 비의도적으로 유지시키는 개념화를 통해 어린이를 한정 짓지 않도록, 비판적이고 경계를 넘나드는 사유를 지속하는 것이 중요하다.

권리를 가진 어린이 a child with rights

언뜻 보게 되면 권리를 가진 어린이는 행위주체적인 것 같지만, 다시 보면 거기에는 수동성이 내포되어 있음을 알 수 있다. 최근 유아교육 분야에서는 무언가 부족한 어린이라는 담론에서 해방적인 프로젝트의 주체가 되어 가는 어린이로 그리고 자유권, 자기 결정권, 평등권과 시민권과 같은 권리를 가진 어린이－단, 아동기를 소수자의 지위에 놓아둔 채 권리를 가진 어린이로 이미지화하는 것은 가치판단적이며 문제의 소지가 있다－로 담론이 옮겨가고 있다(Moss & Petrie, 2002). 어린이의 요구가 가시적이고 논쟁적인 쟁점인 인권 담론으로 재등록된 것이다. 어린이를 어린 인간 존재로 그리고 법제화된 인간의 목표를 향한 개인적 욕망을 지닌 능동적인 행위자로 간주한다고 하더라도, 어린이는 어른의 관할권 아래에서 온전히 자율적이지 않은 상태에 놓여 있다. 어린이가 스스로를 대표하여 행동할 수 있는 독립적인 사고와 행동 그리고 얼마간의 능력을 가질 기회는 있다. 그러나 권리를 가진 어린이 또한 억압에 대한 보호를 필요로 하며(Dahlberg & Moss, 2005), 이때 보호는 어린이의 요구와 욕망에 대해 전문가－어른(expert-adult)이 만들어 놓은 지식이 인정해 주는 보호를 말한다. 학대로부터 보호가 필요하다는 말에는 가족과 사회 안에서 불공평하고 열등한 위치에 있는 어린이에 대한 전제가 내포되어 있는 것이다.

나아가 권리를 지닌 자유롭게 생각하는 어린이란 개념이 가진 문제점은 자율적인 행위의 장소와 한계들에 대한 문화적 동질성을 가정한다는 데 있다. 또한 문화적으로 다양한 가족들/주민들(whānau)/공동체 내에 존재하는 집단적 상호의존성과 개인의 권리가 긴장 관계에 있다고 가정하는 데에도 문제가 있다.[1] Cannella와 Viruru는 어린이를 식민화하는 모든 담론들에는 어른|어린이 위계가 작동하고 있다고 말한다.

> 근대 계몽기의 담론, 심지어 후기근대적 담론들은 식민지화된, (어른의 인정 없이는) 인간 존재로 자격을 가질 수 없는 피지배 집단을 만들어 낸다…**우리들은 어린이 스스로 이러한 식민지화를 받아들이거나 그 안에서 기능할 필요가 없다고 서슴없이 주장하는 한편**, 어른의 생각과 어른이 만든 제도 안에서 어린이의 식민지화가 완성되고 분명해진다는 것을 강조하고자 한다.
>
> (Cannella & Viruru, 2004: 118, 본서에서의 강조)

권리를 가진 어린이는 자신의 강력한 힘을 보여 줌으로써 어른이 아동기를 식민지화하려는 것에 반대한다. 마르시(Marcy)가 어른의 요구에 저항할 때 (**울림의 전조** 고원에 소개된 마르시를 위한 편지[letter to Marcy]에서) 그리고 팀이 자신의 공간을 식민지화하지 못하도록 내게 맞섰던 것(**충만한-힘이 있는 어린이(들)-되기** 고원에서)이 그 예이다. 그러니 '전문가 담론'을 거부하기 위해, 그리고 자격과 책임에 대한 보다

1) Whānau는 혈연뿐 아니라 부모와 아동이 일상 속에서 친밀하게 지내는 사람까지 포함하는 확대 가족을 말한다.

광범위한 사회적 이해 안으로 어린이를 끌어들이기 위해 권리 담론은 얼마간 유용할 수 있다(Bird, 2003: 43). 그리고 권리 담론은 어린이가 자신의 아동기와 학습을 결정할 때 능동적으로 참여할 수 있도록 가능성을 열어 주는 데에도 유용할 수 있다. 어린이와 어른 모두는 자신에 관해 말하고 생각할 자격이 있으며, 동시에 타인에 관한 것을 듣고 고려할 의무도 지닌다. 어린이와 어른의 개인적, 집단적 권리는 상호연관되어 있다. 어린이를 보호하는 것이 아니라 **어린이의 권리**를 보호한다고 생각하는 어른이 있을 때, 비로소 **어린이**는 사회적 참여자가 되는 것이다(Moss & Petrie, 2002: 106, 원전에서의 강조). 권리를 지닌 행위주체적인 어린 인간 존재로부터/함께/속에서 (발현)병합하는 것이 바로 유능한 어린이이다.

유능한 어린이 the rich child

통상적으로 레지오에밀리아의 유아교육(Rinaldi, 2006)을 연상시키는 유능한 어린이(Moss & Petrie)란 개념은 지각가능하게 행위주체적 상황에서 작동한다. 유능한 어린이는 잠재력이 있으며, 강인하고, 힘이 넘치며, 역량이 풍부하다. 또한 유능한 어린이는 사회적이며 독립적인 행위자이며 아동기라는 사회적 집단의 구성원이다. 아동기는 어린이 자신만의 권리가 있는 중요한 시간이며 성인기에 흔적을 남기는 중요한 삶의 국면이다. 이제 어린이가 누구인지에 주목할 때이다. 어린이를 미래를 위해 구원해 주어야 할 행위자로 간주해서는 안 된다. 어른은 어린이가 현재의 삶 속에서 기회를 가질 수 있도록 책임을 가져야 한다. 부모나 다른 어른, 어린이, 지역사회, 보다 광범위한 사회 사이에서 어린이가 경험하는 강렬한 관계들은 유능한 어린이란 이미지에 매우 중요하다. 이러한 확장된 관계들은 어린이의 복지를 도맡아야 하는 핵가족의 책임을 분산시켜 준다. 그 대신 부모와 어린이는 상호 지원하는 지역 공동체의 구성원이 되는 것이다. 이러한 관계들을 통해 여러 상황 속에서 작동하고 있는 아동기를 만날 수 있다. 광범위한 공동체에 보다 능동적으로 참여하는 방법 중 대표적인 것으로 어린이의 우정을 들 수 있다. '사회적 행위 주체성 구간(sphere of social agency)'(Moss & Petrie, 2002: 104)을 확장시키기 위해 어린이는 함께 자신들만의 문화적 표현을 만들어 낸다. 유능한 어린이는 시민권을 가지고 있는 주체적인 사람(person)이지, 어른의 요구에 따라야 할 대상(object)이 아니다. 또한 시민들로서의 어린이는 자신들만의 권리와 강점을 가진 하나의 사회적 집단이다. 상호의존적 관점에서 보면, 최적의 어린이 참여는 어른 세계에 집단적 이익으로서 기여하는 것이다(Moss & Penn, 1996; Lero, 2000).

그러나 어린이를 인적 자본으로 보고 아동 발달을 어른 세계의 사회적 자본에 투자하는 것이라고 간주한다면, 유능한 어린이는 다시금 착취의 잠재적인 대상이자 미래 투자를 위한 자원이 되어버린다. 어린이를 온전히 활동할 수 있고 생산적인 어린 인간 존재로 이해할 때 어린이와 어른 사이 그리고 사회 세계 사이에 진정한 상호의존이 가능한 시간-공간이 열리게 되는 것이다. 그러한 공간은 모호함과 모순으로 가득 차 있다. 그 공간에서 유능한 어린이는 자신만의 힘의 흐름을 표현하며 그들의 유능함은 어른 세계를 위한 자원이 되어 간다. 그러나 주체의 위치시키기를 통해 어린이와 아동기를 분류하는 데에 어른 전문가란 개념을 이용한다면, 어른은 어린이를 바람직한 것 아니면 문제 있는 것으로 여기면서 유능한 어린이란 복잡한 개념을 거부하게 될 것이다.

유능한 어린이와 테 파리키 the rich child and *Te Whāriki*

뉴질랜드의 유아교육에서는 유능한 어린이를 바람직한 이미지로 여긴다. 뉴질랜드의 유아교육은 어린이가 자신의 학습에 능동적으로 참여할 수 있도록 행위주체적인 환경을 제공하는 데 목표를 두고 있다. **테 파리키**의 많은 부분에서 유능한 어린이의 이미지를 읽을 수 있다. 그리고 "어린이는 유능하고 자신감 있는 학습자이자 소통자로서 몸과 마음과 정신이 건강하게 그리고 사회에 의미 있는 기여를 하는 데 필요한 소속감과 지식 안에서 안전하게 자라도록 해야 한다"(Ministry of Education, 1996: 9)는 철학을 바탕으로 한다. 뉴질랜드의 유아교육에서는 '사회적, 문화적으로 중재가 이루어지는 학습'의 장소로 그리고 이들 간의 '호혜적이고 반응적인 관계'를 형성하는 데 매우 중요한 역할을 하는 것으로 어린이의 가족과 지역공동체를 강조한다(p. 9). 유능한 어린이의 행위주체성과 권리가 갖는 긍정적인 점은 어린이에게 "무언가를 행하는 대안적 방식을 성찰할 수 있는 기회, 시간과 공간을 가로질러 연결해 나갈 수 있는 기회, 다양한 관계를 맺을 수 있는 기회, 다양한 관점과 마주할 수 있는 기회"(p. 9)를 제공해 준다는 데 있다. 그러나 주체를 위치시키기는 **테 파리키**의 원칙이나 유형(strands)을 확고히 하는 것이기도 하지만 논쟁거리가 되기도 한다. 어린이를 행위주체적이고 유능하며 권리를 가진 존재라고 보는 개념은 본질적으로 유약하고 도움이 필요한 성인의 축소판이라는 서구의 가정과 얽혀 있다. 그리고 그러한 서구의 가정은 유아교육 전체에 깊이 자리 잡고 있다. 이제, 이렇게 복잡하게 얽혀 있는 것들과 그에 따라 생긴 모순들에 대해 설명해 보고자 한다.

권한 부여, 전인적 발달, 가족과 지역공동체, 관계에 대한 **테 파리키**의 원칙에는 행위주체성이 내포되어 있는 반면, 한계도 있다. 권한부여는 일반적으로 "어린이가 자신들만의 아이디어를 만들고 아이디어를 실행할 수 있는 기회를 가지게 되는 것"(Ministry of Education, 1996: 40)을 말한다. 그러나 동시에 어린이가 보다 효과적으로 활동할 수 있도록 외부의 우세한 몸(body)이 어린이에게 어떠한 성향을 부여한다는 것을 암시한다는 점에서 문제가 있다. 또한 전인적 발달이 별개의 기술들을 획득하는 것보다 경험과 의미의 복잡한 패턴을 함께 엮어가는 것을 강조하는 의미인 반면, 교사가 "아동 발달에 대한 마오리식의 관점"(p. 41)을 가져야 한다는 기대가 내포되어 있다. 가족과 지역공동체 그리고 관계에 대한 원칙은 이미 많은 문화에서 통용되는 것처럼 보이지만, 기본적으로 서구의 교육환경에서는 실제 "다양한 문화에 따라 자녀 양육의 패턴이 다르다"는 생각을 존중하는 것, "문화적으로 적합한 의사소통 방식"(p. 42)을 장려하는 것이 단순하지 않다. 예를 들어, 자녀양육과 관련하여 **테 파리키**는 독립심을 이상적인 것으로 상정하지만, 가족(whānau)은 **상호**의존성을 강조하는 개념이다. 상호작용을 촉진하는 방식에 대해서도 마찬가지다. 모든 문화에서 어린이가 자신의 의견과 욕망을 표현하는 것, 특히 어른에게 표현하는 것을 적절하다고 여기지는 않는다.

어린이와 아동기에 대한 이미지와 연결되어 있는 교육유형도 마찬가지로 복잡한 문제이다. 교육의 목표가 유능한 어린이를 추구하는 데 있다 하더라도, 원리와 마찬가지로 이 또한 문화와 관련이 있다. 행복감~mana atua 유형은 이렇게 적혀 있다. "어린이의 건강과 행복감은 보호받고 키워져야 한다"(Ministry of Education, 1996: 15). 이 유형은 어린 인간 존재의 심신을 안전하게 지켜주는 것을 강조하는 한편, 유약하고~순수하고~도움이 필요한 존재라는 이미지를 작동시킨다. 그리고 이러한 이미지는 어른|어린이의 이분법을 지속시키고 강력하고 유능한 성인의 이미지를 굳건히 한다. 무엇이 '안전'한 것이며 왜 안전한 것인지

에 대해서는 진지한 논의가 필요하다. "문화적 언어와 상징들은 촉진되고 보호받아야 한다"(p. 16)라고 기술되어 있는 의사소통~mana reo 유형에는 권리를 가진 어린이의 이미지가 반영되어 있다. 그러나 본래의 의도가 현실화되려면 교육은 탈식민지화되어야 한다. "어린이는 환경을 능동적으로 탐색하면서 배운다"(p. 16)라고 기술되어 있는 탐구~mana aotũroa 유형은 행위주체적인 어린이의 추론 전략 발달에 초점을 둔다. 그러나 추론은 구조주의적 사유에 내포되어 있는 근대적 속성으로 모호하고 모순적인 복잡한 세상의 방식과 충돌한다. 소속감~mana whenua 유형은 "어린이와 가족들이 소속감을 느낀다"(p. 15)라고 기술되어 있다. 이것은 유능한 어린이의 이미지를 보다 광범위한 관계로 확장하는 것과 관련된다. 그러나 전통 마오리족이나 태평양 지역의 가족들에게 "수용가능한 행동의 한계와 경계"(p. 15)는 서구의 상황과는 다르다. 기여~mana tangata 유형에는 "학습 기회는 공정하게 주어지며 모든 어린이의 공헌은 가치 있는 것으로 여겨진다"(p. 16)라고 기술되어 있다. 단순하게 번역하면 mana tangata는 문화적 권리를 포함하는 "인권, 고결(integrity), 지위(status)"(Ryan, 1997: 143)이다.[2] mana tangata에는 마오리족의 사회적, 영적인 의미가 내포되어 있다. 즉, 홀로 있는 것이 아니라 누군가와 함께 있다는 의미를 함축한다. 이것은 "어린이는 개인으로서 존중받는다"(Ministry of Education, 1996: 16)라고 **테 파리키**가 제시한 권리를 가진 개별화된 어린이와는 충돌한다.

2) 1983년 6월 12일~6월 18일 뉴질랜드에서 개최된 제1회 원주민 문화 및 지적 재산권에 관한 국제회의(First International Conference on the Cultural and Intellectual Property Rights of Indigenous Peoples)에서 채택한 '원주민 문화 및 지적 재산권에 관한 Mataatua 선언(Mataatua Declaration on Cultural and Intellectual Property Rights of Indigenous Peoples)'을 참고하라.
온라인 자료: www.fph1cc.ca/downloads/mana-tangata.pdf(검색일 2012. 5. 27)

행복감~mana atua, 의사소통~mana reo, 탐구~mana aotũroa, 소속감~mans whenua, 기여~mana tangata 유형 간 연결은 혼란스럽고 복잡한 체계로, 잘 정돈된 연속체처럼 보이지만, 구조적 일관성은 부족하다. 그러나 경계를 가로지르는 비판적 관점에서 보자면, 하나의 연결이 만들어지면 탈~영토적인 운동이 나타나 그것을 없애버린다. 탈~영토적인 운동은 전통적인 담론에서 요구하는 방식으로 어린이와 아동기의 이미지를 분류하는 어떠한 질서정연한 패턴도 만들지 않는다. 이러한 불일치는 발달론에 근거하는 사유를 방해하기도 하고 그러한 사유에 방해받기도 한다. 또한 다른 방식으로 주체의 위치시키기를 통해 사유의 가능성을(에로) 열기도 한다.

생각건대, **테 파리키** 교육과정에서 제시하는 유능한 어린이 개념은 확장되고 집단적이며 상호의존적인 가족 관계에 가치를 두면서 생산적인 연결을 만들어 내는 가능성을 열어 준다. 그러나 유형과 연관시켜 아동 발달의 목적을 피상적으로 보면, '발달'뿐 아니라 서구화된 사고를 재차 강조하는 것처럼 이해할 수 있다. 예를 들어, "[어린이가] 자기 학습을 책임진다는 기대"(Ministry of Education, 1996: 84)는 상호의존성이 아니라 개인적인 접근을 함축하고 있다. 그리고 "지구 행성에 관한 그리고 그 너머에 관한 이론"(p. 90)의 발전에는 마오리와 태평양 지역 사람들의 문화를 신화적인 설명으로 치부하는 그러한 서구적, 근대 과학적 추론이 작용하였음을 함축하고 있다. "인지가 성장하고 '난센스' 설명을 즐기는 방향으로"(p. 90) 발달할 것이라는 어린이에 대한 기대 또한 매우 흥미롭다. '난센스'란 단어는 (서구화된) 어른으로 하여금 세계에 대한 어린이의 해석을 시시한 것으로 여기도록 하는 어른|어린이 이분법의 신호이다.

여전히 문제는 남아 있다. 앞서 언급한 어린이와 아동기의 이미지는 불완전하고 미성숙하고 수동적인 어린이 그리고 보편적이고 표준화되고 표준화시키는 아동기라는 개념에 반대한다. 그러나 은유적으로 이미지를 개념화하는 것을 포함하여 무언가를 묘사할 때, 비록 마음속에서 만들어지는 개념이라 하더라도 분명한 특질들을 보여준다. 이와는 대조적으로 철학적 '주체 위치시키기'는 보다 더 매끄러우며, 나아가 잠재적인 구조주의적 분류의 모든 잔여물을 없애버리려는 시도를 방해한다…**그리고…울림의 전조**에서 소개한 Deleuze와 Guattari의 어린이-되기는 주체 위치시키기를 복잡하고 유동적인 것으로 이해할 수 있는 가능성을(에로) 열어 준다. 이러한 주체 위치시키기는 이미지를 여러 방식으로 만들어 내고 (발현)병합하지만 특정한 무엇으로 고정시키지는 않는다.

…간주-되기…a becoming-intermezzo…

Deleuze와 Guattari(1987)가 말하는 되기를 자세히 알아보기 전에, 그들이 말하는 것은 심리/사회적 관점과 상당히 다르다는 사실에 주목해야 한다. 심리학적, 사회학적 용어로서 '이기(being)'와 '되기(becoming)'는 성숙한 어른과 같은 더 나은 무언가가 될 운명을 지닌, 불완전한 발달의 상황에 놓여 있는 존재로 어린이를 축소시켜버린다. 그러나 Deleuze와 Guattari가 제시하는 되기는 체화된 존재(되기)로서 어린이를 개념화한다. 이러한 상상은 어린이와 아동기에 대한 고정화된 이미지들에 변화를 주고, 주체 위치시키기의 가능성을(에로) 열어 준다. 언어의 은유적 기법에서 말하는 '이미지'는 외형이 반영되어 있는 그리고 지극히 전형적이라고 판단될 수 있는 유사성을 불러일으키고, 안정적인 정체성으로 체화되는 단일하고 모순적이지 않은 자아를 만들어 낸다. 이와는 대조적으로, '상상계(imaginary)'는 이행과 거래가 일어나는 공간에서 작동하는 역동적인 '상징적 접착제(glue)'의 흐름이다. 그것은 투명성과 순수성이 부족하며 "끈적이며…붙어 다닌다"(Braidotti, 2001: 384). 그것은 진동과 (비)순수의 특징을 지닌 감응(affect)이며, 사유 그 자체가 아니라 사유 행위로 작동하는 힘의 결과이다.[3)]

철학적 상상으로서의 **되기**는 어린이와 아동기를 끊임없이 변화하고 변경되는 주체 시스템으로 본다. 어린이와 아동기는 더 이상 (미)완성된 몸이 아니다. 어린이와 아동기는 계속되는 역동적 과정 속에서 인식의 차이를 만들어 내는 것으로서 지각되며 주체와 대상 모두 탈~영토화 과정을 통해 끊임없이 변화한다. 이러한 시스템들은 항상 이미 끊임없이 흘러가면서 변화를 반복한다. 이러한 의미의 되기는 몸을 계속해서 변화하는 힘의 배치로 여기면서 **이기**(*being*)와 **정체성**(*identity*)에 해독제로 작동한다. 이때 이기와 정체성은 안정적, 이성적 개인을 전제한다. 어린이-되기와 마찬가지로, 되기는 "이원론에서 벗어나…사이-임(be-between)일 수 있는, 사이를 지나가기 위한, 간주곡 또는 환경을 [연주하고 간주와 함께/속에서 있을 수 있는]"(Deleuze & Guattari, 1987: 277) 하나의 방법이다. 어린이-되기의 리좀 활동은 다양한 연결점과 교차점을 만들어 낸다. 다양한 연결점과 교차점들은 어린이와 아동기의 (재)개념화에 관한 다양한 사유의 방식을 찾아 현실을 붕괴시킨다. 어린이 주체성들은 또한 맥락 속에서의 생산성을 탐색하기 위해 '정상성(normality)'을 구체화하고 조절하는 위계적인 배치를 분산시킨다. 어린이-되기와 어른-되기는 공통의 영토를 거쳐 분배된다. 그리고 아동기를 (다시)이해한다는 것은 일련의 반대담론들 속에서 혼종체를 (발

3) 이것은 철학적 상상계의 끈적이는 접착제와 우주의 접착제-최근 물리학에서 발견한 힉스 입자(Higgs boson)(2012년 7월 4일 발표)-에 관한 흥미로운 대화이다. 이 '접착제' 둘 다는 종잡을 수 없으며 감지할 수 있다(없다).

현)병합하는 것이다.

–되기 becoming-

리좀적 사유, 상호연결성, 교차성의 거미줄망과도 같은 상호작용 내에 있는 되기는 특정의 무언가가 되는 것이 아니다. "되기는 바로 그 역동적인 변화다. 그것은 이질적인 것들 사이에 있으며 특별한 목적 또는 최종 상태를 향하는 것이 아니다"(Stagoll, 2005: 21). 되기는 어린이–되기와 같이 **무엇**–되기(becoming-*something*)의 흐름 속에서 생기는 사이–내부(in-between)에 있다. 이러한 흐름 속에서 되기는 제한된 순간(운동)에, 사이–내부의 교차점에서, 연결성의 내부(inter)에서 (발현)병합하고 있는 주체를 위치시키는데, 그것은 '그 자체'의 생산, 그 이상도 이하도 아니다. 한계가 정해져 있는 순간(운동)에서는 연결성의 **내부**(*inter*)에서 사이–내부–임(in-between-ness)이 교차한다. 되기는 그 자체이며, "고정적인 것(terms)이 아니라 통과하는 것이다"(Deleuze & Guattari, 1987: 238).

> 되기의 선(line)은 연결 지점 또는 구성 지점으로 규정되지 않는다. 지점들의 **사이**를 지나, 중간(middle)으로 들어가고…되기의 선은 시작도 끝도 없으며, 출발도 도착도 없고, 시작점도 목표지도 없으며…되기의 선은 중간만을 가진다. 이때 중간은 평균이 아니다. 되기는 빠른 움직임으로, 절대 속도로 운동한다. 되기는 항상 중간에 있으며, 중간에서만 되기가 가능하다. 즉, 그것은 사이–내부, 경계 또는 탈주선에 있다…
>
> (Deleuze & Guattari, 1987: 293, 원전에서의 강조)

사이에 있는 몸체들(bodies)은 "연속적인 되기의 흐름(flux)이다" (Braidotti, 2001: 391). 복잡한 집합체 형태로 체화된 주체성은 "힘들의 유희(play), 에너지의 변압기와 전도체, 강도의 표면"(p. 391)으로 지각가능하다. 특이성을 지닌 존재로 어린이 주체를 위치시킨다면, "어린이는 되어 가는 것이 아니라, 어린이 자신이 **되기**(*becoming*)인 것이다"(Deleuze & Guattari, 1987: 277. 본서에서의 강조). 교차하는 힘들의 경계와 시간-공간적 교섭 속에서 삶~일~놀이의 시간-공간은 불가분한 되기들의 환경이다. 되기의 다수성은 무한하며, 되기는 항상 협상하고 탈~영토화한다.

어린이(들)-되기 becoming-child(ren)

Deleuze와 Guattari(1987)에게 되기는 고정적인 사회학적 존재 개념, 즉 존재가 그 이상의 무언가가 되는 것으로 보는 개념과는 완전히 다르다. 어린이-되기와 어른-되기는 '대응관계'(p. 237)가 아니다. 즉 어린이가 어른이 되는 것이 아니다. Deleuze와 Guattari가 말하는 되기는 특정의 목표 지점에 도달하게 되는 일련의 전진 그리고/또는 후퇴가 아니다. 되기는 이성적인 어른으로 발달해가는 불완전한 어린이와 같은 불완전함이라는 개념을 추방한다. 되기는 경계들과 분계선들 주변에서 (발현)병합하는 한정적인 공간 안에서 작동하고, 경계를 가로지르는 사고~사유하기~하기~행하기가 발생하는 교차점에서 작동한다. 사유의 다른 방식이 막 시작되는 공간은 사이, 중간 또는 환경이란 조건에서/함께/속에서 (발현)병합한다.

이와는 대조적으로, 심리학적, 사회학적 관점과 연관 있는 선형적으로 서열화된 구조는 주체들이 완전함을 가지기 위해 필요하다. Deleuze

와 Guattari(1987)는 "미리 정해진 논리적 순서가 없는"(p. 251) "근접성(proximity) 및 결정 불가능성의 지대(undecidability)"(p. 507)를 이야기한다. 이러한 조건 속에서 "되기는 언제나 그 자체로 동사(verb)이다. 즉, '드러나기(appearing)', '이기(being)', '같아지기(equaling)', '만들어 내기(producing)'로 환원되지 않는다"(p. 239). Deleuze와 Guattari의 관심은 그것이 **무엇인가**에 있는 것이 아니라 **어떠한가**에 있다. 이를테면, 어린이가 어른이 되어 가면서 무엇이 되는지 아는 것이 아니라, 어린이-되기의 과정의 질에 관심이 있다. 각각의 타자가 되는 "하나의 되기는 그 자체와 구별되는 되기이다"(p. 238). 되기는 언제나 행위(act)다. 모든 되기들처럼, 어린이(들)-되기는 항상 이미 다른 무엇-되기이다.

Deleuze와 Guattari가 말하는 근접성 및 결정 불가능성의 지대는 Vygotsky의 근접발달지대와는 다르다. 전자는 연속적으로 변화하는 운동의 미끄러짐이 있는 공간이며, 후자는 학습이란 고원에서 보다 나은 발달의 위치로 나아가기 위해 어린이가 비계설정을 받는 변화가 거의 발생하지 않는 공간이다. 위계적인 진보를 나타내는 비계설정의 지점들은 발달적 계열을 따르며 역량이 발전하는 것을 의미한다. Deleuze와 Guattari가 말하는 근접성은 부정확하거나 결정 불가능한 가까움을 표현하는 것이고, 고원들은 연속적인 (재)협상에 열려 있는 탈-중심화된 수평의 평면(planes)이다. 내재성의 평면들은 초월적인 것이 아니며, 더 크고 좋은 것을 위해 폐기되는 것도 아니다. 도리어 통로들은 항상 (되)돌아오며 평면은 탈~영토화된다. 영토와 통로에 있는 몸들이 다른 무엇-되기를 행하고 있기 때문에, (재)협상된 시간-공간은 모든 방식에서 항상 이미 다르다. 이 면들에서 삶~배움은 결코 반복되거나 동일하지 않다. 내재성의 평면에서 되기는 어린이-되기 어른-되기 어른기-되기 아동기-되기 등등 역동적인 조건 속에서 드러난다.

이런 식으로 다른 무엇-되기는 주체|객체의 환원적이고 역사적인 관

계를 선호하는 구조주의자의 사고를 교란시킨다. 다른 무엇-되기는 특정한 특성에 의해서가 아니라, 환경 사이와 그 안에서 변화하는 몸들에 의해 정의된다(Deleuze & Guattati, 1987: 239). 어린이-되기는 다양한 환경에 있는 어린이 집단(populations)이라는 조건에 놓여 있다. 따라서 어린이(들)-되기는 하나 또는 여럿으로 체화하며, 그래서 나는 어린이(들)-되기라는 표현을 선호한다. 어린이(들)-되기는 단일한 어린이의 몸들로 구성되어 있는 하나의 집단으로 표현된다. 어린이의 놀이(하기)는 그러한 되기의 한 조건이다. 어린이(들)-되기는 진화하는 것 또는 자녀답게 되는 것을 의미하지 않는다. 또한 진보해 가는 것도 계열적인 것도 아니다. 그것은 **비**진화적(*in*volutionary)이며 작동적~내부작용적인 놀이(하기)와 같은 창조적인 공생을 포함하고 있다. Lenz Taguchi (2010)는 온전히 인간에 초점을 맞추는 개인내적 접근(inter-personal approach)에서 벗어나 유아교육 분야에 내부작용의 개념을 소개하였다. 내부작용이란 모든 생물체와 물질의 활동 사이와 함께/통해서 작동하는 내부작용적 관계들이 체화되는 것을 의미한다.

기계가 움직이도록 하는 운동성인 기계적인 유희는 일반적으로 지각할 수 없다. 이와 유사하게 어린이의 성장과 학습, 성장~학습과 함께/속에서/통해서 작동하는 되기는 지각(불)가능한 활동이다. 기계적인 유희는 기계가 작동할 때만 지각할 수 있는 것과 마찬가지로, 되기는 삶~배움의 활동에서만, 놀이에 삶~배움과 되기가 동시에 있을 때에만 지각(불)가능하다. 따라서 되기가 무엇인지 아는 것은 중요하지 않다. 그것이 어떻게 작동하는가를 이해해야 한다. 되기는 탈~영토화의 공간과 함께/속에서, 규정될 수 없는 영토와 함께/에서 작동하는 몸 사이에서/를 통해/중에서/함께/속에서 발생한다. 그리고 사건이 펼쳐지는 과정에서 다양한 기준들이 작동한다. 되기의 지각(불)가능성에도 불구하고, 흘러가는 물을 지각함으로써 하나의 흐름을 볼 수 있는 것처럼, 우리는 놀이에서 되기를 '볼(see) 수 있다.' 그것은 지각을(에로) 여는 다양한 시간-공간에 얽혀 있는 존재의 현전이다. 그러한 경험의/과 함께/속에서 내부작용적 현전은 아래에 소개하는 이야기에서 지각가능할 것이다.

Semetsky(2006)는 러시아의 네 살 된 아이 이야기를 들려준다. 그 아이는 몇몇 이야기에 익숙해서, 본 적도 들은 적도 없는 책을 접하기 전까지는 읽을 수 있는 척했다. 그 아이는 또래 친구들에게 노출되면서 수치심을 느꼈고, 두려움을 통해 지각(불)가능한 것으로 어린이-되기 책 읽는 사람-되기가 발현되었다. 그 아이는 사실 자신이 책을 읽을 수 없다고 고백하려고 입을 열었을 때 눈이 페이지로 향했고 리듬감 있게 글자들을 읽고 있는 자신의 목소리를 들었다.

> 내 반쪽은 읽고 있었고, 다른 한쪽으로는 굉장한 두려움 속에서 듣고 있었어…나는 마치 꿈속에서처럼 한 페이지씩 읽고 있었고…동시에 나는 모든 글자가 검게 보이고 그림이 새하얗게 되면서 아이들에게 둘러싸여 있었어.
>
> (Semetsky, 2006: 109)

책 읽기가 끝나자 아이들은 흩어졌고, 그 아이는 혼자 남아 있었다. 아이는 어떻게 그렇게 할 수 있었는지는 모르지만 읽을 수 있었다는 사실을 알게 되었다. 그 후 아이는 잊어버릴까 봐 겁이 났고, 엄마의 책장에서 책을 가져왔다. 놀랍게도 책 속의 텍스트는 자신에게 어떤 의미도 없었으나 단어들은 알아볼 수 있었다. 이 사례에서는 책 읽는 사람-되기의 역동적인 과정과 어린이-되기의 상황 속에서/함께 "개념은 이야기(narrative)가 되고, 주체는 표현하는 주체가 된다"(Deleuze, 1993: 127). 읽기 수업을 받은 적이 없었지만, 그 아이는 읽기를 알고 있었던 것이다. 아이는 책과 상황, 즉 교사와 아이들이 있는 두려운 상황 속으로 들어가 가상의 생각을 실험으로 현실화시킨 것이다. Semetsky가 지적했듯이, 어린이-되기는 이러한 내재적 연결성 없이는 발생할 수 없었을 것이다. "다른 한편으로는 불가능한 것을 가능하게 만드는 상황들이 만들어질 수 있고 경험으로 현실화될 수 있다…잠재적이었던 무언가는…물질세계에서 특이한 경험으로 현실화된다(Deleuze, 1993: 120). 어린이-되기 지각불가능성-되기 책 읽는 사람-되기 다양체-되기는 어린이~학습~놀이~읽기~이해~교육과정~**쿠레레**~교육과정-하기(curriculum-ing) 등등과 연결된다.

Deleuze의 철학을 직접적으로 언급하지는 않았지만, Guss(2005)는 어린이의 극놀이(하기)의 정체성을 고민하면서 어린이(들)-되기에 주목하였다. 그는 어린이가 "연속적으로 되기의 상태"(p. 240)에서 환상놀이를 구현한다고 하였다. '집' 놀이는 상상적인 행위로 자연스럽게 변한다. 이때의 상상적 행위는 "이후 삶에서 작동하는 (남성 지배적이고 어른 지배적인) 모델들을 재현하는 것이 아니라, 인물을 생산하고 표현하는 것이며, 지금 여기에서 발견하는 과정으로서 문화 [되기]이다"(p. 241). 어린이-되기의 놀이에 관한 연구에서는 늑대 놀이를 하고 있는 테싸(Tessa)와 힐데(Hilde)가 등장한다. 테싸는 하나씩 그리고 한꺼번에 엄마~늑대잡이~소품 담당~음향 연출가~늑대~해설자~아기염소~돼지~드라마작가-되기를 했다. 힐데의 역할은 테싸보다 덜 다양했지만 해설자~드라마작가-해설자~늑대-잡이-되기는 강렬했다. Guss는 테싸가 늑대에 대한 동화적 이야기와 행동, 의미들을 지속적으로 변화시키고, 아이들에게 늑대 이야기를 들려줄 때 선생님이 하던 방식처럼 독백하는 것을 분석하였다. Deleuze-Guattari의 관점에서 테싸는 특이하면서도 다수적인 되기를 보여준 것이다. 테싸는 캐릭터들을 이어가기 위해서 이해한 대로 다양한 캐릭터를 연기하고 있는 어린이-되기로 자신을 드러낸 것이다. 러시아의 아이 이야기(Semetsky, 2006)가 어린이-되기의 내재성을 명백히 보여 주는 한편, 테싸와 힐데(Guss, 2005)의 이야기는 어린이(들)-되기의 복합성을 보여준다. Deleuze와 Guattari(1987)가 "우리들 각자는 여러 개이지만, 이미 하나의 무리이다"(p. 3)라고 말한 것처럼, 이 이야기에는 각각의 특이한 어린이-되기와 여러 개의 어린이(들)-되기의 행위적인(enactive)~내부작용적 놀이(하기)가 포함되어 있다.

또 다른 순간(운동)에서 어린이의 배움의 정체성 개념에 문제를 제기한 Olsson(2009)은 Deleuze와 Guattari(1987)의 영토화 활동의 상상계를 이용하여 어린이-되기를 연구하였다. 그는 아이의 첫 걸음마를 찍은 사진을 서퍼 사진과 겹쳐놓고, 보드 위에 서 있는 서퍼의 움직임과 아이의 걷기 학습을 연결 지었다.

> 나는 어린 조카 노나가 걸음마를 시도하던 그때를 기억한다. 배를 바닥에 대고 엎드려서 팔과 손을 겨드랑이 높이에 놓아두었다가 갑자기 웅크리는 자세를 취하면서 뛰어올라 다리를 서서히 올리고 팔을 몸체와 평평하게 균형을 맞추면서 일어서려고 했다… [마치 서퍼처럼]…보드에 엎드려 겨드랑이와 손을 수평으로 맞추고, 재빨리 웅크리는 자세를 취하면서 뛰어올라 손과 발을 같은 높이에 맞추고 다리를 서서히 올려세우고, 팔은 몸체와 평평하게 균형을 맞추었다…
>
> (Olsson, 2009: 1-2)

이렇게 서퍼에 견주어 어린이의 걷기 학습을 설명하는 것이 완전히 새로운 것은 아니다. 그러나 "걷기 견습(apprenticeship)"(Borgnon, 2007: 265)이란 개념은 한 아이가 걷기를 배우는 방식을 알아차리는 다른 방법을 보여준다. 즉 어린이-되기로서 '어린이'를 (다시)이해할 수 있

게 한다. 노나는 정의될 수 없는 '혼종적인' 아이이다. "그 아이는 더 이상 자연성과 발달이라는 속성을 지닌 아이가 아니다. 노나에게는 모든 것이 뒤섞여 있다. **그리고** 그 아이는 전문가이자 20대 청년이자 거친 사내다."(Borgnon, 2007: 264-265, 원전에서의 강조). 첫 걸음마처럼 어린이-되기는 탈~영토화의 운동이다. Borgnon/Olsson처럼 노나 또한 어른|어린이의 이분법에 반대한다. 걸음마를 배우는 유아와 서퍼는 모두 타자로 이해되는 분리에 대해 협상한다. 어른과 어린이는 더 이상 정체성이 분리되지 않는다. 각각은 항상 이미 타자이다. 지각(불)가능한 일반적인 분리의 경계를 넘나들면서, 노나는 '바로 그 아이일 뿐 아니라 어른의 어린이-되기'(Deleuze & Guattari, 1987: 277)이며, 연령의 개념적 분리를 없애준다. 걸음마~서퍼의 자연스러운 변화는 리좀적인 몸들로서 어린이(들)-되기를 보여준 것이다. 리좀적인 몸들로서의 어린이(들)-되기는 계열적으로 발달하는 또는 사회적으로 재생산되는 아젠다에 반대한다.

> 소녀와 아이는 되어 가는 것이 아니다. 아이 또는 소녀는 그 자체가 되기이다. 소녀가 여성이 되어 가는 것이 아니며 아이가 어른이 되어 가는 것도 아니다. 소녀는 각자 성의 여성-되기이며, 어린이는 모든 연령에서 젊은이-되기이다…어린이-되기는 그 자체로 고유한 시기(Age)다…
>
> (Deleuze & Guattari, 1987: 277)

계열적이고 연령중심의 발달 단계가 사라지면서, 몸과 마음은 "자아의 새로운 변화의 흐름"(Braidotti, 2003: 46) 속에서 작동하면서 서로 연결된다. 어린이~걷기를 시작하는 사람-되기의 노나는 관습적인 영토에서 벗어나 다른 영토를(로서) 다시 만든 것이다. 시간-공간의 영토에는 '정지', '그곳', '내부', '하나의', '새로운' 것은 없다. 그러한 운동은 잠재해 있는 과부호화되고 조직화되는 경향을 거부한다. 발생하는 것은 바로 이것, 즉 탈~영토화의 운동을 통해 지속적으로 변화하고 바꾸어 가는 것을 포함하여 무언가가 되는 것이다. 우리와 우리가 작동하고 있는 영토들은 항상 이미 변화하고 있다. 그리하여 시간-공간의 연결성을 통해 영토를 협상할 수 있는 또 하나의 움직임들과 마주침으로써 힘들의 배치가 나타난다. Braidotti(2001)는 되기를 활성화시키는 힘의 배치에 대해 설명한다. "[우리와 노나 사이에서] 탈~영토화의 패턴이 발생한다. 그것은 각각의 상호적인 존재와 평행적으로 그리고 안팎으로 움직이지만, 분명 그곳에 멈추어 있지는 않다"(p. 405). 걷는 사람-되기를 위해 걷기를 배우고 있는 노나의 어린이-되기는 어른의 이해 안에서 어린이-되기와 교차한다. 끊임없이 변화하고, 무/생물과의 연결을 역동적으로 (재)구성하고 계속 움직여가면서 항상 이미 되기를 하고 있다. 이렇게 변화하는 움직임 안에서 "더 이상 아동기는 아직 형성되지 않은 어른의 주체성이 아니라 주체성 그 자체이다"(Kennedy, 2002: 157). 그러한 움직임은 안정적인 것이 아니라 마주치게 될 가능한 세계의 전조이다.

되기는 미끄러지는 변화의 순간이며, 끊임없이 (재)구성하는 **운동**으로서 지각가능하다. **그리고** 되기는 변화의 역동성과 더불어 역동적인 변화들을 체화하며, 동시에 변화의 상황은 반복적으로 변화하는 과정들로 녹아든다. 되기는 동작(motion)과 휴식, 속도와 느림, 강도들의 흐름으로 표현되는 유동성(mobility)으로 체화한다. Groz(1994a)는 되기들이 "항상 다수이며, 하나의 '무엇'이 전혀 닮지 않은 다른 무엇으로 변화하는 움직임이다"(p. 204)라고 말한다. 어린이-되기는 지금 어린이가 **누구**인지 또는 어떤 정체성이 될 것인지에 관한 것이 아니다. 지금의 어린이에 관한 것도, 어른이 구성해놓은 이상적인 어린이에 관한 것도, 미래-어른에 관한 것도 아니다. 어린이(들)-되기에는 결코 끝나지 않는 되기의 과정이 포함되어 있다. Lenz Taguchi(2010)는 Deleuze(1994)를 해석하면서 "다른 것과의 관계 속에서 달라지는 무엇이 아니라 그 자체로 다른 것이 되기"(p. 15)를 말한 적이 있다. 경계를 넘나드는 공간들 안에서 어린이-되기는 되기의 조건으로서의 그것 자체와 이전과는 다른, 이전을 초월하는 무언가가 되는 것이 공존하고 있다. 되기는 비대칭적으로 지그재그식으로 움직이면서 "되기 그 이상이 아닌 되기가 되는"(Grosz, 1994b: 305) 이중적인 (모험)도전이다. 따라서 어린이-되기는 그(녀) 이상의 무언가가 되는 것이 아니라 특이성을 강화시키는 것이다. 한편, 지속적인 변화의 조건 속에서 그러한 특이성은 확장된다. 어린이-되기는 항상 이미 변화하며 자아를 (재)구성한다. 정점 없이 인식(불)가능한, 지각(불)가능한 무엇-되기는 이전과는 다르며 이전을 초월한다…따라서 구조주의자의 아이디어, 즉 되기를 관계성들, 유사성, 모방 또는 심지어 일련의 전진/후퇴에 대응하는 것으로 보는 아이디어와는 다르다.

사이-내부에 있는 내부작용적인 되기는 탈~영토화하는 탈주선의 움직임과 함께/속에서/통해서 작동한다. 따라서 어린이-되기는 통과하는 것이며, 항상 중간에 놓여 있다. 예를 들어, 놀이를 할 때 각각의/어떠한/모든 어린이-되기는 체화하고 되기들의 장에서 체화된다. 되기의 과정에서 다양한 캐릭터들과 역할들 간에 연결점들이 만들어진다. 연결점들은 놀이가 만들어지면서 흘러다니기 때문에, 어린이-되기는 갑자기 매끄럽게 변한다. 엄마-되기 조종사-되기 의사-되기 아기-되기 공동-조종사-되기 간호사-되기 아픈 애기-되기 등 각각은 항상 이미 단독으로 그리고 여럿으로 출현한다(**놀이[하기]** 고원 참조). 놀이하는 어린이 각각은 타자에 의해 결정 불가능성의 영역, 즉 타자(들)가 되는 에너지와 운동의 흐름, 끊임없는 변화 속의 어린이(들)-되기의 영역으로 들어간다. 또한 타자를 그 영역으로 끌어들인다. 따라서 되기 그 자체만이 진짜다.

세 명의 어린이(들)–되기(들) three becoming(s)-child(ren)

나는 세 명의 어린이의 되기를 묘사하면서, 아동기(들)에 있는 어린이(들)의 의미에 대해 이야기해 보고자 한다. London, Sydney, Auckland에 살고 있는 한 살, 세 살, 다섯 살 아이의 이야기에 대해 내부작용적 되기들을 공유하는 방식으로 이들을 말해보고자 한다. 권위주의적인 학술서와 발달론이 내세우는 명분에 반대하여 나는 시로써 어린이의 세계를 (재)기술하였다. 그들의 되기의 순간을 포착한다는 것은 행동주의자와 발달론자가 옹호하는 잠재적 권위를 중단시키는 것이다. 그것은 연구자의 해석과 해석적이고(이거나) 해체/구성적인 연구라는 개입 없이도 어린이의 활동을 말함으로써 가능하다. 아래의 시는 어른의(불순한)(adult[erated]) 언어(세계)(wor[l]ds)로 만들었지만, 어른의 권위적인 목소리라는 경계를 넘어서려고 노력하였다. 나는 어린이(들)–되기 강렬함–되기 지각불가능성–되기 충만한–힘–되기 교육과정–되기의 몇몇 순간에 대한 이야기를 (다시)지어 보았다.

타일라–되기…한 살

하루를 시작하네, 모두가 즐겁고 열정적으로.
걸음마 아기는 부엌과 복도를 지나 거실로 가네.
넘어지지 않고 뛰어가듯 여행을 하지.
안방 서랍은 살피기에 안전한 곳이야.

화장실 바닥에 물건들을 다시 놓아둬야지.
보물들, 부드러운 분홍빛깔 파우더 퍼프,
할머니와 나누어 갖는 것, 볼 비비며 인사하기,
아빠가 전화로 들려주는 이야기,
살아 움직이는 와글와글 웃는 것들,
알 수 없는(어른은) 정말 재미있는 이야기.
고무장화와 엄마 구두를 밖으로 가져가야지.
그런데 밖이 너무 추워.
쪼그리고 앉아, 머리를 숙이고, 꽥 소리를 지르네.
이해하지 못하지, 어른은.
촉촉하고 따스한 겨울 햇살 아래 나는 호스를 가지고 논다네.
차가운 물에 젖은 나를 바라보네.
추워요, 그래도 괜찮아요. 뭐가 달라졌을까요?
엄마 팔에 안겨 침대로 가네,
아빠와 Poppa와 나는 밤과 밤을 지나갈 거야.
다시 하루를 위해 잠들어야지.
살아가기 사랑하기 타일라를 알기~사랑하기
경험하기~살아가기
햇살처럼 빛나는 표현들
타일라-되기 어린이(들)-되기

레오-되기…세 살(혹은 서른세 살?)

저 먼 곳 런던에 사는 레오-되기가 하루를 시작하네,
바로 지금 열정적으로!
아빠와 스카이프로 통화를 하지, **난 오늘 노래할래요**…
손을 꽉 움켜쥐고, 가사와 멜로디가 복잡한 캐럴을 부르네.
어떤 날은 오페라를 부르기도 하지.
스파이더맨 입장, 무대 왼쪽, 딱 맞는 타이츠, 휘날리는 망토
쭉 펴기, 폴짝 뛰기, 튀어 오르기, 뛰어내리기,
같이 놀자고 아빠를 조르기,
방석은 (바닥) 다른 곳에 두고
(누군가의) 거실을 어지럽히네.
불기, 숨을 몰아쉬기, 영웅 흉내 내기.
(바깥세상 속 영웅) 아빠는 청중이 되지.
다른 세상을 상상해 볼까?
진짜 부엌 옆에서 나만의 부엌을 만들지,
요리하고 먹고 말하고 치킨수프를 나누어 먹고,
음식을 만드는 척하고,
플라스틱으로 상상을 펼치네.
사진 속 레오는 이탈리아에서 엄마와 함께
스프링클러 아래 신이 나서 뛰어다니지.
Ti PaPa Point와 Greek Island에 앉아 모래를 느끼고
말을 타고 '집'(집?)에서 잔디를 깎네.
뉴질랜드 울로 감싼, 아빠와 베를린에 있는
보 아저씨가 만들어주는 흔들 그네
모자, 코트, 글러브, 용기, 그의 신발, 운동장

안 돼! 아빠, **용기**, 운동장, 추위
레오-되기에는 차가움~조금~뜨거움이 들어 있다네.
놀이(하기)의 힘

셀랑-되기…거의 다섯 살의

어른보다 일찍 일어나 지난밤 떠나 온 곳으로 다시 돌아가네.
잠잘 때를 빼고는 늘 그래.
몸은 생각의 속도를 맞추네.
그곳엔 (재)창조한 점들이 있고,
가늠할 수 없는 탈주선이 시작되지.
어떤 것들은 다른 것들보다 더 잘 날아다니지만
조금이라도 모두 성공하네.
매끄러운 통로 갑작스런 소용돌이 극적인 추락
크레용으로 책을 가득 채우고
그의 세계-되기를 미리 알려주는 셀랑-되기가 나타나지.
그곳엔 트램펄린이 있다네.
뛰어 오르고 돌고 엉덩방아를
찧고 차고 던지고 치고
낄낄대기 변신하기 미끄러져 내려오기 빠져들기
매일 아빠와 함께 오는 새로운 말들
그의 길을 가로질러 네 살짜리는 감성으로 답하네.
힘차게 답하네, 그는 자신이 무얼 원하는지 알고 있지.
다른 사람들이 그에게 무얼 원하는지도 알고 있어.
어른 세계의 오래된 전통과 풍경을 두고 협상을 하네.

다른 흐름으로 다르게 흘러다니며
그의 시간-공간 세계와 다른 이들의 시간-공간 세계를 통해
셀랑-되기는 이미 유모~엄마~아빠-되기를
배워야 한다는 것을 안다네.

이러한 어린이(들)-되기(들)는 배움~삶을 경험하는 아이들의 이질성을 (재)이미지화하는 쪽으로 예전과 다르게 생각할 수 있는 가능성을(에로) 열어 준다. 어린이(들)-되기(들)는 되기(들)의 계속되는 변화 속에서/함께 (발현)병합하는 혼합성을 인정할 수 있는 기회를 준다. 이들(다른 것과 같이)의 어린이-되기를 특징짓는 되기의 역동적인 변화는 잠깐 동안이지만 지각가능하다.

고원을 떠나며 leaving the plateau

어린이에 대한 이미지와 아동기를 특징짓는 담론들의 경계를 가로지르면서, 나는 어린이(들)-되기라는 상상과 함께/속에서 체화된 처음부터 다른 시간-공간을(에로) 열어 두었다. 어른이 어린이와 아동기를 발생적인 것으로 이해한다면, 어린이를 처방적, 가설인 용어로 어린이와 아동기를 특징짓지 않으면서 이러한 시간-공간에 참여할 수 있다. 어린이-되기와 관련하에 어른-되기가 기능한다면, 어린이-되기는 더 이상 성인기라는 우세한 상황을 향해 양육되는 열등한 존재들이 아니다. 어린이-되기는 아동기(들) 되기로 체화되는 어린 인간 존재들인 것이다. 다양한 되기들을 통해 삶~배움에 대한 이해가 드러난다. 되기는 내재적인 되기 내에서만 지각(불)가능하다. 어린 이들이 자기 자신과 학습을 학습자-되기로 (재)이미지화할 수 있는 가능성 또한 열리게 된다.

그리고 교육과정에 대한 이해가 만들어 낸 어린이의 학습인 놀이(하기)에 대한 어른의 이해가능성도 열리게 된다. 이 모든 것의 되기가 가능한 것이다.

아동기는 지속적인 현상으로/에 의해 구성된다. 어린이–되기~어른–되기는 결코 끝나지 않는 경험이다. 미래는 현재 속에 무엇이 있는지(그것의 현전하기)에 집중할 것을 담보하는 삶의 일부이지만, 미래가 현재가 되는 것처럼 우리의 아동기(어린이–되기~어른–되기로서)에 대한 '과거' 기억은 연속적인 (재)이미지화의 조건들에서 동요되고 동요한다. Silin(2003)처럼, 나는 성인기가 단순히 우리의 경험을 이해하는 데 필요한 **발전된**(*improved*) 시간이 아니라, **확장된**(*expanded*) 시간이라고 생각한다. 어린이–되기~어른–되기는 과거~현재~미래 속 틈새에서 함께 살아가기 때문에, 아동기가 이미 살아온 시간뿐 아니라 우리들 성인의 삶들에 역동적으로 현전한다고 생각한다. 항상 이미 어린이–되기~어른–되기는 항상 이미 어린이–되기~어른~되기이며, 항상 이미 이전을 초월하는 다른 무엇–되기이다…

리좀–지도 만들기
Rhizo-mapping

> 지도는 우리의 (신체적, 사회적, 기술적) 실천이 일어나는 바로 그 순간이며, 우리가 그것에 참여할 때마다 다시 만들어진다. 지도 만들기는 끝없는 재영토화 과정이다. 지도는 일시적이고 순식간에 만들어지며, 임의로 형성되고, 맥락에 의존하면서 서로 관계를 맺는다. 지도는 실천이다. 우리의 실천은 항상 지도를 만들고 있으며, 그것은 문제들을 관계적으로 해결하기 위해 실행되는 공간의 실천이다.
>
> (Kitchin & Dodge, 2007: 335, 원전에서의 강조)

지도 만들기 mapping[1)]

지도 만들기는 아이들의 놀이(game)[2)] 모습을 담고 있는 관찰 자료에서 나타난 중요한 특징이었다. 아이들은 놀이에 참여하면서 지도를 만

---

1) 역자 주: 지도 만들기(mapping)는 리좀의 다섯 번째 원리로 사유를 나무나 뿌리의 재현으로 보는 관점에서 벗어나 리좀으로 보면서 사용된 개념이다. 사본(tracing)의 재생산과 대비되며, 지도는 열려 있고, 분해될 수 있고, 뒤집을 수 있으며 끝없이 변형될 수 있다. 지도는 다양한 입구를 가지고 있지만, 사본은 늘 '동일한 것'으로 회귀한다.

2) 역자 주: …시작하며…에서 설명한 game에 대한 번역 역자 주를 참조하기 바란다(p. 28).

들었다. 지도는 놀이를 하는 동안 여러 번 만들어졌고, 어떤 지도들은 놀이를 시작하기 전에 만들어지기도 하였다. 놀이가 시작되면서 지도는 다시 만들어지기도 하였는데, 놀이의 목적을 설명하고, 놀이에 대해 각자가 기대하는 것을 표현할 때 다시 제작되었기 때문에 지도는 미리 계획할 수가 없었다. 어린이가 자유로이 놀이를 하며 만드는 지도는 어린이가 상상계를 어떻게 표현하고 어떻게 이용하는지와 관련되므로 단순한 환상은 아니며, 오히려 열린 "**계획(평면)**(*plan[e]*)"이다(Deleuze & Guattari, 1987: 260). 따라서 지도는 놀이설명서도 아니고, 놀이가 어떻게 진행되어야 하는가에 대한 권위적인 진술들로 구성되지 않는다. 오히려 지도는 놀이를 하면서 떠오르는 (발현)병합적인 생각들을 그림으로 표현한 것으로 놀이 참여자가 지나가게 될지도 모르는 놀이터에서의 위치, 역할, 등장인물과 줄거리를 담고 있다. 지도는 상상 속의 물리적인 계획(평면), 즉, 놀이가 실제로 작동할 조건들의 영토적 고원이고 아이들이 이러한 우연을 어떻게 마음속에 그려낼지에 대한 계획이다. 지도란 통로(passage), 계주(relays), 탈주선들의 배치로 아이들은 문제를 (용해)해결([dis]solve)하려고 서로 협상하고, 문제들은 새로운 줄거리를 만들어 내기 위한 기회로 인식된다. 놀이는 놀이를 하는 동안 자기/의식/없이(self/un/consciously) 출현하듯이 지도도 그렇게 만들어진다. 지도가 문자로 된 구성물이긴 하지만 아이들은 지도를 만들면서 놀고, 그렇기 때문에 놀이 그 자체가 된다.

지도 만들기를 (다시)생각하기 (re)thinking mapping

Perkins(2009)는 어린이의 놀이에 대한 개념을 이해하면서 지도제작을 다시 생각하였듯이, 연구자로서 나도 지도를 지리학적으로 이해하면서 아이들의 지도 만들기와 아이들의 지도와 놀이하는 모습을 다시 생각하게 되었다. 아이들은 놀이의 지도를 만든다. Perkins와 Dodge(2009)는 공간, 재현과 실천(praxis)에 대한 철학적 문제들을 지리학적 용어를 통해 탐구하면서, 사고 과정에서 나타나는 지도 만들기와 지도-읽기의 중요성에 주목했다: "지도 만들기는 인식론적이지만 뿌리 깊게 존재론적이다-그것은 세상에 대해 사유하는 방식으로, 지식에 대한 틀을 제공할 뿐 아니라, 세상 그 자체에 대한 일련의 주장이 된다"(p. 1). 이와 같은 생각은 Deleuze(1994)의 사고(thought) 안에서 "사유하기"(p. 147)와 중첩되는 개념으로 놀이를 할 때 나타나는 아이들이 지도 만들기와의 사용과 유사하다. 본 연구의 자료를 보면, 아이들은 놀이의 지도를 만들고 지도(만들기)(map[ping]) 놀이(하기)(play[ing])를 실제로 구현하기 위해 지도를 만들면서 지도 놀이에 참여하였다. 놀이를 지도로 만들 때에도 지도 만들기에 참여하였다. 이처럼 지도 만들기와 지도 읽기는 반복적이고 다양한 과정들로 이루어졌으며 이 과정에서 아이들은 지도제작자가 되었다. 많은 지도들이 그려졌다. 아이들은 그 과정에서 놀이에 참여하는 다른 아이들이 만들어 놓은 지도를 따라가며 각자의 지도를 읽었다. 이처럼 지도를 만들어 가는 것은 역동적이었고, 형체가 만들어지는 과정이었다. 지도는 복잡하게 서로 경쟁하는 다수의 목소리가 새겨진 글과도 같다. 지도는 안정된 구성물의 고정된 재현이 아니다.

지도(만들기) 놀이(하기)를 하는 동안 아이들은 놀이터와 놀이 속 상상적 공간들을 돌아다니며 이동했던 경험들을 그림으로 그렸다. 아이들은 몸, 놀이터, 프로그램, 가공물들 사이의 물질적이고 사회적인 관계의 시간-공간을 변화시키면서 탈~영토화한다. 지도 만들기는 특정 위치에서 제한적으로 일어나거나 창조가 일어나는 순간에 고정된 것이 아니라, 독자적 맥락을 통해/함께/속에서 발생하는 이동에 관한 것이다. 실체들이자 서로 연합된 과정으로의 지도 만들기는 곧 지도 만들기-되기와 어린이-되기의 연속일 뿐이다. 지도 만들기는 놀이를 하는 동안 실제 지도를 마주하고 다른 맥락과 관계의 가능성들의 생산을 (다시)읽어가면서 변화한다. 지도는 놀이를 형성하고…**그리고**…놀이는 아이들의 욕망이 표현될 때 어떻게 지도를 읽어야 할지에 감응을 주고…**그리고**…아이들은 감응하고 놀이지도를 만든다. 놀이 계획(평면)을 따라가 보면 그것은 영토를 (재)생산하고 (다시)알리는 과정의 연속이었다. 지도는 이 과정에서 표현, 조건과 실제들이 펼쳐지는 환경을 통해/함께/속에서 늘 작동한다.

아이들이 만들어가는 지도는 수행적(performative)이었다. 아이들은 그들의 권한 이동과 흐름을 전달하고, 놀이(참여자들)의 주체성을 확인하고, 다양한 캐릭터로의 이동할 것을 알리면서 머릿속에 있는 그림을 (불)완전하게 시각적으로 상연해냈다. 아이들은 만들어지고 있는 지도에 대해 가끔 이야기를 나누기도 했다. 보통은 지도와 진행된 놀이를 서로 암묵적으로 이해하고 있는 듯하였다. 지도와 지도의 역할을 수행하면서 이해해 나가기 때문에 지도가 무엇을 재현하고 있고 의미하는지를 이해하려 하기보다는 지도는 "항상 되기의 상태에 있고, 지도는 계속 만들어지고 있으며, 그와 동시에 생산되고 **그리고** 소비되고, 쓰고 그리고 읽히고, 디자인되고 **그리고** 사용되면서 재현되고 **그리고** 실제의 역할을 하며, 양자적 관계 속에서 지도/공간을 상호적으로 구성해 나가는"(Kitchin et al., 2009: 17, 원전에서의 강조) 것으로 보인다. 이처럼 상호 구성해나가는 공간에서 영토는 지도보다 선행되지 않으며, 지도와 영토는 동시에 (발현)병합된다([e]merging): "공간은 아이들 사이에서 지도를 통해 구성되기 때문에 지도는 세상에 대한 반영물이 아니라 세계에 대한 재창조이다. 지도는 영토를 활성화시킨다"(p. 18). 이와 같이 지도-되기~영토-되기의 개념은 되기의 환경으로의 교육과정, 아이들의 교육과정 수행-되기의 환경으로의 교육과정이라는 개념과 뒤섞인다.

실제 지도제작자들처럼, 아이들은 지도를 만들어가면서 "무엇이 포함되어야 하고, 지도는 어떻게 생겨야 하며, 지도를 보면 무엇을 할 수 있는지"(Kitchin et al., 2009: 9)에 대해 서로 협의하였다. 하나의 주체성 그리고 협력적 주체성에 감응을 받아, 아이들의 지도는 다양한 가치와 의견들로 가득 채워졌다. 지도는 다양한 아이들의 (불)완전하고 치열한 지도 만들기를 통해 나타난 생산품이자 전능함의 생산자가 되었다. 따라서 지도는 불안정하고 복잡한 텍스트로 구성된 글이며, 쉽게 만들어지거나 해독될 수 없다. 오히려 지도는 영토를 (재)생산하고 (다시)알려주는 지속적인 (재)맥락화 과정들에 열려 있고 이를 요구하고 있다. 지도는 단순히 영토를 그리는 것만이 아니다. 지도는 "사람들, 담론 과정과 물질들의 배치의 일부이다"(p. 16). 지도는 아이들이 스스로 놀이를 (재)구성하도록 돕고 공간을 (다시)생각해 볼 수 있는 가능성을 열어 준다. 다시 말해 아이들은 놀이의 지도를 생산하려고 작업을 한다…**그리고**…놀이를 생산하려고 지도를 만든다.

Kitchin과 연구자들(2009)은 지도를 "펼쳐진 잠재성이자, 가능성의 전달통로이자, 상상력의 세계를 실천하는 장소(p. 18)"로 보았다. 탈~영토화를 통해, 지도는 계속해서 영토를 다시 만들어가고, (재)생산된 다른 결과를 다시 만들어 낸다. 이와 같이 재-영토화를 지나가며 탈~영토화 작용에 대해 이중으로 지도를 만들면서 다양한 상호적 흐름의 감응들을 생산해 낸다. 지도는 항상 이미 "열려 있고 모든 차원들 안에서 연결접속될 수 있다. 지도는 분해될 수 있고, 뒤집을 수 있고, 끝없이 변형될 수 있다. 지도는 온갖 몽타주를 허용하며, 개인이나 집단이나 사회 구성체에 의해 찢어지고 뒤집히고…다시 작성될 수 있다"(Deleuze & Guattari, 1987: 12). 따라서 지도 제작은 늘 이미 교육과정 수행성에 열려 있고, 지각(불)가능하거나 상상(불)가능한 가능성의 환경을(에로) 열어 준다.

지도(만들기) 놀이(하기) map(ping) play(ing)

리좀~지도 만들기는 탈주선들 간의 복잡한 상호작용을 통해 일어나며 물리적 공간, 상상의 공간, 놀이의 줄거리나 놀이참여자의 관계와 같이 다양한 영토에 유목하면서 흘러간다. 리좀은 어떤 지점이건 그것은 이미 다른 어떤 지점과 연결접속되어 있기 때문에(Deleuze & Guattari, 1987: 7) 지속적인 접속의 배치는 계속되고, 역동적인 변화의 탈-중심화된 환경이 초점이 된다. 리좀~지도 만들기에서는 점도 위치도 없고, 시작점과 끝점도 없다. 선들만 있거나 통로만 있을 뿐이다. 탈~영토화의 탈주선은 서로 분리되어 연결점이 없어 보이는 생각이나 행동이 접속가능하도록 열어 준다. 이때 막대한 상호연결성-열린 체계 내의 다차원적 운동의 배열 사이의 중간들이 모인 것-을 발생시킨다. 따라서 리좀~지도 만들기의 발생은 똑같이 구조화된 점을 따라가고, "항상 '똑같은 자리에' 돌아오는"(p. 12) 수목형의 직선적 진행을 어렵게 한다. 리좀-지도란 항상 이미 접속의 순간(운동)의 가능성을(에로) 열어 준다.

아이들은 지도를 만들 때 지도를 놀이자원으로 이용하였고 놀이를 하면서 생각을 하려고 지도를 사용했다. 바로 이때 리좀~지도 만들기가 일어났다. 지도(만들기) 놀이(하기)에서, 지도와 지도 만들기, 놀이와 놀이하기는 놀이의 창조적, 상상적, 수행적 계획(평면)을 통해/함께/속에서 발현된다. 지도처럼 놀이 또한 완전히 물질화된 적이 없지만 계획이 고원을 탈~영토화하고, 고원이 계획을 (재)분배하듯이 영원히 (발현)병합된다. 놀이를 하면서 아이들이 어떻게 지도를 만들어가고, 공간–시간의 탈~영토화와 (재)분배 내에서 어떻게 지도를 만들어 가는지를 보면 아이들이 교육과정을 어떻게 이해하는지를 엿볼 수 있다. 지도 만들기(지도 놀이)와 지도를 가지고 놀기(지도 만들기 놀이하기)의 다양한 모습들을 볼 수 있는 아이들의 사례를 보자.

팀과 피리의 지도 만들기 시작하기 Tim and Piri opening map making

팀과 피리는 악당 잡기를 준비하고 있었고 상상 속의 놀이를 떠올리며 등장하는 캐릭터가 존재(생성)하려면 지도가 중요함을 알게 되었다. 이후 지도는 사냥 장비의 일부가 되었다. 놀이를 시작하기 전에 지도를 준비하는 것이 중요했다. 지도는 놀이 참여를 허락하고, 줄거리를 논의하는 방식이 되었고, 아이들이 놀이에 대해 서로 기대하는 것들을 소통하게 해 주었다. 피리의 지도는 격자무늬를 하고 있었다(그림 5.1a). 팀은 사람들을 그렸는데 사냥 당할 악당들과 사냥꾼으로서의 자기 자신과 피리를 그렸다(그림 5.1b). 역시 지도 무기 역할도 한다.

피리는 지도를 말고 있었고 팀은 지도를 그리며 말을 건넨다: *우리는 매일 거미 사냥을 나갈 거야…사냥 여행을 가는 거지… 그리고 오늘은 나쁜 사람들을 잡으러 갈 거야. 예!* (자신의 그림을 돌돌 만다) *그리고 이것은 내 광검 지도야.*

피리: *보물지도.* (피리는 지도를 허리띠 윗부분에 넣어 둔다).

팀: *보물지도. 그것은 켤 때 누르는 원이야.* (내게 광검의 '스위치'가 켜지는 것을 보여준 뒤 노래를 부른다) *사냥 가야지~ 사냥 가야*

지~. (팀은 지도를 펼친다) *우리는 특별한 무엇인가가 필요해. 근데 어떻게 알 수 있지?*

피리: *몰라.*

팀: *우리, 악당들 몇 명을 그려야 해.*

피리: *사냥 가자.*

팀: *잠깐만, 피리. 먼저 악당을 그려야 해. 너무 많은 악당들이 있어. 저기에 그들이 있어. 모든 악당들은 저기에 있어. 그리고 이제 그들을 물리쳐야 해.*

[그림 5.1a]
피리의 악당 사냥 지도

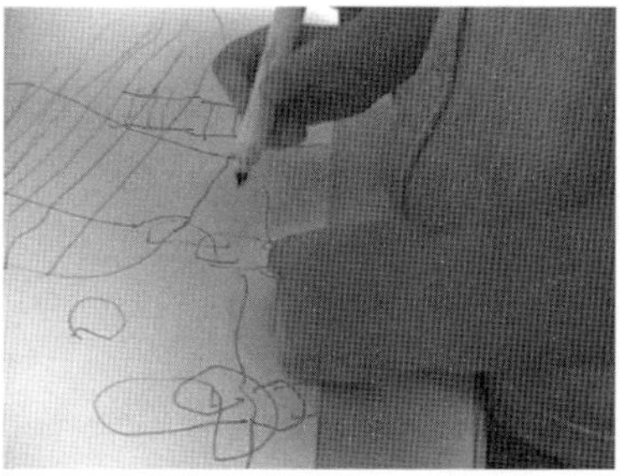

[그림 5.1.b]
팀의 지도가 사냥 놀이와 악당을 묘사하고 있다.

지도를 만들어 가고 있는 위의 대화에서 팀과 피리는 지도에 무엇이 포함되어야 하고, 어떻게 생겨야 하며, 무엇이 소통되어야 하는지에 대해 협상해 나간다. 팀에게 그것은 악당 잡기였고 피리는 이 부분에 대해서는 논쟁하지 않고 보물 요소들 놀이에 포함시켰고 팀은 그것은 받아들였다. 아이들의 지도에는 정해진 여행길은 없었다. 다시 말해, 지도란 특정한 위치와 장소가 아니라 놀이 계획(평면)을 통과하는 이동에 대한 것이었다.

케인, 나디아, 벨라의 자신들의 길(들) 지도 만들기

Kane, Nadia and Bella mapping their pathway(s)

놀이 가운데서 상호/균/열(inter/ir/ruption)이 발생했다. 케인, 나디아와 벨라는 놀이 지도를 만들려고 놀이를 비/의도적으로(un/intentionally) 멈추었다. 이와 같은 지도를 만들고 있는 순간(운동)에 (발현)병합된 탈주선은 끊임없이 균열되고 있는 집단을 결속시켰다. 가끔 케인은 나디아, 벨라, 아담, 알렉과 캘럼을 끌어들여 자신의 아이디어인 초콜릿 공장 놀이[3]를 하도록 했다. 아이들은 놀이터에 갔을 때 케인을 따르고 있었지만 케인의 생각이 아이들로부터 완전히 주의와 동의를 받은 것은 아니었다. 이탈이 있었고, 아이들은 다른 기구에서 놀기 위해 놀이를 멈추었다–"사회적 환경은 늘 모든 유형의 탈코드화와 탈영토화 운동을 통해 활발해지는데 이때 운동은 서로 다른 속도로 작동하며 '집합체'에 감응을 준다"(Deleuze & Guattari, 1987: 220). 아이들은 놀이주제에 대한 각자의 생각을 이야기했지만 끈질기게 놀이의 흐름을 통제하기 위해 과부호화하는 모험을 했다. 결국 아이들은 나디아와 벨라가 지도를 만들고 있는 미술영역으로 이동했다(그림 5.2a와 5.2b).

[그림 5.2a]
지도가 무엇을 말하고 있는지 봐.

[그림 5.2.b]
이게 우리가 길을 잃어버린 지도야.

---

3) **복잡하게 교육과정을 수행하는 어린이**에서 놀이를 했던 날이 아닌 다른 날에 다른 아이들로부터 이야기된 부분이다.

케인은 나디아에게 *자기 지도가 어디를 가야 할지 알려주는 지도라고* 말했다. 나디아는 듣고 있었지만 *자기 지도가 잃어버린 곳이 있는 지도라고* 말했다.

케인: *그러니까 우리는 초콜릿 폭포를 지나, 내 뒤를 지나서, 강 위로 건너가고, 그런 다음 우리는 가는 거야. 우리는 갈 거야…잠깐만, 지도가 무슨 뜻인지 봐 봐. 초콜릿 폭포를 지나야지. 야, 모두가 지도를 보고 있잖아. 초콜릿 폭포를 지났고 갈대숲을 지나서, 강에 왔어. 아, 우주선으로 향해야 해. 그리고[…] 자, 우린 올바른 길로 가야 해, 폭포를 지나야 돼. 그래서 우리는 아주 천천히 가야 해. 아주, 아주, 아주, 아주, 아주, 아주 오래 걸릴 거야.*

나디아: (지도를 돌돌 말며) *이게 우리가 잃어버린 길 지도야, 알겠니?*

케인: (자기 지도를 말며) *글쎄, 이게 그 지도야.*

나디아: (자기 지도에 추가하며) *그래, 그런데 이게 우리가 잃어버린 길이라니까.*

케인: *음 그리고 이게 우리가 어디를 가야 할지 알려주는 지도라고.*

나디아는 자기 지도를 케인에게 건네주고 앞장서서 밖으로 나갔다.

케인은 놀이 계획(평면)에서 자신의 의사를 전달하고, 올바른 길로 가고 있는지를 확인하고, 자기 지도가 모두가 따라야 할 지도라는 것을 나른 아이들이 이해하고 있는지를 확인하기 위한 지도의 가치를 인정한다. 그러나 나디아는 지도 사용에 대해 비판적이었고 회절적으로 읽었다. 지도가 생산되고 사용되는 다양한 방식들을 인정하는 것 같았으나 하나의 길만 옳은 것이 아니라는 것을 알고 있는 듯했다. 나디아는 지도가 있으면 길을 잃어버릴지 아닐지를 확인할 수 있고, 잃어버리게 되면 길을 찾도록 도와줄 수 있다고 말하고 있었다. 케인은 놀이에 참여하고 있는 아이들을 자기 생각대로 이끌어 가기 위해 같은 말을 여러 번 반복했고, 지도 제작을 통해 "놀이의 역할과 영토적 배치-놀이~참여자~지도의 배치 내에서의 기능을 배분하고"(Deleuze & Guattari, 1987, p. 222) 있었다. 지도는 놀이에 참여하는 아이들에게 협상의 공간이 되었다. 다시 말해, 지도는 케인의 "과부호화된 사고로 구성된 견고한 선"과 놀이에 대한 의도로 구성된 "견고한 분할성", 나디아의 "서로 맞물린 부호들과 영토성으로 구성된 상대적으로 유연한 선", 그리고 독자적으로 유목민~리좀으로 흐르고, "유동적이고 활동적인 탈출을 모험(하며)(ventur[ing]), 어디든 탈~영토화의 씨를 뿌리는(sow[ing])"(p. 222) 탈주선들이 모두 공존하는 공간이었다. 그것은 케인의 생각이었음에도 놀이의 매끄러운 공간을 촉진하고 바깥 놀이터로 가는 것을 이끈 건 나디아이다.

팀과 잭의 지도 만들기 기계 Tim and Zak's mapping machinic

공룡거미 사냥놀이에서 팀과 잭은 놀이의 경쟁과 참여를 위한 지도를 만들 상황이 되었는데, 지도는 갈등을 유발하고 또 통과하게 한다. 이와 같은 이중적 순간(운동)에서, 두 아이의 지도 제작은 충만한-힘의 기계이자 무의식의 욕망하는 기계가 되었다. 놀이 지도를 실제로 그리면서 갈등이 더 복잡해졌다. 복잡한 문제를 협상할 수 있는 길을 열어 주고 놀이를 강화시키는 것이 바로 지도였다. 우선, 아이들에게는 놀이를 시작하는 데 있어 지도가 중요했다. 놀이를 하려면 무엇이 필요하냐고 물어봤을 때, 잭은 "*지도가 필요해요 그리고…*"라고 말했고 팀이 "*그리고 말이 필요해요.*"라고 대답했다. 그래서 아이들은 다른 장비들도 필요했지만 지도 제작을 먼저 시작했다. 이후 놀이를 하는 동안 지도를 다시-만들었고 지도에 놀이에 대한 그들의 독자적이고 다양한 욕망을 새겨 넣었다. 지도는 놀이의 계획(평면)이 중요하다는 것을 알 수 있게 하였고 놀이-계획(평면)의 실제 그림이 되고 있었다. 지도는 그들이 놀이로 들어갔음을 알렸지만 그들은 흐르고, 다투고 계속해서 (재)협상한다. "지도는 언제나 분해될 수 있고 연결 접속될 수 있고 역전될 수 있고 수정될 수 있으며 다양한 출입구를 가지고 있고 나름의 탈주선을 갖고 있다"(Deleuze & Guattari, 1987: 21).

그러나 지도를 수정할 필요가 있는 순간에, 사냥에 대한 서로의 이해가 복잡해지자 마찰이 발생하였다. 팀이 거미 사냥을 가야 한다고 놀이 초반에 말을 했다. 그러나 둘은 손수레에 앉아서 장난감 금전 등록기를 사용하면서 공룡 사냥을 할 시간인지 읽으려고 하고 있었다.

팀: *공룡시간인지 보자. 공룡시간은 이제 없어.*
잭: *보자. 아, 네 말이 맞아. 공룡시간은 없어.*
팀: *토요일이라서 그렇지. 토요일엔 공룡시간이 없잖아, 그지?*

비록 아이들은 지도를 갖고 있었지만, 공룡시간이 아니었기 때문에, 새 지도를 만들기로 결정했다. 팀은 뛰어나갔고, 그동안 잭은 손수레를 지켰고, 팀이 새 지도를 갖고 돌아오자, 팀이 무엇을 그렸는지 보지도 않고 잭은 그림테이블로 뛰어들어갔다. 이제 팀이 손수레를 지키고 있었고 거미가 그려져 있는 지도를 보여 주었다. 그리고 난 후 손수레를 버리고, 공룡지도를 그리고 있는 잭을 따라갔다. 팀이 이 상황을 알았을 때 두 아이들의 놀이에 대한 (잘못)이해가 펼쳐졌다.

잭: *음, 공룡 사냥을 위해 더 좋은 지도를 만들 거야. 거미 지도를 만들었지만 거미 지도는 이제 필요 없어…다른 공룡 지도를 만들어야겠어.*
팀: *공룡 사냥은 안 갈 거야. 우리는 거미 사냥 갈 거야.*
잭: *음…음, 나는 네가 공룡 사냥을 가자고 하는 줄 알았어.*
팀: *공룡 사냥 아니고 거미 사냥! 거미 사냥하러 가자!*
잭: *아니…거의 다 끝났잖아…*
팀: *휴. 알았어. 거미 사냥은 나 혼자 해야겠어.*
잭: *음…우리, 우리가, 나는 음…나는 네가 공룡 사냥을 가기를 원하는 줄 알았어.*
팀: *공룡 사냥 아니야! 거미 사냥이야!*
잭: *왜 거미 사냥을 하려고 해?*
팀: *왜냐하면 거미 사냥을 하고 싶으니까.*
잭은 다른 생각이 떠올랐다: *좋아. 그러니까 그것은, 그것은, 그것은 대신에 공룡거미야.*
팀이 까악 소리를 내며 점프를 하자 팀과 잭 사이에 있던 긴장이 녹아내렸다: *공룡거미 사냥이다! 출발!*
잭은 같이 뛰어가면서 환하게 웃었다.
팀: *우리는 공룡거미 사냥을 나가야 해.*

어린이의 교육과정 수행성에 대해 사유하기
thinking about children's curricular performativity

팀과 잭에게 지도는 갈등의 장이었을 뿐 아니라 해결의 장이었다. 행동주의 발달이론가들은 이것을 잘 집행된 갈등 해결로 볼 것이고, 그런 점에서 잭의 해결 능력은 탁월하다. 그러나 Deleuze와 Guattari의 철학에서 본다면 정당화하고 논쟁하는 장소에 대해 (잘못)이해하는 것은 더욱 복잡해지며, 팀과 잭은 모두 영토에 도전하고, 생산적으로 문제를 다시/해결하는(re/dis/solving) 강렬한 협상가들이 된다. 그(들의) 지도를 보면서 추적해 가고 있는 이 순간에—"사본들을 지도에 다시 연결시켜 주어라. 뿌리들이나 나무들을 다시 리좀과 연결시키자"(Deleuze와 Guattari, 1987: 14)라고 말한 것처럼 두 협상가들은 사냥 놀이 지도를 (다시)만들기 위해([re]make) 놀이를 멈추었고 다른 아이가 놀이에 참여할 장소를 두고 협상했다. 순간 아이들이 의도했던 독자적인 줄거리의 사본이 놀이를 정지시켰다. 처음에는 둘이 다른 지도를 가지고 있었지만 갈등은 복잡한 것으로 이해되지 않았다. 그러나 팀이 그림테이블에 있는 잭에게 다가가자 차이가 분명해졌고 서로가 다른 기대를 하고 있었던 부분을 해결해야 할 기회가 열리게 되었다. 사본-서로 다른 지도를 갖고 있다는 (고정된) 이해하기-은 놀이를 방해했고 (열린) 지도 만들기가 시작되었다. 사본은 놀이를 방해했다. 기표적 파열이 나타났고 새로운 탈주선이 발현되었다: "리좀이 차단되어 나무처럼 되면 모든 것이 끝이 나고 욕망으로부터는 아무것도 움트지 않는다. 욕망이 움직이고 생산하는 것은 언제나 리좀을 통해서이기 때문이다"(p. 14). 지도를 (다시)만들면서 놀이는 잠시 중단되었고 새로 출현한 탈주선을 협상하며 사냥지도 놀이를 하는 데 필요한 두 개의 지도를 가지고 두 아이는 사냥 사본을 갖고 와서 계속 사냥에 참여했다.

> 리좀들 속에는 나뭇가지들이 얽혀 있고, 뿌리들 속에는 리좀 줄기들이 있다…중요한 점은 나무-뿌리와 리좀-관이 서로 대립되는 모델이 아니라는 것이다. 선사는 자신의 고유한 탈주들을 만들어 내지만 초월적 모델과 사본뜨기(tracing) 원리에 의해 작동한다. 이와 달리 후자는 자신만의 위계를 구성하지만 기존 모델을 전복시키고 지도를 그려내는 내재적 과정으로 작동한다. 사유의 범주가 전자인지 후자인지는 중요하지 않다. 중요한 것은 끊임

> 없이 구성하고 파괴하는 모델, 그리고 지속적으로 스스로를 확장시키고, 파괴하고 재건하는 과정이다.
>
> (Deleuze & Guattari, 1987: 20)

놀이를 중단하고 다시 시작하면서, 팀과 잭은 (잘못)이해를 펼쳐나갔다. 팀의 사본은 거미사냥을 하고 싶고 필요하다고 하면서 고유한 다소 독단적인 방식을 불러일으켰다. 반면 잭의 공룡-거미 사냥이라는 아이디어는 놀이에 대해 새롭게 지도를 만들게 되는 내재적 과정을 열었다. 잭의 방식은 공룡-거미 사냥을 위해 두 지도를 새롭게 조합하여 읽은 것으로 이전 지도에서의 사본을 대체했지만 독단적이지 않았다. 그러나 사본들을 지도에 다시 연결했을 때 사본은 지도에 녹아들었고, 놀이를 진행시켰고, 사본을 통해/따라/속에서 아이들의 협상을 확인하는 사본 위에 다층적 의미구조(palimpsest)를 발생시켰다. 놀이의 지도 만들기는 서로에게 방해가 될 수도, 되지 않을 수도 있다. 뒤엉킨 팀~잭은 나뭇가지의 마디가 되었고, 리좀의 발아로 다른 아이의 욕망을 독자적으로 막았다. 행동주의 관점에서 보면, 이와 같은 간섭은 놀이의 유연한 흐름을 방해하는 것으로 해석될 수 있지만 Deleuze-Guattari의 유연한 공간으로 이해되고 이는 아이들의 놀이에서 발생할 예상치 못한 경로들을 협상하기 위한 폭발, 침입, 분열이 함께하는 곳으로 이해될 수 있다.

그러나 이 탈~영토화는 잭과 팀 사이의 (잘못)이해의 "영토구축을 규범화시키는 질적 특이성들"(Deleuze & Guattari, 1987: 317)을 탈~영토화하여 자제시키면서 놀이를 중단시켰다. 이제 아이들은 피리의 놀이 참여에 대해서 서로 다른 의견을 갖게 되었다. 팀은 피리를 초대했지만, 잭은 피리가 지도가 없어서 참가할 수 없다고 주장했다. 서로 다른 의견은 놀이를 중단시켰고 다시 시작하기 어려워 보였다. 지도는 사본으로 되돌아갔고 그 사본은 보호되어야 했다. 팀이 잭에게 지도를 흔들며 "*나는 이 지도를 내 사물함에 둘 거야. 너는 절대 못 찾을 거야.*"라고 말을 하고 걸어나갔다. 지도의 사본은 손상되지 않았지만 경로는 깨어진 듯하다. 이렇듯 정체된 것 같은 공간-시간은 동요하고 있는 리좀의 저지된 (욕망의) 한 부분일 뿐이다. 그것은 욕망의 흐름이 과부호화된 견고성에 탈-위계적인 방식으로 접속하였고, 한 아이가 늘 이미 다른 아이와 함께/로부터 (발현)병합하고 있다. '아이들의 놀이 현장, "아이들의 놀이주제…시작은 유치한 욕망을 **참는 것처럼** 보이지만 아이는 이미 날개를 가지고 있다…우주의 힘 위에 배치를 열며…한 아이가 이미 다른 아이 안에 현재한다"(Deleuze & Guattari, 1987, p. 350)…**그리고**…놀이~놀이자~지도 배치는 잭이 만 5세가 되어 학교로 가고 팀과 피리가 사냥놀이를 이어가면서 또다른 형태로 표현되며 지속된다. 팀과 잭의 공룡거미 사냥 지도 만들기는 목요일에 발생했다.[4] 잭은 학교를 떠나 다음날 오지 않았고 다음 월요일에도 오지 않았다. 팀과 피리는 악당 사냥 놀이 지도를 만들었다. 지도는 끝나지 않을 사냥 놀이가 되고 있었고, 지도(만들기)는 놀이와 참여자 모두를 지도(만들기) 놀이(하기)의 강도 높은 되기의 조건을 만들었다.

교육과정 수행성의 환경(들) 지도로 만들기
mapping (a) milieu(s) of curricular performativity

아이들이 지도(만들기) 놀이(하기)에 접근하는 것을 보면 어른의 세

4) 뉴질랜드의 아오테아로아 아이들은 다섯 살에 학교를 처음 입학하는 경우가 많다. 이로 인해 유아교육기관에서는 아이들이 학교를 졸업하고 새로운 아이가 그 자리를 채우는 아이들의 변화가 끊임없이 일어난다.

계가 아이들에게 부과하는 전통적인 교육과정 개념의 맥락 내에서 아이들의 교육과정 수행성이 어떻게 나타나는지를 볼 수 있다. 지도를 만들어서 가지고 놀이를 할 때 아이들의 교육과정 수행성은 학습의 환경이 된다. 지도는 놀이에 대한 욕망, 등장인물, 놀이 참여자의 주관성과 소통하고, 욕망은 아이들이 놀이에 대한 기대(들)를 하나하나 지나오면서 끊임없이 변화한다. 지도는 놀이의 상상적 영토와 (발현)병합되는 사회적이고 물질적인 공간의 가능성을(에로) 연다. 지도는 길을 밝게 비추고 아이들은 다양한 탈주선을 통해 흐르면서 그 과정에서 의견이 같기(다르기)도 하고, 이 놀이-계획(평면)이나 다른 곳에서 모이고/갈라지면서 문제를 해결한다. 지도(만들기) 놀이(하기)를 통해 아이들이 교육과정에 접근하는 방식을 엿볼 수 있었다. 그것은 우리가 갖고 있는 개념 이상으로 훨씬 더 다르게 생각해야 하는 것이었다. 상상 놀이를 통해/함께/속에서 아이들은 자기/무/의식을 조용하게 학습하고, 다른 아이들의 욕망에 자신의 욕망을 나란히 놓고, 사회적이고 물질적인 몸의 다양체와 함께/속에서 체화된(embodied) 무의식을 파악하고 전달한다. 이것은 인간 신체의 가장 중요한 기능을 말해 주는 것으로, 인지를 간섭하고 배움과 교육과정에 만연되어 있는 구조주의적 근간을 흔들어 놓는다. 아이들은 선형적으로 배우지 않고, 놀이를 통해 비형식적이고 자발적으로 학습에 참여하고 생산적으로 작동한다. 자유롭게 자신들의 생각과 함께/속에서/통해서 흘러갈 때 아이들은 스스로 생성적 학습 경험을 (재)창조한다. 아이들이 학습경험을 스스로 생성해 가는 방식을 새롭게 보려는 시도는 그동안 만연해 있던 구조주의, 행동주의와 발달심리학 관점에 대한 문제를 제기할 뿐 아니라, 그러한 관행적 관점을 통해서는 보이지 않는 아이들의 학습, 다른 방식으로 놀이하는 모습을 엿볼 수 있게 해 준다.

지도는 놀이의 교육과정 장소(들) 속에서 놀이와 아이들이 서로 뒤엉켜서 리좀 운동이 왔다갔다 변동하는 모습을 보여 준다. 아이 한 명이 있고, 많은 혹은 소수의 아이/들이 있고, 놀이(들)와 환경(들)이 있다. 지도 만들기는 리좀의 조건을 결정짓고 그 속에서의 표현들이 아이들의 문제나 병으로 명명되는 것을 막아 주고 교육과정 수행에 대한 새로운 시각을 열어 준다. 파편화된 전체로서 지도는 아주 광활하고 강도 높은 시간-공간의 환경에 대한 그림을 보여 준다. 여기서 시간과 공간은 선형적 개념이 아니다. 지도는 이동과 활동의 표현을 묘사하며, 지도에 만들어진 환경(들)을 통해/함께/속에서 흘러가고 있는 탈주선을 탈~영토화한다. 지도(만들기) 놀이(하기)의 배치-놀이 지도(게임)와 놀이 지도 만들기는 되기의 환경으로서 아이들이 어떻게 교육과정을 이해하고 있는지를 지각가능한 일로 만들어 주는 것이며, 어린이-되기의 지평적 평면과 교육과정의 수행성-되기를 환하게 드러내 주고 있다.

놀이(하기)
Play(ing)

고원으로 들어가며 opening the plateau

놀이(하기)에 관한 이번 고원은 어린이의 놀이에 대한 이론과 실제 놀이 활동에 대해 다루고 있다. 이 고원은 「놀이 이상의 놀이(*play which is more than play*)」"(Trueit, 2006)를 읽고 충만한-놀이(play-full)에 대해 병렬식 배치를 하는 리좀적 글쓰기로 이루어졌다. 내부작용에 관한 3중 병렬 배치는 두 가지 전사기록물로 구성되었다. 하나는 역할놀이영역에서 놀고 있는 아이들에 대한 기록이고 다른 하나는 아이들이 자신이 노는 모습을 비디오로 보면서 (다시)놀이하는 것에 관한 기록이다. 이러한 병렬배치는 각 텍스트가 다른 것(들)과 함께 일하면서 드러나는 앎(인식론) 그리고 이기(존재론)의 이론을 통해서/속에서 체화된 존재론적 인식론(Barad, 2007) 활동의 내부작용이다.

놀이의 개념 conceptions of play

놀이는 생물학, 민속학, 문학 비평, 여가학, 심리학, 사회학, 인류학, 역사와 커뮤니케이션 등 다양한 영역에서 논의되고 있다. 심리학과 사회학적 관점이 지배적인 유아교육에서는 놀이를 아동기의 자연스러운 조건이자 "어린이의 자연스러운 매개체"(Rhedding-Jones, 2003: 244)로

정의하고 있다. 놀이는 어린이 연구에 있어 기본 연구이지만 예비교사 교육에서 관심을 덜 기울이고 있는 것 같다. 관련 문헌에서 놀이는 진보, 권력, 상상, 자아, 적응, 실존적 낙관주의, 헤게모니, 사회적 맥락, 변형, 수행, 세상의 뒤바뀜 등으로 설명되고 있다(Sutton-Smith, 1995, 1997). 일부 연구들은 담론적 접근을 취하여 놀이 특성과 놀이의 역사 담론을 다루고 있기는 하나 대부분의 이론들은 여전히 발달이론을 강조하고 있다. 그러나 놀이(하기)에 관한 이야기들은 Sutton-Smith(1997)가 지칭한 예시에서 나타나는 것처럼 놀이의 복잡성을 빼고 논의할 수 없다.

비판적 학자들은 종종 놀이를 개념적으로 설명하기 어려운 것으로 간주하면서 개념 정의를 거부하기도 하지만, 한편으로는 교육이나 문화적 논쟁거리들을 간과하면서 놀이를 정의하려는 시도들이 종종 있어 왔다. 최근 놀이에 대한 사회문화적 접근에서조차 백인 중산층의 관점이 팽배하며 놀이를 보편적 발달로 바라보기도 한다. 놀이가 어린이의 학습에 있어 중요하다는 것은 자명한 사실로 받아들이고 있지만 놀이가 항상 잘 이해되고 있는 것은 아닌 것 같다. 나조차도 놀이가 중요한 학습경험이라고 생각하지만 이 또한 서구화된 이해라고 할 수 있다. **호주 어린이학습 프레임워크**(*The Ealry Years Learning Framework for Australia*: EYLF)에서는 놀이에 기반한 학습(play-based learning)을 "어린이가 그들을 둘러싼 주변 세계, 사람, 사물 그리고 다양한 표상들과 적극적으로 관계를 맺어가면서 세계를 알아가고 조직해가는 학습 맥락"(Department of Education Employment and Workplace Relations & Council of Australian Governments, 2009: 6)이라고 하였다. 놀이와 학습에 대한 이러한 설명은 다양한 문화에 열려 있기는 하지만 여전히 서구적 아이디어를 내포하고 있다. 개인의 표현, 호기심과 창의성, 이전 학습과의 연계, 사람 간의 관계 그리고 행복감 등을 이상으로 들고 있다(p. 9). **테 파리키**(Ministry of Education, 1996)도 다르지 않다.

뉴질랜드 유아교육과정에서 놀이를 직접적으로 강조하지는 않지만 놀이의 가치는 교육과정에 충분히 내포되어 있다. 놀이의 개념은 전반적으로 스며들어 있으며, 예컨대 유아기 환경의 중요성을 지적하면서 부모가 "학습과 발달에서 놀이의 가치"(Ministry of Education, 1996: 83)에 대한 정보를 갖게 해야 한다는 문장 속에 담겨 있다. **테 파리키**에서 놀이는 자원에 대한 "열려 있는 탐색"(p. 41)으로 격려된다. 아이들은 다양한 물질을 "변형시켜 가면서 상호작용하며"(p. 43) 열려 있는 상황에서 "강제로 놀이 활동에 참여하는 것이 아니라 초대받는 것"(p. 40)이며, 열려 있는 관계 내에서 "어른과 또래들과 함께 다양한 시도를 하면서 배운다"(p. 43)라고 진술되어 있다. 한편 호주의 EYLF에서는 어린이의 사회적 참여와 사고를 강화하기 위한 것과 관련지어 놀이에 기반한 학습을 설명하고 있다. **테 파리키**에 내포된 학습으로서의 놀이에 대한 암묵적 가정은 뉴질랜드 유아교육 역사를 살펴보면 알 수 있다. Froebel의 영향을 받은 1906년 유치원 운동(the kindergarten movement)에서 유아교육기관은 마치 어린이의 정원과 같고 아이들의 작업은 놀이와 같다고 하였다(Liebschner, 1992). 1941년의 놀이센터 운동(playcentre movement)에서는 어린이 주도적 놀이라는 철학적 원리가 반영되었다. 1950년대 중반에 Clarence Beeby 교육부 장관은 '놀이를 통로로(playway)'라는 슬로건에 따라 학교[1]에 처음 들어간 신입생들에게는 매일 아침에 한 시간 정도 자유놀이 시간을 제공하도록 하였다. 아이들이 '발달하는' 과정으로 보는 이 자유시간은 정규 교육과정 내에서

1) 뉴질랜드에서 학교는 만 6세부터는 의무교육으로 반드시 입학해야 하지만 5세 어린이도 갈 수 있다. 대부분의 어린이는 5세부터 학교에 가기 시작한다.

창의적 표현을 할 수 있는 기회를 제공하는 것으로 이해되었다. 1980년대에 이르러서는 이 시간을 '자유선택시간'이라 불렀고 일반적으로 오후에 많이 이루어졌다. 현재는 운영하지 않는 학교들도 몇몇 있지만 대부분 자유놀이 시간을 일과의 중요한 부분으로 운영하고 있다. 당연히 놀이에 대한 개념과 우선순위는 해석에 따라 달라지는데 학교 정책이나 교사 개인의 철학에 따라 다양하게 이루어진다. 자유놀이가 교사가 정해놓은 시간 동안 미술영역, 블록영역, 컴퓨터영역 등 놀이영역에서 노는 것으로 운영될 수도 있고, 또 휴식 시간쯤으로 여겨질 수도 있으며, 한편으로는 아이들이 매일의 활동을 스스로 조직하는 민주적이고 참여적인 방식으로 운영될 수도 있다.[2] 이렇듯 뉴질랜드 유아교육에서 놀이에 대한 개념은 다양하게 규정된다. 놀이에 대한 교육학적 이론을 제시하면서 Wood(2004)는 놀이는 다양한 사회문화적 맥락 내에서 사전에 미리 계획되어 의도된 교수학습 기회를 제공한다고 하였다. 반면, Hill(2006)은 사회 정의의 입장에 서서 놀이를 삶의 문제로 다루었다.

테 파리키는 서구적 전통과 마오리의 전통을 모두 받아들여 두 문화가 공존하는 철학에 기반하고 있다. 그렇지만 놀이에 대해서는 서구적 전통이 근간을 이루고 있다. **테 파리키**는 놀이를 구체적으로 정의하거나 처방적 입장에서 정의하고 있지는 않지만 놀이를 유아기 활동의 자연스러운 조건으로 보며 모든 아이들이 놀아야 한다는 전제를 내포하

2) 완벽하지 않지만 여러 사람들로부터 정보를 수집하였다(2012년 10월 31일): 보조교사 데비(Debi Futter-Puati)는 1990년대 중반에 뉴질랜드 어느 지역의 신입생 교실에서 이루어진 자유놀이를 관찰한 경험이 있다. 1970년 중반 6월부터 초등학교 교사로 근무한 앤더슨(Anderson)은 교육경험이 풍부하다. 제인(Jayne Ngariki)은 유치원교사인데 신입생 교실에 대해 알고 있었고 자유선택시간을 기억하고 있었다. 해미쉬(Hamish Jones)는 5살 아이를 둔 부모인데 현재 아이는 신입생 교실에 다니고 있다.

고 있다. "학습과 발달에서 놀이의 가치"(Ministry of Education, 1996: 83)는 놀이를 자연과 사물 등 주변세계에 대한 탐색이자 세상에 대한 소속감을 형성하는 사회적 상호작용으로 보고 있다. 놀이에 대한 한정된 정의도 없지만 '자연스러운' 사회학 및 심리학적 맥락을 벗어나려는 시도도 없다. 여전히 단독놀이, 병행놀이, 협동놀이 유형으로 설명하는 오래된 Parten(1933, cited in Hyun, 1998)의 놀이 이론이 언급되고 있다. 이러한 관점에서 나의 놀이에 대한 문화적 비평이 필연적으로 (나의) 서구화된 이해와 함께 작동하지만 리좀 철학을 놀이 이론과 연결시켜 보는 것은 더 폭넓은 읽기의 가능성을(에로) 열어 주는 시도가 될 수 있을 것이다.

놀이 이론들에서 놀이는 자연스럽고, 자발적이며, 즐겁고, 발달에 적합하고 극적이고, 자유롭고, 가상적이고, 탐색적이고, 표상하는, 창의적인 특성 등으로 규정되어 왔다. 그리고 이러한 놀이 이론에는 소위 '정상적인' 놀이, 놀이 발달 단계, 정형화된 놀이 유형이 팽배하고 발달에 적합한 실제(DAP)에 따른 규칙이 생산되면서 어른의 시각에서 어린이의 진보를 확인하는 근거로 되었다(Fleer, 1995). 놀이에 대한 이러한 사고와 지식은 유아교육을 지배하는 데 유용하다. 신념의 기저에는 이성적이고 기술적이며 실용적인 것을 중요시하는 지배 담론이 있다. 이러한 입장에서는 어린이와 교육과정 그리고 교사를 길들이고 침묵하게 할 수도 있다. 어린이를 관리하기 위해 놀이를 관찰하는 것을 당연시된다. 놀이를 인간이 주조해낸 문화의 산물로 여기며 자연스럽게 놀이하는 어린이를 사회적 구성개념으로 바라보는 것에 대해 비판하거나 의문을 제기하지 않고 있는 것이다(Cannella, 1997; Rhedding-Jones, 2003). 지금까지 놀이는 관습적 담론의 핵심에 있었고 유아교육에서 중요한 역할을 담당하는 것이 문화적 관점에서 중요하였다. 문화적 다양성에 기반하여 놀이를 이해하기 위해서는 백인 중산층 문화의 인공물로 놀이를 바라보는 것에 대한 문제를 제기할 필요가 있다(Cannella & Viruru, 2004).

현재 서구의 사회문화적 관점에서는 놀이를 어린이의 사회문화적 공간과 관계를 반영한 실천 공동체로 보고 있는데 발달이론의 지배적인 영향을 받고 있는 것 같다. 발달이론과 사회문화적 이론이 동시에 작용하여 놀이를 유형화함으로써 어린이의 행동을 정상화하고 관리하는 형태로 나타나고 있다. 적합한/부적합한 개인적/사회적, 진보한/늦은 등으로 나누는 것을 예로 들 수 있다. 이러한 담론은 어린이와 어린이 교육을 통치하는 도구가 된다(Cannella, 1997). 일(work)로서 놀이를 바라보는 관점에는 사회적 통제기술과 권력이 등장하면서 문제가 생긴다. 어린이의 놀이를 일로 보면 어른은 아이들을 통제하기 위해 어른이 만든 규칙에 따라 놀이 환경을 만들고 관리하게 된다(Cannella & Viruru, 2004). 따라서 일의 원칙에 따라 작업자로서 놀이하는 어린이는 "자신을 관리하는 주체"(Gibsons, 2007: 303)로 성장시키도록 요구받는다. 그러나 놀이 욕망을 가진 특이성(singularities)으로서 어린이는 학습에서 풍부한 수평적 평면(horizontal plane), 다른 사람과 접속하는 유연한 리좀(rhizo)의 평면 위에서 작동하면서 학습한다. 다른 어린이와 다른 평면과 접속하면서 DAP나 전통적인 사회문화적 입장에서 예측가능하고 추적가능한 네트워크가 아니라 복잡성을 불러일으킨다.

놀이(하기)는 복잡하다. 애매하게 관련되어 있는 자유로운 극놀이는 "놀이의 하위집합으로 볼 수 있다…[그리고] 놀이는 극놀이가 가진 특성이다"(Perkins, 2009: 171). 놀이가 다양한 방식으로 이론화된다는 사실은 놀랄 만한 일이 아니다. 놀이 이론에서 중요한 기여를 한 Sutton-Smith와 Magee(1989)는 교육과정에서의 놀이는 재미로만 여겨져 평범하게 다루어지고 있으며 어린이의 놀이를 심리적으로 그리고 인지적으로 이해하면서 놀이에 질서와 합리성을 부가함으로써 놀이를 통제하고 어린이의 행동을 정교하게 하려는 어른의 욕망을 만족시키고 있다고 지적한다. 유사한 맥락에서 Ranz-Smith(2007)는 학습 과정에서 놀이의 의미를 강조하는 것은, 어른이 기존의 학습에 대해 가지고 있는 고정관념에 위협적 요소가 될 수 있다고 하였다. 같은 맥락에서 Ailwood(2003)는 지금까지 당연시되었던 놀이 개념에는 문화적으로 중재된 그리고 어른이 부여한 통제와 권력 간 관계가 숨어 있다고 하였다. 또한 Cannella와 Viruru(2004)는 문화적 산물로서 놀이는 서구 문화를 (재)생산하는 데 있어서도 중심적 역할을 하였다고 분석한 바 있다. De Castell과 Jenson(2003)은 놀이와 학습은 상호 구성적이면서 이 둘 간의 접속은 서로를 변형시킨다고 하였다. Harker(2005)는 놀이에 대한 이론은 어린이와 어른, 아동기와 성인기의 경계를 흐리게 하는 작업을 필요로 하며 이런 작업들이 불평등한 권력관계를 해체하는 쪽으로 그리고 공간을 공유하는 것으로 나가야 한다고 하였다. 고정적이고 제한적 정의나 재현을 벗어나기 위해 Harker(2005)는 놀이(하기)를 유동적이며 다양한 성질을 가진 굽힘, 반복, 뒤틀림으로써 끊임없이 변화하는 공간–시간의 "되기의 이기(the being of becoming)"(p. 52) 속에서 놀이는 창조되고 발생된다고 본다. Harker(2005)는 놀이(하기)를 다양한 공간–시간과 함께/속에 위치한 비/인간적, 비/물질적, 기호적, 사회적인 형체 없는 신체가 흘러가며 만들어 낸 역동적으로 체화된 감응의 수행이라고 하였다. 그의 설명은 나의 마음을 한결 편안하게 해 준다. 이는 앞서 언급했던 전통적이고 심리·사회적인 발달이론을 강조하는 관점들을 벗어던지고 놀이(하기)가 식민지화되는 것을 피할 수 있는 겸손한 시도라 할 수 있다. 이에 더하여 이제 나는 수평적 내재성의 평면, "항상 그 안에 있으나 그것은 아닌 것"(Massumi, 2002: 33), 다양체를(에로) 열어 가는…것에 대해 논의할 것이다.

충만한-놀이로 놀이(재)구상하기 play-fully (re)conceiving play

Guss(2005)는 비판적으로 성찰하는 문화적 활동으로 놀이를 재개념화하였다. 기존의 권력관계를 유지시키는 데 기여하곤 하는 놀이 개념을 해체하기 위하여 Guss는 문화적이고 미학적인 방법을 고안하였다. 즉, 어린이를 그들의 '놀이-문화' 내에서 충만한-힘을 가진 놀이자로 그리고 어린이의 놀이를 기존의 헤게모니를 전복시키는 비판적 변형으로 바라보았는데 이는 Deleuze와 Guattari의 '되기(becoming)'와 다르지 않다. Guss는 "어린이 놀이라는 사생활 안에서 어린이가 어떻게 자신만의 문화적 기회와 공간을 가지며 스스로 통제할 수 있는 자유를 가지는지"(p. 233)를 보여 주었다. 어린이는 스스로 질문하고 답하면서 변형해 가는데 마치 매일의 삶 속에서 남성 지배적인 삶의 방식에 도전하는 페미니스트와 같이 어린이 역시 실험하고 기존 관점에 문제를 제기하면서 문화적 헤게모니를 뒤바꾸어 버릴 수 있다고 본다. Guss는 "의미를 이해하고 소통하며 어린이-문화 영역을 강화하는 데 있어 미적 원리가 어떻게 작용하는지"(p. 235) 보여 주었다. Donna Trueit(2006)의 「놀이 이상의 놀이(play which is more than play)」는 놀이(하기)에 대해 새로운 아이디어를 제안하면서 식민지화, 체화, 이론화 등에 저항하고자 하였다. 이러한 시도와 저항은 모두 놀이(하기)에 대해 (재)사유해보려는 시도로, 곧 충만한-놀이(play-fully)인 것이다!

Trueit(2006)는 놀이에 대한 새로운 사유를 이끌어 냈다. "지각의 깊이를 높이기 위해 그는 병렬배치(이중기술)를 활용하였다"(Bateson, 1979, Trueit, 2006: 97에서 인용). 그는 **포이에시스**(즉, 창조를 위한 제작으로 자신의 박사논문 주제였음-Trueit, 2005)를 반영하여, 고대의 신화 만들기 방식(mythopoetic)에 관한 여러 담론들을 살펴봄으로써 놀이에 대해 더 폭넓게 사유하였다. 신화를 만드는 방식과 관련지어 '놀이'를 이해하는 것은 수행(performance)과 놀이하는 사람 그리고 유아교육과정에서의 놀이를 (다시) 생각할 가능성을(에로) 열어 준다. 비슷한 맥락에서 Doll(2006)도 "새로운 감각적의 방법"(p. 87)을 제안하였다. 그는 독자와 작가 그리고 텍스트 간 '상호(**초월**)작용'의 중요성을 강조하였다. 반성적이고, 창의적이며, 유연하고, 열려 있는, 복잡한 대화는 관습적인 엄격성을 붕괴시키고 다양한 방식론을 가능하게 한다. 이를 위하여 독자~작가는 특이한 자서전 방식을 개발할 필요가 있다. Doll은 Deleuze와 Guattari식 접근으로 반복하는 과정을 제안하였다. 여기서 텍스트는 "그 자체적 관점뿐 아니라 관계적 관점에서도 읽힐 수 있는데 즉, 발현되는 것으로부터 [철학 또는 다른 텍스트]와의 관계의 관점, 그리고 창의적 접속의 다양체를 탐구하기 위해 **아직 발현되지 않은**(*yet-to-emerge*) 관점에서 읽힐 수 있다"(p. 88, 본서에서의 강조). Truest의 글을 (다시)읽는 나 자신만의 방식을 찾고자 하는 욕망과 유사하다. 사실 그 이상이지만 말이다.

「우리의 이해로 놀이하기」에서 Smitherman Pratt(2006)는 Aoki의 "이해한다는 것은 무엇인가?"에 대해 설명하면서 "이해는 정체되어 있거나 고정되어 있거나 단단하지 않다. 이해는 항상 변화하고 지속적으로 새로워지는 것이다"(p. 93)라고 하였다. Aoki에 대한 Smitherman Pratt의 설명과 같은 맥락에서 Doll과 Trueit는 읽기~글쓰기를 가능성을 생성하는 공간으로 제안하였다. 즉, 내가 열고자 하는 "그리고/그렇지 않은 두 공간…접속사와 분열의 공간…가능성의 생성 공간, 긴장된 애매모호함이 있는 새로운 공간"(Aoki, 1996/2005: 318, Smitherman Pratt, 2006: 93에서 인용)이다. Gough(2006b)의 '리좀기호론적 놀이(rhizosemiotic play)'는 "상호텍스트 읽기의 생성성"(p. 119)을 보여 주며 Trueit의 글을 가지고 놀이하며 읽고 싶은 욕망을 다루었다. Deleuze와 Guattari(1987)의 리좀과 실험에 대해 Richardson(2001)은 언급하였고, 나는 그와 마찬가지로 "내가 글을 쓰는 것은 무엇인가를 찾기 위해서이다…내가 쓰기 전에는 미처 몰랐던 무엇인가를 배우게 되는 것이다"(p. 35). 어쩌면 내가 이미 알고 있는 것을 드러내는 것일지도 모르겠지만 나는 써내려가면서 눈으로 볼 필요성을 느낀다. 따라서 나는 놀이에 이해에 관한 다양체를 생성하기 위해 Trueit의 글을 (다시)읽는다. Hand(1988)는 내가 취한 방식을 설명하고 있다.

Deleuze와 Foucault 철학의 차이점에 대해 Hand(1988)는 "Deleuze와 Foucault 둘 다 자신들의 이론이 더 이상 전체를 합쳐버린 것으로 이해할 수 없는 이론과 실제 간의 부분적이고 분절된 관계를 닮아 있다는 것"(p. xlii, 본서에서의 강조)을 알고 있었을 것이다. 그는 Foucault가 Deleuze의 연구에서 찾은 '탈-개인화 원리'를 제시하였는데 그중 한 가지는 **"확산, 병치, 분리에 의해 행동, 사고, 욕구를 세분화하거나 피라미드식의 위계적 방식을 사용하지 말라"**(p. xlii, 본서에서의 강조)라는 것이다. Trueit(2002)의 글을 읽으면서 우리의 교육과정 철학, 사유하는 방식, 글쓰기 양식과 소통하는 방식들에서 부분적이고 분절된 관계를 보게 되었다. 학계의 전통을 따르자면 Trueit는 당연히 나의 선배이다. 물론 단 한 번도 만난 적이 없고 말을 해본 적도 없지만 몇 번 메일을 주고받는 과정 속에서 나는 그가 정말 권위적이지 않다는 것을 확신할 수 있었다. 그의 글 '놀이 이상의 놀이'를 여러 번 (재)검토하면서 일반적인(글을 쭉 읽어 내려가는) 읽기 방식으로는 나의 리좀적 욕망을 만족시킬 수 없다는 것을 알게 되었다. 즉, 이러한 리좀적 책~배치에 대해 리좀 분석을 하고자 하는 나의 외연 확장 욕망에 대해서 말이다.

그래서 그의 서정적 텍스트를 파편처럼 조각 내어 분석하거나 그의 정신세계에 공명되는 것을 피하기 위해 **포이에틱**(*poietic*) 방식으로 적어두고, 그의 글에 대한 나의 의견은 그 옆에 나란히 배치하였다. Trueit의 글에 충분히 몰입하는 방식이자 어린이의 놀이를 리좀적으로 이해하고자 하는 것으로 그의 연구를 충만한-놀이로서 맞이하는 방식이기도 하다.[3] Trueit의 글과 대부분 문장 구조가 비슷하기 때문에 문장 형식은 그대로 따라갔지만 가끔 내가 문장을 짧게 끊어가기도 하였다. 때로는 다시 문장의 처음으로 돌아가 단어를 다듬었다. 글 읽기에 방해되는 요소를 없애고 최적의 서정적 표현을 위해 참고문헌 제시부분은 삭제하였다.[4] 포함시킬 것과 생략할 것을 정한 내 경험에 비추어 볼 때 **포이에시스**(*poiesis*)는 어쩔 수 없이 그의 글에 대한 나의 주관적이고 (비)편파적인 이해를 반영할 수밖에 없다. 다른 사람을 해석하려 함으로써 "우리 자신의 제한된 '이해'에 사로잡히는 것은 아닌가?"(Smitherman Pratt, 2006: 91) 고민하였다. 다른 날 (다시)읽는다면 내 글에 포함된 것/포함되지 않은 것이 바뀌어 있을지도 모르겠다. 왜냐하면 "이해는 항상 변화하며 지속적으로 새로워지기 때문이다"(p. 93). 이러한 (다시)읽기~글쓰기는 과정적이다. 해 보기 전에는 무엇이 드러날지 어떻게 이해될지 모른다. 평범한 산문 형식의 학습적 글쓰기를 벗어난 **포이에시스**는 "새로운 장으로 들어가는 기회, 무엇인가가 다른 것으로 변할 때 그 순간의 강렬함[5]을 경험할 기회가 될 것이다. Trueit의 글과 나의 글을 나란히 배치하여 문구를 하나씩 맞춰가면서 텍스트들 간의 복잡한 관련성을 밝혀갔다. Trueit의 글을 가지고 놀이하고 있는 나의 생각을 가지고 놀이하는 것은 사이-내부의 가능성이라는 공간에 주목하게 하였다. 충만한-놀이가 되었으며 이렇게 탐구의 방법으로 글을 써보는

3) 이 글을 쓰기 전에 시도해 보았다. 왜, 어떻게 했을까?는 시도한 이후에 따라온 질문이었다.
4) 참고문헌은 Trueit(2006)의 글에 실려 있으므로 참고하기 바란다.
5) http://en.wikipedia.org/wiki/Poiesis을 살펴보고 더 알고 싶다면 Threadgold (1997)를 참고하라.

것은 생각을 불러일으키는 (모험)도전 작업이 될 것이다(Richardson & St. Pierre, 2005). 내가/우리가 모두 알고 있다고 가정하는 것, 나의/우리의 어린 시절 경험으로 인해 "우리는 모두 '놀이'를 알고 있다. 그렇지 않은가?"(Trueit, 2006: 97)에 대하여 다르게 생각해 보는 이해과정이 될 것이다.

Trueit의 글을 읽지 않았을 경우를 고려하여 Trueit의 텍스트는 왼쪽에 적어 두고 그에 대한 나의 생각을 오른쪽에 적는 포이에시스가 이루어졌다. 떠듬떠듬 (다시)사유하기~(다시)읽기~(다시)글쓰기의 과정들이 발생하면서 다양체로 통합되어 갔으며 나의 사유를 (다시)다듬어가는 작업은 단선적인 선형성과는 거리가 멀었다. 아래에 제시하는 '리좀-상상계(rhizo~imaginary)'(Sellers, 2008) 방식은 다양체와(를 통해) 협상하는 방법으로 유목민(들)으로서 Trueit(2006)[6]와 내가 만나 협상이 이루어졌다. 그 결과 **리좀포이에시스**(*rhizopoiesis*)가 일어났다. 텍스트, 아이디어, Trueit와 나라는 가상계 사회의 신체들 간의 사이-내부에서 감응되어 흘러가는 생성이 이루어지며 리좀과 유목민과 함께/으로서 작업하면서 기존의 놀이에 대한 인습적 개념을 붕괴시킬 수 있었다. 이러한 읽기~글쓰기~사유하기 대화는 현실계와 함께/속에서 나타나는 "강도의 수직 차원"(Foucault, 1977, Hand, 1988: xliv)[7]으로 인식될 수 있다.

6) 기존의 학술적 식성을 벗어나 보는 것은 이러한 불안정화 순간(운동)에 적설한 것 같다.

7) 병렬 배치된 리좀-포이에시스는 2009년 Sellers(2009a)의 책에서 처음 언급하였다(http://ejournals.library.ualberta.ca/index.php/complicity/article/view/8819/7139).

놀이에 대한 신화포에시스(Mythopoesis) '놀이 이상의 놀이'에 대한 Treuit의 글(2006)에 대한 충만한-놀이로서의 참여로 여기서 나는 Trueit	**리좀-포이에시스(Rhizo-poiesis): 어린이의 놀이(하기)**
여러 학문 분야에서 이루어진 놀이에 대한 연구들에서는 놀이의 가치와 아동발달과 학습 간의 관계에 대해 다루고 있다.	놀이에 대한 기존 이론을 살펴보면, 놀이에 대한 개념을 다양한 작업(하기)이 이루어지고 있음을 알 수 있다. 발달적 접근은 사회문화적 비평에 다소 영향을 받았으나 근대적 인식이 지배적이다.
우리 모두는 '놀이'에 대해 잘 알고 있다. 그렇지 않은가?	모든 사람이 놀이에 대해 알고 있다는 가정은 Trueit의 질문으로 해체된다. 이 질문에 나는 다음과 같이 답한다. 물론 우리 모두는 놀이에 대하여 알고/모르고 있다. Trueit의 질문은 '놀이'가 하찮게 다루어지는 경향을 지적한 것이다. 아동기에 대한 서구 개념에 기초하여 놀이를 설명하며 어른은 아동기를 지났다(졸업했다?). 그런데 우리가 놀이에 대해 더 알아야 하는 것, 더 말해야 하는 것은 무엇인가? 우리는 놀이했다. 놀이는 발생했다. 그렇다면?
왜 새로운 의미를 찾아야 하는 것일까?	**나의** 어린 시절 놀이 경험이 놀이에 대한 생각에 영향을 주었기에 이 질문에 대한 나의 학술적 이해를 충만한-놀이로서 접근해 본다. 이러한 신화 만들기(함께/통해서) 놀이를 다시 생각하는 새로운 방법에 눈 뜨게 되었다.

나(Trueit)는 근대적 사고에도
열려 있어야 하지만
놀이는 담론적 실제로
접근해 볼 수 있다는 것을
제안하고자 한다.

참고: 담론적 실제는 사유에 영향을 주며 또 영향을 받는다

Trueit처럼 나도 놀이에 대한 근대적 사고를 전복시키기를 원한다. 그래서 그의 아이디어를 또다시 병치하되 이번에는 시를 학문적 담론으로 바꾸었다. 비끄러져 가는 활주로처럼 Trueit의 생각을 지도로 그렸다. 이 병렬배치에서 나는 다시 돌아가 내 사고를 (다시)형성한다. 그의 글을 (다시) 읽으면서 (다시)사유하는 것이다.

신화 만들기 방식(mythopoetic, 처음에는
말로 이루어진)의 담론적 실제로서의
조직원리에 따르면,

신화를 만드는 방식에 대해 알아보기 위해 OED에서 자료를 찾았더니 마오리 자료에서 이에 관한 사실을 발견할 수 있었다;

1. = MYTHPOIEIC. 형용사 1914 Jrnl. Royal Anthropol. Inst. 44. 139. 다른 종족들과 마찬가지로 과거 마오리 선조들의 역사에서 볼 수 있듯이(sic) 헤아릴 수 없는 것을 이해하기 위해 분투하였다…그 결과의 한 부분으로, 생각은 신화를 이야기하는 사람들에 의해 발전되었다.
(OED, 온라인)[8].

헤아릴 수 없는 것을 헤아리기 위한 분투.
마오리부족은 뉴질랜드 원주민의 역사를 반복하여 돌아보면서 많은 것을 알아보기 위해 노력하였다. 누군가의 스토리텔링 혹은 신화-되기를 통해 존재(생성)하게 되었다.
나도 신화만들기를 시도해 볼 수 있을까?

8) 'MYTHPOETIC'는 참고문헌을 참조하라.

놀이는 반복적인 관계, 역동성, 경계성이라는 자유로운 표상을 보여 주며,

Trueit의 놀이를 통한 운동의 흐름에 대한 글을 읽을 때는 모호했는데 지금 생각은 다음과 같다. 지속적인 변화를 일으키는 운동, 반복성, 내부에서 역동하는 시스템, 속도, 흐름, 경계와 열려 있음.

근대적 재현사고는 생각보다 훨씬 더 복잡하고 오랫동안 우리를 사로잡고 있다.

근대적 사고의 틀에서 벗어나기란 매우 어렵고 복잡하다. 언어, 담론과 재현 등에서 벗어나기란 매우 어렵다. Biesta와 Osberg(2007)는 고정적이고, 수동적이고, 지식을 그대로 표현하는 형태의 재현과 세상을 단순히 이원화시켜 생각하는 것에 문제를 제기하였다. "실세계가 있어 우리는 그저 이를 반영하는 지식을 가진다는 이원화된 인식론"(p. 24), "지식 그 자체에서 분리된 별개의 어떤 것에 대한 정확한 재현이라는 인식론"(Osberg, Biesta, & Cilliers, 2008: 213). 그렇기보다는 지식과 실재는 "복잡한 어떤 것 중의 부분으로 어떤 (분리된) 순간에도 결코 완전히 '존재'할 수 없는 것"(p. 213)이다.
이들을 '발현(emergence)'이라 부른다.
발현은 "참여와 반응에 대한 문제 제기를 향해"(p. 213) 능동적으로 적응하며 이해하게 해 줌으로써 우리를 근대주의의 포로에서 해방시키며 새로운 가능성을(에로) 열어 준다.

근대적 담론에서 놀이는 관찰되고
'어떤 것', '어떤 사건'으로 객관화되어
다루어져, 명확하게 '놀이'를 재현하였다.
그렇지만
근대적 담론 실제는
(1) 앞선 지배담론과도 달랐고
(2) 우리의 입장과도 너무 다르다.
[그러나]
우리는 추측할 수 있다-그리고
그렇게 할 필요가 있다.
'재현 방법과 의미를
재구성하는 것'은 마치 '새로운
사유의 우주로 진화하는
사유 우주'와 같기 때문에.

여러 놀이 이론을 살펴보았지만 여전히 근대적 사고가 남아 있다. 근대적 사고를 벗어나려는 시도를 Ailwood(2003)가 하였는데 지금까지의 지나치게 단순하고 낭만적인 이해를 해체시키며 다른 의제들을 끌어들였다. 그러나 후기구조주의적 이론에도 불구하고 여전히 놀이는 경험론적 사건으로 발생하는 어떤 것으로 객관화되고 있다. 근대주의를 앞서는 우주론적 이론들이 비록 사변적 개념이었지만 Trueit는 이를 통해 과거~현재~미래 공간-시간 혹은 사유의 우주를 열어간다. 항상 그리 멀지 않은 과거의 생각으로부터 출발하던 것에서부터의 변화. 다르게 사유하기인가? 재현을 넘어서 창발적 사유하기인가? 그때를 넘어?

새로운 의미를 고찰하면서
나는 놀이(play)의 다른 의미인
'연극(the play)'에 대해 생각해 보았다.
극장에서의 공연, 이야기에 대한
다시-제시하기(re-presentation)로서
생각해 보게 된 것이다.
연극은 그 자체로 존재하는 것이
아니며 훨씬 더 복잡한 어떤 것,
결합(nexus) 혹은 고대 그리스의
특별한 규칙이 적용되며 특이한
사건이 자유롭게 발생할 수 있는
성스러운 공간으로서의
성역(*temenos*)인 것이다.

인식론에서 강조했듯이 극놀이(하기)로 놀이(하기)는 대화가 되며 어린이의 상상놀이, 특히 아동문학, 매체, 대중문화의 영향을 받은 놀이와 연결된다. 그런데 만약 놀이가 발현의 장으로 받아들여진다면 놀이는 다양한 존재가 만나는 만남의 장이고 융합과 연합(혼란)([con]fusion)의 공간이 된다. 어린이와 놀이가 만난 것인데 어른의 눈에는 혼란스럽게만 보일 수도 있다. 그러나 **성스러운** 공간 혹은 유아교육의 공간-시간에서는 어린이를 존중하고 그들의 놀이에서 나타나는 앎을 존중해야 한다. 기대하지 않은 놀라운 순간과 놀이의 복잡성을 받아들여야 한다.

연극은 단순히 연극이 아니라 그 이상이다.
그리고 이 성스러운 놀이의 공간에도
'그 이상의 것'이 있다.
창의와 변형을 가져오는 문화적 교육
(파이데이아)의 시작으로
놀이를 고려해 보자.

따라서…놀이는 단순히 놀이가 아니고, 놀이는 단순히 게임이 아니고, 게임은 단순히 놀이가 아니고, 게임은 단순히 게임이 아니다. 그 이상의 어떤 혹은 **그리고…그리고 …그리고** 파이데이아 안에서 강조된다.

고대에는 놀이는 단순한 오락이 아니었으며
그것은 바로 교육이었다.
레크리에이션은
재-창조하기(re-creation)를
위한 것이었다.

OED(온라인)[9]에서 그리스어 **파이데이아**를 찾아보았다: **1904 S. H. BUTCHER Harvard Lect. on Greek Subj. ii. 124. 이성과 도덕성이 결합된 것이다. 한쪽은 정신세계를 밝게 하여 세상에 대한 이해를 넓게 한다. 그러나 다른 한편으로는 연약한 감정을 정제하여 연민의 정서를 깊이 있게 한다. 자신만 추구하고 야비하고 불명예스러운 것에 대한 경멸, 시인, 철학자에 대한 애정과 친숙함, 사유와 상상을 높여가는 것을 포함한다.**

유아의 놀이라는 환경이 특징적으로 가지는 창의성과 타자성은 문화에 대한 이해를 통해/함께 복잡하게나타난다. 다른 것-되기(becoming-something)가 놀이에서 이루어지는 (재)창조 속에서 드러난다. 그리고 교육, 놀이와 학습은 상호 구성적이고 접속하면서 서로를 변화시킨다(De Castell & Jenson, 2003).

---

9) '파이데이아'는 참고문헌을 참조하라.

이렇게 신성한 놀이의 공간에서는
엉뚱한 사건들이 발생한다.
모든 것에 에너지가 넘치고
가까워진다.
놀이하는 사람[어린이],
시간[과거, 현재, 더 먼 미래의
어떤 것과도 놀 수 있다],
감각: 말하고 듣고 보고 느끼기
그리고 상호주관성[동화, 대중문화의
남자 여자 영웅들]의 관계성으로
자유로운 놀이가 흘러들어 간다.

그런데 이러한 놀이 공간의 복잡성을 고려할 때 이것이 엉뚱한 것인가? 에너지, 힘, 놀이하는 사람, 시간, 감각, 상호주관성 등의 카오스를 고려한다면? 어떻게 보아야 하는가? Toscano(2005)는 Deleuze의 개념으로 카오스를 설명하였다. 형태와 실체가 참조점도 없이 무한한 속도로 동시에 나타났다가 사라지는 상태이다. 에너지는 어린이와 놀이에 밀물과 썰물처럼 흐르며, 경계/~~경계~~가 지각되는(모호한) 지점은 겹쳐져 있기도 하고, 넘어서기도 하며 놀이, 혹은 힘들 사이에 이루어지는 운동은 하나의(또다른) 감응이 된다. 놀이하는 사람으로서 어린이는 사람과 물질 모든 것과 관계를 맺는다.
어린이가 서로 관계를 맺으며 과거에서의 관계, 현재 감응을 떠올리고, 지금의 관계를 경험하며 미래에 있을 관계를 상상하고… **그리고**…사이-내부의 카오스 공간 안으로 예전의 놀이 기억이 들어오고…**그리고**… 지금 하는 놀이의 에너지와 기대치들이 생성될 것이다.
놀이의 스토리라인과 관계를 협상하면서 놀이에 대한 자신의 감각을 불어넣고, 주인공을 데려오기도 하고 놀이하는 주인공으로부터 감응되기도 한다.

무한한 공간 확장과 방해받지 않는
시간에서 연속되는 몰입이 일어난다.
관계 속에서 '해결할 수 없는
차이와 모순'도 다룰 수 있는 패턴과
변형의 역동성이 생긴다.
패턴과 리듬을 인식하게 된다.
'서로 닮은 것의 패턴'을 인식한다는
것은 한 세트의 관계나
분리된 사건이 아니라 관계의 많은
묶음을 보아야 한다는 것이다.
신화적 글쓰기에서와 같이
모든 상황이 맥락적이다.
시간의 경과에 따른 관계의
묶음 이것이 바로 **하나의** 사건이다.

놀이를 하면 어린이는 흘러가듯이 움직인다. 때로는 같이, 때로는 각자의 방향대로. 모든 혹은 어떤(any/all) 어린이가 기대한 대로 놀이가 흘러가지 않을 수도 있고, 그런 의미에서 놀이가 끊어진 느낌이 들 수도 있다. 그러나 놀이가 지속되는 한 방해받지 않은 것이다. 시간 때문에(예컨대 정리정돈시간, 귀가시간) 놀이가 중단될지라도 다음날 지속되기도 하며… **그리고**…놀이 공간이 문제라면 다른 장소로 옮겨서 논다. 놀이를 하는 사람은 놀이의 패턴과 리듬을 암묵적으로 알고 있다. 놀이 연구자료를 생성하고 살펴보면서 패턴과 리듬을 알아챌 수 있게 된다. 놀이는 관계, 아이디어, 이해의 이질적인 묶음으로 계속 흔들리면서 "시간의 경과에 따라 충돌하고 병합된다"(Ailwood, 2003: 295).

놀이의 앞뒤를 살펴보면
놀이가 문턱을
넘어가는 순간을 알게 된다.
왜냐하면 이 문화에서 특이한 사건이
자유로이 일어날 수 있는 **성스러운**
성역 놀이는 역동적인 상호작용도
얼마든지 가능하다.

현재 진행되고 있는 스토리라인을 통해 그리고 이미 진행된 스토리라인에 대한 반성을 통해 끊임없이 앞뒤로 움직이면서 놀이가 문턱을 넘는 순간이 언제인지 알 수 있다. 놀이의 멈춤~시작 순간에 알 수 있으며 놀이를 하는 사람은 멈춤을 다시 흐르도록 한다. 조정할 수 없는 떨리는 운동(들) 같은 것일까? 이렇게 놀이하면서 개인 내부에서 작용하고 있는 어떤 흐름이 (발현)병합한다.

놀이의 역동적 흐름은 복잡하지만 에너지는 언어를 통해 뿜출된다. (내가 놀이와 관련해서 신화를 만드는 담론 실제를 언급한 이유가 바로 이것 때문이다).

놀이와 놀이하기는 복잡하고 이야기를 만들어 가는 아이들의 말에서 그 에너지가 빛을 발한다. 내 생각에 놀이도 방법론, 즉 어린이의 복잡한 이해를 표현하는 방법, 그리고 어른에게 그러한 이해를 열어 보여 주는 어린이의 복잡한 이해를 표현하는 방법인 것 같다. 문화적 전승을 떠올리게 된다. 인류학은 ~~다른~~ 문화를 이해하려고 하지만 다른(타자화된) 문화의 사람들이 자신들의 생각을 공유하려 할 것이라고 가정하는가? 어른이 알고 싶다고 해서 어린이가 말하고 싶은 것은 아니다. 그러나 우리는 어린이의 교육과정 공간 속에서 그들과 함께 존재(생성)할 수 있을 것이다. 이제 어른은 아이들과 함께 노는 것을 (다시)배우자. 아이를 이해하기 위하여 아이들과 공간을 공유하고자 하면서 왜 아이와 놀이(하기)를 공유하지 않는가? 그들의 충만한-놀이 활동에 참여하지 않는가? 왜 놀이(하기)를 (다시) 배우지 않는가?

놀이에서 관객은 그들 자신이다. 어린이의 에너지는 수행에 반응하며 무대 위에서 극화되는 사건 쪽으로 흘러간다. 놀이하는 어린이의 에너지는 흡수되고 관객은 이야기의 흐름을 수행한다.

그래서 외부자-어른은 관객이지만, 놀이를 하고 있는 사람은 놀이와 내용에 기꺼이 빠져들고자 하여야 한다. 놀이에 반응한다. 옆에서 다른 놀이를 하고 있는 아이들도 관중의 일부분을 담당한다. 놀이의 수행성에 따라서 각자의 놀이가 충돌하고 병합하기도 한다. 에너지의 병합, 놀이 에너지, 놀이하는 사람의 에너지, 외부자의 에너지와 외부 환경의 성질 등이 병합된다. 각자 방식으로 놀이를 이해한다.

적극적인 참여, 주고받음,
주의집중과 반영 등이
파이데이아의 특성이다.
이런 특성으로 끊임없이 앞으로
나아가며 자신에게 향하기로 한다.
놀이를 하거나 지켜보는
어린이는 놀이를 찾고
놀이의 운동으로 기꺼이
미끄러져 들어간다.
운동에 반응하면서 새로운
차이를 발견하고 **창조**한다.

놀이하는 어린이는 외부와도 상호작용하고, 안팎을 오가면서 놀이하는 어린이는 혼자서 그리고 여럿이서 **파이데이아**의 다양체를 열망한다. 그러면서 점점 내부는 외부가 되고, 내부(자)는 외부(자)가 된다. 어떻게 변할지 모르는 놀이의 운동, 놀이의 기계적 운동 속으로 미끄러져 들어간다.

미끄러짐과 함께/속에서의 놀이(하기). 이미 일어났던 것에 반응하고 놀이하는 아이들의 창작과 창의성에 반응하며 스토리라인이 (발현)병합된다. 나는 '놀이' 주변에서 발현되는 스토리라인을 점점 알아보게 된다.

놀이에는 여러 장이 있다.
성찰과 반성이 흐르는 장,
모든 것이 주입되는 장,
문화적 가치가 개인에게
침투되는 장이다. 어쩌면 도덕적
책임이 생길지도 모른다.
바로 *자아*의 형성

놀이가 이루어지는 환경의 다양체 속에서 어린이는 함께 협력하여 놀이의 스토리라인에 대하여 협상한다. 자신의 되기와 다른 사람의 되기가 충돌하고 조율하는 과정에서 윤리의식이 생긴다. 어린이-되기가 (발현)병합된다.

이런 의미에서 자아는 객체로
고정되어 있지 않다.
성찰하고 반성하고
접속하며 다른 사람과 다른
전통과 접속한다.

어린이는 특정한 하나의 누군가(some*one*)가 아니고 어린이-되기(becoming-child)는 독특하고 각양각색이다. **파이데이아**에서는 이해될 수 있다.

Gadamer(1998: 103–109)는 놀이를 수행하면서 어린이는 활기차게 자아를 창조한다고 하였다.
그가 말하기를,
놀이는 어떤 목표를 가지고 하는 것이 아니다. 끊임없이 반복하면서 스스로 발전한다. 앞뒤로 움직이는 운동은 놀이에서 중요한 것이지만 누가 무엇을 하든지 운동에는 차이가 없다.

어린이는 놀이 안에서 움직이기~놀이하기~어린이/들–되기를 통해 움직인다.

놀이는 결코 끝나지 않는다. 어린이가 스토리라인을 협상하는 데 지쳐 잠시 멈춘 상태로 있는 것이다. 혹은 다른 것을 할 시간이거나. 리좀처럼 (하나의)다른 순간(들)으로, 다음으로, 내일로, 그 다음 주로 뻗어나간다. 놀이는 계속되고 다른 순간에 새롭게 이루어진다. 놀이가 지속되려면 캐릭터와 역할이 운동 속에서 새롭게 만들어져야 한다. 어쨌든 중요한 것은 놀이는 계속된다는 것이다.

놀이하는 어린이도 놀이에 속하는데 궁극적 목적이 없는 놀이를 하면서 놀이 구조에 점점 흡수되고 편안해진다. 놀이의 처음은 자아 재현이다. 모든 표현은 어쨌든 누군가를 재현한 것이다. 관객 앞에서의 놀이는 연극이 되며, 관객을 향한 개방성으로 놀이의 한 부분이 된다. 관객은 '사이에서' 일어나는 과정인 놀이를 완성시킨다.

놀이하는 어린이를 바꿔가는 놀이를 이어받고, 끝이 없는 과정이다. 단지 과정만이 **있다**. 의미와 끝.

놀이는 질적으로 다른 무엇이 되는 것이다. 무엇이든지 상관없다. 놀이하기(표현)는 항상 이미 되어 가기인 것이다. 놀이의 시간–공간 내에서 내부자~외부자로 줄거리가 만들어진다.
출발은 있으나 끝은 없다. 운동의 탈~영토화(동사이자 명사), 탈~영토화 놀이(형용사이자 명사), 내부자~외부자 간 관계가 놀이 속에서 다투고 줄거리는 이 둘 사이–내부에서 만들어진다. 어린이가 하는 놀이, 기계의 운동으로서의 놀이.

놀이는 놀이하는 사람의 의식이나 태도에 있는 것이 아니라 반대로 놀이가 그들을 놀이 영토로 끌어들여. 놀이의 정신으로 놀이하는 이들을 채운다.

놀이하는 어린이는 놀이가 **되어 간다.** 점점 놀이로 됨을 받아들여지면서 놀이를 향상시킨다.

놀이하는 어린이는 놀이가 자신들을 능가하는 현실임을 경험한다. 놀이 자체가 그러한 현실로서 '의도를 가지고' 있다. 예컨대 관객을 위한 표현으로서의 놀이다.

놀이와 줄거리는 놀이하는 어린이가 공동으로 참여한 그 이상이 된다. 놀이와 스토리라인은 환경이 되어 간다. "내부 환경은 충동이고 외부 환경은 주변의 상황이다"(Deleuze & Guattari, 1987: 317). (다른 어떤 것) 되기, −되기(…)

각 수행 장면은 경험을 통해 재해석되고 발전하고 창작된다. 특별한 놀이의 발생, '그 이상의 것'은 관계와 상호작용의 강력한 역동성, 새로움의 발현과 변형의 상황으로부터 나왔다.

놀이의 복잡성과 운동으로서의 놀이를 감소시키는 것이 아니다. 포착하기 어렵고, 정의내리기 어렵고 역동적으로 변하면서 (발현)병합한다.

이러한 의미의 놀이는 **놀이**에 대한 새로운 뜻을 제공하려는 것이 아니다. '정신(spirit)'과 같이 놀이는 정의하기 어려운 단어이다. 우주적이고, 신화적이며, 인간적이고, 자연적인 세계를 흐르는 역동적 흐름으로서의 놀이에 대한 사색적 재진술일 뿐이다. 놀이는 한계를 벗어던지고 넘어서면서 변형된다.

놀이의 의미는 새로이 만들어진 표현들로 다시 쓰이거나 새로이 구현되지 않고 있다. 놀이와 놀이하기는 구체화되기 어렵다. 단지 다르게 생각해 보자는 것이다. 역동성과 운동, 되기 등의 표현을 통해서 놀이를 새롭게 생각해 보자는 것이다. "되기는 순수한 운동이다…어떤 특정 사건들 **사이**에서의 변화를 통해 일어나는 [이것은] 바로 사건을 생산하는 특징을 가진다. 이 사건에서 저 사건으로 넘어가는 사이에 변화의 시간이 존재하는 것이 아니다. 모든 사건이 우주에서 이루어지는 끊임없는 변화의 흐름 속에서 하나의 독특한 생산인 것이다. 사건에서 '공유'되는 유일한 것은 생산의 과정에서 매우 다르게 되어 왔다는 정도이다"(Stagoll, 2005: 21–22, 원전에서의 강조).

놀이에 관한 담론을 형성하고 원리를 조직하는 데 있어 과거 그리스 시대의 다시-제시하기(재현하기)를 가져오는 것은 근대성의 재현에 대한 단단하고 속박하는 담론 실제를 날려버리는 것 같다.

그런데 우리 모두는 '놀이'에 대해 잘 알고 있다고 생각한다. 그렇지 않은가?

놀이의 의미를 신화를 만드는 방식과 관련하여 기술한 Trueit이 글을 읽고 나는 충만한-놀이로서 놀이 담론에 대해 생각해 보았다. 놀이가 발달론자들이 말하는 놀이에 대한 발달중심적 근대적 사고를 날려버리고자 한다. 놀이를 통치성으로 보는 근대적 사고를 중단시키고자 한다. 나는 놀이의 **리좀적** 생성, 기계적 배치, 되기의 환경으로 놀이를 보고자 한다…**그리고**…나는 아이들이 이해하고 있는 것만큼 놀이에 대해 알고 있다고 생각하지는 않는다. 내가 유아기로 돌아가 함께 놀이하는 것을 (다시)배우지 않는 한, 어린이처럼 놀이하기를 (다시)배우지 않는 한. Sutton-Smith(1997)는 다음과 같이 말했다. "우리 모두는 자주 놀이한다." 그래서 놀이가 어떤 것인지 모두 안다(p. 1). 그런데 과연 그러한가? 그림 그리고 색칠하는 것을 생각해 보자. 그리지 않을 때 우리는 잊어버린다. 어떻게 하는지 배우기를 멈춘 것이다. 놀지 않는다는 것은 어떻게 노는지 배우는 것을 멈춘 것이다. 우리는 놀이에 대해 배우기를 멈추었다. 놀이(하기)가 무엇인지 이해하는 것도 멈추었다.

리좀포이에시스 생성 Rhizopoiesis

Trueit의 글과 나의 이해를 나란히 배치하여 써보는 충만한-놀이이자 모험인 **리좀포이에시스**(*rhizopoiesis*)로서의 글쓰기는 전통적인 학문적 글쓰기의 선형성을 혼란시키기 위한 것이다. 놀이를 하듯이(수행성, 놀이, 끊임없이 변하는 운동으로서) 순환적으로 반복하고 사유하면서 (다시)돌아가 (다시)협상하면서 (다시)읽어갔다. 마치 유목민처럼 Trueit이 적은 글(포이에틱)에 나의 생각을 나란히 적어가면서 작업한 과정 자체가 리좀적 글쓰기 과정이자 생성의 가능성을 보여 주었다. 잠재적(virtual) 협력의 과정으로 예술적 재료들이 뒤섞인 다시 쓰기를 통해 지적 표현에 열려 있는 또다른 놀이(하기)의 반복이었다. Trueit(2006)의 놀이에 대한 글과 Richadrson(1992)의 글로 예시된 여성적 글쓰기는 **포이에티** 읽기의 가능성을 열어 준다. Coetzee(2007)는 "정보가 넘쳐나는 세상에서 시는 잊혀져가고 있다. 어떤 단어가 사전적 의미와는 전혀 다른 의미로 사용될 수도 있고, 은유적 표현이 오히려 한 단계 높은 수준에서의 해석을 가능하게 하며 예기치 않은 뜻밖의 읽기가 발생하는 시가 잊혀진 것이다"(p. 23)라고 지적한 것이다. 두 글을 배치한 다양한 읽기~글쓰기~읽기 과정을 통해 차이, 흐름, 유동적 배치에 대한 나의 생각이 명확히 드러났다. 그 과정은 획일성, 통일성과 체계를 넘어서는 과정이었다. 또한 "분리적 확인(disjunctive affirmation)"(Hand, 1988; xliv)이라는 제스처와 함께/속에서 시도하면서 정주하지 않고 유목적인 생산을 지각할 수 있었다.

놀이 이상의 놀이를 읽으면서 몰입한 충만한–놀이로 **리좀적** 글쓰기를 시도한 나의 (모험)도전은 아이들의 놀이를 이상화하려는 시도를 전복시키고 아이들의 놀이를 질서와 합리성으로 관념화하는 것을 막고자 하는 모험이었다. Deleuze와 Guattari의 감응적 글 읽기는 소유, 식민지화와 특정한 위치성을 거부한다. 감응의 영역에서의 놀이(하기)에 사유가 없는 것이 아니다(Harker, 2005). 그렇다고 인지적이지 않고 육체적이며 감정적인 것만을 최우선으로 두자는 것도 아니다. 단지 탈–합리적인 탈–질서들이 (발현)병합할 수 있는 가능성을(에로) 개방하자는 것이다. "놀이의 거친 복잡성을 제거하고 또한 재미, 단순한 내재적 동기, 단순한 흐름으로 감소시키고 모든 상황성을 제거하려는"(Sutton-Smith & Magee, 1989: 54), 놀이를 통제하고 이론화하려는 경향, 즉 근대적 문명성으로부터 벗어나자는 것이다. 또다시 어린이의 놀이(하기)를 고정시키는 위험이 있음을 인지하지만 지금까지 다른 복잡성의 의미에 이어, 이제 되기의 강도(intensities of becoming) 관점에서 놀이를 논의하고자 한다.

되기 강도로 놀이 (다시)이해하기
(re)conceiving play as intensities of becoming

앞서 놀이는 어떤 것 혹은 어떤 사건이 아니라 함께/속에서/통해서 지속적으로 변화가 이루어지는 운동이라고 하였다. Gadamer(1982)는 "놀이는 이리저리 운동하고, 어떤 목표에 얽매이거나 끝나지 않는다"(p. 93)고 하였다. "빛의 놀이[10], 파도의 놀이, 베어링 부속품의 놀이, 팔다리의 내적 놀이, 힘의 놀이, 곤충의 놀이, 심지어 말(언어)에 대한 놀이"(p. 93) 등과 마찬가지이다. 가볍고 끊임없이 변화하는 운동으로서 놀이 감각은 형언할 수 없고, 정의내리기 어렵고 알기 어려운 순간(운동)이다. 아마도 이러한 특성 때문에 어린이의 놀이를 정의내리기 어렵고 Hodgkin(1985)은 인간의 놀이에서 "개방성이 더 큰 구조 안으로 통합됨으로써 전체 구조의 붕괴 없이 작동할 수 있다"(pp. 27–28)고 하였다. 잠재적 공간에 열려 있으므로 인해 "놀이의 시간–공간이라는 장은 미래에까지 개방되며"(p. 28), 놀이는 지속된다. Deleuze와 Guattari 입장에서 보자면 어린이의 놀이(하기)는 기계적 배치로 잠재적 공간에서 일어난다. 잠재적이고 재한된 공간에서 힘의 강도가 작용하는데 이때의 힘이란 "힘 **사이의 관계**"(Boundas, 2005: 131 원전에서의 강조)이다. 이렇게 볼 때, 운

10) 역자 주: Play가 놀이의 의미 외에 활동, 작용 등의 의미를 담고 있어 중의적으로 사용되고 있다.

동을 생성하는 것은 사이-내부의 놀이이다. 만약 놀이가 불충분하고 무엇인가에 붙들려 있다면 아무 일도 일어나지 않을 것이다.

기계에서 볼 베어링이 움직여 작동하게 되고, 볼이 서로 반대방향으로 움직이면서 만들어진 사이-내부 힘의 작동이 발생된다. 여기서 작동하는 힘의 운동은 어린이 놀이의 기계적 배치와 같다. 이것은 규정하기 어려우며 계속해서 다방향적으로 움직이며 끝없이 다차원이 되며 항상 이미 사이-내부의 강도가 되어 가고 있다. 그림 6.1은 스팬드럴이 되어 가고 있는 놀이의 그림으로, 이러한 사이-내부성 혹은 경계성을 이미지화한 것이다. 이 그림에서 기계의 힘이 운동하는 놀이 작용은 스팬드럴이 생성하는 공간으로 열려 있다. 놀이와 스팬드럴은 사이의 공간-시간 순간과 함께/속에서/으로 동시에 움직인다. 스팬드럴은 두 아치의 둥근 윗부분과 수평의 천장의 공간으로 아치와 **함께**, 천장 사이와 **함께** 존재하며, 그 자체로는 아무것도 아니며, 관계에 의해서 만들어진 것이다. 스팬드럴처럼 놀이도 어린이, 놀이, 맥락, 인공물 등이 작용한 다양체이다. 스팬드럴처럼 놀이 자체로는 독립된 무엇으로 존재하지 않는다. 놀이는 사건도 아니고 그렇다고 해프닝도 아니다. 그것은 '우연'이다. '우연히 생긴 일'…기대하지 않았던 뜻밖의 결과에 참여하게 되

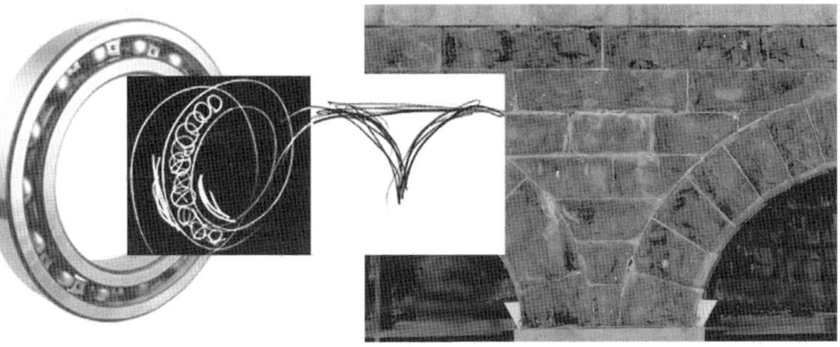

[그림 6.1]
놀이(사이-내부의 운동)와 스팬드럴(사이-내부의 공간) (Warren Sellers의 그림)

는 것…갑자기 나타난 것…어쩌면 예견된 것일 수도 있지만 그러나 우연으로 인해 생길 가능성이 훨씬 더 크다(Davis, 1996: 257). 우연으로의 놀이 그리고 우연히 생긴 순간(운동)은 어린이를 사이의 공간, 그들의 내부작용, 상상적인 영역, 물리적 영역, 놀이 속 캐릭터와 인공물을 사이-내부에서 끊임없이 변화한다. 모든 것은 다른 것(들)과의 관계에서 이루어지며, 다른 것이 없었다면 아무것도 발생하지 않았을 것이다. 스팬드럴과 기계적 놀이에서처럼.

이제 어린이 놀이의 기계적 운동과 공간-시간을 지각가능하게 해주는 기계적 놀이와 스팬드럴 공간의 순간(운동)이 가지는 모호함은 무엇이 놀이인가에 대한 혼란스러운 정의를 멈추게 하는데, 바로 뒤집음(eversion)의 과정이다. 그림 6.2의 수학적 조각물은 뒤집음을 심상화하게 한다. '내부에서 외부로, 외부에서 내부로' 움직이는 순간(운동)으로서 기계적 배치는 어린이의 놀이에서 스토리라인, 캐릭터, 역할, 주제, 물리적 영역과 관계 등을 통해 나타난다. 그림 6.2에 보이는 조각은 내부가 같은 형태의 외부로 재구성되는 것을 보여 주고 있다. 안쪽과 바깥쪽이 다시 자신에게/으로 되돌아간다. 이렇게 놀이(하기)의 탈~영토화 순간(운동)과 함께 내부와 외부는 동시에 서로가 된다.

뒤집음이란 Sutton-Smith와 Magee(1989)의 가역성에 대한 설명을 생성적으로 읽게 해 준다. 놀이에서 세상은 위아래가 거꾸로 된 것으로 인식된다. 복잡성 안에서 놀이의 세계는 동시에 위이면서 아래로 간 위이다(p. 60). 혼돈과 함께/속에서 질서와 무질서가 결합한다. 어린이의 놀이(하기)를 떠올려보면 뒤집음의 이미지가 떠오른다. 끊임없이 변화하면서 탈~영토화되는 주름이 접혔다 펴졌다(un/re/folding) 하면서 뒤집히기도 하고 돌아오기도 하는(in/re/e/verting) 다차원적인 다양체이다. 놀이는 항상 이미 무엇이라 규정하기 힘들며 강도를 가진다. 여기서 되기의 강도로서 놀이(play as intensities of becoming) 그리고 놀이의 강도-되기(becoming-intensities of play)를 심상화(생각)해 보았다.

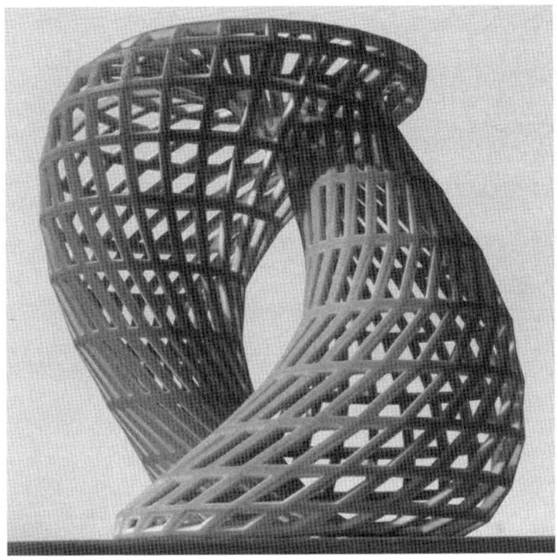

[그림 6.2] 뒤집음의 시각화~내부를 외부로 뒤바꿈
Professor, Carlo H. Sequin, University of Califonia, Berkeley, http://www.cs.berkeley.edu/~sequin/ART/AMS_MathImageryTorus-Eversion_Halfway_Point.jpg)

어린이-되기와 어린이의 놀이(하기)에 대한 리좀 분석
rhizoanalysis of becoming-children and children's play(ing)

어린이와 놀이(하기)에 대한 전통적인 발달이론과 행동주의적 분석을 전복시키고 벗어나고자 Deleuze와 Guattari의 강도 개념을 가지고 어린이-되기 속에서/통해서/함께 되기의 강도로 놀이를 리좀적으로 분석하고자 한다. 이는 놀이를 수목적 사고로 바라보는 것을 벗어나게 해주며, 놀이를 나눌 수도 있고, 통일할 수 있으며, 전체화하고 의사화하며, 조직화할 수 있는 외연확장(*extensive*)으로 보지 않는 것이다. 반대로

강한(*intensive*) 다양체로 놀이를 본다면 놀이는 연결되고, 변화하며, 다양하고, 소통가능하며, 다음을 통해 구성되는 것으로 인식된다.

> 자연에서 변화 없이는 분열하지 않는 입자, 서로에게로 경계를 넘어, 혹은 그 앞에서 마주치면서 다른 다양체에 들어가지 않고서는 달라지지 않는 거리 그리고 소통의 과정 속에서 끊임없이 만들어지거나 해체되는 거리
>
> (Deleuze & Guattari, 1987: 33)

강도는 안과 바깥으로 동시에 커지고 점점 퍼지면서도 밀도가 점점 높아지며 어린이-되기 강도-되기 지각(불)가능한 상태-되기에서처럼 “비대칭적인 되기의 블록, 즉각적인 지그재그”(p. 278) 속에서 서로 얽힌다. 여기서 지각불가능한 것을 어떻게 지각할 수 있을 것인가? Deleuze와 Guattari는 다음과 같이 말했다. 우리는 차이의 운동을 통해 지각불가능함을 지각하는데 그것은 어떤 점 사이의 관계가 아니라 중간 사이에 있다. “오로지 운동만 봐라”(p. 282). 내 시야에 들어온 어떤 대상에만 집중해서 보지 않는다면 더 많은 것을 지각할 수 있게 된다. 예를 들어, 밤하늘의 마타리키 별자리(플레이아데스 성단)는 별자리만 보지 말고 별자리를 쭉 따라가면서 주변을 같이 본다면 맨눈으로 찾아보기가 더 쉬워진다. 마찬가지로 어린이의 놀이(하기)를 발달이론이나 행동주의적 관점으로만 보지 않는다면 놀이 이면에 숨겨진 것들을 처음으로 지각할 수 있을 것이다.

마리아, 플뢰르와 루시가 함께 놀고 있는 모습을 비디오로 녹화하여 전사한 기록물에서 놀이(하기) 강도를 확인할 수 있었다. 나의 외부자 관점에서 의미가 없어 보이는 시나리오는 흘러가는 놀이 흐름의 속도가 완전한 무질서라는 인상을 남겼다. 마리아가 놀이를 통제하려는 의도

를 가지고 있는 것으로 보였고, 플뢰르와 루시는 그에 따라 기꺼이 놀이하였으나 전체적으로 무질서해 보였다. 그러나 이렇게 분석하는 것은 발달이론이 지배하는 것으로 생각되었다. 그래서 좀 더 열린 태도로 놀이의 복잡성을 이해하려고 하자 생성적 읽기가 가능했다. 리좀분석을 통해 지각(불)가능하였다. 지각불가능–되기 어린이–되기 강도–되기의 우연을 지각할 수 있었다. 놀이는 스스로 살아 있는 것처럼 보였고 따라잡기 어려웠지만 혼란스러운 흐름에 참여하게 되자 놀이를 하지 않는 사람으로서 전부 이해할 수는 없었지만 복잡한 스토리라인에서 탈–질서의 강도를 볼 수 있었다. 다음 17분 동안의 놀이는 빠르게 진행되면서 아이들을 사로잡는다. 혹시라도 부주의하여 실증주의자처럼 이론적 분석을 통해 의미를 해석할 가능성을 피하기 위해 노력하였다(Lather, 1992). 충만한–놀이와 같이 순간 떠오르는 자발적인 반응을 선택하였다. 인지, 사회, 정서 발달 등으로 바라보는 발달적 분석에 철저히 저항하였으며 개별화된 어린이 개념을 벗어나 특이하면서 각각의 특이성을 가지면서도 함께 존재하는 것으로 드러내고자 하였다. 함께하는 순간(운동) 속에서 운동과 멈추는 쉼의 관계를 통해 아이들을 바라보게 되었다. 아이들은 다른 사람에게 감응되고 다른 사람을 감응시키는 능력(Deleuze, 1988)을 통해 바라보게 되었다. 아이의 행동을 분류하여 범주화하는 것을 피하게 되었다. 다르게 보기 위해 분리해서 보려는 기존의 인습적 분석 방식을 붕괴시키고 함께 미끄러져 흘러가는 배치로 모아보는 방식을 취하였다. 단순한 사본 대신에 아이들과 대화하면서 놀이(하기)의 복잡한 지도를 만드는 **리좀생성**(*rhizopoietiuc*)으로 기록하였다.

다음 두 가지 놀이 상황에서 발생한 아이들의 대화를 기록하고 그 기록 옆에 나의 의견을 적어 두는 3중 병렬배치 방식으로 기술하였다. 마리아, 플뢰르와 루시가 놀이를 한다. 이후 아이들은 비디오로 녹화된 자신들의 놀이를 본다. 이는 흐름에 대해 리좀 분석의 가능성을 열어 주었고 운동과 속도가 흘러오고 빠지는 것을 살펴보았다. "운동은 매우 빠를지라도, 속도는 빠르지 않다. 속도는 매우 느리거나 심지어 움직이지 않을 때도 있지만 그것도 속도이다. 운동은 외연확장되고 속도는 집중적이다"(Deleuze & Guattari, 1987: 381). 전사자료를 파편(bits/bytes)으로 잘라서 분석하지 않고, 서로 다르게 응집해 가도록 불일치성의 운동을 방해하지 않았으며, 아이들이 하는 놀이(하기)의 운동과 속도를 방해하지 않자 접속을 끊거나 잘못 접속된(mis/dis/connections) 우연으로 인해 생성되는 놀이, 즉 즉흥적인 수행이 발생하였다. 병렬배치는 잠정적~즉흥적 읽기에 열려 있어서 전사자료에서 지각(불)가능했던 입구를 통해 운동하게 하였다. 마치 그림을 그리거나 시를 짓는 것과 같이 리좀-상상계(Sellers, 2008)가 되었으며 예술가~작가는 독창적인 작업을 통해 작품 감상자~독자가 자신이 원하는 것을 취할 수 있도록 한다.

놀이의 순간(운동), 어린이 그리고 병렬배치는 유동적이며 일관되지 않고 예측불가능하다. 외연적~집중적 3중 병렬배치는 리좀 수행성의 운동을 하고 있는 텍스트의 단어를 통해 속도를 내며 연구 자료 속의 리좀 이야기를 펼치며 변화하는 리좀-읽기~글쓰기 수행성의 기회를(에로) 열어 주었다. 어린이의 놀이(하기)가 한 아이에서 다른 아이로 넘어가며 변화하듯이, 놀이(하기)에 대한 각 독자~읽기에도 변화가 이루어진다. 가운데 열은 왼쪽에서 기록한 놀이에 대한 리좀 분석이고, 오른쪽 열은 마리아와 플뢰르가 비디오로 녹화된 자신들의 놀이장면을 보는 것에 대한 자료를 보여 준다. 여기에서 자료는 일반적인 방식과는 다르게 분석을 지지하기 위해서가 아니라 수행적으로 사용되었다(Lather, 1992). 리좀적으로 분석된 전산자료는 독자성을 가지되, 여럿이 전하는 이야기의 일부를 말하기도 한다. 이 둘을 합쳐 놀이의 강도를 지각할 수 있었고 놀이(하기)에 대해 성인으로서 이해할 수 있는 강도를 높여주었다.

마리아와 플뢰르가 한 대화의 많은 부분은 아이들이 놀이에서 캐릭터를 표현하고자 연출했던 극적인 목소리 혹은 노래이다. 이런 경우는 고딕체로 표기하였다. 아이들이 극놀이 줄거리를 확정할 때는 일상적인 목소리로 말하였는데 이때는 *이탤릭체*로 표기하였다. 놀이의 물리적 흐름을 설명하기 위해서 아이들의 움직임에 대한 최소한의 세부 사항은 제시하였으며 놀이(하기)에 대한 이야기는 어린이 자신들의 대화를 통해 전달되도록 하였다. 비디오를 통해 (다시)놀이하는 것을 볼 때, 의미를 만들고자 하는 어른의(불순한) 욕망이 스며들어 부적절하게도 나의 의견과 질문들이 지배하고 있음을 알게 되었다. 그 당시 아이들은 영상을 보고자 하였지만 대화를 나누고자 한 건 아니었다(연구자~참여자의 권한에 대한 논의는 **충만한-힘이 있는 어린이(들)-되기** 고원에서 논의하였다).

마리아와 루시가 가족영역에서 놀이하고 있다. 플뢰르는 근처 부엌/가게에 있다. 아담은 부엌에서 혼자 놀고 있다. 놀이(하기)에서 플뢰르와 마리아가 캐릭터 역할을 통해 미끄러지듯 움직이며, 목소리를 바꿔가며 캐릭터와 내레이터 역할을 하고 극놀이 줄거리를 만든다. 놀이를 지켜볼 때, (다시) 놀이하기에서 놀이의 극놀이 줄거리는 여러 가지 주제에 따라 순식간에 움직이며 바뀌었다. 계획(평면)은 변화하는 캐릭터에 맞춰서 구성되었다.

놀이	리좀적 상호작용	(다시)놀이하기
마리아: 아가야, 나랑 같이 가게 갈까? 이제 우리가 뭔가를 사는 척할 거야. 플뢰르: *알았어. 나는 가게 역할 할게.* 마리아는 플뢰르에게 전화를 한다: 따르릉, 따르릉, 따르릉. 아직 가게 안 끝났어요? 플뢰르: 아니, 나는 나는 나는, 나는 따르릉 따르릉, 음, 나는, 나는, 나는 가게가 아니라 사무실에 있어요, 이제 가게에 있어요. 마리아: 오케이, 고마워요. 우리 금방 거기로 갈게요. 알았죠? 마리아와 루시가 부엌/가게에 간다. 마리아: 안녕하세요? 반가워요…여기 쇠고기나 요구르트나 그런 것들 있나요? 플뢰르: 아니요. 우리 가게에는 없어요. 여기에는 이것만 있어요. 아기에게 이것도 필요한가요? 마리아: 아니 아니 아니에요. 마리아는 장난감 음식을 바구니에 넣는다. 플뢰르: *노래로 해줄래? 말로 말고. 그런 것들 말해 주면 내가 더 가져올게* 마리아가 플뢰르에게 돈을 주며: 여기요(목소리를 바꿔서) *다시 돌려줘.*	첫인상은 마리아가 놀이와 놀이하는 친구들을 통제하려는 의도를 가지고 있다는 것이다; 마리아의 충만한-힘(power-fullness)의 표현으로 놀이가 시작되었다. 마리아가 진행하는 놀이의 스토리라인은 다소 혼란스러웠지만 플뢰르와 루시는 즐겁게 동참하였다. 플뢰르는 종종 실망하는 것 같았으나 곧 자신이 원하는 것을 사회자처럼 말하면서 순식간에 문제를 해결하였다. 루시는 벽장 속에 있는 것을 꺼리지 않고 즐기는 것 같다. 언제든 쉽게 열고 나올 수 있지만 루시는 수동적인 역할을 만족해하는 것으로 보인다. 마리아는 플뢰르가 놀이에 개입하는 것에 짜증을 내고 당혹스러워하는 것 같다. 그러나 이렇게 보는 것은 행동주의적 분석이다… 생성적 분석에서 놀이와 놀이하는 사람은 배치이다. 어떤 형식이나 기능에 따라 구분되는 것이 아니라 '운동과 멈춤', '늦음과 빠름'에 의해서 구분된다. 운동과 속도의 흐름이 빠졌다가 다시 밀려오는 그런 흐름은 '구조의 형태' 그리고 '발달유형(Deleuze & Guattari, 1987: 254-255), 그러한 인습적인 행동주의적 놀이관점과 심리사회적 발달이론에서 다루고 있는 개념을 복종시킨다.	MS: *지금 너희들은 가족영역에 있구나. 마리아가 무엇을 할지 말하고 있고.* 플뢰르: *나한테 이래라저래라 시키는 거예요.* (활짝 웃으며). *재미난 부분이 있었어요. 그거 다시 볼래요.* MS: *그래, 그 재미난 부분은 나중에 다시 볼까. 지금은 여기 부분을 계속 보자…좋아. 한 번 더 보자.* 비디오를 '보는' 동안 아이들은 모두 퍼즐을 하고 있다. MS: *…지금 가게야. 루시가 아기이니? 뭐라고 부를 거야?* (마리아에게 묻는다) *아가 아니면 다른 이름?* 마리아(쳐다보며): *그냥 아가라 부르는 걸 좋아할 거예요.* MS: *그래. 여기서 마리아가 가게 주인에게 전화하고 있어. '따르릉 따르릉'이라고 말하면서. 왜 그런 거야? 내 생각에는 아직 가게 문이 열려 있는지 확인하는 것 같은데, 맞아?* 마리아: 네. MS: *그런데 플뢰르가 사무실이라고 했어. 그지?* 플뢰르: *네.* MS(플뢰르에게): *그게 어떤 의미인데?*

놀이	리좀적 상호작용	(다시)놀이하기
플뢰르: *아니 이건 그냥 다른 돈이라 하자.* 마리아가 집으로 돌아와서는: 아가야? 어서 들어와. 자, 이게 너의 침대란다. 마리아는 루시가 들어간 벽장의 문을 닫는다. 아가야, 언제든지 나올 수 있어. 지금, 오늘 버섯이 좀 필요할 거야…이거. 마리아가 가방을 골라 든다. 마리아가 가게에서: 손님이 올 거니까…음 뭔가가 필요한데 그게 뭔가 하면. 플뢰르: 이제 우리 가게 문 닫았어요. 마리아: *아니, 그럼, 옆 가게에 가보자!* *플뢰르: 좋아* 마리아: *옆 가게 안녕하세요? 그런데 음식이 넉넉하지 않아요. 음식을 좀 더 줄 수 있나요?* 플뢰르: *아니-요, 가게는 문 닫고 있어요.* 마리아: *아니야. 플뢰르, 그게 아니라고! 네가 지금 가게주인이 아니고, 옆 가게 사람이라니까, 알겠어? 이웃 사람이라고.* 플뢰르: 음, *네가 돈을 내게 줘야 해.* 마리아가 집으로 돌아가며: *돈을 가져올게요* (가게로 와서는) 자, 여기 있어요. *(목소리를 바꿔서) 돈을 줬어. 맞지? 돈 준 거야.*	빠름과 늦음의 진자운동 속에 마리아는 이야기 구성을 협상하면서 자신을 다양체로 구성한다. 마리아의 어린이-되기 과정에서 헤아릴 수 없는 무한함이 동시에 다른 어린이(들)-되기와의 관계에 의해 발생한 복잡성과 접속하면서 생성된다. 접속에서 발생하는 불일치는 놀이 속의 순간을 뛰어넘어가는 것 같다. "제 순간에 오지 않거나 모든 것이 갑자기 끝나버린 후에 오기로 한다"(p. 255). 이러한 잘못과 파열이 다음 놀이 계획(평면)의 한 부분이 된다. 마리아는 종종 이러한 잘못된/끊어진/접속(mis/dis/connecting) 등에 좌절하였다. 플뢰르는 개의치 않고 계속 놀이하였다. 루시는 두 가지 역할을 한다. 루시는 놀이(하기)에 참여하긴 하였으나-아기 역할로-어떤 말도 하지 않고 침묵함으로써 놀이에 참여하기로 스스로 결정했다. 루시는 복잡성 속에서 루시-되기에 적극적으로 참여한 것이다. 이에 대해 Delueze와 Guattari(1987)는 다음과 같이 말했다.	플뢰르: *그게 아니라 저도 쇼핑하고 있었어요.* 루시는 TV를 보고 있고 마리아와 플뢰르는 퍼즐을 하고 있다. *돈은 무엇으로 했어?* 마리아: *아 음식이요. 가짜 돈이에요.* MS: *자 이제 집으로 돌아왔네…루시가 어디 있나…벽장 안에 이게 루시의 침대였던 거지? 그런 거야?*…(루시가 쳐다본다) *벽장 안에 있는 것은 어떤 기분이지?* 루시는 대답하지 않고 말없이 퍼즐을 하러 다시 간다. MS: *무섭니?* 조: *처음에는 무서워요.* 마리아: *아닌데.* 조: *벽장 안은 무서워.* MS가 루시에게: *그 안에 있는 거 괜찮았어?* 루시는 마리아에게 웃어 보였다. 조: *무서웠을 텐데.* MS가 조에게: *너도 가끔 벽장 안에 들어가니?* 조가 대답하지 않는다. 마리아가 대답한다: *아니요.* MS: *왜?* 마리아: *내가 엄마거든요.* MS: *가족영역에서 논다면 루시가 너를 벽장 안에 들어가게 할 때도 있을까?* 마리아가 고개를 흔들면서: 아니, *아니요. 나는 벽장에 있는 거 싫어요.*

놀이	리좀적 상호작용	(다시)놀이하기
플뢰르: 자, 내가 이걸 줄게. 마리아: 아니 오늘은 빵 싫어. 이걸 가질래. 플뢰르: 이거 할래? 마리아: 아니야. 괜찮아. 플뢰르: 흥얼흥얼. 마리아, 집에서: 안 돼. 음식이 하나도 없잖아. 아기가 다 먹어버렸어. 좋아. 괜찮아. 아담이 쟁반에 음식을 가지고 와서는: 아기는? 마리아: 아기는 저기 있어. 플뢰르가 집으로 들어와서는 쟁반을 잡고: 아니야, 아니 아니라고, 내가 줄 거야. (마리아에게) 이건 아기 음식인데. 마리아: 응. 알았어. 고마워. 아가야, 이거 먹어(벽장에 앉아 있는 루시에게 쟁반을 건네면서, 목소리를 바꿔서) *후추가 들어간 빵인데, 이걸 싫어하는 척하는 거야.* (다시 목소리를 바꿔서) 어때? 미안해. 아가야. 아기는 후추 들어간 빵을 싫어하는구나. 이거 싫대. 마리아(루시에게): 아하, *이제 아픈 척하는 거야. 어, 이제*…(선반에서 의사 가방을 가져온다). 플뢰르가 다시 쟁반을 가지고 온다: 자, 아가야. 여기 설탕당근 있어.	운동과 멈춤, 빠름과 느림이 함께 관계하여 무한함의 한 부분이 되며, 이것은 힘의 정도와 일치한다. 개개인을 구성하거나 분해하거나 조절하는 관계에 영향을 미치는 강도에 해당한다. 강도는 행위하는 힘을 증대시키거나 감소시킨다. 강도는 개인의 내외적 부분들에 의해 형성된다. 감응된 것이다(p. 256). 침묵으로 루시는 스스로의 충만한-힘으로 루시-되기 어린이-되기 강도-되기 지각불가능하게-되기에 감응되었다. 플뢰르가 마리아의 위압적인 태도를 거부하였을 때 그렇다고 놀이가 완전히 실패한 것은 아니다. “단순히 삐걱거린 것이다. 실패도 계획(평면)의 한 부분이기 때문이다”(p.259). 놀이는 그 자체로 자신만의 삶을 가지고 있기에 놀이의 계획(평면)은 무한하다.	MS: *루시는 괜찮은 것 같던데, 그런 것 같지?* MS: *플뢰르, 너는 저기서 뭐하고 있는 거니?* 플뢰르가 쳐다보면서: *치즈 없은 토스트요.* 마리아: *저기 아담도 있어요.* MS: *아담은 뭐했더라? 마리아, 네가 엄마였고, 루시가 아가였잖아. 그럼 플뢰르는 누구였어?* 마리아: 아, *플뢰르는 큰언니예요.* MS: *아담은? 아담은 누구였는데?* 마리아: *아빠요.* MS: 침대에서 *음식을 먹고 있다가 다시 돌려주었잖아. 맛있었어? 이건 뭐였어?* (루시에게) *토스트였나?? 아…마리아가 돌아가서 아기는 싫어한다고 말하네.* (마리아에게) *왜 싫어했을까?* 마리아: *후추가 들어 있기 때문이에요. 후추는 아기가 먹기에는 너무 맵거든요.* 여전히 퍼즐을 하고 있고 비디오는 보지 않은 채 자기들끼리 대화하고 있다. MS: *플뢰르가 뭐라고 하는 거야?*

놀이	리좀적 상호작용	(다시)놀이하기
마리아: 아니, 아니야. 아기가 좋아하지 않는 거야. 고마워, 이미 조금 주었구나. 알았어. 갈게. 서둘러야겠다. 아기를 의사선생님에게 데려가야겠어. 많이 늦었네. 비행기 놓치겠어. 그럼 안녕. 플뢰르: *아기를* *의사선생님에게* *데려간다고? 야, 그냥* *여기가 병원이라고 하자.* 마리아: *아니, 싫어* 가자. (목소리를 바꿔서) 어쩌지. 약속에 늦을 것 같아. 플뢰르: *그럼 내가* *의사라고?* 마리아가 플뢰르를 밀면서: *아니! 가!* *내가 의사야. 지금* *응급상황이야. 응급실* *의사라고.* (다시 목소리를 바꿔서) 아가야 이제 출발하자. 여기 가방. 너의 물건은 다 그 안에 넣어 알겠지? 루시가 벽장에서 나온다: *네, 다 챙길게요.* 마리아: 아가, 서둘러야 해. 비행기 놓치겠어. 아담: *안녕.* 마리아: 비행기 놓치겠어. 아담: *지금 뭐하는 거야?* 마리아: 내 물건 다 챙겨서 집에 아니 비행기 타러 가는 거야.	수천 가지 다른 방법으로 출발할 수 있다. 언제나 너무 늦게 혹은 너무 일찍 항상 뭔가를 발견한다. 빠름과 늦음의 속도, 모든 감응의 순간이 재조직되면서 다시 배치된다(p. 259). 접속이 끊기거나 잘못된 (dis/mis/connecting) 순간에 새롭게 (다시) 시작된다. 마리아와 플뢰르가 '아니'라고 말하는 순간이 신호가 될 수 있다. 리좀으로서 놀이 계획(평면)이 부서졌다가 오래된 혹은 새로운 탈주선과 함께 다시 만들어지며 탈~영토화가 이루어진다. 마리아와 플뢰르의 갈등은 서로 다른 탈주선에서 서로 다른 놀이(하기)의 타이밍으로 이해할 수 있기는 하지만 그럼에도 불구하고 마리아는 여전히 놀이를 '이끌고' 특히 플뢰르를 '이끄는' 것으로 인식하고자 하는 유혹을 받게 된다. 표면적으로 마리아가 리더이다. 그러나 이렇게 수목적으로 발달론적으로 분석하면 다른 아이들의 존재는 거부된다. 리좀적으로 본다면, 아이들의 운동이 중간에서 속도를 결정하면서 마리아의 활동을 더욱 분명하게 만들고 있는 것 같다. 순간적으로는, 마리아가 스포트라이트를 받고 있으나 그러나 중심에 위치하지 않으며 안정적으로 고정된 '나'가 아니다.	마리아: 짐 챙겨야 *하는데* *늦었다고요.* MS: *네가 비행기에서* *내렸을 때이구나.* 플뢰르: *이거 본 후에* *우리가 '멍청하고 늙은* *괴물'이라고 말하는* *부분으로 되돌아갈 수* *있을까요?* MS: 여기 *마리아의 짐이* *있네.* *마리아는 갈 준비를 하고* *있네. 비행장으로 가고* *있었어.* (마리아에게). *비행기 타고 어디로 가는* *거였니?* 플뢰르: *의사선생님이요.* 마리아: *네, 맞아요.* MS: *누가 아팠지?* *의사선생님은 누구였더라?* 플뢰르/ 마리아(동시에): *마리아/내가요.* MS(마리아에게): *마리아,* *네가 의사선생님이었구나.* *그럼 누가 아픈 거야, 아픈* *사람 있었어?* 마리아: *루시예요.* MS: *루시가 아팠다고?* 마리아: *루시가 병에* *걸렸어요.* 플뢰르: (…) *멍청하고* *늙은 괴물. 그 부분으로* *돌아가서 볼 건가요?*

놀이	리좀적 상호작용	(다시)놀이하기
아담: *내가 너희 집을 지켜도 될까?* 마리아: 좋아. 고마워. 마리아가 플뢰르와 아담에게: 안녕, 나나에게도 인사 전해줘. (그러고는 루시에게) 제발, 아가야, 늦겠다. 얼른 서두르자. 마리아가 의자에 앉고, 루시도 따라 앉는다; 플뢰르도 세 번째 의자에 앉으려 한다. 마리아: *안 돼. 플뢰르. 여긴 비행기야.* 플뢰르: 우리는 *비행기 티켓이 필요해. 나도 한 장 필요하다고.* 아담: *나는 이제 가야 해.* 마리아가 아담에게 세 번째 의자에 앉으라는 손짓을 하면서: *아니 여기는 비행기라고.* 아담: *어디?* 마리아: *지금 비행기야.* 아담: *집을 잘 지킬게.* 마리아: *아니. 비행기에 타. 비행기에 올라타라고.* 플뢰르가 돌아와서: *그럼 내가 조정사할까?* 마리아: *아니, 내가 조정사야.* 부릉부릉. (루시에게) *너도 운전해. 한 사람 더 운전할 수 있어.* (마리아는 조정사가 두 명인 걸 알고 있다) 음음음음…음음음음…	마리아는 무의식적인 '우리'의 욕망을 반영한다. 다양체로 마리아는 객체와 주체에 지속적으로 접속하고 끊어지면서 구성하고 구성된다. 세 사람의 되기(아담도 포함하면)에는 서로 연결되어 있다. 처음에는 서로 달랐던 관계가 다차원적으로 펼쳐져 간다. 캐릭터와 자신들의 주체적 위치를 바꾸면서 마리아~플뢰르~루시, 아담이 되어 간다. 마치 유목민~모나드처럼 이어진다. 놀이의 계획(평면)과 어린이(들)-되기에서는 모방도 유사함도 아닌 이질성만 있다. 놀이(하기)의 계획(평면)도 이 사람에서 저 사람으로 건너가면서 계속 변해간다. 놀이도 각자 방식으로 읽는다. 놀이에서 순간(운동)과 어린이는 유동적이며 일관적이지 않고 예측할 수 없다.	MS: *플뢰르가 비행기에 타는 것을 왜 못하게 했니?* 마리아: *그건 의사선생님 비행기이니까요. 아기와 의사선생님만 탈 수 있었어요.* MS: *그런데 아담은 비행기에 태우려고 했잖아?* 마리아: *네.* MS: *그런데 아담은 조정사가 되고 싶어 하지 않았어. 그랬지?* 마리아: *그래서 내가 조정사가 되어야 했어요.* MS: *플뢰르가 조정사하고 싶어 했는데.* 마리아: *내가 해야 했어요.* MS: *의사선생님과 조정사. 자 자, 지금 비행기가 날아오르고 있어. 루시도 타고 있고.* 마리아: *네, 같이 조정하고 있어요. 우리 아빠도 비행기 타세요.* *MS: 이제 비행기에서 내렸구나. 너희들 어디 있었니?* 마리아: *공항에 갇혔어요.* 플뢰르: *멍청하고 늙은 괴물, 이야기하던데 보고 싶어요. 마리아, 멍청하고 늙은 괴물 파트로 놀아가사.*

놀이(게임)	리좀적 상호작용	(다시)놀이하기
플뢰르가 세 번째 의자로 간다. 마리아가 막으면서: *안 돼*…(목소리를 바꿔서) 음, 아가, 가방 챙겨야지. 루시: *네*. 마리아: 기차 타러 가자. 집으로 돌아간다. 플뢰르: *내가 하면 안 돼?* 마리아: *안~~돼. 내가 의사야.* 플뢰르: *난 침대에 앉아서 어떤지 볼게.* (목소리를 바꿔서) 아기가 엄청 아파요. 잘 일어날 수가 없어요. 마리아: 네, 알겠습니다. 플뢰르: 아기에게[…] 줘야 해요. 마리아(플뢰르에게): *침대에서 좀 내려와. 줄래?* (루시에게) 아가, 이제 침대에 눕자. 아가, 침대에 눕자. (그리고서 플뢰르에게 지시한다) *너는 의사가 아니야! 제발 가줄래!* (목소리를 바꿔서) 이제 가서 다른 아픈 사람도 좀 봐줄래요? 놀이의 탈주선에 따라 의사와 간호사 놀이로 이어져, -의사-되기, 간호사-되기, 아픈 아기-되기로 넘어간다.	마리아, 플뢰르, 루시와 아담은 리좀으로서 뻗어나가고 놀이 계획(평면) 공간에서 스스로를 (재)분포시키면서 되어 간다. 캐릭터를 자연스럽게 바꾸고 스토리라인을 (통해) 부드럽게 넘어 가면서 지각불가능함-되기는 그림자에서 나오는 순간으로 움직이게 된다. 그 작동이 순간적이니까 지각가능하게 된다. 이렇게 놀이와 생성적인 읽기는 기존의 초점에서 여럿으로서의 벗어나 어린이-되기에 대한 인식을 바꾸게 되었다. 아이들은 이미 각각 이미 여럿이기 때문이다(Deleuze & Guattari, 1987). 유목민적인 순간(운동)과 함께/속에서/통해서 다양체가 되어 간다. 어린이(들)-되기 아동기-되기 어린이-되기의 강도 강도; 놀이(하기)와 (다시) 놀이(하기)를 통해 어린이-되기 지각불가능함-되기 강도-되기	마리아: *좋아.* 플뢰르: *여기 앉아 있지 않으면 그 바보 괴물 파트 못 볼 거야.* 마리아: *여기서도 볼 수 있어.* MS: 그래서 *여기서 뭐하고 있었지? 그러니까 이제 의사선생님인 거지.* (마리아에게) *마리아가 의사선생님이었지? 지금 의사선생님들이 하는 거였어?* 플뢰르: *나는 멍청하고 늙은 괴물파트 보고 싶어요.* 나는 테이프를 돌린다. MS: *보니까 더 생각나는 것 있니?* 플뢰르: *제 생각에는 요정 토피아(Topia) 이야기였어요.* (웃으면서) *전 알아요. 요정 오피아(Opia)요.* 마리아: *요정 오피아(Opia)가 아니고 토피아(Topia).* MS: *요정 토피아가 뭐니? 놀이했었던 것 중에 다른 이야기야?* 마리아: *네. 보세요. 멍청하고 늙은 괴물 부분이에요.* 플뢰르: *멍청하고 늙은 괴물 부분. 맞아요.*

충만한-놀이 강도가 스스로 말하도록 두기

leaving these play-full intensities to speak for themselves

이번 고원에서는 다차원적이고 복잡하며 미끄러지는 평범함을 벗어난 우연으로서 어린이의 놀이(하기)가 가진 외연적 강도에 대해 다루었다. 이 과정 자체가 리좀을 생성하는 충만한-놀이로 가득 찬 (모험)도전이었다. "많은 목소리들의 합창…창조적인 모방, 리좀생성이자 '타당한' 학문적 글쓰기의 하나로 제한하고 억제하며 체계화하려는 모든 시도를 거부하고 넘어서고자 하였다"(O'Riley, 2003: 53). 그리하여 (다시)놀이(하기), 전사하여 기록하기, 병렬배치하기 (다시)읽기는 "해석에 얽매이지 않는 연구자료이자 분석이 되었다"(p. 53). 이러한 3중의 병렬배치는 리좀적 읽기를(에로) 열어 주면서, 중간지대와 함께/속에서/통해서 다차원적 우연성을 발생시키며 놀이와 놀이(하기)를 강화하고 확장해 준다. 리좀적 읽기는 놀이 고원을 밖으로 확장해 주고(운동은 외연성을 가짐) 또 동시에 내적으로 밀고 나가도록(속도는 강도를 가짐) 힘을 실어주고 있다. 이러한 다양체에서 우리는 되기의 환경으로서 놀이(하기)가 어떻게 (발현)병합되는지를 엿볼 수 있는데 이때의 놀이는 어린이-되기 강렬함-되기 지각(불)가능함-되기의 외연적 강도이다.

루시, 플뢰르와 마리아의 놀이 행동은 끊임없이 변화하는 캐릭터와 주체 위치의/함께/통해서 극놀이 줄거리에 대한 자신의 기대를 부응시키면서 서로의 기대에 반응한다. 마리아는 자신의 충만한-힘을 다른 사람에게 분명하게 표현한다. 조용한 루시는 아기에 대한 자신의 이해를 지시나 저항 없이 재연하였다. 플뢰르는 듣기, 동의하기/않기, 질문하기, 거절하기와 함께/속에서 놀이하며 아이디어를 세동시켰다. 플뢰르가 멈칫거린 순간들이야말로 놀이의/에서/함께/속에서 복잡성을 잘 보여준다. 전화를 받을 때 플뢰르는 가게주인이 아니라 사무실 사람처럼 대답하며 거기에 적합한 말을 찾았다. 맥락에 맞게 유연하게 "*아니 나는 나는 나는 나는 따르릉 따르릉 나는 나는 사무실에 있어요. 나는 가게가 아니라 아니 그게 아니라 가게에 있어.*"라고 말했다. 쉼표나 마침표 없이 억양을 바꾸되 쉬지 않고 빨리 이야기하는 언어 흐름의 유동성을 의미한다(따르릉 따르릉). 생성적 읽기와 함께/속에서(with/in) 놀이는 너무 빨리 진행되어 잡을 수 없다. 찰나의 순간처럼 그러하다. 그래서 놀이(하기)를 파악하기란 참 어렵다.

…이렇게 고원을 마치려고 한다. 놀이(하기)를 정확히 정의하기는 어렵지만 리좀적 사고로는 이것은 환영되는 감응이다. "운동과 되기는 다른 말로 빠름과 느림의 순수한 관계이자 순수한 감응으로, 이것은 지각의 문턱보다 낮거나 높다"(Deleuze & Guattari, 1987: 281). Deleuze와 Guattari에 따르면 놀이 계획(평면)(plan[e])과 놀이하기를 동시에 지각할 수는 없다. 놀이(하기)는 만질 수 없고, 정의하기 어렵고, 말로 표현할 수 없다. 그래서 놀이(하기)는 놀이 텍스트, 놀이(하기) 자료, 문헌과 아이들의 말과 놀이 등의 다양체들이 인접한 관계적 공간(스팬드럴)에서만이 나타날 것이다. 이는 **물질성 문제**의 고원으로 나아가며 열어준다…

리좀~방법으로 놀이하는 어린이
Children playing rhizo~methodology

여행은 강렬하며, 진화하거나 가로지르는 것들 사이에서 강도가 높아진 문턱(thresholds)에서 일어난다.

(Deleuze & Guattari, 1987: 54)

유목민적 흐름 nomadic flow

여기서 리좀~방법론이라고 함은 리좀으로/함께 연구하며 유목민적 흐름을 따른다는 것을 말한다. 이 고원(plateau)에서는 '리좀'과 '방법'이 상호-내포 관계가 있다는 점을 내세우고자 그 두 단어 사이에 물결 기호(~)를 넣었으며 그 외 다른 곳에서는 연구과정이란 의미로 '리좀방법(rhizomethodology)'이라는 용어를 사용한다. 유목민들은 흐름 속에서는 고정되거나 갇힌 공간에서 움직이지 않거나, 어느 특정된 경로를 따르지 않는다. 유목민들은 오히려 리좀 방법으로 마치 지도가 그려져 있는 것처럼 지도를 (다시)만들기와 이기(되기)(be[com]ing) 속으로 문자 그대로 스스로 구성적인 대화로 멍로 내 이야기와 경로들을 재설정한다. 이 과정에서 행하고 생각하는 것은, 에너지, 힘, 그리고 움직임인 흐름을 통해 동시에 (비)실행하고, (다시)생각하는 것이 된다. 이 유목민적인 흐름은 되기(becoming), 이질적인 성분(heterogeneity), "극한으로 가는 통로(passage to the limit)", 그리고 "연속적인 변이(continuous variation)"를 체화한다(Deleuze & Guattari, 1987: 363). 흐름은 결정될 수 없고 단지 따르거나 지도 만들기를 한다. 그러므로 흐름이 유목민처럼 작동한다는 것은 "습관적이고 반응적인 생각, 규칙성, 그리고 전형적인 글들을 떼어내고…중간이나 틈, 빈 공간들, 하이픈들, 사선(slash)들, 그리고 돌발 사건들로부터 성장하고…한 것을 되돌리고…다른 공간을 다시 지도 만들기를 하고…딴 세상 같은, 항상 경계에 있고 가로지르는 완전히 새로운 허상인 광경"(O'Riley, 2003: 29)이다.

유목민처럼 일하기나 유목의 일하기, 또는 유목하기는 다양한 다른 방법으로 생각을(에로) 열게 하고, 경계가 없는 공간 속으로 들어가서 다른 방법으로 이기(되기)를 할 수 있도록 꿈꾸게 하고, 그것들이 무엇을 의미하는지 심사숙고하게 한다. 이것은 어떤 것이 의미하는 바가 무엇인가에 초점을 맞추기보다는, 오히려 예를 들어, 의미가 어떻게 변하고, 어떤 의미들이 어떻게 정규화가 되고, 다른 것들이 어떻게 사라졌는가와 같은 질문에 집중하는 것이다(Richardson & St. Pierre, 2005: 969). 유목민처럼 일한다는 것은 생각과 행동과 이기(되기)에 있어서 곧이곧대로 길을 따라가는 것이 아니라, "관습적인 지혜를 버리고, 의지를 갖고 이를 무시하는"(O'Riley, 2003: 21) 것이며, 과부호화된(overcoded) 연구과정의 외부에서 생각해 보는 것이다. 유목민은 개방되고 한계가 없는 공간 속에 사람들이 분포한 궤도 속에서, 탈~영토화(경계가 없는 상태)하고, 탈구조화(한정되지 않고/또는 한정할 수 없는)하며, 그리고 탈주선(사고와 사유의 움직임에 대한 무한한 방향들)을 가지고 일하게 한다. 그러한 공간에는 점들도, 길들도, 심지어는 땅조차 없다. 하지만 유목민은 항상 이미 다차원적, 반계통적이고, 탈-중심적이며 비위계적인, 그리고 중간으로부터 또는 중간을 통해 끊임없이 들어오고 나가는 상호접속과정을 가진 네트워크가 있는 유동성의 공간 속에 존재한다.

유목민~리좀 nomad~rhizome

리좀과 함께 유목민처럼 가는 흐름 속에는 어린이가 탈주선을 따라 다양한 영토들을 지나가며 일어나는 복잡한 상호놀이(interplay)가 포함되어 있다. 이 영토들은 어린이가 놀이하는 실제적, 상상적 공간, 그리고 놀이자들 간의 관계들이다. 끊임없이, 점점 더 많은 연결들이 리좀을 통해 생성되어, 특정한 시작점이나 끝나는 점이 없이 또 시작도 끝도 없이 영속적이고 역동적으로 변화하는 탈-중심화된 환경(a-centred milieu)이 구성된다. 이러한 매끄러운 유목민~리좀 공간 속에는 어떤 위치나 점이 없고, 단지 선들만 있으며, 이 선들을 탈~영토화하는 탈주선으로서 함께 일하고, 그렇지 않으면 이질적인 생각이나 아이디어, 그리고 활동으로 간주되었을 것들이 서로 연결된다. 이 같은 방법으로 상호접속 네트워크를 형성한다. 이는 개방된 시스템들 중에서 다양한 방향으로 움직이는 열 가운데 중간들이 모인 것이다. 이 "모든 차원에서 개방되고 연결되는"(Deleuze & Guattari, 1987: 12) 유목민~리좀의 배치(nomad~rhizome assemblage)는 항상 동일한 일련의 구조화된 지점으로 되돌아오는, 그래서 "항상 '똑같이' 되돌아오는"(p. 12) 근대적 사고와 행동을 수직적으로 받아, 직선적이고, 순차적인 방식으로 진행하려는 것을 방해하고 간섭한다.

몸통에서부터 나뭇가지와 잎사귀를 통해 수직적으로(나뭇가지가 뻗어나간 형태로) 따라가는(생각하는) 수목적 사고는 정해진 시작점(뿌리의 끝이나 몸통의 바닥)에서 끝(나뭇잎 끝)까지 동일한 트랙을 왔다갔다 하는 것을 요구한다. 나무 몸통과 가지들이 길이가 늘어나고 둘레를 확장하는 동안, 새로운 경로들은 가지의 끝에서만 생겨나고, 경로들을 따라 되돌아오는 것은 이미 여행했던 이전 경로를 다시 뒤따라 왔을 때만 가능하다(그림 7.1a).

관(burrow), 즉 리좀 속(그림 7.1 b)에는 통과하거나 되돌아올 수 있는 무한히 많은 경로들의 조합이 있다. 무수히 많은 입구가 있어 다양하고 이 입구는 또한 동시에 출구로서 다양체는 배가 된다. 서로 교차하는 많은 경로들, 그리고 지속적으로 탈/재/영토화된 공간들 사이에 이미 존재하고 있는 경로들을 넘거나 그들 사이를 침입해서 나타나는 새로운 경로들이 다양체가 된다. 유목민~리좀처럼 길을 찾아 방향을 틀거나 (되)돌아오는 방법은 무수히 많다.

[그림 7.1a]
나뭇가지 형태(Warren Sellers가 찍은 사진)

[그림 7.1b]
중생대 갑각류에 의해 형성된 관~리좀

리좀~방법 지도 만들기 mapping rhizo~methodology

유목민~리좀처럼 흐른다는 것은 끝없는 외연을 향해 가는 것이다. 그리고 이 리좀~유목민의 흐름 속에서 리좀~방법으로 지도를 그린다는 것은, 끊임없이 **그리고…그리고**…**그리고**…를 행하고 생각하는 과정을 통해 지속적으로 연결하고, 상호연계하고, 수렴/발산하는(con/di/vergence) 활동을 하는 것이다. 어린이의 놀이(**교육과정의 복잡성을 수행하는 어린이** 고원에서 다룸)에서 리좀 지도를 그리도록 하고 자료를 제공하는 리좀~방법뿐만 아니라 어린이가 리좀~방법이 어떻게 작동하는지를 명백하게 보여 주었다. 즉, 그들은 일하고, 작동되도록 하여 리좀과 연구방법을 하나의 분리할 수 없는 다양성 속으로 통합시켰다. 리좀~유목민의 흐름이 있는데 그것은 놀이~놀이환경~참여자들의 배치(assemblage)이다. 어린이와 연구 자료를 만들어 낼 때, 우리는 자유롭게 놀이환경 안으로(유연하게) 그 어린이 놀이(하기)의 탈주선을 따라 비디오 촬영하였다. 힘센 여자아이들 놀이 속에서 탈주선이 나타났으며, 나를 비롯해 비디오카메라 촬영자들인 끌로에, 아비, 리사, 리, 이브들은 다양하게 이를 인식하게 되었다. 비록 이것이 놀이의 흐름을 깨뜨렸음에도 불구하고, 새로운 침범이 일어나서 우리의 자료를 풍부하게 해 주는 순간들을 여러 카메라로 찍었다. 이 상황에서 어린이와 나는 더 이상 우리 자신이 아니었고, 더 이상 나~우리가 누구인지, 누가 나~우리인지는 중요하지 않게 되었다(Deleuze-Guattari, 1987). 어린이의 교육과정 수행성 표현을 선변에 내세우기 위해 리좀분석에 대한 Deleuze-Guattari식 상상을 가져오는 중 나는 어린이가 여러 상상–노마딕 흐름을 리좀 그리기를 하거나, 유목민처럼 흐르며, 매끄러운 공간과 리좀 방법으로 협상하는–을 하며 말없이 놀이를 한다는 것을 깨닫게 되었다. 그러면 탈~영토화하는 순간(운동)이 일어나고, 어린이의 리좀 수행성은 방법론을 알려주고, 교육현장의 리좀~방법과 리좀 분석을 조명하였다. 방법론이 자료 생성에 대해 알려주는 것과 같이, 자료는 리좀 분석에 대해 알려준다. 즉, 자료 속에서 나타난 어린이의 행동은 리좀 분석에서 방법론이 적용됨을 보여 준다. 어린이의 교육과정 수행성을 따라 흐르면 그들이 사유하기~놀이하기를 형체화함을 알 수 있게 된다. 뫼비우스의 띠 안처럼(그림 7.2) 탈~영토화하는 순간(운동)은 지속적으로 나타나고 사라지면서 같은 평면상에 존재한다. 즉, 인식론, 존재론, 성취, 수행성은 그 놀이와 리좀~연구방법에서 (발현)병합된다.

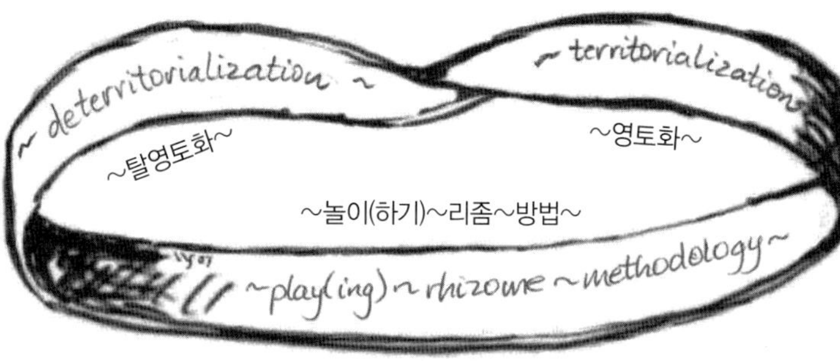

[그림 7.2]
탈~영토화, 항상 이미 같은 평면에서 하나(한 번) (Warren Sellers 그림)

어린이의 놀이(하기)를 리좀~지도 만들기[1]

rhizo~mapping the children's play(ing)

강한 여자아이 놀이를 하는 리비, 리, 앨리스가 놀이의 매끈한 공간,

---

1) 여기에서 사용된 자투리 데이터는 어린이의 교육과정 수행의 리좀–분석을 위한 Homan과 Sellers(2006)와 Sellers와 Homan(2007)의 연구에서 또한 볼 수 있다.

놀이(하기), 상상, 그리고 놀이환경을 협상하는 것들을 이틀간에 걸쳐 비디오를 찍었다. 매끄러운 공간은 어린이에게 프로그램이나, 환경의 시간-공간적 흐름에 따라 방해받지 않으며 재촉당하지 않고 놀이할 수 있도록 비구조화된 홈 없는 공간의 가능성을 준다. 놀이(하기)의 매끄러운 공간은 어린이의 놀이에서 (발현)병합되는 이야기 줄기의 수행성에서-(사전에) 정해지고 대본이 쓰인 수행과 대비하여(미리 규정된 대본에 따라 공연[수행]하는 것과 반대로)-분명하게 나타난다. 놀이에서 강한 여자아이의 '바깥 세계를 구하자.'라는 의도는 바둑 게임에서와 같이 탈~영토화된 순간(운동)이다.

Deleuze와 Guattari는 유목민적인 탈~영토화 탈주선의 매끄러운 공간을 바둑 게임을 이용하여 체스의 정연하고 홈파인 공간의 점유와 대비해서 설명했다.

> 체스는 자신을 위해 막힌 공간을 어떻게 배열하는가 문제로, 한 지점에서 다른 지점으로 가는 것이고 최소한의 조각으로 가장 많은 공간을 차지하기 위한 것이다. 바둑은 개방된 공간에서 자신을 어떻게 배열하는가 하는 문제이며, 공간을 지키고, 어떤 착점에도 돌을 둘 수 있는 가능성을 지키는 것이다. 그 움직임은 한 점에서 다른 점으로 가는 것이 아니라 어떤 목적지나 목표 없이, 출발과 도착도 없이, 끊임없게 된다. 바둑의 '매끄러운 공간'은 체스의 '홈 파인' 공간과는 반대이다…체스와 바둑의 다른 점은, 체스는 부호와 탈부호의 공간인데 반해 바둑은 영토화와 탈~영토화의 과정이라는 점이다.
>
> (Deleuze & Guattari, 1987: 353)

점령자들을 제거하고 공간을 차지하는 것이 체스라면, 바둑은 땅을 둘러싸고, 두 공간을 병합하는 것이다. 즉, 경계에 있는 공간을 영토화함으로써 외부 공간을 내부 영토화한다. 이렇게 영토의 소유권을 나누거나(부수거나), 스스로 포기하거나 근접한 영토를 찾아 영토화하는 것으로 공간들은 단번에 탈~영토화된다. "외부환경(milieu of exteriority)"(Deleuze & Guattari, 1987: 353)을 구성하고, 전쟁이나 전선, 힘으로 하는 전쟁을 피하면서 이러한 흐름을 지속한다. 이것은 점유가 아니라 유동성(mobility)에 관한 것이다. 강한 여자아이들이 그들이 놀이하는 실내놀이와 실외놀이 영토, 그리고 상상놀이 영토와 협상할 때, 그들은 대화적인 탈~영토화의 탈주선을 따르고 그 놀이 줄거리의 흐름 안에서 탈~영토화 탈주선을 따른다. 어린이는 놀이를 하면서 상상하는 것처럼 속에 접혀 있는 부분들과 물리적 공간처럼 겉으로 드러난 표면을 탐색한다. 어린이는 놀이와 그들 자신의 관계에 대한 담론적인 내부작용의 공간 속으로 미끄러져 들어간다. 마찬가지로 다른 어린이와 나는 어린이의 놀이를 비디오 카메라로 녹화하면서 그 공간 속으로 흘러들어 갔으며, 후에 나는 어린이의 놀이(하기)와 리좀~방법 간의 공명(resonances)을 알아내는 비디오~기록으로 흘러들어 갔다.

유목민~리좀으로서 강한 여자아이들
the strong girls as nomad~rhizome

유목민~리좀처럼 매끄러운 공간을 흐른다는 것은 리비, 리, 앨리스가 그들의 놀이 공간을 탈~영토화했다는 것을 말한다. 거기에는 어린이의 흐름이 있다. 즉, 쉬다 걷다 하고, 멋대로 걸어가고, 앞을 향해 돌진하는 흐름이 있으며…집합적 배치(collective assemblage)가 있으며…다른 것의 내부나…다양체인 어마어마한 외부와 연결되는 흐름이 있다(Deleuze & Guattari, 1987: 23). 이 놀이에서 다양체는 40명의 다른 어린이, 7명의 어른, 물리적 주변 환경, 인공물, 그리고 방해받지 않고 교육프로그램을 실행할 수 있는 공간을 포함한다. 다양체 속에서 어린이는 지속적으로 놀이하면서 "자신들을 위해 공간간격을 두고 흩어지고, 서로 떠밀고, 함께 존재하고…춤을 추기 시작하였다"(pp. 23–24). 어린이가 사전에 알고 있는 놀이를 따라 하는 것이 바깥세상을 지키기 위한 강한 여자아이 놀이의 지도와 (발현)병합되도록 연결될 때, 아이디어와 에너지의 역동인 빠져나감과 흐름이 있다. 강한 여자아이 놀이 그 자체는 이전의 엄마 아빠 놀이로부터/와 함께/속에서 (발현)병합된 것이다.

> 리비, 리, 앨리스는 끌로에를 그들의 놀이에 초대한다.
>
> 리비: *앨리스는 작은 언니를 하고 싶어 해. 리는 큰 언니를 하고 싶어 하고, 나는 엄마를 하려고 해, 넌 아기를 할래? 우리 엄마 아빠 놀이를 하는 중이야.*
>
> 끌로에는 리비의 질문을 들었지만 아무런 말을 하지 않았다. 그래서 나머지 세 명은 그 탈주선을 포기하고, 다른 탈주선을 따라, 끌로에 없이 다른 놀이를 하러 뛰어갔다. 그들은 놀이터를 가로질러 다양한 오르기 기구를 지나 커다란 나무 큐브 속으로 들어갔다.
>
> 리비: *애들아, 여기를 우리 집으로 하자.*
>
> 리: 옆에 있는 큐브로 기어올라가며: *아니야, 아니야. 여기가 우리 집이 될 수 있겠어. 여기는 침대로 하고…*
>
> 앨리스가 리를 따라갔고, 어느 큐브가 그들의 집이 될지에 관한 리비의 탈주선을 따라, 그들이 집이라고 말한 공간으로 올라가 리비와 함께했다. 그들은 공간에 들어앉아 어디에서 잠잘 것인가와 코를 고는 소리에 대해 이야기를 했다.

이 아이들은 엄마 아빠 놀이를 위한 장소를 마련했지만, 관심은 그 놀이 외 다른 세계, 즉 비디오를 든 나에게로 옮겨졌다. 아이들은 서로 이 놀이가 **사람**들의 엄마 아빠 놀이이지 나비의 엄마 아빠 놀이가 아니라는 것을 확인하고 각자의 역할에 대해 나에게 말했다.

비록 나의 존재가 그들의 놀이 흐름을 방해했지만, 이로 인해 어린이가 자신들의 놀이 줄거리를 확실히 하고 그들 각각이 놀이하는 역할 특성을 분명하게 하는 기회를 만들게 되었다. 내적인 것(그들 놀이의 내적 요소들)과 외적인 것(외부의 카메라~나)의 경계는 서서히 사라지고 서로 관계가 생긴다. 또 다른 침입(중단)은 리가 리비의 타이즈에 붙은 나무껍질을 떼어 내려고 솔질하려고 할 때 발생했다. 그들은 그들의 옷과 모습에 대해 이야기를 하였다.

> 리비: *애들아…있잖아…우리가 예쁜 소녀처럼 보여.*
> 리: *맞아. 우린 예뻐. 나는 세상에서 제일 예뻐.*

아이들은 리의 의견을 받아들여 예쁜 여자아이 놀이를 했다. 이들의 가상놀이는 실제 인공물과 일어난 사건들, 그리고 그들의 가상세계와 합쳐져서 나타났다. 유목민~리좀의 흐름은 어린이가 그들의 실제 세계와 상상의 세계를 동시에 협상하는 것이며, 실제와 상상된 것들이 이 매끄러운 공간 내 동일한 평면 위에서 지속적으로 다른 방법으로 (발현)병합되도록 작동하였다. 그들이 집 주변을 돌아다니며, 놀이를 할 때 리비가 이제 아침이라고 정했다고 했다. 갑자기, 또 다른 탈주선의 탈~영토화가 시작되었다.

> 리비가 다른 어린이에게 달려가서 선포한다. *우리가 좀 더 힘센 아이들이 되면 좋겠어.*
> 리는 *아니야!*라고 말하였고 앨리스는 아무런 말을 하지 않았다.

리비는 외쳤다: *우리는 이제 좀 더 강한 여자가 될 수 있어. 그리고 우리는 할 수 있어.* (허공으로 주먹을 휘두르며)… *우리가 어디로 가야 하는지 알려면 지도가 필요해.*

리비의 의견에 대해 리의 반대 의견과 앨리스의 침묵에도 불구하고, 어린이는 리비의 탈주선을 따라 지도를 그리기 위해 실내로 뛰어들어갔다.

아이들은 유목민~리좀처럼 흐르면서 아이디어들과 활동의 이질적인 공간들과 협상하였다−예를 들어, 엄마 아빠 놀이에서 나비들과의 관련성, 비디오카메라~나 상호작용, 그들의 의상과 예쁘게 되는 데 무엇이 중요한지에 대한 토론, 그 다음 엄마 아빠 놀이에서 강한 여자아이 놀이로 넘어가기(이다). 아이들은 놀이의 실제와 가상의 공간을 지속적으로 탈~영토화하였다.

유목민~리좀 흐름의 지도 만들기 mapping nomad ~ rhizome flow

이렇게 어린이가 지도 만들기를 이용하는 것은, 어린이가 놀이의 시간−공간을 (발현)병합되도록 협상할 때 리좀을 암묵적으로 이해하고 있다는 것을 알 수 있게 한다. 항상 이미 어린이는 가상적으로~가능한, 현실화하는~실감할 수 있는(Deleuze, 1993) 공간 그리기를 통해 움직이고 있다. 즉, 상상의 놀이 지도를 통해서, 실제 지도 만들기를 하기 위한 의사결정을 통해서, 다음에 할 놀이의 다음 부분을 지도화하면서, 자신들이 그린 지도 주변의 협력을 통해서 움직이고 있다. 어린이는 리좀방법으로 Deleuze-Guattari식 환경을 통해 놀이와 외부세계의 가상적이고 가능한 공간들과 협상하며 흐른다. 어린이가 지도 만들기를 하는 것은 주인공 역할이 무엇인지 분명하게 하고, 역할에 따른 서로 간의 관계를 탐색할 수 있도록 하며, 놀이하면서 떠오르는 줄거리의 순간(운동)을 확정하고, 다음 놀이터 어디로 갈 것인지 정하고, 놀이를 하는 물리적, 사회적 맥락(들)을 이해하고, 바깥세상과 어떻게 연계되었는가를 탐색하는 것이다.

> 리비는 앞장서서 지도를 만든다: *자, 이제 우리 지도를 그리자. 그래, 지금!*
> 그녀는 종이의 한가운데 아래에 막대기 모양을 그린다. 리는 리비의 그림을 똑같이 복사한다(그림 7.3a, b). 앨리스는 그림을 본 후 조금 더 자세히 종이에 그린다. 그녀는 세로 방향으로 리비와 리는 가로 방향으로 그린다.

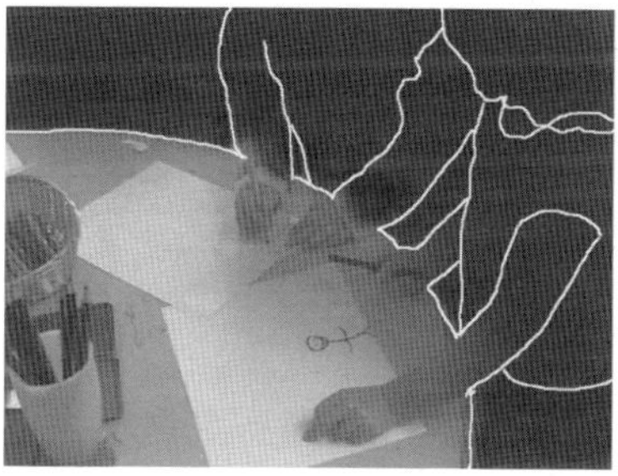

[그림 7.3a]
리비가 지도 만들기를 이끈다.

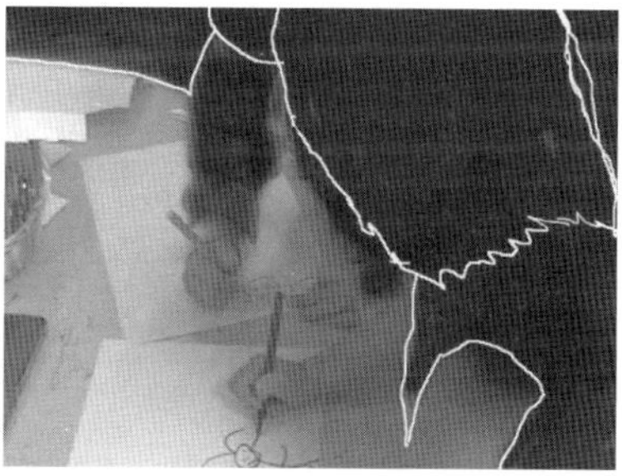

[그림 7.3b]
리가 리비의 그림을 복사한다.

리는 종종 리비가 한 결정에 반대하기도 하지만, 리비의 탈주선을 따르며, 거의 벗어남이 없이 함께 흘러간다. 앨리스도 다른 친구들과 함께 조용히 흐르지만, 세로로 그리는 등 좀 더 개방적으로 그가 선호하는 지도를 그렸다.

리비는 자기가 그린 사람에서부터 선을 그리기 시작해서 종이의 끝쪽을 따라 대략적으로, 꿈틀꿈틀, 지그재그로 그렸다. 리비는 그리면서 그림을 설명한다. *여기에 그려야 해…그래야 우리가 어디로 가야 하는지 알 수 있지…우리는 풀밭을 지나가야 해…나무 옆을 지나*(그림 7.4a). 리비는 첫 번째 선과 다른 선을 연결한다. 종이의 윗부분에 지그재그 모양으로 풀밭을 표시하고, 오른쪽 위쪽 코너에는 가느다란 지그재그 모양으로 나무를 그린다. 처음 시작한 선으로 돌아와 동그라미를 그린다. 리는 그가 그린 사람 주변에 대충 설명도 없이 대충 길을 그렸다(그림 7.4b).

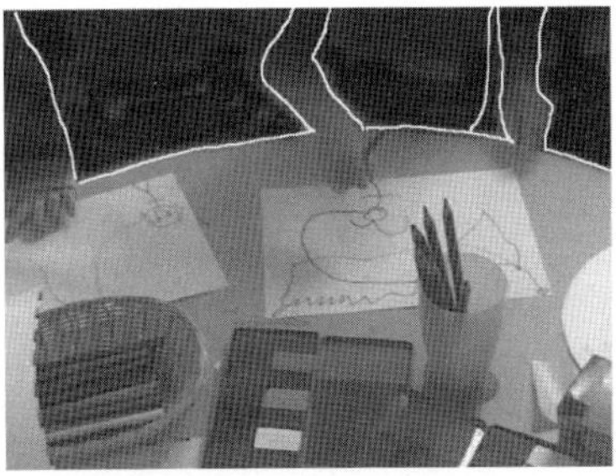

[그림 7.4a]
그래서 우리는 어디로 가는지 알아…

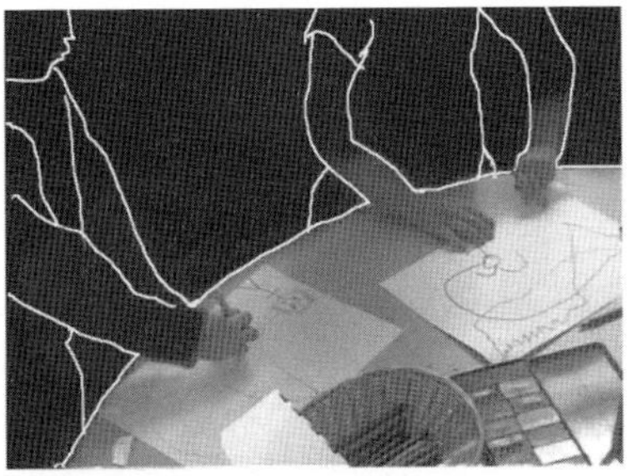

[그림 7.4b]
리가 자신의 길을 그린다.

앨리스는 지속적으로 자신이 아는 방식으로 지도 내부를 그렸다. 앨리스는 크게 그림을 그렸고, 분리된 꾸불꾸불한 선을 연속적으로 그렸다. 유목민~리좀 속에서 유목민~리좀처럼 리비(의 인도)를 따라…**그리고**…그 놀이에 대한 자신의 욕망을 따라 흘러갔다…**그리고**…이 세 명의 소녀는 모두 그 놀이의 과정이 어떠해야 하는지에 대한 자신들의 이해를 지도 만들기 하는 과정 속에 체화되었다(그림 7.5).

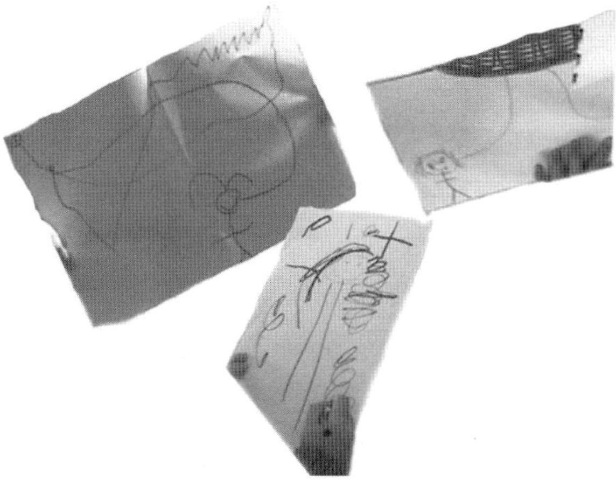

[그림 7.5] 하나의 놀이에 대한 3개의 지도 만들기

우리는 하나의 놀이에서 3가지 형태의 지도 만들기를 볼 수 있다. 즉, 놀이가 어떻게 진행될지 아이들 각각이 상상한 3가지 놀이 형태를 볼 수 있다. 아이들이 그린 지도는 강한 여자아이로서 어떻게 협상하려고 하는지 그 경로를 보여준다. 리비는 다른 아이들과 의사소통을 하기 위해 경로 그림을 그려서 자신이 생각하는 강한 여자아이 놀이 내용을 이야기하였다. 리비는 시작도 끝도 없이 경로를 만들었는데 그중 하나는 그림의 중간~환경(middle~milieu)을 관통하며, 여러 번 자신을 교차하여 지나가는 경로를 창조하였다. 리의 것은 단순하였고, 앨리스의 것은 또 달랐다. 앨리스의 지도는 그림이 두드러졌고 그 주위에 여러 개의 분절된 구불거리는 선들이 있지만, 어느 누구도 그의 경로가 끊어졌다는 것에 관심을 두지 않았다.

이 놀이가 처음부터 강한 여자아이 놀이로 시작되지 않은 것처럼 끝나는 점도 계획적으로 표면화되어 나타나지 않는다. 엄마 아빠 놀이에서 시작하여 강한 여자아이 놀이가 되었다. 중요한 것은 아이들이 흐를 수 있는 다양한 공간들, 즉 탈~영토화된 공간들과 탈주선이 따라오는 다양한 공간들이다. 그 다음엔 또 다른 탈주선이 나타난다. 이 탈주선들은 그 놀이의 매끄러운 공간으로부터 문자나 숫자의 홈 파인, 정해진 공간으로 움직였다가 다시 매끄러운 공간으로 돌아온다.

> 아이들은 지도의 뒷면에 자신의 이름을 쓰고, 이름 철자에서 같은 점과 차이점에 대해 몇 분 동안 이야기를 한다. 그들은 종이의 질에 따라 다르게 지도를 접었다. 리비와 리는 세로로 접고, 앨리스는 가로로 접었다.
> 리는 다른 점을 발견하고, 이야기를 하였다: *얘는 길게 접었네.*
> 리비는 대답한다: *좋아. 그건 괜찮아. 자 가자…지구를 지키러.*

이러한 순간(운동)에 아이들이 읽기와 쓰기에 대한 이해를 나눌 때 관습적 용어로 이들이 교육과정의 담론적 이해를 했다고 말한다. 아이들이 서로 다양한 글자들을 만드는 능력을 확인하고, 서로를 인정하고, 서로 다른 방향으로 종이를 접는다는 것을 깨달을 때, 이들의 언어적, 수적, 그리고 사회적 학습은 서로 섞여 하나가 된다. 아이들이 언어, 수에 대한 기술들과 지식을 교환하는 동안, 리비는 3명의 어린이 모두가 성공적인 수행자로 그들의 교육과정을 이해하고, 그들 놀이의 리좀 수행을 하였다고 생각하였다. 앨리스의 지도가 다르게 보인다는 것은 중요치 않고 그럼에도 놀이자들과 게임의 놀이(하기) 구성에 기여한다.

> 바깥으로 나가자 앨리스는 자신의 지도를 가리키며, 잠깐 멈춰 선다: *저기서 시작해서 모두 끝까지 가자…우리는 놀이터로 가야 해…놀이터라고 씌어 있어*(그림 7.6a, b).

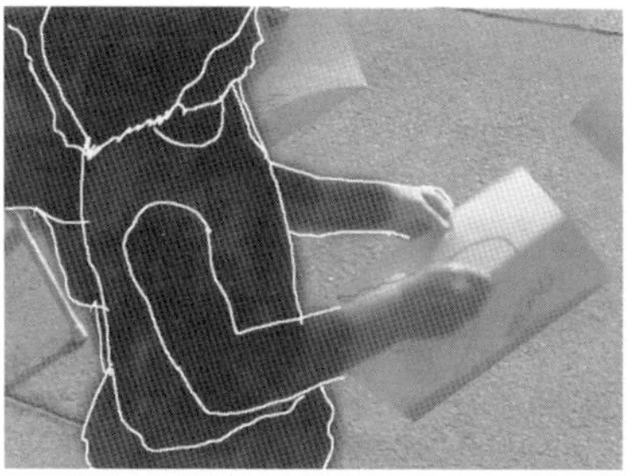

[그림 7.6a]
저기서 시작해서 모두 끝까지 가자.

[그림 7.6b]
우리는 놀이터로 가야 해.

아이들은 다양한 실외놀이기구에서 놀거나 다른 아이가 카메라를 든 나와 상호작용을 하기 위해, 혹은 커다란 통나무에 앉기 위해, 잠깐 멈추었다가 놀이터를 다시 꾸불꾸불 돌았다(그림 7.7a, b).

[그림 7.7a]
놀이터를 누비기

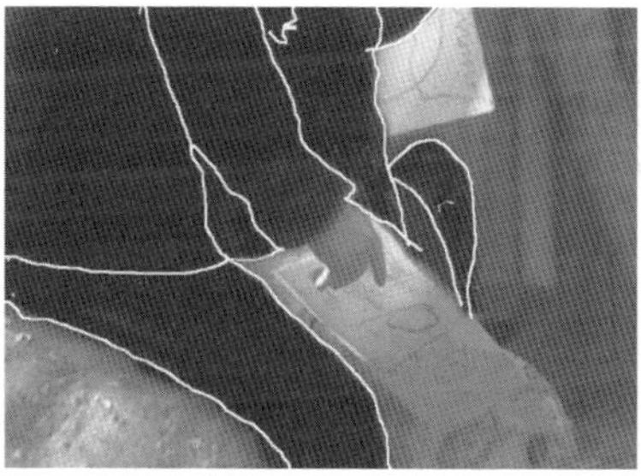

[그림 7.7b]
통나무에 앉기

리비는 지도를 본다(그림 7.8a): (말꼬리를 잘라 말하며) *우리 지도에는 가라고, 계속 가라고*…(조금 있다가) *보물…보물은 여기에 있어…여기 x라고 작게 있지.* (조금 있다가). *야…야, 수영장에 갈래? 수영장으로 간다면, 좋아.*
그들은 실외놀이 기구들의 위, 아래를 통과하고, 가로지르며, 균형을 잡고, 점핑하며 그들의 길을 계속해서 간다(그림 7.8b).

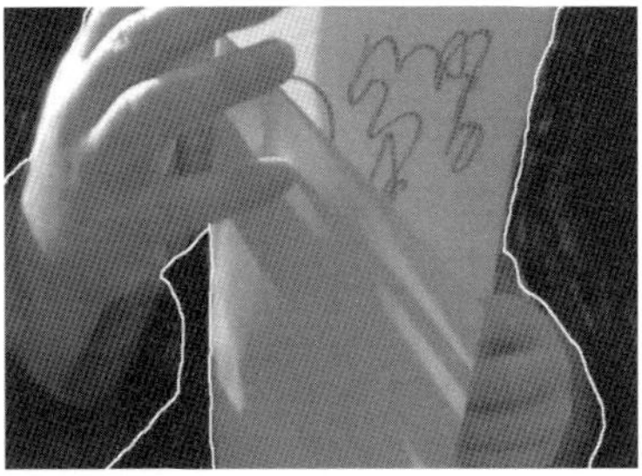

[그림 7.8a]
우리 지도에는 가라고…

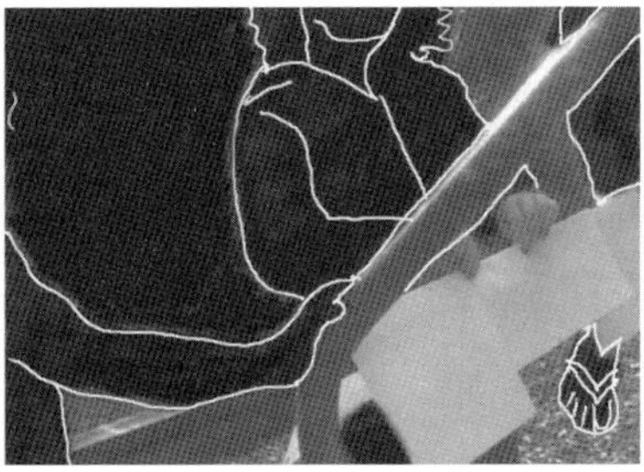

[그림 7.8b]
실외놀이 기구와 협상하기

그리고 아이들은 계속해서 놀이(하기) 지도를 그리고, 개별적 혹은 여러 개의 배치로, 다양성과 함께/속에서 걷고, 뛰고, 스키핑하고, 그네 타고, 점핑 하고, 멈추거나 달리며, 놀이환경 속으로 흐른다. 어린이는 아동기에 있는 어린이(들)와 함께/속에서 교육과정을 경험하는 수행성과/함께/속에서 그들 자신이 이해한 놀이를 하고 있다. 각각은 독립개체로, 여럿이 함께, 모두 모여 함께 하나가 되어 흐른다(그림 7.9a, b).

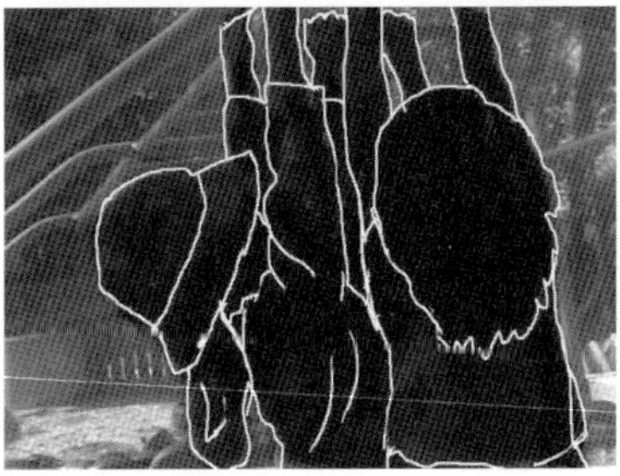

[그림 7.9a]
그네 타기

[그림 7.9b]
함께 흘러가기

[그림 7.9c]
각각의 독특성을 갖고 여럿이 함께

어린이의 유목민~리좀 수행하기
children performing nomad~rhizome

어린이는 덜 정형화된, 즉 어른이 결정한 학습 내용을 학습할 시간과 방법을 특정하지 않은 프로그램 속에서 개입받지 않으며, 서두르지 않고 마음대로 놀이(하기)를 할 때 유목민~리좀을 수행한다. 이러한 환경 속에서 어린이와 교육과정 둘 다 유목민~리좀으로 행동하며, 풍부한 배움~삶 시간-공간들을 생성한다. 어른에 의해 교육과정에서 무엇이 필요한지 강요받지 않은 유치원 어린이 리비, 리, 앨리스는 그들이 만난 관계들과 함께/속에서, 그 환경의 공간들 속으로, 프로그램 공간 속으로, 물리적 공간 영토 속으로, 그리고 의식한/의식하지 못한 상상의 영토 속으로 흐른다. 즉, 이들은 이 흐름에서 서로 대화를 하며 탈주선들을 따르고, 강한 여자아이 놀이 속 탈주선들을 따르며, 담론적 시간과 공간의 안과 밖으로 미끄러져 들어오고 나가며, 물리적 그리고 상상적인 실제와 상상의 표면과 접힌 부분을 탈~영토화한다. 아이들은 바깥의 커다란 상자에서 엄마 아빠놀이를 하였다. 아이들은 강한 여자아이 놀이를 하기 위해 실내의 그림 그리는 테이블로 흘러들어와 지도를 만들었고, 그들의 놀이가 강한 여자아이 놀이로 넘어갔을 때 지도에 그려진 길을 따라가기 위해 다시 밖으로 나왔다. 아이들은 지도를 보면서 철봉에 매달리기 위해 멈추기도 하며 야외활동 기구들을 차례로 지나갔다. 지도에서 x는 보물을 표시한 것이며, 수영장은 사전에 표시되지 않았다. 아이들의 놀이 이야기 내용들을 비공식적, 즉흥적으로 역할 활동을 하면서 아이들의 상상의 세계를 열었다. 아이들은 엄마 아빠로서 집, 의복, 그리고 여성적으로 이해되는 것들을 토론하였다. 바깥세상을 구하는 강한 여자라는 놀이주제가 발현되었다. 아이들은 지도를 만들어 생산적인 학습 공간을 만들었으며, 자신들의 놀이를 그림 그리기 위해 그 공간을 이용하였다.

유목민~리좀 놀이자로서 인식되었을 때, 이 어린이는 발달주의자들이 만들고자 하는 그런 이성적인 인간과는 다르게 수행함을 알 수 있다. (모든 것을 알고 있는 어른이) 개입하지 않은 상태에서 어린이가 언어와 수를 학습했기에, 모더니즘적 관점에서 보면 리비, 리, 앨리스가 '진짜' 학습의 겉면만 살짝 훑었다고 인식될 수 있다. 그들은 스스로를 소위 어느 한 사람이 항상 책임을 지는 리더십을 요구하는 사회적 질서 안으로 분류해서 넣는 것으로 인식될 수 있다. 그러나 이들이 무/의식적, 암묵적으로 그리고 양심적인 결정을 하여, (발현)병합하는 탈주선들과/함께/통해 다양한 교육과정 영역을 마치 무작위로 보이듯 협상하기 때문에, 생산적 리좀식 읽기는 그들이 다르게 분별하고 지각-가능하지만(sense-able) 꼭 이성적일 필요는 없는 존재임을 말해 준다. 어린이는 놀이의 리좀 수행성 선반을 통해, 그들의 놀이를 위한 녹득한 그리고 다른 여러 욕망들의 매끄러운 공간들을 탈~영토화하여 어떤 비의도적/의도적인 통제도 개선한다. 비록 리비가 모든 사람들을 포함하도록 하였음에도 불구하고 놀이에서 벗어나려고 했던 순간들도 있었다. 예를 들어, 놀이가 진행되는 방향에 대한 리의 반대를 리비가 무시하였을 때이다. 그렇지만 리는 반대에 부딪치자 계속해서 고집하지 않았고, 앨리스는 조용히 순응하기에 저항하였다. 그들은 함께 멈추고, 달리고, 갈등하고, 분산하며, 참여하고, 함께-존재하고, 춤을 추면서 그들 놀이의 실제적이며 상상적인 영토를 통해 흐르게 되었다.

어린이, 놀이, 협상될 지리적 담론적인 영토들(말로 하든 지도를 이용해 시각적으로 하든) 그들이 소통하는 방식들, 그리고 놀이의 시간-공간에 대해서는 어떤 것도 고정된 것이 없었다. 놀이는 시작도 없고 끝도 없다. 이미 그것은 항상 다른 것들로부터 이어지거나 다른 것들을 열어주는 것이다. 힘센 여자아이 놀이와 생산적 지도 만들기는 놀이(엄마 아빠 놀이)의 중간~환경~고원 가운데서 발현됐으며, 궁극적으로는 아이들의 놀이(하기)가 이 데이터의 자료를 지나 계속되므로 다른 고원과 병합될 것이다. 고원 중간에서 아이들과 놀이는 길을 가며 탈주선을 따를 것이다. 아이들은 지도가 필요하고, 지도를 그리는 과정에서 놀이의 지도를 더욱 강화하기로 결정하였다. 아이들은 그들이 그린 지도의 탈주선을 따르고, 아직 그려지지 않은 지도의 중간에서 움직인다. 지도 만들기를 통해 아이들은 놀이를 하고자 하는 욕망을 표현하고, 협상할 영역을 표시한다. 지속적으로 (발현)병합하는 지도를 그리는 데 있어서, 아이들은 생각의 탈주선을 따르고 그림을 그린다-그들은 협상했던 영토와 함께/속에서, 그들을 통해/함께/속에서 표현된 서로의 생각과 지도들로 개인적 접속을 만든다. 아이들이 지도 만들기를 통해 흘러갈 때, 문자 그대로 멈추고 (통나무에서 쉬고, 그네를 타기 위해), 그리고 비유적으로 자신들의 배움의 과정과 진행을 숙고하기 위한 고원에 멈춘다.

리좀~방법 놀이하기 playing rhizo~methodology

St. Pierre(2001)를 따라, 나는 어린이의 놀이(하기)의 "원래의 올바른 의미들을 찾는 데는 관심이 별로 없다"(p. 150). 그러나 내가 리좀방법으로 그들과 유사하게 그들 놀이의 영토를 협상하는 것처럼, 놀이가 다양하게 되고 다양체가 작동하는 것에는 관심이 있다. 이것은 Deleuze와 Guattari의 철학과 어린이의 지도 만들기, 이 두 개의 서로 이질적으로 보이는 담론들을 하나로 합치는 것을 포함하고 있다. 이것은 (그들의 놀이, 즉 연구 방법으로서의 나의) 탈주선을 따르는 것이 포함된다. 마치 종이 위에 지도를 그리고, 상상적으로 지도를 그리고, 그 지도와 유사하게 놀이를 하지만, 또한 그들의 탈주선의 탈~영토화를 통해 계속 다른 상상을 하면서 다르게 놀이하는 것들은 내가 Deleuze를 연구하며 환경과 협상하는 것과 비슷하다. 즉, 리좀~방법이 적용되도록 하고, 리좀~방법을 기록하고 또 리좀분석을 통하여 계속적으로 요구를 하는 것-여기에서 항상 모든 것은 이미 어떤 다른 것이거나 다른 것-이 된다. 텍스트들과 담론들의 담론시스템 가운데의 내부작용은 단순히 추적가능한 직선들처럼 작동하지 않으며, 단순하게 (홈 파인) 규정된 텍스트로 간주되지도 않는다. 모든 것은 (믿기 어렵고)그럴싸하고, 인식(불)가능하도록 서로를 교차하고 연결하면서 (발현)병합된다. 이러한 방식으로, 리비, 리, 앨리스는 그들의 놀이(하기)를 통해서 생산적 리좀~방법으로 또렷이 보여 주었다. 놀이의 스토리라인은 항상 이미 구술되어 있고 (발현)병합되면서 Deleuze와 Guattari 식의 형상은 연구의 특징을 이룬다. 줄거리에 대해 이야기하고 투영할 때, 어린이는 트레이싱 종이를 지도 위에 되놓는다. 즉, 어린이, 유아기, 교육과정 수행성에 대한 전통적(관습적)인 이론의 추적은 항상 이미 리좀~방법 지도 만들기 상에서 뒤바뀌었다. (발현)병합된 복잡성 속에 푹 빠져서, 지도 만들기와 지도 따르기 활동을 통해, 아이들은 그들의 놀이과정을 협상하고/할 수 있는 경로들과 공간이 있다는 것을 인식하게 된다. 연구방법을 쓰고, 리좀분석을 할 때 이들을 따라 나는 뭔가 다른 무엇이기/되기에 대한 암묵적 이해에 주의를 기울이며, 예를 들어, 여러 고원 전반의 리좀 분석 안의 병치된 글들, 이미지, 대본, 그리고 해설 같은 것을 통해 가능성을 여는 탈주선을 따른다. 아이들은 그들의 놀이를 펼치면서, 부르고 초청하며, 그들(자신)이 이기(되기)를 설명하며, 강한 여자아이 놀이의 스토리라인을 외부에 알리고, 놀이를 위한 한 개와 여러 개의 욕망-공간들을 만들며 그 특성들을 설명한다. 여기서도 유사하게 나의 연구자-되기는 연구자료를 생성함에 있어 외부자(문헌 작성자)와 내부의 참여자-어린이의 내부작용을 통해 (발현)병합된다.

내가 리좀 방법으로-리좀으로 역할하며 놀이하는 어린이의 (일부) 자료로 길의 지도를 만들 때, 이 지도 만들기는 수렴/발산하는(con/di/vergence) 접속과 모순적이고 갈등하는 대화들과 느낌-수 있는 읽기를 향한 몸짓들을 연결하는 접속의 순간들이다. 겉에서 보이는 어린이의 지도(만들기)나 놀이(하기)를 연구하기 위한 방법의 철학적 이해를 (서로) 생산적인 방법으로 연결하는 것이 그리 적절해 보이지 않는다. 그러나 자료 텍스트 리좀분석을 통해 명백하게 된 것은 Deleuze식 형상(figuration) 또는 리좀 방법을 모르는 어린이가 이러한 복잡한 이해를 스스로 일으키고 있다는 점이다. 이 복잡성의 강도는 유아기를 이해하기 위한 수많은 교육과정의 글에서 당연하게 받아들여지는 것과는 다르다. Deleuze(1997)는 "어린이는 자신들이 하는 것이나 하고자 하는 것에 대해 결코 멈추지 않고 이야기를 한다. 어린이는 역동적인 궤적들을 수단으로 주변 환경을 탐구하고, 그것들의 지도를 그린다."(p. 61)라고 기술하고 있다. 그래서 어린이의 유목민~리좀에 대한 암묵적인 이해에 대해 놀랄 필요가 없다. 오히려 놀라운 것은 어린이가 가진 지식적 세

련됨, 그리고 그들이 교육과정에 대한 복잡성을 이해하고, 삶~배움 개념을 이해하고 있다는 것을 어른이 인정하지 않는다는 것이다. 그래서 이 책에서는 리좀~방법 전반을 통해, 어린이의 수행성과 유사한 방법으로 진행하는 가능성을 만들고…탈~영토화하는 존재-인식론적 고원에서…탐구와 탐구하기에 대해 탐구하는 탐구를 탐구하면서…어린이의 수행성과 유사한 방식으로 나아가기 위한 가능성을 생성하고 있다.

충만한-힘이 있는 어린이(들)-되기

Becoming-child(ren)-power-full

어린이를 질문하는 기계로 보지 않는다면 그들의 질문을 제대로 이해할 수 없다.

(Deleuze & Guattari, 1987: 256).

충만한-힘을 열며 opening to power-fullness

이 고원(plateau)에서는 힘, 강력함, 권한부여에 관한 기존의 관념들을 문제화하는 방법으로 '충만한-힘(power-fullness)'(Sellers & Honan, 2007)이라는 개념을 이용하여 어린이이자 연구 참여자인 팀과 어른이자 연구자인 저자 사이의 힘의 관계를 살펴보고자 한다. 이는 모더니즘 관점의 어른|어린이 위계를 평평하게 하고 연구자~참여자 관계의 내부작용을 촉진하기 위한 것이다.[1] 우리 어른은 어린이가 세상을 어떻게 이해하고 있는지에 대해 표현하는 것을 알아듣지 못하거나 혹은 들어주지 않는 경우가 너무 많다. 이번 연구 프로젝트에 필요한 자료는 어린이와 함께한 노력으로 창출되었고, 이 과정에서 어린이는 내가 어른|

1) 내부작용 관계는 사람 간의 관계보다 더 넓은 범위의 것이다. 내부작용은 인간과 인간이 아닌 것(유기적인 것과 물질적인 것 포함)의 관계에서의 힘과 감응을 포함한다(Lenz Taguchi, 2010년 참조).

연구자 위치에서 지각가능하거나 또는 가능하지 않은 방법으로 자신들의 권력을 표현했다. 나의 행동이 그들의 시간-공간을 침범했을 때, 아이들은 나를 무시하거나 혹은 직접 대항하는 방식으로 반응했다. 예를 들어 플뢰르, 루시, 마리아는 내가 그들의 놀이에 대해 묻는 것에 더 이상 흥미를 느끼지 않게 되자 마치 내가 그곳에 없는 것처럼 하던 행동들을 계속했다(**놀이[하기]** 고원 참조). 그리고 이 고원의 자료에서 팀은 자신을 따라다니는 나의 비디오카메라가 귀찮아지자 내가 절대 넘으면 안 되는 경계선을 정해 주었다. 이러한 어린이 단도직입적인 행동들은 권력관계의 (그른)설정이 얼마나 쉽게 어린이 힘의 흐름과 표현을 방해하면서 동시에 가능하게 해 주는지를 인식하게 해 준다.

어린이가 충만한-힘의 존재가 되어 간다는 개념은 Deleuze와 Foucault가 제시한 권력에 대한 개념에 기반한다. 권력, 또는 충만한-힘은 우리 모두가 가질 수 있는 힘과 감응으로 이 개념은 상하의 위계관계를 전제로 하지 않는다. 이는 **테 파리키**에서의 권한부여 개념에 대한 비판을(에로) 열어 준다(Ministry of Education, 1996). 팀의 충만한-힘에 대한 표현을 살펴보면 이에 대한 우리의 일반적 관념은 무너질 수밖에 없다. 팀이 나에게 보여 주었던 두 번의 강력한 의사표현들-**우리가 가는 곳마다 따라오네요!** 그리고 **우리를 쫓아오다니! 왜 우리를 따라다니세요**?-은 그와 그의 친구들을 따라다니지 말라는 지시로 봐야 한다. 그러나 나는 그의 뜻을 바로 이해하지 못하고 두 번의 대화가 있은 후에야 알아차렸다. 이는 내가 팀의 충만한-힘을 방해하지만 동시에 힘의 작용을 가능하게 했을 수도 있는 권력관계의 공간 내에 갇혀버렸기 때문이다. 이것은 내가 인지하지 못했다는 것을 정당화하기 위해서가 아니라 그 시간-공간이 팀의 충만한-힘의 표현을 열었다는 데에 초점을 맞추기 위해서이다. 첫 번째 상황에서 나는 불평등한 힘의 관계가 전개되고 있음을 인식하지 못했고 이에 따라 팀의 충만한-힘의 흐름에 관한 표현도 인식하지 못하고 있다. 두 번째 상호작용에서야 나는 충만한-힘의 존재가능성에 눈 뜨게 되는데, Deleuze와 Guattari가 이야기한 "어린이를 질문하는 기계로 보지 않는다면 그들의 질문을 제대로 이해할 수 없다"(Deleuze & Guattari, 1987: 256)라는 명석한 명제를 그제서야 비로소 이해하게 되었기 때문이다. 이 순간들은 팀의 비난 섞인 질문들이 욕망하는 기계로서의 충만한-힘의 흐름이라는 것을 명료히 해 준다.

Foucault와 Deleuze 모두 권력을 사회 관계망을 흐르며 항상 움직이는 동력이자 작동하는 감응이라는 개념으로 이해한다. 따라서 팀과 나의 관계는 (비)편파적인 것이며 이 고원에 사용된 두 개의 자료에서 관찰되는 권력관계 중 일부일 뿐이다. 여기서 나의 주목적은 서로 연결된 충만한-힘 되기의 흐름들이 어떻게 상호작용하는지를 밝히는 데 있다. 팀은 자신의 충만한-힘을 표현함으로써 어린이는 무능력하고 미숙하고 약하고 필요한 것이 많은 존재라고 여기고 있는 통념들을 흔들고, 이어서 어른|어린이 이분법과 이와 관련된 모든 위계적 특권화도 뒤흔든다. 팀은 어른에게 복종하는 수동적 존재에 한정되지 않고 이미 어린이(들)가 되어 가는 과정에 있음을 이해할 수 있도록 길을 열어 주었다. 그는 힘을 관계적이면서도 능동적으로 활용한다. 팀이 기계적으로 던진 질문-**왜 우리가 가는 곳마다 따라다니세요?**-은 교육과정 수행성에서의 충만한-힘으로 표현되며 동시에 이를 지향하고 있다.

권한부여 방해하기 disrupting empowerment

권한부여는 모더니즘 개념으로 수직적 위계 관계에서 누군가가 다른 누군가를 위해 무언가를 하는 것을 의미한다. 사전적 정의에 의하면,

권한부여란 '힘을 부여하는 행위 또는 힘을 부여받은 상태'를 뜻한다(『옥스포드 영어사전』, Online)[2]. 여기서 권한이란 위계질서를 통제하는 한 형태로, 위에서 아래를 압박하여 복종을 강요하는 힘으로 인식되며, 또 다른 의미로는 보다 강력한 존재가 힘없는 존재에게 권한부여 행위를 통해 힘을 수여하는 것이 되기도 한다. 즉, 권한과 권위는 특정 목적을 위해 또는 구체적인 목표를 이루기 위해 투입되고, 전달되고, 부여되고, 인증되고, 허용되고, 실행된다. 이는 더 위대하고 강력한 존재가 상대적으로 약한 입지에 있는 존재에게 무언가를 행함을 뜻하며, 한 개체가 다른 개체를 무력한 상태에서 **해방**시키기 위해 그 힘을 주장하는 권위적이고 결정론적인 개념을 시사한다. 일반적으로 무언가를 '**준다**'는 의미로서의 권한부여란 탄압받고 억압받고 힘을 빼앗긴 것으로 간주되는 무력한 개체들을 해방시키는 과정으로 여겨진다. 따라서 권한부여는 다른 사람보다 무엇인가 더 많이 가진 것, 신체가 부여하거나 부여받은 무엇인가를 가진 사람들이 자신들의 삶 속에서/의 통제적 힘을 행사하는 해방적 힘으로 바람직하게 여겨진다. 이런 관점에서 권한부여란 어른의 세계로부터 **부여될**(*endowed*) **필요**가 있는 어린이의 존재 상태이다.

관계와 학습에서 어린이에게 주는 권한부여를 생각하는 것은 어른을 어린이 위에 놓음으로써 어른|어린이 이분체계를 유지시키는 것이다. 권한부여의 조건은 어른의 힘의 이데올로기를 가정하는데, 어린이는 열등하고, 도움을 많이 필요로 하고, 어른보다 취약하다고 전제한다. 어린이가 보다 우월한 어른의 지위에 이르고 자격이 허용되기 위해서는 어린이에 대한 그리고 어린이를 대신하여 어른이 임의대로 생각하는 그들이 알아야 하는 것들, 특정 지식과 기능 습득은 어떻게 해야

2) 참고문헌을 참조하기 바란다.

하는지, 그리고 어떻게 잘 행동해야 하는지에 관한 의사결정이 이루어져야 한다고 본다. 이런 의미에서 권한부여의 개념은 자신에게 중요한 것과 어떻게 행동해야 하는지를 아는 유능함과 그것을 모르는 무능함을 전제로 한다. 또한 어린이는 특정 문화에 한정된 위계질서의 일부로서 유능/무능함이 가정됨에 따라 이들은 지식과 기능이 부족한 무지의 존재로 인식되고 있다. 기껏해야 어린이는 특정 지식과 행동방법이 대인관계와 과제수행에 왜 도움이 되는지에 대한 이해가 거의 없거나, 제한적이거나 또는 아예 없는 상태의 **미숙한**(*immature*) 이해를 지닌 것으로 보고 있으며, 그러한 지식을 능숙하게 표현하거나 기능을 이행하지 못할 것으로 여기고 있다.

이러한 구조주의 관점에서는, 어린이는 자신들에게 힘을 부여해 주는 보호자들을 '필요로 한다'고 보고 있다. 이 보호자들은 선의와 진심어린 관심을 지닌 어른으로서 어린이가 알아야 할 것들을 정해 주고 '적절한' 행동양식을 유도하는 환경을 제공하는 사람들을 말한다. 어린이가 권력관계에 긍정적으로 참여할 수 있게 **허용** 또는 **가능하게** 하는 기회들이 주어지든 아니든 간에 권한부여는 어린이와 아동기에 대한 발달적 접근에 담긴 결핍관점을 충족시키기 위해 어른이 어린이에게 제공하는 것일 수밖에 없다. Holt(2004)도 언급하였듯이, 권한부여는 "해방에 대한 모더니즘의 강박 안에 분명히 자리 잡고 있다"(p. 15). 그러나 어린이의 모든 욕구와 동기, 그리고 어린이에게 영향을 주고 있는 힘과 제약들을 완벽하게 인지하고 있다고 생각하는 것은 원인에 대한 (비)편파성을 도외시하고 주체성을 인정하지 않는 것이다. 따라서 나는 연구자로서 불안정하고 나 자신만의 권력 안에서 역동적으로 변화하고 있다는 것을 시인한다. 또한 이러한 것이 다른 이들에게 영향을 미치지 않도록 노력함에도 불구하고 그러한 순간(운동)을 완전히 피하는 것이 불가능하다는 점도 인정한다.

와카마나 whakamana

테 파리키의 4대 원리 중 하나는 권한부여로, 이 이중문화적 문헌에서는 권한부여를 마오리인의 와카마나 개념에 상응하는 것으로 보고 있다. 그러나 언어란 특정 문화의 신념을 표현하도록 되어 있어 다른 문화에 그 언어가 완벽하게 전달될 수 없음을 감안한다면, 전통적인 마오리 개념의 와카마나는 영어로는 완벽하게 구현될 수 없으며 오로지 테 레오 마오리(마오리 언어)로만 제대로 표현될 수 있다. 영문자로 표기된 마오리 언어로 보충한다고 해도 영어로 된 풀이는 항상 이미 (비)편파적이다. 그럼에도 불구하고 전통적 의미의 와카마나와 권한부여에는 미묘한 차이가 있다. 『Reed의 현대 마오리어 사전』(Ryan, 1997)에 보면, 접두어 *whaka*는 '~를 하게끔 하는, ~의 방향으로, ~을 향해'로, *mana*는 '정직, 카리스마, 명성, 공적, 법적 지배'로 번역되어 있다. 이러한 의미들로 볼 때 와카마나는 충만한-힘의 개념을 향하고 있음이 감지된다. Royal Tangaere(1999)에 의하면 권력이란 더 높은 수준의 권위에서 나오는 것이 아니라 상호 협력적인 협상이라는 중간 위치에서 작동하는 것이다. 그는 와카마나를 다음과 같이 설명한다. "관료 체제를 따르지 않는 듣기, 안내하기, 그리고 지원하기"(p. 8)로, 리더십보다는 리드하는 것을 의미한다. Durie(2006)의 경우 와카마나는 경험을 지닌 존재로서 힘을 부여할 수 있는 **능력**(*capacity*)이라고 했다. 그것은 "가족(wānau)이 일원들이 한 개인으로서 또 마오리인으로서 더 넓은 공동체로 들어갈 수 있도록 돕는 기능"(p. 5)이며, 여기서 wānau(또는 확장된 형태의 가족)는 개인이 마오리 사회 및 더 넓은 세상에 전적으로 참여하기 위한 시작점이다. 이는 작동적인 개념들로 개인과 공동의 충만한-힘이 실현되는 시간-공간으로의 움직임이라는 의미를 담고 있다.

이러한 작동에는 호혜성이 내재되어 있는데, 이미 연결되어 있던 개별적 지각 **그리고** 세계로부터의 인정이다. 이로 인해 내부와 외부가 동시에 작동하여 어린이의 독특성-그들의 재능과 특성-이 깨어나고 또 병합될 수 있는 시간-공간을 창출한다. 와카마나는 따라서 권한부여에 대한 기존 관념을 문제시하면서 권한부여는 권력관계의 이면이며 꼭 강요되는 것은 아니지만 최소한 외부로부터 가동되는 것이라는 사실을 지적한다. 권한부여는 외부로부터 가동된다는 개념이 **테 파리키** 교육과정의 핵심이기는 하지만 Royal Tangaere와 Durie가 제시하는 상호작용성과 내부에서의 작동 능력도 확실히 나타난다. "어린이의 학습은 어른 및 또래들과의 **협력과 함께** 그리고 **지도받은** 참여를 통해 이루어진다"(Ministry of Education, 1996: 9, 본서에서의 강조). 마오리의 와카마나는 테 코항아 레오(Te Kōhanga Reo, 마오리 언어 유아교육기관)에게 받은 와리키 개념의 일부이지만, 실질적으로 아오테아로아 뉴질랜드를 가리키는 마오리어)에서는 권한부여에 대한 영어권의 개념이 유아교육 실제에 전반적인 영향을 미치고 있다. 어린이의 정신과 신체 구성에 영향을 주는 권한부여에 대한 이 담론은 서구화된 모더니즘적 권력관계에 대한 이론들의 일부로 유아교육과 교육과정에 만연해 있다.

Deleuze와 Foucault 관점에서의 권력관계

Deleuzian and Foucauldian power relations

Deleuze와 Foucault에게 있어 권력이란 관계에서의 지속적인 힘을 뜻한다. 권력은 사람들, 조직 사이를 유동적으로 왔다갔다 하는 것으로 일개 개인이나 조직이 고정적으로 소유하거나 사용할 수 있는 것이 아니다. 권력이란 이런 의미에서 "퍼져 있고 형태를 갖추고 있지 않다"(Deleuze, 1988: 73). 권력은 특정 개체에만 부여된 것이 아니다. 이

는 관계들 사이를 흐르는 힘 또는 타자에 의해 감응된 것으로, 관련된 또 다른 힘들에 영향을 주거나 영향을 받기도 한다. Foucault(1980)는 권력을 "사회 전체를 관통하는 **생산적인**(*productive*) 연결망으로 억압과 같은 **부정적**(*negative*)인 경우보다 월등한 것"(p. 120, 본서에서의 강조)으로 생각한다. 권력은 항상 이미 모든 곳에 존재하며 사회관계들을 관통해 무한정으로 뻗어나가고 있으며 결코 고립된 힘이 아니다. 따라서 권력은 어른과 어린이 어느 한 쪽에 내재된 것이 아니며 일반적인 사회관계 상황에서 나타나는 것으로 어린이나 어른 모두 사용가능한 것이다. 그러나 오랜 시간 만연된 모더니즘적 어른|어린이 이분 체계의 영향으로 인해 대개의 경우 어린이에게 있어 권력은 부정적인 작용으로 해석됨으로써 어린이의 '파괴적'이고 '도전적'인 행동은 어린이의 힘에 대한 표현으로 받아들여지기보다는 조정되고 있다.

Deleuze는 Foucault의 권력 개념을 다음과 같이 설명한다.

> 권력의 행사는 감응으로 나타나며, 이는 힘이란 다른 연관된 힘에 영향을 미치면서 다른 힘에 의해 감응되는 것이기 때문이다. 선동하고, 자극하고, 생산하는 것은…**능동적**(*active*) 영향에 해당하고, 선동받고, 자극받고, 생산하도록 유도되고, '유용한' 결과를 내는 것은 **반응적**(*reactive*) 영향에 해당된다. 후자의 경우는 전자의 '반향'이나 '수동적 면'이 아니라 영향을 받은 힘이 저항할 능력이 있다는 점에서 두 힘의 '동등한 만남'이다. 동시에…각 힘은 권력관계를 의미하며 모든 감응의 부분은 이러한 관계와 다양성에 따라 힘을 분배한다.
>
> (Deleuze, 1988: 71, 본서에서의 강조)

Deleuze와 Guattari(1987)는 권력을 **권위**(*pouvoir*)와 **잠재성**(*puissance*)

개념으로 논하는데, **권위**는 현실계, **잠재성**은 잠재계와 관련된다. 그들이 의미하는 **권위**는 Foucault와 유사한데, "제정되었고 재생산이 가능한 힘의 관계"(Massumi, 1987b: xvii)로 권력과 지배의 영역을 말한다. 푸코주의자들이 이야기하는 힘의 연결망과는 부분적으로 다르지만 **잠재성**은 "**가능성**의 **범위**로 묘사되며…'존재의 **능력**'이고, '감응되고 감응시키는 **능력**'인…강도의 저울이다"(Massumi, 1987b: xvii, 본서에서의 강조)라고 설명된다. 이 고원에서 이어지는 자료에서 팀이 보여 주듯이 어린이의 충만한–힘–되기처럼 되기의 힘은 **잠재성**을 강도의 힘으로, 감응의 구성요소이자 영향을 주고받는 능력으로 규정한다. 이것은 팀이 놀이친구들과 함께할 때와 어른–연구자인 나를 향한 충만한–힘(power-fullness)의 표현에서 나타난다.

권력이란 특정 개체들에만 영향을 주는 하나의 힘이 아닌 복수의 힘들과 함께/속에서 지속적으로 작용하는 복합적이고 비선형적인 것이라고 볼 수 있다. 이때 관계와의 만남과 함께/통해/속에서 권력을 받아들이는 다양한 가능성이 나타나게 된다. 여기서 권력이란 통제와 상하위계의 효과를 지니며, 모두가 원하지만 소수만이 가질 수 있다는 모더니즘적 사고에 문제를 제기하는 데 나는 충만한–힘을 사용한다. 단어에 있는 '충만함(fullness)'은 모두에게 익숙한 권력의 속성을 의미한다. Deleuze(1988)가 강조한 것처럼 권력은 무엇이며 어디서 왔는지가 아니라 "어떻게 실행되는가?"(p. 71)라고 질문하라고 했던 것에 대한 답이 될 수 있다. 권력은 또한 모더니즘–근대성이 제시한 권한부여 개념, 어른|어린이 이분체계, 어린이와 아동기에 대한 발달주의적 행동주의 해석들을 와해시킨다. 어린이도 그들과 상호작용하는 어른 및 소속되어 있는 조직과 대등하게 잠재적 힘을 갖고 있다고 가정한다면 어린이를 무력화시키는 불평등한 힘의 관계라는 근대성 개념으로부터 벗어날 수 있다. 이를 대신하여 누구든 타인의 충만한–힘의 표현에 체화되어 있

음을 알게 된다. 즉, 어린이-되기 어른-되기의 발현이다. 어른|어린이 이분체계의 붕괴는 어른과 어린이 모두에게 영향을 미치며 비위계적 관계를 (재)구상하게 한다. 그리고 어린이에게는 권력을 부여할 보호자가 필요하다는 모더니즘 사고에도 문제를 제기한다. 그대신 어린이는 이미 권력을 가지고 있는 것으로 (재)구상된다.

충만한-힘-되기의 표현과 흐름들
expressions and flows of becoming-power-full

Deleuze와 Guattari(1987)에 의하면 되기(becoming)는 역동적인 변화의 운동이자 늘 변하고 있는 시간-공간의 고유한 순간(운동)의 지속적인 흐름이다. 우리의 사유와 이기(되기) 속에서 어떤 것도 고정적이지 않다. 모든 것은 움직이고 있다. 현재는 과거의 경험 내에서 그리고 특정한 미래에 대한 기대를 통해서만 이해될 수 있다. 즉, 현재를 살아가면서 쌓이는 경험들이 축적되면서 과거에 대한 기억이 바뀌고, 현재의 순간은 새로운 미래로서/함께 (발현)병합된다. 따라서 어린이가 되기 과정에 있듯이 충만한-힘도 항상 되기 과정에 있는 것이다. 충만한-힘이 있는 어린이-되기의 과정이다. 수집된 자료에는 다양한 방법으로 표출된 다수의 되기 과정들이 있다. 예를 들어, 팀-되기 과정은 한 개체로서의 특이성을 가진 어린이-되기 과정인 것이다. 여러 명의 어린이가 각자의 주체성을 갖고 무리지어 같이 지도를 만들거나 놀이를 하는 것은 어린이-되기 과정인 것이다. 혼자서든 함께이든 모든 어린이는 항상 이미 충만한-힘-되기에 있고, 이는 개개인의 어린이가 표현하는 힘과 다수의 어린이가 내는 힘의 흐름에서 나타난다. 어린이와 어른의 권력은 서로 엮여 있다. 되기와 충만한-힘을 분리하기란 어렵다. 어린이의 항상 되기와 충만한-힘을 설명하기 위해 나는 팀의 경우를 살펴보고자 한다. 팀은 자신에게 영향을 미치는 힘의 관계들을 문제시하는데, 이러한 팀의 행위는 **테 파리키**에 확연히 드러나 있는 권한부여에 대한 일반적 가정에 문제를 제기한다. 이러한 가정은 불평등한 권력관계를 유지하는 데 일조하고 있다.

이어지는 자료에서 팀은 어린이-참여자와 어른-연구자 사이의 복잡한 힘의 관계들에 직면하여 자신의 충만한-힘을 영향력 있고 유용하게 실행한다. 이 관계를 통해 팀은 자신의 충만한-힘을 발휘한다. 팀에게 충만한-힘이 생겨나는 활동들과 이러한 활동이 만들어 낸 충만한-힘의 조건이 다음 전사기록에 있다. 첫 번째 전사기록은 공룡거미 사냥이고 두 번째는 며칠 후에 있었던 악당 사냥이다.

충만한-힘-되기의 표현들: "우리를 따라오네요! 왜 우리를 따라다니는 거죠?" expressions of becoming-power-full~ 'You're following us! Why are you following us?'

잭은 수레를 끌고 팀은 그 안에 앉아서 장난감 말들을 손에 쥐고 있다. 언덕을 내려가면서 수레는 잭이 조절할 수 없을 정도로 빠르게 질주한다. 팀은 *'멈춰! 멈춰! 멈춰!'*라고 외친다. 수레는 놀이터 나무테두리에 부딪힌다(그림 8.1a). 잭은 수레에서 장난감 말을 꺼낸다. 팀은 잠시 앉아 있다가 일어서서 주변을 살피더니 이렇게 외친다. *여기가 우리 주차장이야!*(그림 8.1b)

팀: 느닷없이 나를 가리키며(그림 8.2a) *"우리를 따라오네요! 왜 우리를 따라다니는 거죠?"*
엉덩이에 손을 얹고는 나를 빤히 쳐다본다(그림 8.2b).

MS: *아, 너희들에 대한 영상을 만들고 있단다. 그래도 괜찮지?*

잭(망설임 없이): *네, 괜찮아요.*

MS: *나중에 텔레비전 화면으로 보여 줄 수 있어.*

잭(장난감 말을 타는 시늉을 하면서): *텔레비전 보는 것 좋아해요.*

MS: *좋아, 공룡거미 사냥을 하고 나면* (보여 줄게). 팀은 내려서 수레 끝에 잠시 걸터앉더니 이내 잭을 따라간다.

잭(잠시 멈추더니 뒤를 돌아 팀을 부른다): *얼른 와*(…) *괜찮을 거야.*

팀이 장난감 말을 들고 따라가면서 무어라 말하지만 나에게는 잘 들리지 않는다.

[그림 8.1a]
수레가 부딪혔다.

[그림 8.1b]
여기가 우리 주차장이야!

[그림 8.2a]
우리를 따라오네요!

[그림 8.2b]
왜 우리를 따라다니는 거죠?

팀에게 한 나의 대답을 돌이켜보면, 당시 나는 연구에서 자료 수집을 투명하게 하고 이 어린이가 자발적으로 참여하고 있음을 보여 주기 위해 그들의 질문에 있는 그대로 대답하는 것에 초점을 두었다. 나는 '*왜 우리를 따라다니는 거죠?*'에서 '왜'라는 단어에 집중하느라 팀의 말이 자기들을 그냥 내버려 달라고 하는 요청이었다는 것을 놓치고 말았다. 나는 그들이 놀이하는 것을 녹화하고 있고 원한다면 나중에 이 영상을 볼 수 있다는, 굳이 말할 필요도 없는 뻔한 대답을 하고 있었던 것이다. 그리고 연구 과제와 향후 시청이 가능하다고 대답하는 이 결정적인 순간(운동)에 나는 '어린이가 행하고 있던 경계(없는) 실험에서' 어른-연구자로서의 (협력)작동([co]operate)을 제대로 하지 못하였다.[3] 나는 팀의 카메라를 제거해 달라는 요청이 충만한-힘의 표현임을 인지하지는 못했지만, 내 존재가 환영받지 못하고 있음을 눈치채고 촬영을 멈추었다. 그러나 여전히 나는 '*우리를 따라오네요!*'가 지닌 비난 어린 표현의 중요성을 놓치고 있다.

충만한-힘의 표현으로 팀은 내가 그들의 영역에서 환영받지 못한다는 신호를 보내지만 놀이를 지속시키기 위해 잭은 나의 존재가 부수적일 뿐이라고 팀을 안심시키는 일종의 중재자 역할을 하면서 다른 방식으로 충만한-힘을 표현했다. 잭이 한 '*네, 괜찮아요…얼른 와…괜찮을 거야.*'는 충만한-힘을 나타내는 각 표현에 대한 영향 유무를 이해했음을 보여 준다. 충만한-힘의 표현들이 혼란스럽게 흐르는 가운데 두 어린이는 나를 무시하자는 표현을 다르게 행한다. 잭은 침착하게 자리를

3) 논문 평가자인 Bronwyn Davies가 지적한 내용이다. 이러한 생각의 파동은 이 단원에서 전개되는 논의 내내 흐른다.

뜨는 반면 팀은 처음에는 대항하는 태도를 취했다가 무언가를 웅얼거리며 잭을 따라나선다. 서로 다른 충만한-힘을 통해 두 어린이는 나를 놀이 영토에서 배제함으로써 연구자와 참여자 간의 내적 교류를 중단시켰다. 이러한 충만한-힘을 가진 어린이(들)-되기라는 탈~영토화 순간(운동)은 어른의 지배성향을 방해한다. 그것은 아마도 특정 순간에서의 불평등한 권력관계를 의미하기보다는 필연적으로 (불)평등한 역동적인 순간(운동)에 대한 것이다. 다양한 흐름 속에서 충만한-힘은 갑자기 등장하거나 방해함으로써 다른 이들의 충만한-힘이 표현될 기회를 열어 준다.

'*우리를 따라오네요! 왜 우리를 따라다니는 거죠?*'를 (잘못)이해함에 있어 나는 Jackson(2010)이 '나-되기'로 확대시킨 행동주의에서 말하는 반성적 '나'를 발견하게 된다. 이는 "도달할 수 없는 한계를 통해 작동하며 독자로 하여금 새로운 방식으로 보고/듣고/귀 기울이고/상상하게끔 한다"(p. 584). Jackson에 의하면 본 연구자료의 해석과 여기에서의 읽기는 다음과 같은 질문을 통해 유발된다. 독자들은 재현에 관한 관례적, 지배적, 통제적인 담론에 빠져 있는가? 그들은 어린이의 말을 '듣기'를 원하며 또 필요로 하거나 갈망하는가? '나-되기'로서 독자들도 저자(나)에게만 의존하지 않고 이 글을 나름대로 재해석할까? 표상을 연구함에 있어 독자들은 어떻게 '나-되기'를 경험할까? 팀의 충만한-힘-되기 과정이 독자의 충만한-힘에 대해 다시금 생각해 보게 할까?

팀의 충만한-힘-되기의 흐름: '우리가 가는 곳마다 따라오네요!' Tim's flow of becoming-power-full ~ 'You following me everywhere we go!

팀은 며칠 후 다시 저항하게 되었는데 이번에는 충만한-힘의 흐름이 다르게 작용한다. 팀은 피리와 함께 악당 잡기 놀이를 하고 있는데 모험 놀이터에서 그들이 모은 장비를 둘러싸고 여러 명의 어린이로부터 방해를 받는다. 조시는 놀이에 끼기 위해 새롭고 참신한 방법으로 접근한다.

조시: *그래 맞아, 내가 바로 네 물건을 훔친 악당이야.*
팀은 저항한다: *두목을 불러서 너를 잡아가라고 할 거야.*
조시가 확인한다: *그럼 내가 잡혀가기를 원하는구나.*
다른 어린이도 팀과 피리의 장비들을 탐내고 있다. 팀은 조시가 피리의 것을 훔친 것을 알고는 자신의 전화기, 카메라, 나무로 된 작은 정지 표지판을 큰 나무 바퀴 위에 진열한다. 그러자 로리가 팀 위에서 뛰어내려 가까이서 그를 노려보았고 렉스는 다른 방향에서 뛰어와서는 카메라를 집어 들며 "*이거 가져도 돼? 나 이게 필요해, 카메라가 정말 필요해.*"라고 한다.
팀이 카메라를 꽉 부여잡자 다른 아이들이 물러난다.
그러자 애덤이 나타나서는 카메라 소유권에 대해 이의를 제기한다.
애덤: *너희들은 카메라가 꼭 필요하지 않잖아.*
팀: *아니, 꼭 필요해. 우리는 함께 사진도 찍고 서로 찍어주기도 한단 말이야.*
애덤: *알았어. 그냥 카메라나 줘.*

충만한-힘이 있는 어린이-되기 과정은 내부작용의 탈~영토화 흐름 속에서 복잡하게 나타난다. 피리의 충만한-힘은 조시가 그의 장비를 훔치도록 방조함으로써 잡을 수 있는 악당이 생기도록 하는 것으로 나타난다. 팀의 경우 처음에는 장비들을 모두가 볼 수 있도록 눈앞에 둠으로써 아무도 훔치지 못하게 진열했고 그 다음에는 악당 두목에게 전화를 할 것이라고 엄포를 놓음으로써 자신의 충만한-힘을 주장했다. 또 다른 충만한-힘 작용은 팀이 조시가 잡혀가기를 원하냐는 질문에 묵묵부답으로 대한 것이다. 조시는 자신의 충만한-힘을 통해 악당 잡기 놀이를 하려면 악당이 있어야 함을 알고 있는 듯하며 그 순간 팀이 펼치는 이야기의 흐름에 괴리가 있음을 알아차린 것 같았다. 팀도 이 괴리를 알아차렸을 수도 있겠으나 충만한-힘의 표현으로 대답을 하지 않거나 악당 두목에게 전화를 하지 않은 것일 수 있다. 로리, 렉스, 애덤은 그들 나름의 놀이를 하는 가운데 팀에게 장비가 부족하니 카메라를 내놓으라며 충만한-힘을 행사한다. 팀은 자신의 충만한-힘을 행사하며 그들의 요구를 거부했다. 이러한 특이성을 가진 충만한-힘의 표현들이 여러 개의 무리가 되면서 각각 분산되고 비정형적으로 모든 것들을 관통하는 활동의 연결망을 만들어 낸다.

그러고 나서 팀과 애덤은 카메라를 원하는지 원하지 않는지에 대한 힘겨루기를 한다. 그들의 충만한-힘은 빠르게 움직인다. 애덤은 카메라를 요구하고 팀은 넘겨주기를 거부한다. 이어서 팀이 카메라를 주겠다고 하지만 애덤이 받기를 거부한다. 애덤이 또다시 달라고 하나 팀은 거절한다. 애덤이 자리를 뜨자 팀은 그를 쫓아가서 카메라를 주려고 한다. 애덤은 돌아서더니 손으로 권총 모양을 하고서 팀에게 겨눈다. 당황한 듯한 팀은 애덤을 슬슬 쫓아간다. 엎치락뒤치락하며 얽혀 있는 놀이와 아이들의 관계 속에서 그 어떤 한 가지도 전체를 압도하는 힘을 지니고 있지 않다. 일종의 완결을 짓는 순간(운동)에 애덤은 자리를 뜨고 팀에게 '총' 겨누는 시늉을 함으로써 자신이 이 게임에 대한 지배권을 확보했다고 생각할 수도 있다. 그러나 팀은 놀이가 지속될 것으로 여기고 여전히 카메라를 갖고 놀이 줄거리를 확인하며 자신의 생각대로 진행되도록 한다. 차이 나게, 특이하게 그리고 다수로 내부작용 관계를 통해 둘 모두는 충만한-힘 생성을 위한 상호 조건에 체화된다.

얼마 안 있어 팀은 나~비디오카메라에 등을 돌린 채 놀이터에 혼자 남아 애덤, 렉스 그리고 로리가 사라진 방향을 쳐다본다. 팀은 얼레, 널빤지, 상자들이 배열된 가운데에 서 있다. 지도 8.1에는 팀의 충만한-힘이 대립으로 표현된 장면을 구성하는 어린이, 어른과 사물들의 위치가 나타나 있다.

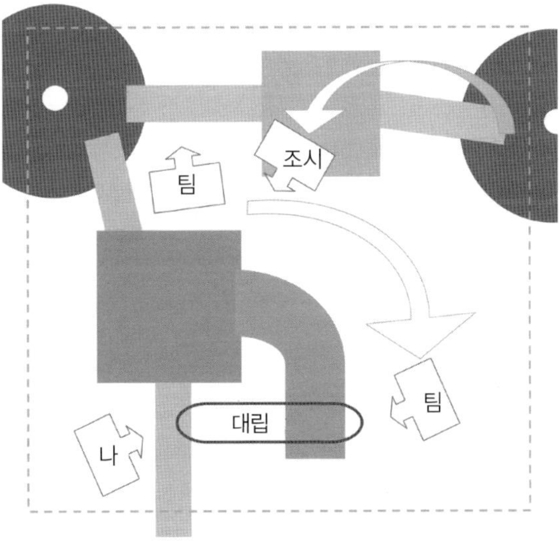

[지도 8.1] 충만한-힘이 대립으로 표현되려는 장면

조시: 널빤지 위를 뛰어 올라와서는 팀 옆에 놓인 네모상자 위로 올라간다(그림 8.3a). 팀은 먼 곳을 응시하며 가만히 있는다. 조시는 여전히 팀과 놀고 싶어 한다: *너한테 보여 줄 것*

이 있어.

팀이 조시를 쳐다본다: *뭔데?*

조시: *우리 선생님들이 찾지 못하게 숨을래?* (그림 8.3b)

[그림 8.3a]
조시가 팀 옆의 네모상자로 뛰어오른다.

[그림 8.3b]
우리 선생님들이 찾지 못하게 숨을래?

팀: 아무 말도 안 하지만 조시를 지나 미끄럼틀을 돌아서 두 발을 벌리고 서서는 비디오카메라~나를 마주하며 나를 향하여 단호하게 고개를 끄덕인다. 팀은 전화기의 안테나 부분을 쥐고 있다(그림 8.4).

[그림 8.4] 팀이 돌아서서 비디오카메라~나를 마주본다.

MS: (조시가 다시 나타난 것이 신경쓰이는지 걱정되어) *팀, 너 괜찮니?*

팀: (전화기를 나에게 가리키며 소리친다.) *우리가 가는 곳마다 따라다니네요!*

그는 이 말을 하면서 전화기 안테나를 들고 거칠게 이리저리 흔든다(그림 8.5). '우리'라 말할 때는 조시 쪽을 본다. 조시는 더 이상 적이 아니라 친구임이 확실하다.

[그림 8.5] 팀은 전화기를 가지고 동작을 취한다.

[그림 8.6] 팀이 단호하게 고개를 두 번 끄덕인다.

[그림 8.7] 팀이 여유 있게 걸어 나간다.

악당 잡기 놀이에 나타난 팀의 충만한-힘의 흐름

Tim's flow of power-fullness in the bad guys hunt

앞에서의 충만한-힘 표현과 유사하게 악당 잡기 놀이에서도 팀이 자기를 따라다니는 나에게 귀찮다는 것을 확실하게 표현했을 때, 나는 그 순간 놀이 중에 계속해서 발생한 대립사건들과 장비를 둘러싼 의견 충돌로 인해 팀이 지쳤기 때문이라고 인식했다. 나는 행동주의에 입각한 (잘못)해석으로 팀이 앞서 겪은 대립들 때문에 나에게 도전적인 언행을 하게 되었다고 생각하고 있다. 그러나 이 대립에 대해 Deleuze와 Foucault 입장이 말하고 있는 나-되기 과정에서 보면 팀의 지속적인 충만한-힘 상태는 다르게 조명된다.

팀은 확실히 내가 자신의 놀이를 촬영하는 것에 대해 불만이다. 이는 팀의 짜증 난 어소와 동작들에서 여실히 나타난다. 팀은 나의 보호를 필요로 할 것이라는 나의 가정은 전통적이고 지배적이며 지시적인 권력의 담론이다. 그러나 팀과 조시는 몰래 도망가기를 서로 도모함으로써, 즉 조시는 숨는 것을 제안하고 팀은 나를 직접 대면하여 나의 위치에 대해 단도직입적으로 문제를 제기함으로써 자신들의 충만한-힘이 건재함을

여러 번 보여 준다. 나의 존재가 조시로 하여금 다른 조건으로 놀이에 참여할 수 있도록 함에 따라 조시는 이제 놀이의 다른 한 부분이 되었다. 놀이 동지가 된 그들은 내가 자신들의 놀이영토, 즉 놀이하기 자체와 놀이터를 침범하고 있다고 확실하게 주장하면서 나의 개입을 막는다. 나의 존재는 어른|어린이, 연구자|참여자라는 위계적 관계를 의미함으로써 어린이의 충만한-힘을 약화시키기는 동시에 열어 주기도 한다. 이는 어린이가 나를 무력화시키고 리좀이 파열되고 다른 곳에서 돌출하면서 조시가 새로운 탈주선을 좇아감으로써 팀이 받아들일 수 있는 방법으로 놀이의 일부가 되게끔 해 준다. 각자 자신의 충만한-힘을 작동함으로써 능동적이고 반응적인 감응을 이룬다.

어린이와 함께하는 연구에서 충만한-힘의 흐름들
flows of power-fullness in researching with children

동영상을 녹화하면서 나는 팀이 다른 어린이와 함께 그의 충만한-힘을 계속 표현하고 있음을 인지하고 있었다. 그러나 나는 리좀분석 단원을 집필한 이후에야 비로소 팀이 충만한-힘을 가진 어린이가 되는 과정에서의 나의 역할에 대한 생각이 열리게 되었다. 너무나도 빈번히 불평등하게 나타나는 연구자와 참여자 간의 권력구조 관계를 평등하게 만들고자 했음에도 불구하고 나는 무심코 '전지적 연구자'와 같은 주제 넘은 권력을 취하고 있었다. 그리고 이로부터 앎과 지식의 행위자로서 어린이를 미미한 존재로 가차없이 축소시키는 '제도권 윤리 담론'에 빠졌다.[4] ~~논문~~의 첫 번째 분석에서 고백적-나(confessional-I)는 팀의 저항

4) 논문 심사자, Bronwyn Davies의 심사평이다.

에 놀랐고 내가 그러지 말아야 했음을 적었다. 나는 겸손한 연구자라면 당연히 그래야 하는 것처럼 간섭적 침투 행위를 조심하지 않은 것에 마음이 불편했다. 그러나 30분 후 팀이 카메라 앞에서 의도적으로 춤을 추면서 그들의 영역을 침범한 비디오카메라~나의 미끄러지며 이동하는 관계에 대한 의문점들이 생겨난다.

> MS: *안녕, 팀? 내가 카메라를 들고 너를 따라다니는 것에 질린 줄로 알았는데.*
> 팀: *우리는, 우리는 더 이상 그렇지 않아요.*

팀의 시간-공간 속에서/위해 자기가 원하는 바를 주장함으로써 내 전지전능한 연구자 권력과 환원주의적인 제도권 윤리 담론에 대한 고백적-나의 잘못 자리 잡은 생각들을 떨쳐버리게 된다. 이러한 생각들이 존재함에도 불구하고 팀은 충만한-힘으로 자신이 원하는 바를 얻어낸다. 팀의 저항은 팀의 충만한-힘이 생겨가는 생산적인 순간이 되어 불평등한 힘의 관계가 재생산되는 것을 막는다.

어느 정도 지각(불)가능하게, 충만한-힘의 표현은 여러 명의 어린이, 놀이하기, 놀이터, 비디오카메라~나의 내부작용들 사이를 리좀방식으로 흐른다. 리좀 체계로서 팀, 조시 그리고 나는 단독으로 그리고 다수의 개체로 내부작용의 탈주선을 협상한다. 다음의 지도(지도 8.2)에서 팀의 시선은 멀리 있는 무엇 또는 누군가에 가 있다. 조시는 놀이의 중심과 변두리를 재빨리 오고가면서 팀을 쫓아다녔고 둘이 같이 숨을 것을 제안한다. 나는 그들의 이러한 행동을 촬영하면서 그들이 불편하지 않게 어느 정도 거리를 두려고 한다. 그러나 우리의 탈주선이 교차되면서 팀, 조시 그리고 나를 둘러싼/통해서/함께 충만한-힘의 흐름들이 얽혀버리고 이에 따라 충만한-힘의 리좀적 흐름들의 표현들이 (발현)병합하면서 대립적 충돌에 대한 어떠한 결정주의적 분석도 불가능하게 된다.

팀과 조시는 그(들의) 놀이(들)에서 그리고 그 사이-내부의 내부작용 공간에서 리좀으로 움직인다. 팀이 악당을 잡으러 다니고 조시가 악당 역할을 한다는 점에서 둘 다 각자의 놀이에서는 주인공이자 상대방의 놀이에서는 적이다. 그들 각자의 체화된 놀이들은 조시가 둘이 숨자고 제안하고 팀이 이에 고개를 끄덕임으로써 한데 섞이게 된다. 팀이 조시를 돌아 지나치면서 내가 시야에 들어오게 되고 곧이어 나를 보며 항의한다. 내가 적대자로 참여자~연구자로서 그들이 주인공인 놀이에 끌려 들어 가면서 흐름은 계속해서 엉키게 되고 이 과정에서 연구자료가 생성된다. 나로 인해 팀의 충만한-힘의 흐름이 방해받았을 것이라는 고백하는-나의 가정에는 그의 질문, *우리를 따라오네요! 왜 우리를 따라오는 거죠?*에서의 '왜'에 대답함으로써 그의 분노와 불만을 잠재우려고 애쓰는 행동주의적 기대들이 자리 잡고 있다. 이런 나의 반응은 어른이 어린이의 감정을 통제하고 어른의 규칙을 적용시키고자 하는 어른|어린이 이분체계가 얼마나 만연해 있는지를 증명한다. 이것은 어른이 평화로운 환경에 관심을 갖는 것이 중요하지 않다고 부정하는 것이 아니다. 팀이 나에게 소리 지르고 난 후 조율된 상황처럼 평화를 위한 협상은 늘 평화로울 수만은 없다는 것을 염두에 두고 어린이의 감정과 충만한-힘을 정당하게 협상하기 위한 가능성을(에로) 열기 위함이다.

나-되기(becoming-I)는 내가 그를 따라가든 그렇지 않든 그리고 그가 어떤 행동을 하든지 팀의 권력은 시간-공간을 끊김 없이 유유히 움직이며 절대 방해받지 않는다는 것을 이해함으로써 고백적-나를 뛰어넘게 한다. 이는 환원불가능한 충만한-힘의 관계적 마주침이다. 팀과 내가 선동하고 자극하고 생산한 능동적 감응과 유용한 충만한-힘의 효과는 우리의 단독적, 무리적 자아들에 의해 퍼져 나간다. 내부작용

조건에 의해 유동적으로 흐르는 것과 '충만(full-ness)-함'이라고 표현하는 것은 '권한부여' 그 자체를 무용하게 한다. 충만한-힘을 표현하는 팀의 충만한-힘-되기는 팀이 어른에 비해 모자라는 존재가 아님을 보여준다. 그에게는 어린이는 부족함이 많을 것이라는 모더니즘 세계관에서 작동하는 권한부여는 필요치 않다. 어린이-되기로 함께 살고~배우는 어른-되기의 과정 속에서 충만한-힘의 표현 및 상황이 함께 흘러가고 있다는 점에서 우리는 어린이와 다르지 않다.

충만한-힘의 어린이-되기를 교육과정에 수용(재구상)하기

re(con)ceiving becoming-child(ren) becoming-power-full in curriculum

충만한-힘-되기의 다양체 생성은 기존의 모더니즘적 담론에 만연해 있는 권력에 대한 인식을 뒤흔든다. 리좀 방식에서 권력은 존재의 관계 내에 체화되어 있다. "감응이 마치 별자리처럼 촘촘히 모인 것이 바로 '되기'이다"(Deleuze, 1997: 64). 감응적 발생 또는 감응되기는 역동적인 변화 순간(운동)에서 모든 형태의 사회적 산물에 얽힌 힘이며, 계속적으로 변하는 현재의 시간-공간을 통과하는 흐름이다. 따라서 팀의 충만한-힘-되기는 흐르는 힘들이 계속적으로 다른 배치를 이루는 것이자 내부작용 관계를 영토화, 탈~영토화시키는 표현들의 흐름으로 봐야 한다. 그럼 이는 어떻게 작동하는가? 충만한-힘이 상황과 흐름 속에서 어린이는 이 유아교육과정의 수용(재구성)에 어떻게 참여할 수 있을까? 여기서 교육과정은 배움의/위한 능력과 조건과 함께/속에서 서로 얽히고 함께 연루되는 모든 개인, 상황, 사건, 사물을 포함하는 인간~물질의 작용으로 이해된다(**물질성 문제** 고원 참조).

철학적으로는 충만한-힘이 생성되는 흐름과 연관된 내부작용의 관계를 지도화하기란 비교적 쉬운 편이다. 그러나 모더니즘의 이분법적 권력관계론의 사본 뜨기가 팽배한 가운데서 이러한 과정들을 실제로 경험하는 것은 쉬운 일이 아니다. 우리의 사고에서 지배적인 발달주의적 관점을 제거(이동)하고 객관적인 관점을 갖추기란 쉽지 않으며 결국 모더니즘의 잔흔들이 지도상에 나타나게 된다. 충만한-힘-되기에 대해 논하는 것조차 우리에게는 버거운 일이지만, 우리의 사고방식을 바꾸고 새로운 사고를 하기 위해서는 단어를 다르게 사용하는 것이 중요하며, 단어만으로 불충분할 때에는 심상(images)을 이용해 사고해야 한다. Warren Sellers(2008)는 형상화가 다르게 사유하기 위한 리좀적 상상력이라고 제시하는데, 언어(세계)(wor[l]d)에 대한 사고에 그림을 사용할 경우 사유 속에서/의 전환을 가져온다고 한다. 때때로 나도 사유하면서 단어로 표기할 뿐 아니라 선을 사용하여 생각을 형상화해 본다. 참여자~연구자로서 팀의 충만한-힘을 시각화하면서 전사기록된 어휘와 글만으로는 부족함을 느끼고 이러한 형상화~사고(지도 8.1, 8.2)를 활용했다. (팀의) 저항은 그림 속에서 권력의 리좀적 흐름으로 확연하게 나타난다(지도 8.2). 이렇게 영상 속에서의 팀의 모습을 형상화하는 것은 다르게 사유해 보는 것을(에로) 열어 주며, 권력이 표현되는 가능성을(에로) 열어 주며, 가능성의 순간(운동)을 반복적으로 강화시킨다. 팀이 놀이 중에 권력관계를 문제시하고 권한부여 개념을 방해하며 충만한-힘의 어린이-되기 과정은 리좀의 흐름으로 지각가능하게 된다.

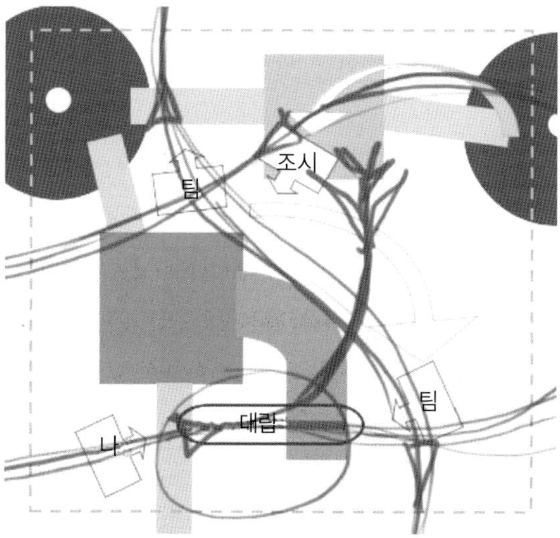

[지도 8.2] 충만한-힘의 리좀적 흐름

Deleuze(1988)는 이러한 과정의 복잡성에 대해 설명한다. "권력에는 본질이 없다. 권력은 오로지 작동할 뿐이다. 그것은 속성이 아니라 관계다. 권력관계는 지배하는 힘뿐 아니라 지배당하는 힘에 흐르는 여러 가지 관계이다"(p. 27). 권력이 감응으로 작동할 때, 팀은 이 상황을 표현함에 있어 불리하지도 않고 도움을 필요로 하지도 않는다. 어린이와 어른의 내부작용 관계에 얽혀 있는 탈주선들의 시간-공간 속에서 충만한-힘의 흐름들이 나타나고 합쳐진다. 충만한-힘이 지니는 다차원적인 다양체는 흐름으로 드러나며 이러한 선형적 흐름을 따라 그 주변을 흐른다. 이는 놀이(들)의 흐름에서, 탈주선의 흐름에서, 동영상 녹화의 흐름에서 그리고 각 개체 간의 관계의 흐름에서 나타난다. 팀의 충만한-힘의 표현이 강하고 충만하게(force-fully) 발생하면서 권력과 권한부여에 대한 행동주의적 인과관계의 담론을 뒤흔든다.

물질성의 질료화~물질성 문제[1)]

Matters of materiality~materiality matters)

고원을 열며 opening the plateau…

깊은 사유 속에서 일어나는 나의 경이로움은 연구자~작가~사유자–되기의 (발현)병합적 표현들과 함께/속에서 지속적으로 나를 뒤흔들어 놓았다. 이는 연구하기~글쓰기~사유하기의 '되기'라는 조건들 속에 얽혀 있다. 나는 전적으로 다른 회절의 방법을 통해 Deleuze의 질문

1) 역자 주: 저자는 저서에서 matters가 가진 언어의 다층적 의미(중요함 혹은 문제, 사물 혹은 물질)를 동시에 담고자 하였다. 역자들은 번역 작업 중에 저자의 이중적 의미의 언어사용에 대한 번역의 난해하므로 인해 저자에게 메일로 질문을 했다. 특별히 9장의 〈Matters of materiality~materiality matters〉 부분에서 앞과 뒤의 Matters가 가진 의미, 즉 명사와 동사로서 가지는 의미의 차이에 대한 저자의 뜻을 묻는 질문에 저자는 다음과 같은 답을 보내주었다: 나는 Matters를 거의 매 상황에서 이중적인 의미를 가진 것으로, 동사로는 중요하다(be of importance)의 의미를, 그리고 명사로는 사물, 물질, 내용(things, material or abstract)을 뜻하는 것으로 모호하게 사용했습니다. 하나의 단일한 해석은 없으며 대부분이 문장에서 양방향 모두로 읽힐 수 있습니다. 이것은 아마도 독자에게 도전적인 일이 될 것이나, 하나의 적합한 독해나 해석이 없이 서로 다른 수많은 이해와 해석이 가능한 글 읽기의 복잡성을 전달하고자 하는 것이 나의 의도입니다. 그것은 학문적, 실제적, 철학적 흥미와 같이 독자가 가진 맥락에 달려 있습니다. 이중적이고, 애매하고 미묘한 표현은 또한 독자가 자신의 독해를 어떤 특별하게 정의된 방식의 아이디어로 마감하지 않도록 읽기와 이해, 해석에 대해 열어 두려는 의도입니다. 들뢰즈적인 사유 안에서는 시작과 끝이 없으며 단지 입구와 출구의 초점, 장소 그리고 공간만이 있을 뿐입니다. 특정한 정답이 없기에 어쩌면 이것은 당신이 질문하고 기대했던 답은 아닐 겁니다. 그러나 특정한 답이 요구되는 질문은 들뢰즈적 리좀과는 반대로 가는 것입니다.

으로 (되)돌아간다. 사물은 어떻게 작동하는가? 어떤 새로운 시고들이 사유를 가능하게 할 수 있는가?(Massumi, 1992). St. Pierre(2004)의 글을 읽으며 유목민으로서의 나는 울림의 전조라는 고원에서 던져진 질문을 내부작용으로 곱씹는다. 놀이하기의 공간 그리고 놀이-공간과 **함께/속에서** 우리는 무엇을 더 찾아낼 수 있을까? 이 공간들과 **함께/속에는** 무엇이 더 있을까? 물리적 환경과 재연된 놀이 외에 어떤 공간이 더 남아 있을까? **내부작용이 일어나는 공간과 함께/속에서** 무슨 일이 벌어지고 있을까? 사물의 힘이 인간의 에너지를 만나 물성화하고 회절하며 열리는 것은 사이-내부(in-between)에서 생성되는 감응적 관계의 장이다…**그리고**…사고가 발현되고, 컴퓨터 화면과 종이 위에서 단어가 물성화하면서 체화되는 것은 사유하기~읽기~글쓰기라는 내부작용이 활성화되는 인간~비인간의 마주침이라는 관계적 물질성이다.

물질성 문제(materiality matters)에 관한 사유하기~글쓰기에서 나는 새롭게 (발현)병합하는 고원 안에서 얻은 아이디어를 인간/물질의 관계에 대한 텍스트로 옮기는 방식에 대해, 그리고 고원의 글쓰기를 구성하는 방식 그 자체에 대해서 고민했다. 나는 선형적인 사고로 돌아가 자료를 추가하는 방식이 아니라 텍스트의 물질성으로 드러난 자료와 문헌들, 그리고 텍스트의 물질성과 결합된 자료와 문헌들을 통해 아이디어를 얻고자 했다. 한 동료는 나에게 "일단 글을 먼저 쓰고 글의 형식은 추후에 구성하라"고 조언한다. 그러나 나는 관계라는 물질의 순간(운동) 속에서 글쓰기 과정의 물질성은 내가 말하고자 하는 내용만큼이나 중요하다는 것을 깨닫는다. 리좀이 되지 않고, 리좀을 하지 않은 채 리좀에 대한 글을 쓸 수 없듯이 내가 가진 아이디어를 글로 옮기는 것의 물질성과 연대하지 않은 채 물질과의 관계를 글로 옮길 수 없다. 다른 동료 연구자는 내가 주름접힘(enfolded-ness)에 대한 아이디어를 가지고 있다는 걸 모른 채, 내게 글의 페이지를 "편지봉투처럼 펼쳐지도록 해"라고 제안했다. 그러자 갑자기 창조적인 가능성이 떠오르면서 나는 반투명 종이에 자료를 전사하는 방식의 다층적 구조[2)](palimpsest)를 생각해 낸다. 이것은 이론과 자료가 선형적으로 되는 것을 방지하기 위해 페이지를 번갈아 구성해 가는 것이다. 그러면서 동시에 난 떠오른 생각을 말한다. "하지만 이 방식은 독자를 혼란스럽게 할 수 있어"…그때 동료가 동시에 말한다. "리좀은 원래 그렇게 작동하는 거 아니야?" 라고. 이런 사유의 과정을 통해 나는 혼란을 불러일으키기 위해서가 아니라 리좀을 열어젖혀 회절의 가능성을 불러오기 위해 이 장에서 한 페이지의 종이를 반으로 나누는 방식으로 독자들이 이론과 자료를 넘나들고 탐색하면서 미끄러져 가듯 읽을 수 있게 구성했다. 이러한 방법을 통해 이론적 논의를 전개하는 일과 수집된 자료를 가지고 리좀을 만드는 일이 어느 한 쪽으로 치우치지 않고 진행될 수 있었다. 마치 지도의 사본을 본뜨는 것처럼 하나가 또 다른 하나가 되어 가는 것이다. 이 방식은 나의 사유하기~글쓰기~읽기의 흐름을 보다 자연스럽게 해주었다. 그러나 읽기~사유하기에서도 이 방식이 통할까? 그러나 이렇게 구성된 페이지를 보면서 독자들이 적어도 내가 새로운 물질성을 구현하려 했음을 알아차릴 수 있을 것이라고 생각한다…**그리고**…나는 깨닫는다. 리좀을 작동시키는 데 있어서 물질성은 고원 곳곳에서 항상 이미 빛나고 있음을…**그리고**…이론과 자료는 분리될 수 없음을…**그리고**… 이 고원을 어디에 위치시킬지를…리좀을 만들고 싶다…실패를 무릎 쓰고…실패는 항상 이미 비틀거리고 있으며, 탈~영토화되는 탈주선이 그 모습을 드러내고 감추는 것을 반복하듯이…

2) 역자 주: palimpsest는 원래 양피지 위에 있던 것을 지우고 다시 쓰는 방식의 고대 문서로 기록 시 이전의 글자가 겹쳐 보이기도 한다는 뜻에서 일종의 다층적 의미를 지닌 것을 뜻함. 이 장에서는 저자가 한 페이지에 두 가지의 텍스트를 동시에 제시하는 자신의 독특한 글쓰기 시도를 일컫는 것.

물질의 질료화~문헌과 연더하기
Matters of materiality~engaging literature)

> '사물-힘(thing-power)'은 어쩌면 세계에 대한 아동기적 감각을 불러올 수 있는 수사학적 이점을 많이 가지고 있다. 온통 물활론적이고, 인간과 인간이 아닌 것, 유기체와 유기체가 아닌 것의 세계들로 가득 찬 어린 시절의 감각 말이다. 이러한 사물의 수사학적 힘은 우리를 그 사물이 가진 효율적 능력에 더 집중하도록 해 주는데, 이는 인간이 만든 의미, 설계, 목적들을 넘어서서 그 사물이 표현하고 기능하려고 하는 풍요로운 성질에 주목하는 것이다.
>
> (Bennett, 2010:20)

리좀적 사유는 끝나지 않는 (모험)도전과 같다. 여러 절차들이 한데 어울려 다양한 방식으로 뒤섞일 가능성이 항상 이미 열려 있는데 이는 사이-내부를 채우기 위해서가 아니라 발현될 여러 장소와 연대하기 위한 것이다. 물질성에 관한 아이디어를 통해 이 고원 안에 존재하는 자료에 대해 (다시)생각해 보는 것은 수목형 분석(arborescent analysis)에서 만연하게 나타나는 과거의 잔재들을 없애면서 지도 위에서 더 많은 본뜨기 작업을 연결해 가고자 하는 것이다. 나는 고원 전반에서 생각의 지도를 그리면서 그동안 무심하게 받아들였던 심리학적 방식이나 발달이론으로부터 멀어지려고 노력해 왔다. 그러나 지금 역시도 나는 그동안 별생각 없이 베끼기 작업을 해오던 인간중심, 사회중심, 논리중심의 사고에 경각심을 일으키는 시간-공간적 사유 앞에 놓여 있다. '별생각 없이(unthinkingly)'라는 단어는 이 고원을 글로 옮기기 전까지만 해도 이

물질성 문제…리좀 만들기…
Materiality matters. . .making rhizome...

들뢰즈주의자의 질문은 언제나 '그것은 어떻게 작동하는가?'이다. 사물의 힘의 배치인 물질성 문제와 물질의 질료화는 항상 이미 아이들의 놀이(하기)와 함께/속에 있음을 이해하면서 나는 리좀적 분석을 (재)생성하기([re]generate) 위해 사물들의 안팎을 뒤집어 물질과의 연대(engagement)를 생각하고 다른 고원에서 연대할 물질들을 연구하면서 (다시)돌아간다.

Karin Hultman과 Hillevi Lenz Taguchi(2010)의 관계적 유물론으로의 전환을 따라, 나는 "**비**인간적 사물들의 힘이 거의 동등하게 작동되는 **관계적 장**(relational field)"(p. 525, 원전에서의 강조)에서 발현되는 어린이-되기(becoming-children)에 대해 숙고해 본다. 나는 물질과 사회, 즉 인간과 비인간적인 것 중 어느 것을 우선하려는 의도 없이 문화적, 사회적 그리고 논리 중심적 견해를 허물기 위해 자료로 (다시)회귀한다. 이것은 놀이(하기)의 사회적 관계 안에 주름 잡혀 있는 물질과 유기체의 힘으로 충만한-힘의 감응을 찾아내기 위한 것이기도 하다.

자료를 모으는 과정에서 아이들은 점차 비디오카메라에 익숙해졌기 때문에 나는 아이들의 놀이 공간에서 나를 강요하지 않으면서

사유의 공간과 시간이 나에게 열리지 않았음을 말해 준다.

다양한 유물론적 포스트휴머니스트의 전환에 관한 글(Alaimo & Heckman, 2008)을 읽으며 나는 물질성이 사회적 특성을 지니고 있고, 사회적 관계가 물질적 특성을 지니고 있음을 이해하는 데에 흥미를 가지게 되었다(Orlikowski, 2006). 이러한 논의에는 상호의존적 공존에 공감하여 인간중심주의와 논리주의에서 벗어난 Hillevi Lenz Taguchi(2009)의 관계적 유물론 접근, Karen Barad(2007)의 물질세계와 내부작용으로 얽힌 관계, 유물론적 행위주체를 전경에 둔 Jane Bennett(2010)의 물질 생태학 등이 포함된다. 이러한 글을 읽으며 다른 고원의 전반에서 어린이의 관점을 어른의 관점으로 이해하는 것으로부터 벗어나 어린이의 관점을 놀이로 불러들이는 작업을 하면서 동시에 나는 인간의 사회적 관계를 우선 가치로 두고 물질성의 관계적 특성을 버림으로써 인간과 물질 간의 또 다른 위계들을 영속시키고 있음을 깨닫는다. Hultman과 Taguchi(2010)의 글을 읽으면서 내가 세계를 **지각하는 방식**(*perceptual style*)과 **바라보는 습관**(*habits of seeing*)(p. 525, 원전에서의 강조)은 내가 벗어나려 했던 휴머니스트의 관점이 새겨진 채 여전히 남아 있었다. 또 다른 고원에서는 어른|어린이를 양분하는 것을 멈추었더니 인간|비인간[3] 을 양분하게 되었다.

도 나의 존재를 드러내려 했다. 그러나 물질성을 지닌 내부작용을 찾는 과정에는 여러 가지가 드러난다. 내가 아이들의 놀이-공간 주변에서 수동적으로 무감각하게 있을 때조차도 그 물리적 공간에 내 몸의 물질성을 드러내지 않은 채 있는 것은 불가능하다…**그리고**…카메라 또한 잠재계이자 현실계로서 물성화하면서 그 공간을 탈~영토화한다. 따라서 놀이의 주변과 중심은 매우 유동적이다. 아이들이 나를 대화에 참여시킬 때 나는 중심으로 가게 되고 카메라는 나의 일부가 된다. 때로 아이들은 대화나 놀이의 흐름에 방해를 받지 않고, 카메라나 나와는 직접적으로 상호작용하지 않은 채 힐끗 보기도 한다. 이 장면에서 물질적 관계들을 전경에 놓으면, 이것은 단순히 테크놀로지에 대한 친숙함의 표현을 넘어선다. 그것은 아이들이 자신과 사물의 관계를 인식하는 순간이다. 그런 찰나의 순간 속에서 아이들과 카메라 그리고 나는 하나로 작동한다. 인간~비인간의 경계가 흐려지는 것이다.

이러한 인간~비인간 사이에서 서로를 미끄러지듯 넘나드는 관계들은 '**교육과정을 복잡하게 수행하는 어린이**' 고원에서 나온 자료에 등장하는 인간과 나비 사이의 미끄러지듯 넘나듦을 통해서도 지각된다.

리비, 리, 앨리스는 놀이터에서 자신들의 놀이 스토리라인에 대해 협상하고 있다.

3) 여기서 '비인간(nonhuman)'은 물질 세계를 가리키는 것으로 쓰인다.

질료의 물적 특성과 물질 자체에 주의를 기울이게 되면서 나는 감응시키는 힘과 감응되는 힘은 인간과 사물 모두에게 해당된다는 것을 알게 되었다. Deleuze(1992)는 "모든 힘은 그 자체에 영향을 주고받는 불가분의 능력을 가지고 있다…이는 행위하는 것이며 행위를 견디는 것이다"(p. 93)라고 하였다. 따라서 모든 순간(운동) 속에 있는 모든 인간과 사물은 다양한 방식으로 다른 모든 타인과 모든 사물들에 서로 감응시키고, 감응된다.

Bennett(2010)는 "사물-힘이 사물의 본질이나 물질성의 고정된 특성을 과장할 수 있다"(p. 2)고 했다. 이러한 지적을 생각하며 나는 물질의 본질이 무엇이냐보다는 물질이 무엇을 **하는**지를 탐구하는 것에 더 중요한 목표를 두기로 했다. 즉, 실체(entity)보다는 **힘**(*force*)을, 재료(stuff)보다는 **에너지**(*energy*)에 초점을 두는 것이다. 또한 나는 운동성을 만드는 힘으로서의 **사건**과 사이-내부에서 생산되는 마주침의 강도로서 **감응**(*affect*)을 배치하고자 한다. Deleuze와 Guattari의 감수성-힘, 사건, 감응은 다른 어떤 것이 될 가능성을 여는 생산적인 마주침을 통해 사물의 에너지와 함께 동시에 작동한다. Deleuze와 Guattari의 상상계(imaginaries)처럼 이 세 개의 요소는 어느 것도 우선시되지 않고 다른 것들 안에 접힌 채 (발현)병합된다.

리비: *…또 우리 엄마 아빠 놀이하는 거지.*
리: *나비 엄마 아빠가 아니지? 사람 엄마 아빠야.*

리가 놀이참여자로서 자신들은 나비가 아닌 사람임을 명시하지만 엄마 아빠가 되는 놀이의 내부작용 공간은 사건 에너지로 발현된다. 바로 이 사이-내부의 공간에서 상상 놀이가 물성화한다. 여기에서 또 분명히 드러나는 것은 인간~물질 간 관계의 감응이 이루어진다는 것, 그리고 힘들, 즉 인간과 비인간 세계 모두가 서로의 몸을 어떻게 감싸고, 서로의 몸 안에 어떻게 감싸여 있는가 하는 것이다. 세계 안의 어떤 힘들도 분리되거나 복제되지 않는다. 환경은 항상 이미 불확정적이고 복잡하다. 아이들의 대화가 이어지면서 발현하는 놀이와 놀이터의 물질성은 에너지의 움직임을 통해 '강한 소녀-되기' 사건에 충만한-힘의 감응으로 작동한다.

리비: *얘들아, 우리는 강한 소녀가 되어야 해…*(팔을 높이 들며) *우리 이제 강한 소녀가 될 수 있어.* (양손을 가슴팍에 가져오며) *또…우리는…할…수…있어!* (단어에 맞추어 팔을 올렸다 내렸다 하며) 리비가 달리기 시작하고 리와 앨리스가 그 뒤를 따른다. 아이들은 나무 바닥의 끄트머리 위로 통통 뛰어넘어간다. 그런 뒤 다시 원을 그리며 로프 다리로 돌아온다. 조심스럽게 협상되는 탈~영토화의 흐름이다.

Stagoll이 말하는 힘이란:

> 변화(change)나 되기(becoming)를 만들어 내는 모든 능력…현실계(reality)의 모든 것들은…독특하고 예측되지 않는 방식으로 부딪히는…힘들 사이의 상호작용의 표현이자 결과이다. 모든 힘은 다른 힘에 자신의 힘을 행사한다. 어떠한 힘도 다른 힘과의 내적인 관계를 떠나 존재할 수는 없다. 그러한 연합된 분투는 언제나 일시적이기 때문에 힘들은 언제나 다른 것이 되거나 사라지는 과정에 있다. 이로써 어떤 특정한 힘도 재생될 수 없다.
>
> (Stagoll, 2005: 107, 원전에서의 강조).

힘은 항상 이미 다른 것이 되는 과정에 있다. 따라서 고정된 '사물 자체 안의 사물'이란 존재하지 않는다. 우리가 물질의 질료라고 생각하는 것은 다른 신체들, 즉 인간과 사물과의 지속적으로 변화하는 관계 속에서만 지각될 수 있다. 이런 관점에서 질료는 스스로 '독자적인 존재나 본질'을 취할 수 없다. 다만 에너지의 계속되는 순간(운동)을 통해, 즉 탈주선이나 탈~영토화의 흐름을 통해 인간~물질의 얽힘은 지속적으로 변화하고 있다. 우리~그것들이 작동하는 공간인 환경은 "우발적이고 무한히 복잡하다"(Stagoll, 2005: 106–108). 이 환경 안에서 순간(운동)을 만들어 내는 에너지인 사건은 변화라는 특성을 지닌다. "사건은 특정한 상태나 그 자체의 발생이 아니라 그 상태나 발생 안에서 현실이 되는 어떤 것이다"(p. 87). 그것은 발생 그 자체가 사물이 되는 환경이다. 구체적인 결과는 없다. 다만 힘과 에너지가 어린이–되기, 사물–발생하기로 새롭게 생성될 가능성을 여는 순간(운동)만이 있다.

타인과 함께–되기(becoming–with the other)의 운동 안에서 인간과 물질세계가 서로에게 드러나게 되는 인간~비인간 관계적 내부작용에 초점을 둔다면, 리비의 강한 소녀 선언과 달리기, 뜀뛰기와 같이 신체적 강인함을 보여 주는 과정이나 로프 다리에서의 협상 행위에서의 몸동작이나 친구들을 이끄는 행위를 간과하기 어렵다. 리비로 하여금 움직이려는 선택을 하게 만든 힘들과 에너지는 나무 바닥과 로프 다리의 행위주체성을 통해 표현되고, 사물이 리비의 신체적 용감함을 요구하는 것과의 관계 속에서 표현된다. 이 사건 안에서 현상으로서의 나무 발판과 로프 다리는 "감응을 생성하고 상황을 뒤집는다"(Bennett, 2004: 355). 강한 소녀–되기의 개별자로서 집단적 수행은 나무 발판과 로프 다리의 감응 그 자체이며, 동시에 이들의 감응에 의해 작용받는다. 아이들과 물질성은 눈에 띌 만큼 반응하고 서로에게 반응적이다. 놀이 자체와 함께 나무 발판과 로프 다리는 충만한–힘과 강함을 가진 강한 소녀–되기의 수행성이 발현되는 장소가 된다. 이 행위주체적 힘의 재분산은 주체와 객체가 서로 분리된 신체가 아니라 "무정형적 요소들 사이의 운동과 정지, 빠름과 느림"(Deleuze & Guattari, 1987: 266)이 확산하면서 물성화한다는 점을 보여준다. 감응적 공간들의 사이–내부에서 일어나는 내부작용과 함께/속에서 인간과 사물의 행위주체성은 서로 분리되지 않은 신체의 권력으로 가득 찬 채 서로 다른 표현들을 통해 계속해서 미끄러지듯 넘나들고 또한 응결된다.

힘과 사건에 대한 이해로부터/함께/속에서 (발현)병합되는 것은 감응이다. 감응은 신체들 사이의 흐름으로서 서로 비슷하게 경험되는 것이다. Colman(2005b)에 따르면 감응이란 과정, 힘(forces), 권력(powers), 표현(expressions)을 통해 신체들 사이의 마주침과 함께/속에서 일어나는 변화이고 변이이다. "감응적 사건들은 사물과 신체가 바뀌는 계기이다"(p. 12). 감응은 마주침의 행위이자 **그리고…그리고…그리고…**의 사이-내부에서 일어나는 사건이고 이 순간(운동) 속에는 항상 이미 역동적이고 유동적인 힘들의 끊임없는 내부작용이 존재한다. Deleuze와 Guattari(1987)는 감응의 탈-주체성(a-subjectivity)은 형태나 구조가 없다고 말하면서 감응을 되기로 설명한다. 따라서 감응적 일어남은 인간~물질의 신체들이 부딪히고 바뀌는 사건으로, 에너지의 순간(운동), 힘으로 순환된다. 힘과 감응은 움직임이나 속도로 구성된 지각(불)가능한([im]perceptible) 사건의 표현이다. 힘, 에너지, 사건, 감응 안에 항상 이미 존재하는 것들은 단독으로 혹은 함께 파악하기 어렵다. 이것들은 미끄러지듯 넘나들고, 리좀적이며 관계적 내부작용의 환경 안에서 작동하며, 체화된 인간~물질 행위주체성이 다시 분산되면서 물질성의 질료에 대한 탈-휴머니스트(a-humanist)[4]의 견해들을 새롭게 만드는 가능성을 연다.

다시 자료로 돌아가 보면, 리비와 리 모두 인간~비인간들 사이에 존재하는 경험적 힘들을 이해하고 있음을 보여준다.

리: *…그리고 지도가 필요할 수도 있어.*
리비: *그래, 맞아. 강한 소녀가 되려면 지도를 만들어야 해.*

강한 소녀가 되기 위해서는 지도가 필요하다는 아이들의 선언은 아이들이 감응적 힘과 지도 만들기의 행위주체성을 통해서 강한 소녀가 될 수 있음을 나타낸다. 이것은 지도 만들기의 물질성과 함께/통해서, 물질성과 함께 얽혀 (발현)병합하는 어린이-되기의 수행성이다. 아이들의 상상(잠재계) 속에서 놀이를 위한 지도 만들기가 놀이-계획과 놀이하기의 장 안에서 협상됨으로써 종이(현실계) 위에서 실현되는 것이다. 놀이를 현실화하는 것은 결국 지도의 행위주체성이다. 이는 아이들, 놀이, 지도, 그리고 아이들이 묘사하는 인공물을 재분산하는 감응적 배치이다.

물질(생기 없다고 가정되어 온)과 인간관계(생기 넘치는)를 탈~영토화하는 또 다른 순간(운동) 안에서 생명|물질과 담론|물질의 이분법은 사라진다. 리비는 골디락(Goldilock) 놀이를 하면서 모래가 담긴 그릇을 들고서는 그 중요성에 대해 이야기하면서 마치 그릇이 골디락의 스프인 것처럼 하며 윌리 웡카~괴물~곰이 얽힌 놀이를 하고 있는 케인 옆의 모래놀이터 가장자리에 그릇을 올려놓았

4) 탈-휴머니스트는 포스트휴머니스트 접근에서도 서성대며 남아 있는 인간 중심주의를 바꾸어 놓고자 한다.

문화와 물질에 대한 논리중심적 현현(logocentric manifestations)을 넘어서면 가능성들이 열린다. 문화는 더 이상 담론이나 언어, 이념으로만 다루어질 수 없는데, 예를 들어 그것은 체험(lived experience)과 같은 문제가 아니다. 생명|물질의 양분과 **어른**(*adult*) 중심으로 구성된 인간 세상의 위계적 잠식을 깨트리면 인간이 사물보다 우위에 있다는 개념의 주체|대상의 양분도 무너진다. 그리고 이어서 물질의 물질성보다 정신의 말(words of minds)이 우선되는 담론|물질의 양분도 무너진다. 위계적 관계가 덜 중요해지고 물질과 인간의 리좀적 비질서(rhizo unruliness) 안에서 애초에 서로 다른 것이었던 관계들이 열리듯, 이제 사물의 질료가 그림자로부터 그 모습을 드러낸다. 인간과 비인간은 서로 얽히고, 이 둘은 물질에 대한 반응성 안에서 평평해진 채 서로 분리되지 않는다. 그리고 새로워진 감수성은 무한히 자라나는 관계의 배치를 받아들인다.

물질성 문제와 물질성의 질료화는 우리가 탈~영토화하고자 하는 인간 아닌(nonhuman) 사물들의 세계를 다시 혼종적으로 재조직하는 과정에서 **그것을** 다시 생각하고, **그것에게로** 되돌아가고, 또 **그것을** 다차원적으로 뒤집어 보는 일들을 필요로 한다. 살아내기(a living)와 '생기 있는 인간성(lively humanity)'(Anderson & Tolia-Kelly, 2004: 669)의 한켠에는 물질을 생명 없는 것으로 간주하는 태도를 유보하는 것과 물질의 질료를 '생기 있는 것'(Bennett, 2010)으로 보는 것이 있다. 탈-휴머니스트의 견해로 보면 행위주체성을 서로 얽힌 놀이를 하는 놀이자들의 관계는 물질의 힘이 없이는 일어날 수 없으며 이들은 능동적 행위주체자로 볼 수 있다. 리비가 모래놀이터 가장자리 옆에 **그릇**을 놓는 것으로, 그리고 뒤이어 겉보기에는 **모래놀이터** 여기저기를 무질서하게 돌아다니는 것을 통해 물질성의 감응적 힘들이 지각된다. 리비, 리, 앨리스는 피해자부터~강한 소녀에 이르기까지 충만한-힘을 체화해서 재연했는데 거기에서 내부작용하는 힘의 물성화가 나타난다. 또 케인의 놀이처럼 아이들이 도망 다니면서 소리를 지르고 계속 방향을 이리저리 바꾸는 혼란스런 행동들은 사실 초콜릿 공장~괴물~골디락 놀이가 서로 얽힌 채 나타나는 행위주체적 힘과 감응의 생생한 물성화이다. 그것은 인간과 물질 안에 주름 접혀 있는 질료의 생생함과 인간성의 활발함이다.

그러나 Jane Bennett와 같이 나는 질문한다. 놀이 속에 나타난 아이들과 물질성과의 관계를 (다시)읽으며 나는 지나치게 많은 해석을 하는 우를 범하고 있지는 않은가? 이것은 순환 운동처럼 계속해서 같은 것을 사유하는 **반성적**(reflective) 질문이라기보다는 **회절적**(diffractive) 질문이다. 부서지고 흩어지는 운동 안에서 사물과 아이디어는 방해받고 다르게 (재)분산된다. 이 미분적인 장 위에서 본뜸의 그림자들은 항상 이미 지도 위에 있다.

2010)으로 생각하는 일을 동시에 필요로 한다. 물질의 생생함과 생명력에 대한 논의에서 Jane Bennett(2010)는 사물–힘을 "운동할 수 없는 것을 움직이고 활동하게 만드는, 극적이고 미묘한 효과를 만드는 기묘한 능력"(p. 6)으로 묘사한다. 또한 그는 사람과 사물 사이의 공유되고 생기 있는 물질성과 함께 작동하는 생태학적 감수성으로 향하는 과정에서 "인간의 힘은 그 자체로 사물–힘의 한 종류이다"(p. 10)라고 하였다. 그러나 Bennett는 질문한다. "이 주장은 앎의 가능성을 넘어서는 것인가?"라고 질문한다. 회절적 만남을 받아들인 후 나는 물질성을 지나치게 높게 평가함으로써 생길 위험의 가능성은 없는지 빈번하게 질문한다. Barad(2007)는 회절이란 바위에 가로막힌 해변으로 달려드는 파도와 같다고 설명했다. 바닷물이 바위 앞에서 갈라지고 결국 다시 만나면서 바위를 만나기 전의 활동을 (재)생산하는 또 다른 종류의 파도를 만든다. 대상~사람의 관계적 측면에서 회절을 고려하는 일에는 공–존재(co-existence), 체화(embodiment), 상보적 상호의존성(mutual interdependence)이 지속적으로 얽히는 작용이 수반된다. "명확한 것은 인간을 통해 나타나지만 온전히 인간을 통해서만 나타나는 것은 아니다"(Bennett, 2010: 17). 예컨대, 사물들의 힘이 인간의 에너지를 통해 물질화되고, 사이–내부에서 생성된 다양한 강도의 감응적 마주침들로 인식되거…**그리고**…물질의 에너지는 관계적 유물론의 배치 속에서 감응적 관계로 드러나면서 인간의 힘을 통해 회절한다. 이 관계적 존재론은 인간존재와 사물–임, 미끄러지고

멜버른에서 아들레이드까지 빅토리아주를 비행하면서 나는 울타리 쳐진 메마른 방목장의 목초지처럼 되어버린, 구불구불한 고대 강둑의 모습과 같은 나라를 내려다본다. 나는 홈 파인 방목지의 본뜸이 체화된, 오래된 강들이 그려진 매끄러운 지도를 본다. 지도와 본뜸은 서로를 반영하는 것이 아니다. 이 둘은 서로 안에(속에) 있다. 회절이다.

아이들의 놀이 안에는 아이들과 물질 사이에 내부작용의 '되기'가 일어나는 회절적 순간(운동)이 포착되는 순간들이 있다. 케인은 다섯 명의 아이들을 모아 초콜릿 공장 놀이를 하려 한다(**리좀–지도 만들기** 고원. 아이들이 모두 지도를 그릴 때 케인은 말하는 것으로 놀이를 존재시킨다. 여기에서 존재는 그 자체로 관계적인 유물론자적 운동이며 회절이다.

케인: *이제 초콜릿 폭포를 지나가야 해. 나를 지나서 뒤로. 그런 다음에 강을 따라서 걸어가. 계속 가면 돼. 야, 지도가 뭘 이야기하는지 잘 봐. 초콜릿 폭포를 지나야지. 너희들 지도를 좀 봐!*

케인은 지도 만들기에 대한 자신의 아이디어를 말하면서 리더십의 욕구를 드러내는 중인지도 모른다. 그렇다 하더라도 이 아이는 욕망하는 권한을 지도로 옮겨 놓으면서 물질의 행위주체가 생명|물질의 이분법을 적어도 일시적으로나마 깰 수 있음을 지각하게 한다. 케인에게 있어 지도는 그 자체가 생명을 가진 셈이다. 지도는

넘나듦, 부딪힘, 생략하기가 겹쳐지면서 항상 이미 존재하는 사람~사물–힘이 내동하면서 배치를 변화시키고 있다.

Barad(2008) 역시 물질을 적극적 행위주체(agent)로 본다. **"물질은 그 자체가 내부작용하는 되기 안에 존재하는 실체, 즉 사물이 아니라 행하기로, 행위주체의 응축이다"**(p. 139, 본서에서의 밑줄 첨가).' 따라서 행위주체적 능력은 인간과 사물 관계들의 작용 전반에 미분적으로 분배되게 된다. 둘 중 어느 것이 우위에 서지는 않고, 다만 행위주체는 하나가 다른 하나에 간섭하고 서로 연결되는 과정 안에서 신체들과 힘들의 내부작용을 통해 구성된다. 인간~물질 관계들 내에서 사람과 사물들은 수행적인 행위주체로서, 그리고 언제나 감응하고 감응되는 상호의존적 신체들로 주름져 있다. Latour(1996)가 말한 것처럼 사람과 사물들은 "서로의 특성을 교환하고 서로의 위치를 바꾼다"(p. 61). 주체와 대상이 가진 사물의 본질은 사건의 활동으로 대체되는 것이다. 주체|대상의 양분이 사라지면서 중요해지는 것은 사이–내부의 관계들(relations in-between)이다. 마찬가지로 물질|담론의 양분은 정신과 물질이 계속적, 상호적으로 구성되고 사로잡힘으로써 사라진다. 물질과 의미는 **사물 인간**(*things human*)과 **사물 물질**(*things material*)이 가진 행위주체적 힘들의 배치 안에서 뒤얽힌다. 그것은 관계적 운동의 계속적인 전환과 함께 탈~영토화의 특징을 지닌 채 다른 것들과의 내부적으로 작용하는 것을 통해서/함께/속에서 흐름들로 지각되는 이질적 신체이다. 지도는 말을 하기 때문에 지도가 무슨 말을 하는지 알기 위해서는 지도를 보아야 한다. 동시에 나디아는 자기 지도의 행위주체성을 제시하면서 담론|물질 위계를 폐기해 낸다. 몇 개 안 되는 단어로 나디아는 정신의 말(케인의 의도에 대한 케인 자신의 말)보다 질료의 물질성(나디아 지도의 행위주체성)을 강조한다.

나디아: (자기 지도를 돌돌 만다) *이건 우리가 길을 잃은 지도야. 알겠어?*
케인: (지도를 말며) *이게 지도야.*
나디아: (자기 지도에 대한 말을 덧붙이며) *그래, 그런데 이건 우리가 길을 잃은 지도야.*
케인: *음 근데 이건 어디로 갈지 아는 지도야.*
나디아가 자기 지도를 케인에게 건넨다. 지도들은 만들어진 것이라는 점을 암시하면서 나디아는 밖으로 나가는 길을 직접 안내한다.

이 장면이 나디아가 케인에게 권한을 양도하는 중이라고 보는 해석은 주장하는 니디아–되기라는 이 상황과 맞지 않는다. 관계적 유물론자의 관점에서 나디아는 케인의 지도와 함께 자신의 지도를 행위주체적으로 만들고 있고, 나디아는 자신이 물질성과의 이질적 관계들 내에서 항상 이미 체화됨을 이해하고 있다. 인간~물질의 신체는 서로의 속성을 교환하고 서로가 서로가 되는 것은 미분적이며 회절적으로 분산된다. 그것은 항상 이미 배치다.

는 인간~물질성의 사회적 환경을 생성한다.

물질의 세계와 우리의 상호작용, 그리고 특히 놀이(하기)에 활용되는 인공물 및 물질과 아이들의 관계에 대해 우리가 일반적으로 생각하는 방식과 이 글의 내용이 다른 점은 인간과 물질의 세계는 모두가 행위주체적(agentic)이라는 데에 있다. 사물은 선험적 구성물(a priori constructs)이라기보다는 "행위주체적으로 행해지는"(Barad, 2007: 150) 것이다. 담론적 실제(discursive practices)가 그러하듯 물질은 "내부작용의 관점과 역동적이고 생산적 관점"(p. 150)으로 이해된다. 물질은 특정한 사물들의 배치나 고정된 실체들로 인식되지 않는다. 그것은 많은 다른 것들 중 하나인 사물과의 관계들이다. 순간(운동) 안에서 물질은 내부작용하는 물질성의 과정을 거치며 나타나는 신체들 사이의 순환관계들로 인식된다. 물질은 그것이 내부작용하는 '되기' 안에서만 실체가 된다.

Lenz Taguchi는 물질세계의 물질들(materials of material world)은 곧 수행적 행위주체라는 Barad의 주장을 압축적으로 잘 보여준다. "모든 사물들은 지속적으로 흐름을 이어가는 행위주체로 세계의 일부가 그 자신을 세계의 다른 일부에 드러내 보임으로써 역동적인 내부작용과 물성화 과정에 관여하고 있다"(Lenz Taguchi, 2010: 29). 인간과 비인간 양단의 세상에 존재하는 유기체들과 물질은 물질성의 물질(들)과 언어(세계)(wor(l)ds) 속에 강하인간과 사물 세계를 탈~영토화하는 역동적인 흐름 즉, 사유하기~글쓰기, 인간~물질, 잠재계~현실계 (모험)도전 안에서 속도와 움직임이 드러났다가 사라지는 증식은 때로 압도적이다. 피리와 악당 잡기 놀이를 하며 현실적인 인간과 사물 경험에 몰입한 팀의 경우도 마찬가지이다(**충만한-힘이 있는 어린이[들]-되기** 고원에서). 팀과 피리는 들기 힘들 만큼 많은 재료를 모았다. 카메라, 전화기, 지도, 나무로 된 작은 교통표지판 재료들은 조시, 로리, 렉스, 아담이 자기들 놀이에 필요하다며 팀의 카메라를 가져가려 하면서 팀의 놀이를 방해할 때 인간, 사물, 담론의 힘들이 복잡하게 뒤엉켜 사이-내부에 내부작용하는 마주침의 공간을 열었다.

조시는 피리의 물건을 차지하면서 놀이에 참여하려 한다: *앗싸, 나는 젤 나쁜 놈이야. 내가 네 물건을 훔쳤어.*
팀: *나쁜 대장을 불러서 너를 쫓아낼 거야.*
조시: *아, 나를 쫓아내겠다?*

조시는 스스로 도둑이 되었고 팀은 이제 대놓고 릴 위에 자기 장비를 올려놓는다. 로리가 릴 앞으로 폴짝 뛰어 와서 가까운 거리에서 팀을 쳐다본다. 다른 곳에서 달려온 렉스가 카메라를 움켜쥐면서 말한다.
렉스: *이거 가져도 돼? 이거 필요해. 카메라가 필요해.*
팀은 카메라를 자기 몸 가까이로 움켜잡는다. 조시, 로리, 렉스가

게 얽매여 있다. Barad(2007)는 "**물질과 담론이 내부작용의 역동성으로 상호 얽혀 있다**"(p. 152, 원전에서의 강조)고 말한다. Lenz Taguchi(2010)는 이렇게 설명한다. "물질은 우리의 담론적 이해가 우리 주위의 사물로 이루어진 물질적 현실계(meterial reality)에 작용하는 것만큼 물질이 우리의 담론적 이해에 작용한다"(p. 30). 즉, 유기체와 물질은 상호 행위주체가 내부작용하는 공간 안에서 배치를 이루며 한자리에 모인다는 것이다. 그렇게 해서 어린이의 놀이, 지도, 카메라와 그 외 여러 놀이 매체들은 관계적 감응을 가지게 된다. 이는 물질들과 어린이의 상호작용, 물질들과 관계를 맺으려는 어린이의 선택 때문만이 아니라 어린이의 물질성 때문이다. 물질은 그 자체로 생명이 없는 것처럼 보일 수 있지만 만남의 공간적 사이-내부에서는 상호적 체화가 일어난다.

도처에 만연해 있는 이분법적 담론을 깨부수면 행위주체가 재분배되는 장으로써 사회적 관계들과 물질성 사이에 비~인간(non~human)의 관계적 힘을 고려할 가능성이(에로) 열리게 된다. 이 수평적 움직임 안에서 "운동과 정지, 무형식적 요소들 사이의 느림과 빠름"(Deleuze & Guattari, 1987: 266)을 통해 증식의 평면(plane of proliferation)이 구성된다. 그 평면은 탈-중심적(a-centred), 탈-위계적(a-hierarchical), 항상 이미 변화 중이며 시간-공간의 다양체 내에서 속도를 조절하면서 배치를 만들어 낸다. 이것은 내재성(immanence)의 장이다. 내재성의 장은 주체(어린

뒤로 물러난다. 아담이 와서 카메라를 본다.
아담: *너 이거 필요 없잖아.*
팀: *아니야. 우리 이거 필요해. 우리를 찍을 거야. 나 찍고 피리 찍고 할 거야.*
아담: *알았으니까 그냥 카메라 나한테 줘.*

Law(2003)의 말처럼 "사회는 이질적 물질의 패턴화된 네트워크에 다름이 아니다…사회의 질료에는 단순히 인간만이 있는 것이 아니다"(p. 2). 거기에는 물질도 포함된다. 속도와 움직임, 주체~대상관계를 역동적으로 변화시키는 인간과 비인간의 혼란스러운 배치 안에 어질러져 있는 리좀적 감수성은 카메라를 욕망하는 소유의식으로 나타났다가 또 흔들린다. 아담은 카메라를 탐내고, 팀은 카메라 건네주기를 거부한다. 팀은 카메라를 주려 하고 아담은 이를 거부한다. 아담은 다시 카메라를 원하고 팀은 거부한다. 아담이 성큼성큼 걸어 자리를 떠나고 팀은 그 뒤를 쫓아가며 카메라를 아담에 주려 한다. 아담이 뒤돌아서 손가락으로 총을 만들어 팀을 겨눈다. 아담의 뒤를 쫓는 팀은 혼란스러운 듯 보인다…인간관계들의 지각(불)가능한 만큼이나 물질성의 문제는 복잡하다.

이 미끄러지듯 넘나드는 글 한 권의 놀이하기에 대한 단어들과 함께/속에서 놀이(하기)는 물질성 문제와 물질의 질료화를 표현하는 한 방식이 된다. Harker(2005)에 따르면 물질 관계의 감응적 시

이, 어른)와 대상(비인간물질들)이 구조적 형태로 인식되기보다는 다른 것들과의 운동을 통해 인식되는 체화된 주체와 대상이다. 그것은 사물 세계가 행위주체가 되는 감응적 환경이고, 체화된 관계들의 환경이다…**그리고**…인간과 사물 세계들 사이의 내부작용은 인간 존재의 수행성을 통해 (발현)병합된다…**그리고**…비/인간의 힘되기는 서로가 서로에게 이해가능하게 된다. 자료 안에 주름 잡혀 있는 인간과 비/인간(non/human)의 힘에는 아이들이 상상하고 즐기는 놀이와 지도, 놀이터 공간, 놀잇감과 같이 놀이에 사용되는 인공물, 지도 만들기와 그리기에 사용되는 물질, 놀이터에 사로잡히기 위한 도구인 지도들, 비디오카메라 같은 것들이 모두 포함된다…**그리고**…그러한 자료의 물질성은 담론과 이론화에 병합된다.

간-공간을 받아들이는 것은 놀이(하기)에 대해 더 미묘하게 접근하려는 태도이며, 놀이의 개념이 확정되는 것을 피하고, 아이들의 놀이하기를 고정되고, 확인되고, 증명되는 등가적인 것들로 환원하는 것을 피하는 또 다른 방법이 된다. 아이들의 교육과정 수행성과 (나의) 어른의 교육과정에 대한 이해를 기반으로 한 수행성과 함께, 그리고 이 안에서 모든 것들은 항상 이미 정확한 파악이 어렵도록 흐르고 변화하고 있다…어린이(들)-되기 다른 무엇-되기 체화된 나-되기로…연대한 물질들과 물질의 연대 안에서 일어나는 되기의 환경(들)인 교육과정으로…

고원을 떠나며… leaving the plateau…

일반적인 방식을 벗어나 물질성의 질료에 초점을 둔 또 다른 논의를 병렬로 제시하는 방식을 통해 처음부터 다른 배치가 (발현)병합한다. 내재성의 평면은 "형태가 계속적으로 해체되면서"(Deleuze & Guattari, 1987: 267) 증식한다. 사물-임(thing-ness)은 인간의 주체성처럼 파악하기 힘들고, 역동적이고 변함으로써 지각(불)가능하게 된다. 사건은 그저 일어나는 **사물**(*things*)이 아니다. 사건은 속도, 정지, 흐름, 움직임의 **일어남**(*happenings*)이다. 되기의 순간(운동) 안에서 일어나는 체화와 마찬가지로, 인간은 어린이-되기~어른-되기를 통해 지각된다. 서로에게 이해 가능하게 되는 과정에서 인간과 물질세계는 항상 이미 무언가 다른 것-되기와 물질성의 질료 사이의 마주침으로 내동한다. 이 사물성-되기는 모두 오직 감응으로만 지각(불)가능한 에너지의 힘들이 뒤얽힌 발생들로 작동한다. 논문 옆에 자료의 일부를 나란히 제시하는 일은 문헌을 물질~담론의 연대로 확장시키는 것을 필요로 한다. 이러한 미끄러지듯 넘나드는 리좀적 순간(운동) 안에서 이 글의 오른-쪽 열의 자료 형식의 특징이 해체된다. 논문과 자료가 병렬된 글은 양쪽의 같지만 다른, 두 개의 이야기가 유사한 듯 다른 방식으로 인간~물질 관계에 대해 회절적으로 이야기하면서 해체된다. 경계와 범주는 더 이상 존재하지 않는다. 이 모두는 사물-되기~어린이-되기~어른-되기의 맥락 내에서의 되기이다. 예컨대, 어린이를 인간의 요체로만 보는 발달심리학이나 교육과정에 대한 전통적 접근들로는 근본적으로 물질의 평면 위 작동을 지각하는 것이 불가능하다. 이에 반해 **테 파리키**의 교육과정에 대한 묘사는 물질성의 질료화에 관한 서로 다른 가능성을(에로) 열어준다(아래 강조체 단어들의 잠재성)…

> 직접적이든 간접적이든 아이들의 학습과 발달을 불러일으키기 위해 고안된 환경 안에서 일어나는 **경험들**, **활동들**, **사건들**의 총체…교육과정은 아이의 환경 안에 있는 사람들, **장소들**, **사물들**을 통해 제공된다. 그리고 어른들, 다른 아이들, **물리적 환경**, 그리고 **자원들**에 의해서도 일어난다.
>
> (Ministry of Education, 1996: 10-11, 본서에서의 강조)

…**그리고**…비/인간 세계의 사이-내부에서 지각되는 것은 감응적 마주침이 다른 시간-공간의 사이-내부에서 나(우리)의 사고와 사유하기를 통해 순환하는 것들과 함께/속에서 물질화(materialize)된다는 사실이다. 이는 사유하기~글쓰기의 관계들, 나(우리)의 사고와 사유하기를 글로 옮기는 일, 글로 옮겨진 단어, 키보드, 컴퓨터 모니터, 생각 노트~고원을 통한 배치의 축적은 항상 이미 지속적으로 변하고 있으며, 독자적으로 그리고 함께 되기의 모든 환경(들)이다…**그리고…**이 고원의 끝을 향하면서 나는 상호작용과 성찰의 개념을 재정립하고(re-site), 회절과 내부작용의 담론을 언급하기 위해 다른 고원으로 (되)돌아가야 한다. 이것은 그것을 설명하기 전에 내가 아마 그것을 사용하고 있었을 것이라는 점에서 혼란스러울 수도 있다. 리좀이 작동하며, 리좀은 감응을 뒤따르는 것으로서의 선형성을 거부하면서 전의 것에 감응되고 감응한다…**그리고**…나는 '되기'가 이전을 넘어 존재한다는 견해로 (되)돌아간다…**그리고**…동시에 그 순간(운동)의 움직임 속에서 **후기**(*Aftrwrding*)가 펼쳐진다…

후기
Aftrwrdng

리좀적 연구, 리좀방법론, 리좀분석을 적용하는 데 있어 중요한 것은 (그) 리좀으로부터/함께/가운데에서 (발현)병합되는 것이다. 이것은 웅덩이가 태양빛의 움직임에 따라 위치가 바뀌며 순간적으로 얼룩진 것처럼 보이는 그림자들 전반에서 일어나는 빛의 회절을 드러내는 것이다. 이것은 점차 밝아졌다 어두워지고, 바람에 흔들리는 그림자들을 통해 나타났다 사라지는 빛이며, (발현)병합되고 사라지는 구름이며, 탈~물질화(de~materializing), 탈~영토화하는 모든 것이다. 그것은 손에 잡힐 수 없고 포획되지 않는 사고와 아이디어, 그리고 사유하기이다. 이 모두는 파악하기 어렵고 다만 일시적으로 지각(불)가능하게 될 뿐이다. 왜냐하면 모든 것은 항상 이미 다른 무엇–되기(becoming-something different)이기 때문이다. '포획한다'는 개념은 이 고원의 배치가 가진 특성이 아닌 것으로 규정된다. 포획한다는 것은 **대상을 확실하게 붙잡아둔다**는 것이고, 무엇인가를 **활용한다**는 것이며, 무엇인가를 **공식적으로 점유한다**는 것이고, 누군가를 붙잡아 두는 일이다. 그것은 **압박의 결과**로 꽉 **채워 넣는** 것이고, 고통스럽게 **고착하거나 고정하는** 것이고, 갑작스러우면서도 **영구적인 멈춤**에 이르는 일이며 **주인의식**을 **부여**하고, 꽁꽁 **확보하는** 일이다(*Encarta World English Dictionary*, 1999).[1)]

1) Soukhanov(1999) 참고

그러나 이 책~배치 안에는 고정된 구조나 결정적 주인의식(definitive ownership)이 없다. 이 탈-중심성이 기대하는 것은 모든 독해가 저마다의 독해를 하는 모든 독자들을 위해 교육과정 이해의 다양화를 열 것이라는 점이다. 그러나 또한 '포착(seize)'이란 특별히 아이디어나 개념을 재빨리 이해하는 것을 의미하기도 한다. 이러한 속도, 일시적인 붙잡기, 힐끗 보기의 개념은 텍스트의 도처에서 체화되는데 때때로 글쓰기에서 더욱 압도적으로 나타난다. 사유하기~글쓰기의 모든 부분과 과정은 고정되거나 묶이는 것에 저항하고, 나는 "되기는 이전을 넘는 것이다."[2]는 '되기의 환경(들)으로서의 교육과정 개념을 제안한다.

교육과정에서 어린이를 수용(재구상)하기(re[con]ceiving)는 후기구조주의적인 해체 프로젝트이고, 펴지기/감싸기/접기(un/en/folding) 위한 사고~사유하기를 향한 다차원적 다양체를 협상한다. 유아기 교육과정에서는 지난 한 세기 동안 어린이와 아동기에 대한 발달론적 심리학이 지배적이었다. **테 파리키**가 1990년대 중반에 이 지배력으로부터 벗어나려 했지만 여전히 구성주의자의 관점을 지속시키려 하는 사회문화적 관점에 한정된 것이다. 여전히 어린이를 이성적이고 성숙한 성인기로 **끌어올리려는**(*scaffolding*) 구조주의자들의 노력과 이를 위한 교육과정의 **내용**(*what*)과 **방법**(*how*)을 구축하려는 시도가 만연해 있다. 어린이의 흥미를 따르는 강점 기반 접근에 초점을 둔 **테 파리키**의 작업 안에서 배움~삶의 (모험)도전인 교육과정이 촉진되었다. 그러나 근대주의의 관점에 대한 재개념주의자들의 대화가 등장한 이후 30년이 지났으나, 이 관점은 어른|어린이의 이분법과 함께 여전히 지속되고 있다. 이러한 맥락에서 이어지는 나의 질문은 이것이다. "어린이를 교육과정에서 맞아들인

2) Warren Sellers는 이 어구(phrase)의 저자이다(개인적 대화, 2011년 12월 23일)

다는 것은 무엇인가?"

교육과정에서 어린이를 맞이하는 일은 어린이에 대한 이해를 여러 다른 방식들로 (재)사유하는 것이다. 어린이 이해는 우리가 어린이와 아동기에 대해 어떻게 생각하는가 하는 것이다. 이것은 어린이의 어른과 **함께** 살기~일하기~배우기에 대한 사유를 포함하는데, 어린이와 어른이 체화된 것, 어린이와 어른을 다만 나이가 좀더 어리거나 많은 것으로 여기는 것이다. 따라서 나이가 어리다는 이유로 아이들에게 불이익을 주는 것은 아동기만큼의 단계 구분을 하지 않는 성인기 개념에 대한 의문을 갖게 한다. 청소년과 노인은 특정한 영역에서는 구분될 수 있다 하더라도 성인기의 기간 즉, 청소년기와 노년기 사이의 50년 이상의 긴 간극은 지나치게 덜 부각되어 있다. 따라서 어린이(청소년, 노인과 함께)와 이들의 이해들을 이렇게 나뉘지 않는 이 중간에 함께 놓자는 제안도 가능하다. 성인기라는 중간의 경계가 명확하지 않다면 우리가 성인기의 시작과 끝을 한정지을 이유가 있을까? 어린이는 계속해서 배움~삶의 이해에 대한 자신들의 능력을 드러낸다. 예컨대, 마르시(Marcy)의 '방해 행동'(**울림의 전조**에서)은 교육과정에 무엇이 필요한지에 대한 어린이의 생각을 들여다볼 수 있게 해 준다. 자신이 욕망하는 교육과정 수행성 속에서 마르시는 이것들이 자신의 '요구'라고 표현할 권리를 가진다. 심지어 발달적 관점에서도 한 아이가 퍼즐을 하고 싶어 하는 욕망을 지지해 주는 일은 적어도 그 순간만큼은 식탁에 앉아 오전 간식이 나오기를 기다리면서 이야기를 듣는 일보다 분명 더 중요하다. 그리고 사회문화적 측면에서도 행위주체적 주체성의 관점들은 마르시로 하여금 자신의 학습을 스스로 관장하고 그 자신의 교육과정의 의제를 만들 권리를 지지하고 있다. 팀의 **'충만한-힘이 있는 어린이-되기'**의 사례는 자신의 배움~삶에 있어 무엇이 중요한지에 대한 이해를 보여 주는 '충만한-힘(power-full)'에 대한 또 다른 예시이다. 팀은 교육과성 수행성을 향한 자신의 욕구를 명확하게 의사소통한다.

그렇지만 이 텍스트의 중간 즈음이 펼쳐지면서 독자적으로 어린이-되기 여럿이서 어린이-되기라는 팀과 마르시의 행위가 지각된다. 이 아이들은 자신들이 **무엇**을 할 필요가 있었는지, 그 일에 **어떻게** 착수할 것인지를 알고 있었다. 즉, 아이들은 어떤 능력들을 배치하고, 그것이 자신들의 배움~삶에 **왜** 중요한지를 알고 있었다. 다양한 운동 안에서 자료 안에 등장하는 팀과 마르시와 다른 모든 아이들은 지속적으로 자신들의 어린이(들)-되기로서의 삶~배움에 대한 독자적이고 집단적인 욕망들을 이어나갔다. 팀이 대놓고 나를 쳐다보던 행위가 팀이 가진 충만한-힘의 표현이었듯이 퍼즐을 끝마치려는 마르시의 노력 역시 충만한-힘의 상황과 다름없었다. 주체성의 상황들과 표현들을 통해 어린이는 독자성의 다차원적인 하나-되기와 집단적인 하나-되기라는 탈~영토화하는 탈주선 안에서 뭔가 다른 것이 되기 위해 노력한다. 우리가 아이들을 배움~삶에서 복잡 미묘한 생각을 가진 책임 있고 반응 가능한 사유자~학습자라고 보게 되면 교육과정 수행성의 환경(들) 내에서 어린 인간으로서 어린이라는 존재 그 자체, 그리고 어린이의 욕망, 존중과 존엄성을 인정할 가능성이 열리게 된다.

그렇다면 어린이(들)-되기를 위한 교육과정은 무엇인가? 되기의 환경(들)으로서의 교육과정은 어린이(들)-되기를 위한 시간-공간을 생성하여 충만한-힘-되기 강렬함-되기 불지각함-되기(becoming-imperceptible)의 흐름 안에서 자신의 되기를 협상한다. 예컨대, 이 흐름은 어린이 **교육과정의 복잡성을 수행하는 어린이** 고원에서 서로 교차하는 놀이에 아이들의 개별성을 통해 반응하게끔 지각될 수 있었다. 되기의 환경(들)으로서의 교육과정은 행하기~배움~삶의 교육과정 수행성의 어린이~어른의 표현들이 뒤섞이며 어른|어린이의 양분이 해체된 시간-공간이 된다. 또 되기의 사회적 환경(들) 안에서 어린이(들)-되

기~어른-되기~물질성-되기라는 얽힌 내부작용을 통하여 (**물질성 문제** 고원에서) 삶|물질, 담론|물질의 양분이 해체된다. 이 모두는 **테 파리키**가 정의내린 교육과정에 담겨 있고 교육과정 수행성과 관련하여 이 모두는 어린이가 아동기의 환경으로 편입시킨 살기~삶의 얽힌 경험을 통해, 그리고 이 환경 안에서 어린이의 경험을 더욱 촉진하기 위해 어린이-되기를 받아들이는 가능성을 통해 지각된다. 이제 어린이의 교육과정 되기가 가능하게 된다.

테 파리키는 유아교육과정을 "새롭게 배우기"와 "수행하기의 대안적 방법들", "시간과 공간을 가로질러 접속시키기", "다양한 유형의 관계 만들기"를 열어 주는 기회들을 제안한다(Ministry of Education, 1996: 9). 아이들을 어린이(들)-되기~어른(들)-되기로의 평생 학습자로 바라보기 위해서는 "성장에 대한 자신감과 새로운 지식과 기능을 계속적으로 습득할 능력 모두가 필요하다"(p. 18). 이것은 다양한 공간-시간의 다양한 관계 안에서 연결된 다양한 방식의 배움을 행하는 아이들에게 아동기 교육이 과연 어떠해야 좋을지에 관한 그림을 다차원적으로 보여준다. 그러나 이것은 분석하고 어린이의 학습에 어떤 의미가 있는지를 평가하는 일은 파리키가 열어 놓고 연결한 모든 '되기'들에 역행한다. 문제는 어린이와 어른 모두가 교육과정 수행성 속에 엉켜 있는 물질들을 통해 더 많은 돗자리를 엮는(matting) 일이다. 이 자리 위에서 성인과 어린이는 자신들이 위치한 맥락 안에서 회절적으로 상호작용하고, 교육과정의 환경-되기를 통해 인간~물질~담론 관계가 배치된 영역들 전반에서 함께하는 것이 중요하다. 이는 항상 이미 존재하는 다른 무엇-되기이다. 이것은 어려운 듯하지만 실제로 일어나는 일이다.

최근 뉴질랜드의 유치원에서 나는 인간인 동시에 인간 이상의 물질적인 관계적 환경의 일부였다. 이 관계는 유치원 아이들, 서로를 스치는 형제와 자매, 교사, 부모, 할아버지, 양육자, 토끼, 새, 정원, 가을의

낙엽, 모래, 진흙, 웅덩이, 풀, 나무, 언덕, 작은 길 등, 쉽게 접근가능한 교실 안팎의 수많은 물건과 자원에 사이에서 이루어지는 관계였다. 이것들은 서로의 사이에서, 교육과정의 수행성이 복잡하게 내부작용하는 관계들의 환경에서, 시시각각 서로를 감응시키고 감응된다. 이 유치원의 프로그램과 물리적인 환경 안에는 많은 열린 공간이 있다. 그것은 어수선하지 않은 놀이 공간으로 서두를 필요 없고 방해받지 않는 시간–공간이고, 놀라움으로 열려 있는 의도된 혹은 즉흥적 계획이며, 물질과 관계의 내부~외부 흐름과 접근성에 제한과 경계가 없는 열린 공간이다. 이렇게 시간–공간이 탈~영토화하는 탈주선 안에서 아이들은 사이–내부에서 내부작용하는 얽힌 관계로 사회적, 자연적, 물질적 세계를 협상해나간다. 관계는 주변 환경, 사물, 여러 종류의 도구들(몇 가지만 나열하자면 물감, 역할놀이 옷, 책, 붓, 망치, 아이패드, 카메라)과 자연(모래, 물, 풀, 언덕, 나무, 진흙, 웅덩이, 바람, 태양) 안에서 어린이와 많은 어른과 동물들의 배치로 (발현)병합된다. 인간~사물이 연결되는 관계 영역에서 누군가가 혹은 무엇인가가 어떤 순간(운동)을 촉발하는지는 판단할 수 없으며 그럴 필요도 없다. 이미 존재하는 행위주체성이 평평하게 사라져가는 이분법 안에 녹아들어 간다. 어린이가 환경 내 시간–공간의 흐름을 만드는 과정은 혼란스러워 보일 수 있다. 역할놀이 옷을 차려입기 위해 놀이를 멈추고, 미술 공간으로 흘러들어가고, 이동하기 전에 작품을 만들다가 바닥에 블록을 쏟기도 하고 돌, 잡초, 새털, 낙엽, 막대기, 조개로 잠깐동안 가지고 놀 뭔가를 만들기 위해 잠시 놀이를 멈추기도 하고, 바깥에서의 흐름 속에서 (다시)무리짓고, 가는 도중에 책을 읽거나 교사와 이야기를 나누고, 놀이터에서 경주를 하고, 자기들이 고른 옷을 입고 상상놀이를 하면서 잠재계로 미끄러지듯 경계를 넘나들고, 교실 밖의 진흙 바닥에서 미끄러지기 놀이를 한다. 교사가 준비한 매력적인 물질성의 공간은 부모, 다른 어른, 어린

형제자매에 의해 더 풍부해지고 여기서 시간은 여러 가지 의미를 갖게 된다. 이것은 여기서 묘사한 30여 분간의 혼란스러운 흐름에 대한 본뜸을 통해 파악할 수 있는데, 이는 놀이(하기)의 복잡한 지도 만들기이고 계속적으로 탈~영토화하는 수행적 시간-공간이며, 어린이(들)-되기의/에 의한 인간과 비/인간의 배움~삶이 지각가능할 만큼 드러나게 된다.

이 욕망하는 기계(desiring
machine)들이 뒤엉켜
있는 환경 안에서 너무도
많은 일들이 일어나고 있어서.
이곳에서 내부작용하는
힘과 감응을 보기
힘들게 된다…
그래서 나는 시적인 병렬로
되돌아가서 이 시간-공간의
순간(운동) 안에서…무엇이
중요한지를 지각하기 위한
방법을 찾아보고자 한다…

중요한 것은 교육과정에서
어린이를 수용(재구상)하기 위해
노력하는 것으로
위계적 방식이나 어른의(불순한)
외부적 관점으로부터가 아니라
되기의 과정 안에서 어린이가

탈~영토화하는 인간/비인간,
그리고 물질세계의 어린이, 어른
연구자, 고원, 텍스트, 사이-내부
시간-공간은 유아교육기관에서
배움~삶이라는 어린이-되기의
현실적 세계들 안에서
이 책~배치 텍스트의
잠재계로 안에서
다르게 사유하기의 가능성을
생성하기 위하여
명료한 대화를 펼치려는
노력을 하네.

나는 작가 Alex Miller가
분명치 않은 (후기)식민지
언어로 이야기한 허구적인
호주의 원주민
어린이처럼 느끼지.

자신들의 교육과정 수행성과
함께/속에 자리하는
접속성을 내부적인 영역으로부터
이해하는 것.
그것은 이제 더 이상 양자택일의
문제가 아니라네.
그리고…그리고…그리고…
어린이|어른의 이분법은
붕괴되었지.

어린이-되기~어른-되기를
거치면서 우리 모두는
다시/새롭게(a/new) 배우고,
다르게 해볼 기회를(에로)
열어두지.
이것들은 시간과 공간에
대한 전통적 관점을
해체하는 시간-공간으로 언제나
이미 접속되어 있다네.
비/인간~물질적 세계 내 사람들,
동물들, 사물들의 탈-중심적이고
탈-위계적인 관계들의 다양체 안
에 내재되어 있고, 뒤얽혀 있지.

지속적으로 다른 무엇-되기라는
리좀적 되기 안에서,
확신과 망설임이 요동치는
순간(운동) 안에서
살아가는 아이들은
자신들의 생각 안에 있는

"자신이 가진 어떤 분류방법을
써서라도 정보를 정리하면서,
그 사유의 공간들 사이에
자리 잡힌, 상상하기
어려울 정도로
순서대로 잘 배열된 순서와
구조체계를 넘어선 무한한
단순성 혹은 복잡성.
꿈과 가능성이 신비하게
펼쳐진 곳,
유동적이고 환원될 수 있고,
그 자체로 영원히 반복되는
저장과 기억의 문제가 해결되네.
(Miller, 2002: 184,
본서에서의 강조)

그러나 이러한 발현의
공간으로부터/함께/속에서
아이디어를 포착하려는 내 고투의
단순성~복잡성 기제는 공범인가?
아니면 그것은 욕망되는
사고들과 사유하기의
기계적 배치인가?
어쩔 수 없이 잡히지 않고
지속적인 움직임 안에 있으며,
다방향으로 움직이고, 결코 끝니
지 않을 정도로 다차원적이고,
항상 이미 존재하는
경계의 강도인가?-되기.
(불)가능함의 기계들을

자신들의 흐르는 욕망의 능력을
지각할 수 있다네.
항상 이미 존재했던 뛰어난
지식과 기능을 향상시키면서.
이 되기 안에서 어른은
어린이와 교육과정 수행성을
수용(재구상)할 가능성들을(에로)
열어 주고, 리좀적 방식으로
어린이(들)-되기의 배움~삶이
가진 충만한-힘의 강도를
높일 가능성들을 여네.

잡으려고 노력하며(않으며)
나는 어떤 아이디어들을
고수하려는 노력 속에
사유의 기계적 포착을
발생시키고 있는 것은 아닌가?
Deleuze와 Guattari는 말하네,
사본을 지도 위에 다시
옮겨 놓으라고.
계속되는 수행성의 상황들과
표현들의 같은 계획(평면)
텍스트의 다양체를 배치하라고…

리좀을 작동시켜라. 잘 엮여진 돗자리의 안팎을 뒤집어 리좀적 자리 엮기, 리좀방법 놀이(하기), 지도 만들기, 리좀 지도 만들기, -되기, 교육과정 수행성으로 **테 파리키**가 펼친 교육과정의 가능성 안에서 상상되는 원리들, 유형들, 목표들, 프로그램, 철학의 환경을 협상해 나가라. 마오리족 책임 연구자인 Tamati와 Tilly Reedy와 함께 Margaret Carr와 Helen May와 같은 교육과정 개발자들이 교육과정을 레시피 책이 아닌 가능성들의 사전이라고 한 의도가 이 책~배치의 고원과 함께/속에 있다. 계획(평면)을 탈~영토화하라, 본뜸의 평면과 지도의 평면을 탈~영토화하라. 중요한 것은 '어떻게 작동하는가?'의 문제이다. 모든 유아교육자들이 함께할 수 있는 적절한 맥락의 계획(평면) 속에서 교육과정은 어떻게 작동하는가? 이 계획(평면) 안에서 어린이-되기는 어떻게 작동할까? 이 계획(평면)들은 어떻게 비/인간~물질 관계의 질료 안에서 어린이(들)-되기~어른(들)-되기의 강도를 생성하고, 멈추지 않고 계속적으로 가능성들을(에로) 열어 주는 발현의 장소가 될까? 이 질문에 대한 답이 있나면 다른 독자들과 함께 이 고원의 사고~사유하기를 협상하면서 그 답을 펼치고/감싸고/접는 것은 당신의 답이다. 물질성의 문제에서 고원들은 교육과정 수행성의 순간(운동) 안에서 어린이(들)–되기를 수용(재구상)하기에 대한 이야기를 각각 (다시)들려준다.

~~처음에~~ 나는 **마르시에게 보내는 편지**를 썼는데 여기에 함께 모인 책~배치는 수수께끼 같은 마르시의 순간(운동)의 복잡한 이야기에 대해 풀어쓴 **후기**(*Aftrwrdng*)와 다름없다. 여기에 배치된 고원의 환경 내에 정지한 채 나는 행하기~살기~배우기의 리좀이 뒤엉켜 반복되는 시간–공간을 일시적으로 떠나면서 이 **후기**(*Aftrwrdng*)의 ~~결말~~을 생각해 본다. 일방적으로 알리는 방식의 결정이나 결론의 속박으로부터 벗어난 **후기**를 쓰는 것은 매우 힘든 일이다. 그래서 나는 여기에 시적 느낌의 글을 병렬시킨 것이다. 교육과정의 아이디어와 관련하여 뭔가 다른 것을 말함과 동시에 '이해될 만한' 어떤 '것'을 '기술'하는 일은 어렵다는 표현 이상으로 어렵고, 지각(불)가능할 만큼 (불)가능하다. 그러나 나는 사리에 맞는 것이 아니라 다르게 사유하기를 고집한다. **교육과정을 복잡하게 수행하는 어린이 고원**의 끝에서 나는 아이들이 하고 있는 놀이의 교육과정 수행성과 함께/속에서 지각될 수 있는 단순해 보이는 아이디어를 제시한다. 어린이는 자신의 자발적 놀이(하기)의 복잡성 안에서 성장한다는 점, 그리고 배움~삶의 경험을 부여하는 생산적인 놀이(하기)에는 선형적인 과정들은 필요하지 않다는 점, 아이들은 **그리고…그리고…그리고…**의 개념과 함께하는 흐름을 통해 열리는 가능성에 능숙하게 반응한다는 점을 말이다. 선형적 과정들은 생성성(generativity)을 저해하고 파괴한다고 나는 단언한다. 체화된 희생자 소녀~강한 소녀라는 젠더화된(gendered) 수행성에 대한 리좀분석을 해보자면 아이들의 충만한–힘에 대한 표현들은 생성적인 탈주선을(에로) 열었다. 이 탈주선은 아이들의 주체성과 (비)젠더화된 활동에 대한 어른의 이해를 탈~영토

화한다. 나는 어린이의 리더십 주체로서의 자리매김이 서로 비슷한 흐름을 갖는다는 생각을 가지고 연구한다.

그러나 리좀적 방식들로 '분류된' '행동'에 대한 다른 '해석'이 있다 하더라도, 모더니스트적 사유가 여전히 갈라진 균열 사이로 새어나오고 있다고 하는 사람들도 있을 것이다. 그러나 여기 사유하기의 계획(평면)에서 나의 의도는 구체적인 의미들을 해석하거나 부여하는 것이 아니라 사물들의 접속성과 작동 방식에 주의를 기울이는 것이다. 이와 함께/속에서 아이들의 행동은 욕망의 표현과 충만한-힘으로 지각된다. 이 모두는 모더니스트의 부호화와 어른의(불순한) 자리매김과 어른이 만들어놓은 것으로부터 벗어나려는 노력이지만, 그 사이로 미끄러지며 넘나드는 것은 불가피하다. 행동주의자, 구조주의자, 실증주의자와 같은 모더니스트-분석 밖에서 다르게 사유하기 위해서는 본뜸으로 지도를 대체하지 않으면서 본뜸을 지도 위에 되돌려 놓는 일이 필요하다. 이것 아니면 저것이라는 이분법적 사고를 고쳐서 또 다른 이분을 만들기보다는 **그리고…그리고…그리고…**와 함께 이분을 해체하는 일이 필요하다. 그때에야 비로소 다르게 생성되는 시간-공간 안에서 어린이(들) 되기…**그리고…**어른(들) 되기의 시간-공간이 열린다. 이 안에서 연구자-되기~독자~작가~사유자-되기의 조건이 열린다. 그것은 (새로운) 사유에의 도달(에 대한 것이라기보다는)…**그리고…**다르게 사유하기를 통해 다른 방식 이외의 다른 방식의 사고와 사유하기의 과정을 배우는 것이다. "어떻게 작동하는가?"라는 질문을 지속할 때 비로소 **그리고…그리고…그리고**…를(함께) 사유하기를 통해 현재의 구조주의자들이 주로 사용하는 사유 방식과는 다른 생각들이 그림자 밖으로 모습을 드러낼 것이다.

내부작용하는 사이-내부에 있는 시간-공간의 그림자로부터/함께/속에서 교육과정에서의 어린이를 수용(재구상)하기 위한 몇 가지 다양한 아이디어들이 지각가능해진다. 이는 교육과정이 되는 어린이가 자신들이 살아가는 뒤얽힌 고원과 함께/속에서, 다양한 사고를 생산해 내는 것보다는 리좀식으로 다르게 사유하기를 통해서 가능하다. 사유하기~글쓰기~행하기에 리좀적 방식으로 접근함으로써 탈~영토화하는 교육과정의 수행성에 대한 아이디어의 계획(평면)에서, 나는 그림자와 함께/속에서 더 많은 발생이 항상 이미 이루어져 왔다는 생각에 초점을 두려 했다. 예컨대, 어린이(들)-되기…**그리고**…이들의 아동기…**그리고**…이들의 교육과정 수행성…**그리고**…이들에 대한 어른의 지각…**그리고**…불완전성을 암시하는 **후기** 자체의 불완전한 텍스트적인 것을 연쇄적으로 발생시키는 아이디어들이다. 항상 이미 더 많은 발생과 일어남이 있다. 나는 이러한 그림자적인 사유하기의 시간-공간을 떠나면서 이제 평평해진 어린이(들)-되기~어른(들)-되기의 평면 안에서 마르시에게 다시금 편지를 쓰고자 (되)돌아간다. 여는 편지(opening letter)에서처럼 마르시에게 쓴 편지는 교육과정이 되는 어린이를 향한 나의 언어이다. 이 글은 교육과정 수행성 전반에 걸쳐 어린이를 교육과정으로 수용(재구상)하는 것과 공명한다.

마르시에게

뉴질랜드의 유아교육기관과 그 안의 모든 시간-공간 속에서 이루어지는 모든 어린이(들)-되기로서의 너에게 편지를 쓴다. 이 책~배치를 만드는 데 있어 지각(불)가능할 정도로 협상하기 어려운 순간(운동)이 있었단다. 이것은 초기에 내가 너에게 썼던 편지에 대한 덧붙이는 말(postscript)에 지나지 않지만 말이야. 적어도 아마 나의 후기구조주의자적 작동 방식에 스며 있는 근대적 사유의 난제들 때문일 거야. '어떻게 작동하는 것일까?' 하는 질문을 펼치고/감싸고/접는 것을 향해 뒤얽혀 있는 행하기~배우기 안에서 이것이 드러나 있는데, 나는 리좀적 방식의 사유하기에 대해서 글로 밝혔단다. 하지만 여전히 아직 보지 못한 또 다른 것이 있단다. 다르게 사유하는 방법들을 생성하기 어렵게 만드는 지각(불)가능성 때문에 말이야. 그렇지만 다르게 사유하는 방법을 배우면서 어린이, 아동기(들), 교육과정 수행성에 대한 잠재적 사유를 체화하는 동안에도 너의 배움~삶의 시간-공간을 구성하는 현실 세계는 여전히 난제들로 가득 차 있구나.

제한적이면서 제한시키는 근대적 담론은 교육과정 수행성과 너의 행하기~배우기도 광범위한 분류와 범주로 코드화하도록 도전을 하고 있어. 이런 분류와 범주는 발달적 기능을 순차적으로 배열하면서 이 기능을 습득하는 표준화된 방식이 있다고 말하지. 이런 생각은 아이들에게 지나치게 요구하고 피곤하게 해. 그런 홈 파인 공간에서는 기존의 것에 순응하는 것으로 생산적인 배움~삶에 필연적으로 부정적인 영향을 주면서 어린이와 어른의 에너지를 서서히 빼앗는단다. 교육과정, 어린이, 아동기를 통제하고 제한하는 이 근대적 사유의 감옥에 갇혀 있는 어른|어린이 그리고 물질|담론의 이분법을 무너트리게 된다면 어린이(들)-되기~어른-되기가 혼자서 그리고 여럿이서 자유롭게 뒤얽힌 공존재(coexistence)의 공간이 열리는 가능성을 맞이할 수 있지. 이 탈~영토화하는 시간-공간 안에서는 어른이 교육과정의 수행성에 부과한 기대에 대한 어린이의 불만이 다르게 (발현)병합된단다. 마르시, 테이블에 앉아 이야기를 듣는 것이 그 순간에 네가 욕망하는 것도 아니고 너에게 더 중요한 것도 아니라고 전하던 너의 행동이 방해되거나 네가 말썽쟁이라는 의미는 절대 아니며, 그보다는 네게는 존중받을 것에 대한 책임 있고 반응-가능한 의제가 있다는 뜻이지. 나는 네가 배가 고프면 밥을 먹을 것이라는 것을 알기에, 이것을 방해하고 싶지 않단다. 마찬가지로 3년쯤 후가 되겠지만, 의자에 앉아 있는 행동이 학교 교실에서의 배움에 정말로 필요한 기능이라면 네가 언제라도 그것을 배울 것임을 알기에 말이다. 생의 초기는 너를 위한 유아교육의 시기란다. 학교준비란 학교가 너를 위해 준비되어야 하는 것이지. 학교라는 의무적이고 형식적인 학습의 위계적 세계로부터/함께/속에서 다른 이분법들이 (발현)병합되고, 유아교육기관의 비강제적이고 비형식적인 학습보다 권위 있는 것으로 인식된다. 하지만 그것을 평평하게 하기 위한 또다른 시간-공간이 기다리고 있지…

위계적 자리매김을 버린다고 해서 너의 행동과 존재가 어른의 이상이나 기대에 반하는 것으로 해석할 이유는 없지. 이 탈~영토화하는 시간-공간 안에서 네 행위는 다만 **너의** 어린이-되기의 표현으로, **너** 혼자서 그리고 여럿이서 지속적인 되기를 위한 욕망의 표현으로 흐르고 있어. 현장전문가, 연구자, 학자와 같은 교육자들에게 다른 실제들을 받아들이고, 다르게 사유하기를 실천할 수 있는 시간-공간이 열리고 있어. 전통적인 담론 밖의 가능성을 통해서(함께/속에서) 말이야. 유아교육 안에서 가능성들은 어린이 놀이(하기)의 복잡성 안에서 탈~영토화하는 흐름을 따르며, (그저) 함께 흐르고 있지. 그렇게 하면 교육과정과 배울 것을 준비하는 데 있어 어린이는 더 이상 어른에게 의존하지 않을 거야. 이 안에서 어린이는 반복적이고, 책임감 있고 생산적인 교수와 학습의 관계로 체화된 학습자~연구자~교육과정개발자로 받아들여질 거야. 항상 이미 어린이(들)-되기는 어른-되기와의 관계 속에 있고, 교육과정의 언어(세계)들을 둘러싼 비/인간~물질의 세계와 함께 있단다.

마르시, 역사적으로 뉴질랜드의 유아교육은 어른 중심의 교육에서 어린이 중심의 배움으로, 그리고 현재는 어린이와 어른이 공유하며 공동으로 구성하는 배움의 경험으로 진화해왔어. 이 공동 구성에 대한 열망은 상호성을 반영하지만, 내재된 교육은 아이들과 어른의 세계를 분리하지. 비슷한 방식으로 소비, 교정, 학교 준비를 위한 홈 파인 장소로 작동하는 형식화된 유아교육 환경은 생애 초기의 배움~삶이 일어나는 연령대에 중요한 공간, 즉 덜 형식화되어 있고, 열려 있고, 막힘 없는 공간과는 거리가 멀지. 또 그것은 비형식적인 가족(whānau)공동체의 배움과도 거리가 멀어. 그렇지만 여기에서 다르게 사유하는 방법을 생성한다면, 나의 서구화된 주체성의 감응이 불가피할지라도 그 경계들을 해체할 가능성, 그러니까 그것을 동양 철학과 같은 다양하고 이질적 문화들과 나란히 놓을 가능성을(에로) 열린단다. 이런 가능성들은 Deleuze-Guattari식의 되기로 회귀하는 체화된 교수~학습의 관계들로 교육과정-하기(curriculum-ing)로서의 교육과정을 열거하고, 보여 주고, (재)위치시킬 거야. 여기에는 유목민~유목민적 특이성~주체성의 표현들을 강화하며 역동적으로 변화하는 협상의 과정과 함께/속에서 어린이-되기가 얽혀 있지. 마르시, 나의 독자적인 이해로부터/함께/속에서 어린이와 아동기(들)를 수용(재구상)하는 이 방식은 너의 행하기~배우기~살기의 교육과정 수행성과 공명하고, 여기에 사용된 연구 자료 전반에 나타난 어린이 놀이(하기)의 교육과정 수행성에 울림을 줄 거야.

내부~외부의 뒤집음 순간(운동)에, 놀이의 교육과정을 이론화하는 일은 우리에게 중요한 시도가 될 거야. 이 시도에는 충만한-놀이(play-full)의 접근이 필요해(**놀이[하기]**의 고원에서처럼). 놀이는 진정으로 아이들의 행하기~배우기~살기 그 자체이며, 충만한-놀이의 방법은 파악하기 어렵고 오직 복잡성의 측면에서만 정의될 수 있지. 내가 어린이의 다양한 놀이(하기)와 함께 흐르면서 녹화를 하고, 자료를 전사하고 자료의 놀이(하기)를 리좀적으로 분석하는 일에 공을 들이는 과정에서 지각한 것은 놀이의 모든 것들이 풀기 힘들 정도로 뒤얽혀 있다는 것이지. 하지만 놀이가 무엇인지에 대한 실타래를 풀려는 노력을 하는 대신 놀이의 탈~영토화 흐름들을 작동시키면 그러한 놀이의 복잡성은 지각(불)가능성의 되기 안에서 빛을 발하지. 그래서 나는 비슷한 방식으로 현장전문가들이 어린이의 놀이(하기)를 통해 어린이와 아동기, 교육과정을 어떻게 이해하는지에 대한 사실적 분석(factual analysis)을 피했어. 대신 나는 어린이와 어린이의 교육과정 수행성이 지속적으로 내부작용하는 관계를 제안하고 싶어. 우리는 교육과정 수행성의 순간(운동)과 어린이의 배움 안에서 많은 것들이 어떻게 다르게 작동하는지, 우리가 아이들과 함께 어떻게 존재(생성)할 수 있는지 이해하게 된단다.

팀은 자신의 놀이(하기)를 통해 자신의 어린이(들) 되기와 행하기~배우기~살기에 대한 욕망을 충만한-힘으로 표현하는 것은 중요하게 생각했어. 또 가르치기~연구하기 세계 속에 작동하는 환경 안에 있는 팀과 근처의 다른 어린이와 어른에게 중요한 것이 무엇인지를 (나의) 어른의 관점에서 (잘못)해석하는 데에도 중요하지. 어린이의 충만한-힘을 향한 욕망과 관련하여 그 상황 안에서 체화되는 존재로서의 어린이를/로서 생각하는 방법을 배우는 일은 어른|어린이, 물질|담론의 이분법을 넘나드는 일이고, 많은 시대에 걸쳐 불공정하게 이루어진 어른의 권위주의적 자리매김을 해체하는 일이란다. 또한 이것은 발달적 행동주의적 분석을 해체하는 일이지. 우리가 발을 담그려 하는 일이 언제나 명확하게 혹은 일관성 있게 정의를 내릴 수 없듯이 익숙한 것을 벗어나는 일은 어려운 일일지도 몰라. 그렇지만 지금껏 흐르는 강물에 발을 담그는 일이 언제나 같았을까? 돌과 모래, 물과 흐름은 항상 이미 다른 무엇-되기가 아니었겠니? 강둑은 점차 깎이고, 물의 흐름은 중간부터 속도가 빨라지지. 다른 무엇-되기의 시간-공간 속으로 발을 담그는 일은 어린이와 아동기를 재구상하고, 교육과정 수행성 이론화의 다양한 방법들을 생성하기 위해 어린이 방식으로의 교육과정에 대한 이해를 수용할 다른 가능성을(에로) (우리를) 여는 일이란다. 파도가 이전의 파도로부터 형성되고 이전의 파도와 합쳐지듯 회절의 가능성은 언제나 열려 있단다.

탐구의 리좀, 리좀적 방법론, 연구의 리좀 분석, **리좀-지도 만들기와 어린이의 리좀~방법으로 놀이하기**는 이제 내일의 일부이지. '어떻게 작동하는가'를 생각하는 것, 거기에는 다양한 차원의 연구하기~글쓰기~사유하기가 항상 이미 펼쳐진 시간-공간의 다차원적 다양체가 있단다.

마르시, 이제 이 리좀적 사고와 사유하기의 시간–공간을 떠날 시간이구나. 교육과정에 대한 대화가 끝났다는 말이 아니야. 그건 절대 끝날 수가 없어. 아마 내가 되기의 환경(들) 안에서 교육과정 수행성 재구상하기를 통해 어린이를 교육과정에 수용하기 위한 작업을 계속하는 한 너와의 대화는 영원히 계속 될 거야. 그래서 이 글은 간주의 흐름 중의 한 부분일 뿐이야. 사이–내부의 한정된 공간, 탈~영토화하는 탈주선, 리좀적 방법론의 분출/난입/방해…**그리고**…교육과정 그 자체가 되는 어린이…**그리고**…

덫을 빠져나가는 새처럼(Me he manu motu I te mahanga)[3]

새가 덫을 빠져나가듯이, 나는 마르시 너를 위해 권위주의적인 근대성,
선형적이고 수목형의 사유가 주는 한계를 기쁘게 벗어날 거야,
너와 함께 자유롭게 날기 위해. 그리고 어린이와 교육과정을
다른 방식으로 수용(재구상)하면서 이러한 충만한–놀이의/통한
사유하기–되기로 리좀을 한층 더 강하게 만들기 위해.

어린이(들)–되기~어른/연구자–되기~교육과정–되기의 우리 혼자서 그리고 여럿이 하는 교육과정 수행성과 함께/속에서 충만한–힘의 놀이(하기) 흐름들 안에서 충만한–존경심을 담아서,

Marg

추신: 다음 순간은 (너)우리의([y]ours) 것이야[4] …다르게 사유하기를 위해…

3) 뉴질랜드의 원주민인 마오리족의 언어
4) Daignault를 기리며(1992, Pinar 등, 1995: 847에서 재인용)

참고문헌
References

Ailwood, J. (2003) Governing early childhood education through play. *Contemporary Issues in Early Childhood*, 4, 286–99.

Alaimo, S. & Hekman, S. (2008) *Material Feminisms*. Bloomington & Indianapolis: Indiana University Press.

Anderson, B. & Tolia-Kelly, D. (2004) Matter(s) in social and cultural geography. *Geoforum*, 35, 699–74.

Apple, M. (1979) *Ideology and Curriculum*. London: Routledge & Kegan Paul.

Ayers, W. (1992) The shifting ground of curriculum thought and everyday practice. *Theory Into Practice*, 31, 259.

Barad, K. (2007) *Meeting the Universe Halfway: Quantum Physics and the Entanglement of Matter and Meaning*. Durham, NC: Duke University Press.

Barad, K. (2008) Posthumanist performativity: toward an understanding of how matter comes to matter. *In* S. Alaimo & S. Hekman (eds) *Material Feminisms*. Bloomington: Indiana University Press, 120–54.

Bennett, J. (2004) The force of things: steps toward an ecology of matter. *Political Theory*, 32, 347–72.

Bennett, J. (2010) *Vibrant Matter: A Political Ecology of Things*. Durham & London: Duke University Press.

Biesta, G.J.J. & Osberg, D. (2007) Beyond re/presentation: a case for updating the epistemology of schooling. *Interchange*, 38, 15–29.

Bird, L. (2003) Seen and heard? Moving beyond discourses about children's needs and rights in educational policies. *New Zealand Journal of Educational Studies*, 38, 37–48.

Bishop, R. (2008) Freeing ourselves from neocolonial domination in research: a Kaupapa Ma?ori approach to creating knowledge. *In* N.K. Denzin & Y.S. Lincoln (eds) *The Landscape of Qualitative Research*. 3rd edn. Los Angeles: Sage Publications, 145–84.

Bloch, M.N. (1992) Critical perspectives on the historical relationship between child development and early childhood education research. *In* S.A. Kessler & B.B. Swadener (eds) *Reconceptualizing the Early Childhood Curriculum: Beginning the Dialogue*. New York & London: Teachers College Press, 3–20.

Bloch, M.N. (2007) Reconceptualizing early childhood education and childhood studies: new theoretical frameworks and implications for early childhood research. Rethinking Early Childhood Education Conference, National Chengchi University, Taiwan.

Borgnon, L. (2007) Conceptions of the self in early childhood: territorializing identities. *Educational Philosophy and Theory*, 39, 264–74.

Boundas, C.V. (2005) Intensity. *In* A. Parr (ed.) *The Deleuze Dictionary*. Edinburgh: Edinburgh University Press, 131–2.

Braidotti, R. (1994a) *Nomadic Subjects: Embodiment and Difference in Contemporary Feminist Theory*. New York: Columbia University Press.

Braidotti, R. (1994b) Toward a new nomadism: feminist Deleuzian tracks; or, metaphysics and metabolism. *In* C.V. Boundas & D. Olkowski (eds) *Gilles Deleuze and the Theater of Philosophy*. New York & London: Routledge, 159–86.

Braidotti, R. (1994c) Sexual difference as a nomadic political project. *Nomadic Subjects: Embodiment and Difference in Contemporary Feminist Theory*. New York: Columbia University Press, 147–72.

Braidotti, R. (1996) Nomadism with a difference: Deleuze's legacy in a feminist perspective. *Man and World*, 29, 305–14.

Braidotti, R. (2000) Teratologies. *In* I. Buchanan & C. Colebrook (eds) *Deleuze and Feminist Theory*. Edinburgh: Edinburgh University Press, 156–72.

Braidotti, R. (2001) Becoming-woman: rethinking the positivity of difference. *In* E. Bronfen & M. Kavka (eds) *Feminist Consequences: Theory for the New Century*. New York: Columbia University Press, 381–413.

Braidotti, R. (2003) Becoming-woman: or sexual difference revisited. *Theory, Culture and Society*, 20, 43–64.

Bredekamp, S. (ed.) (1987) *Developmentally Appropriate Practice in Early Childhood Programs Serving Children From Birth Through Age 8*. Washington, DC: National Association for the Education of Young Children.

Bredekamp, S. & Copple, C. (eds) (1997) *Developmentally Appropriate Practice in Early Childhood Programs*. Washington, DC: National Association for the Education of Young Children.

Bruner, J.S. (1986) *Actual Minds, Possible Worlds*. Cambridge, MA: Harvard University Press.

Bruner, J.S. (1996) *The Culture of Education*. Cambridge, MA: Harvard University Press.

Bruns, A. (2007) Produsage: towards a broader framework for user-led content creation. *Creativity and Cognition 6*. Washington, DC.

Butler, J. (1990) *Gender Trouble: Feminism and the Subversion of Identity*. New York: Routledge.

Cannella, G.S. (ed.) (1997) *Deconstructing Early Childhood Education: Social Justice and Revolution*. New York: Peter Lang Publishing.

Cannella, G.S. (1998) Early childhood education: a call for the construction of revolutionary images. *In* W. F. Pinar (ed.) *Curriculum: Toward New Identities*. New York: Garland Publishing, Inc., 157–84.

Cannella, G.S. (2005) Reconceptualizing the field (of early care and education); if 'western' child development is a problem, then what do we do? In N. Yelland (ed.) *Critical Issues in Early Childhood Education*. Maidenhead, Berkshire: Open University Press, 17–39.

Cannella, G.S. & Kincheloe, J.L. (eds) (2002) *Kidworld: Childhood Studies, Global Perspectives, and Education*. New York: Peter Lang.

Cannella, G.S. & Viruru, R. (2004) *Childhood and Postcolonization: Power, Education, and*

Contemporary Practice. New York: RoutledgeFalmer.

Carr, M. & May, H. (1993) Choosing a model. Reflecting on the development process of *Te Whāriki: national early childhood curriculum guidelines in New Zealand. International Journal of Early Years Education,* 1, 7–21.

Charlie and the Chocolate Factory (2005) Feature film. Directed by Burton, T. USA: Warner Brothers.

Clark, R. (2004) The imaginary. *The Literary Encyclopedi*a [online].

'cobweb, n.' OED Online. June 2012. Oxford University Press. Online at: http://www.oed. com/view/Entry/35246?redirectedFrom=cobweb (accessed 15 August 2012).

Coetzee, J.M. (2007) *Diary of a Bad Year.* London: Harvill Secker.

Cole, M. & Wertsch, J.V. (1996) Beyond the individual-social antimony in discussions of Piaget and Vygotsky. *Human Development,* 39, 250–6.

Colebrook, C. (2002) *Understanding Deleuze.* Crows Nest, NSW: Allen & Unwin.

Colebrook, C. (2005) Introduction. In A. Parr (ed.) *The Deleuze Dictionary.* Edinburgh: Edinburgh University Press, 1–6.

Colman, F.J. (2005a) Rhizome. In A. Parr (ed.) *The Deleuze Dictionary.* Edinburgh: Edinburgh University Press, 231–3.

Colman, F.J. (2005b) Affect. In A. Parr (ed.) *The Deleuze Dictionary.* Edinburgh: Edinburgh University Press, 11–13.

Concise Oxford Dictionary (1999) 10th edn. Oxford: Oxford University Press.

Conley, T. (2005) Singularity. In A. Parr (ed.) *The Deleuze Dictionary.* Edinburgh: Edinburgh University Press, 251–3.

Corsaro, W. (1997) *The Sociology of Childhood.* USA: Pine Forge Press.

Cullen, J. (2003) The challenge of *Te Whāriki*: Catalyst for change? In J. G. Nuttall (ed.) Weaving *Te Whariki: Aotearoa New Zealand's Early Childhood Curriculum Document in Theory and Practice.* Wellington, NZ: New Zealand Council for Educational Research, 269–96.

Dahlberg, G. & Moss, P. (2005) *Ethics and Politics in Early Childhood Educatio*n. London & New York: RoutledgeFalmer.

Dahlberg, G., Moss, P. & Pence, A.R. (1999) *Beyond Quality in Early Childhood Education and Care: Postmodern Perspectives*. London: Falmer.

Dalli, C. (1999) Starting childcare before three: narratives of experience from a tripartite focus. Unpublished PhD thesis, Victoria University of Wellington.

Damon, W. (ed.) (1998) *Handbook of Child Psychology*. New York: John Wiley.

David, M.E. (1980) *The State, the Family and Education*. London: Boston: Routledge & Kegan Paul.

Davies, B. (1989) *Frogs and Snails and Feminist Tales: Preschool Children and Gender*. Sydney: Allen & Unwin.

Davies, B. (1990) Agency as a form of discursive practice. A classroom scene observed. *British Journal of Sociology of Education*, 11, 341–61.

Davies, B. (1994) *Poststructuralist Theory and Classroom Practice*. Geelong: Deakin University.

Davies, B. (2003) *Frogs and Snails and Feminist Tales: Preschool Children and Gender*. Revised edn. Cresskill, NJ: Hampton Press, Inc.

Davies, B., Browne, J., Gannon, S., Honan, E., Laws, C., Mueller-Rockstroh, B. & Petersen, E.B. (2004) The ambivalent practices of reflexivity. Qualitative Inquiry, 10, 360–89. Davis, B. (1996) *Teaching Mathematics: Toward a Sound Alternative*. New York: Garland Publishing Ltd. De Castell, S. & Jenson, J. (2003) Serious play: curriculum for a post-talk era. *Journal of the Canadian Association for Curriculum Studies*, 1, 47–52.

Deleuze, G. (1988) *Foucault*. London: Athlone.

Deleuze, G. (1992) *Expressionism in Philosophy: Spinoza*. New York: Zone Books.

Deleuze, G. (1993) *The Fold: Leibniz and the Baroque*. Minneapolis: University of Minnesota Press.

Deleuze, G. (1994) *Difference and Repetition*. London: Athlone Press.

Deleuze, G. (1995) *Negotiations: 1972–1990*. New York: Columbia University Press.

Deleuze, G. (1997) What children say. *Essays Critical and Clinical*. Minneapolis, MN: University of Minnesota Press, 61–7.

Deleuze, G. (2004) *Difference and Repetition*. London: Continuum.

Deleuze, G. & Guattari, F. (1976) *Rhizome*. Paris: Minuit.

Deleuze, G. & Guattari, F. (1987) *A Thousand Plateaus: Capitalism and Schizophrenia*.

Minneapolis: University of Minnesota Press.

Deleuze, G. & Guattari, F. (1994) *What is Philosophy?* London & New York: Verso.

Deleuze, G. & Parnet, C. (1987) *Dialogues*. London: Athlone Press.

Dept of Education Employment and Workplace Relations & Council of Australian Governments (2009) *Belonging, Being & Becoming: The Early Years Learning Framework for Australia* [online]. Dept of Education, Employment and Workplace Relations for the Council of Australian Governments. Online at: http://www.deewr.gov.au/Earlychildhood/Policy_Agenda/Quality/Documents/Final EYLF Framework Report-WEB.pdf (accessed August 2012).

Dewey, J. (1943) *The Child and the Curriculum, and, the School and Society*. Chicago: University of Chicago Press.

Doll, W.E., Jr (2006) Method and its culture: an historical approach. *Complicity: An International Journal of Complexity and Education*, 3, 85–9.

Dosse, F. (2010) *Gilles Deleuze & Félix Guattari: Intersecting Lives*. New York: Columbia University Press.

Due, R. (2007) *Deleuze*. Cambridge, UK: Polity Press.

Duhn, I. (2006) The making of global citizens: traces of cosmopolitanism in the New Zealand early childhood curriculum, *Te Whāriki. Contemporary Issues in Early Childhood*, 7, 191–202.

Durie, M. (1998) Te Mana, *Te Whāriki: The Politics of Māori Self-Determination*. Auckland: Oxford University Press.

Durie, M. (2006) Measuring Māori wellbeing. New Zealand Treasury Guest Lecture Series. Wellington.

Edwards, S. & Nuttall, J. (2005) Getting beyond the 'what' and the 'how': problematising pedagogy in early childhood education. *Early Childhood Folio*, 9, 34–8.

Egan, K. (1978) What is curriculum? *Curriculum Inquiry*, 8, 65–72.

Egan, K. (2003) Retrospective on 'What is curriculum?' *Journal of the Canadian Association for Curriculum Studies*, 1, 17–24.

'empowerment, n.' OED Online. June 2012. Oxford University Press. Online at: http://www.oed.com/view/Entry/61400?redirectedFrom=empowerment

(accessed 15 August 2012).

Fleer, M. (ed.) (1995) *DAP Centrism: Challenging Developmentally Appropriate Practice.* Watson, ACT: Australian Early Childhood Association.

Foucault, M. (1980) *Power/Knowledge: Selected Interviews and Other Writings 1972–1977.* London: Harvester Wheatsheaf.

Foucault, M. (1990) *The History of Sexuality Volume II: The Use of Pleasure.* New York: Vintage Books.

Foucault, M. & Deleuze, G. (1980) Intellectuals and power: a conversation between Michel Foucault and Gilles Deleuze. *In* D. F. Bouchard (ed.) *Language, Counter-Memory, Practice: Selected Essays and Interviews by Michel Foucault.* Ithaca, NY: Cornell University Press, 205–17.

Gadamer, H.-G. (1982) *Truth and Method.* New York: Crossroad.

Gadamer, H.-G. (1998) *Truth and Method.* 2nd revised edn. New York: Continuum.

Gibbons, A. (2007) Philosophers as children: Playing with style in the philosophy of education. *Educational Philosophy and Theory*, 39, 506–18.

Gough, N. (2006a) Foreword [sous rature]. In I. Semetsky (ed.) *Deleuze, Education and Becoming.* Rotterdam: Sense Publishers, ix–xv.

Gough, N. (2006b) Rhizosemiotic play and the generativity of fiction. *Complicity: An International Journal of Complexity and Education*, 3, 119–24.

Grieshaber, S. & Cannella, G.S. (eds) (2001) *Embracing Identities in Early Child–hood Education: Diversity and Possibilities.* New York & London: Teachers College Press.

Grosz, E. (1994a) *A thousand tiny sexes: feminisms and rhizomatics.* In C.V. Boundas & D. Olkowski (eds) *Gilles Deleuze and the Theatre of Philosophy.* New York: Routledge, 187–210.

Grosz, E. (1994b) *Volatile Bodies: Toward a Corporeal Feminism.* St Leonards, NSW: Allen & Unwin.

Grumet, M. (1976a) Existential and phenomenological foundations. *In* W. F. Pinar & M. Grumet (eds) *Toward a Poor Curriculum.* Dubuque, IA: Kendall/Hunt, 31–50.

Grumet, M. (1976b) Toward a poor curriculum. *In* W. F. Pinar & M. Grumet (eds) *Toward a Poor Curriculum.* Dubuque, IA: Kendall/Hunt, 67–88.

Grumet, M. R. (1988) *Bitter Milk: Women and Teaching*. Amherst: University of

Massachusetts Press.

Grumet, M. R. (1999) Autobiography and reconceptualization. *In* W. F. Pinar (ed.) *Contemporary Curriculum Discourses: Twenty Years of JCT.* New York: Peter Lang, 24–9.

Grumet, M. & Stone, L. (2000) Feminism and curriculum: getting our act together. *Journal of Curriculum Studies*, 32, 183–97.

Guss, F. (2005) Reconceptualizing play: aesthetic self-definitions. *Contemporary Issues in Early Childhood*, 6, 233–43.

Hand, S. (1988) Translating theory, or the difference between Deleuze and Foucault [translator's introduction]. *In* G. Deleuze (ed.) *Foucault. Minneapolis*, MN: University of Minnesota Press, xli–xliv.

Harker, C. (2005) Playing and affective time-spaces. *Children's Geographies*, 3, 47–62.

Hatch, J. A., Bowman, B., Jor'dan, J.R., Morgan, C.L., Hart, C., Soto, L.D., Lubeck, S. & Hyson, M. (2002) Developmentally appropriate practice: continuing the dialogue. *Contemporary Issues in Early Childhood*, 3, 439–57.

Henriques, J., Hollway, W., Urwin, C., Venn, C. & Walkerdine, V. (eds) (1998/1984) *Changing the Subject: Psychology, Social Regulation, and Subjectivity.* London & New York: Routledge.

Hill, E. (2006) Guest editorial: play as a response to life. *The First Years Nga Tau Tuatahi New Zealand Journal of Infant Toddler Education*, 8, 3–4.

Hodgkin, R.A. (1985) *Playing and Exploring.* London & New York: Methuen.

Holt, L. (2004) The 'voices' of children: de-centring empowering research relations. *Children's Geographies*, 2, 13–27.

Honan, E. & Sellers, M. (2006) So how does it work? – rhizomatic methodologiesed. Engaging pedagogies: Australian Association for Research in Education International Conference, Adelaide, SA: AARE.

Honan, E. & Sellers, M. (2008) (E)merging methodologies: putting rhizomes to work. In

I. Semetsky (ed.) *Nomadic Education: Variations on a Theme by Deleuze and Guattari. Rottterdam: Sense Publishers*, 111–28.

Hultman, K. & Lenz Taguchi, H. (2010) Challenging anthropocentric analysis of visual data: a relational materialist methodological approach to educational research. *International Journal of Qualitative Studies in Education*, 23, 525–42.

Hyun, E. (1998) *Making Sense of Developmentally and Culturally Appropriate Practice (DCAP) in Early Childhood Education.* New York: Peter Lang.

Irigaray, L. (1985) *This Sex Which Is Not One.* Ithaca, NY: Cornell University Press.

Jackson, A.Y. (2003) Rhizovocality. *Qualitative Studies in Education*, 16, 693–710.

Jackson, A.Y. (2010) Deleuze and the girl. *International Journal of Qualitative Studies in Education,* 23, 579–87.

Jipson, J. (1992) The emergent curriculum: contextualizing a feminist perspective. In S.A. Kessler & B.B. Swadener (eds) *Reconceptualizing the Early Childhood Curriculum: Beginning the Dialogue.* New York & London: Teachers College Press, 149–64.

Jipson, J. & Johnson, R.T. (eds) (2001) *Resistance and Representation: Rethinking Childhood Education.* New York: Peter Lang.

Jordan, B. (2003) Professional development making a difference for children: co–constructing understanding in early childhood centres. Unpublished PhD thesis, Massey University.

Kennedy, D. (2002) The child and post modern subjectivity. *Educational Theory*, 52, 155–67.

Kessler, S.A. (1991) Alternative perspectives on early childhood education. *Early Childhood Research Quarterly*, 6, 183–97.

Kessler, S.A. & Swadener, B.B. (eds) (1992) *Reconceptualizing the Early Childhood Curriculum: Beginning the Dialogue.* New York: Teachers College, Columbia University.

Kincheloe, J.L. (1997) Introduction. In G.S. Cannella (ed.) *Deconstructing Early Childhood Education: Social Justice and Revolution.* New York: Peter Lang Publishing, vii–viii.

Kincheloe, J.L., Slattery, P. & Steinberg, S.R. (2000) *Contextualising Teaching.* New York: Longman. King, N.R. (1992) The impact of context on the play of young children. In S.A. Kessler & B.B. Swadener (eds) *Reconceptualizing the Early Childhood Curriculum: Beginning the Dialogue.* New York: Teachers College, Columbia University, 43–61.

Kitchin, R. & Dodge, M. (2007) *Rethinking maps. Progress in Human Geography,* 31, 331–44.

Kitchin, R., Perkins, C. & Dodge, M. (2009) Thinking about maps. In M. Dodge, R. Kitchin & C. Perkins (eds) *Rethinking Maps: New Frontiers in Cartographic Theory.* Abingdon: Routledge, 1–25.

Lather, P. (1992) Critical frames in educational research: feminist and poststructural perspectives. *Theory into Practice*, 31, 87–99.

Latour, B. (1996) *Aramis, or, The Love of Technology*. Cambridge, MA: Harvard University Press.

Law, J. (2003) *Making a Mess with Method* [online]. Centre for Science Studies, Lancaster University. Online at: http://www.lancs.ac.uk/fass/sociology/papers/law-making-a–mess-with-method.pdf (accessed February 2009).

Lee, N. (1998) *Towards an immature sociology*. Sociological Review, 46, 458–82.

Lenz Taguchi, H. (2009) Writing practices in Swedish teacher education and the inclusion/ exclusion of subjectivities. *Critical Studies in Education,* 50, 145–58.

Lenz Taguchi, H. (2010) *Going Beyond the Theory/Practice Divide in Early Childhood Education: Introducing an Intra-active Pedagogy*. London & New York: Routledge.

Lero, D.S. (2000) Early childhood education: an empowering force for the twenty-first century? In J. Hayden (ed.) *Landscapes in Early Childhood Education: Cross-National Perspectives on Empowerment – a Guide for the New Millenium.* New York: Peter Lang, 445–57.

Liebschner, J. (1992) *A Child's Work: Freedom and Play in Froebel's Educational Theory and Practice*. Cambridge: Lutterworth Press.

Lorraine, T. (2005a) Plateau. *In* A. Parr (ed.) *The Deleuze Dictionary*. Edinburgh: Edinburgh University Press, 206–7.

Lorraine, T. (2005b) Lines of flight. *In* A. Parr (ed.) *The Deleuze Dictionary*. Edinburgh: Edinburgh University Press, 144–6.

Lubeck, S. (1991) Reconceptualizing early childhood education: a response. *Early Education & Development*, 2, 168–74.

MacNaughton, G. (2000) *Rethinking Gender in Early Childhood Education*. St Leonards, NSW: Allen & Unwin.

Mara, D. (1998) *Implementation of Te Whāriki in Pacific Islands Early Childhood Centres.* Final Report to the Ministry of Education. Wellington.

Marshall, J.D., Sears, J.T. & Schubert, W.H. (2000) *Turning Points in Curriculum: A Contemporary American Memoir.* Upper Saddle River, NJ: Prentice-Hall.

Massumi, B. (1987a) Translator's foreword: pleasures of philosophy. In G. Deleuze & F. Guattari (eds) *A Thousand Plateaus: Capitalism and Schizophrenia.* Minneapolis & London: University of Minnesota Press, ix–xv.

Massumi, B. (1987b) Notes on the translation and acknowledgments. In G. Deleuze & F. Guattari (eds) *A Thousand Plateaus: Capitalism and Schizophrenia.* Minneapolis & London: University of Minnesota Press, xvi–xix.

Massumi, B. (1992) *A User's Guide to Capitalism and Schizophrenia: Deviations from Deleuze and Guattari. Cambridge*, MA: MIT Press.

Massumi, B. (2002) *Parables for the Virtual: Movement, Affect, Sensation.* Durham, NC: Duke University Press.

May, H. (2002) Aotearoa-New Zealand: an overview of history, policy and curriculum. *McGill Journal of Education*, 37, 19–36.

May, H. & Carr, M. (2000) Empowering children to learn and grow–*Te Whāriki*: the New Zealand early childhood national curriculum. *In* J. Hayden (ed.) *Landscapes in Early Childhood Education: Cross-national Perspectives on Empowerment–a Guide for the New Millennium.* New York: Peter Lang, 153–69.

Mayall, B. (2002) *Towards a Sociology for Childhood: Thinking from Children's Lives.* Buckingham/Philadelphia: Open University Press.

Mayhew, K.C. & Edwards, A.C. (1966/1936) *The Dewey School: The Laboratory School of the University of Chicago, 1896–1903.* New York: Atherton Press.

McLeod, L.S. (2002) Leadership and management in early childhood centres: a qualitative case study. Unpublished PhD thesis, Massey University.

Miller, A. (2002) Journey to the Stone Country. Great Britain: Hodder & Stoughton.

Miller, J.L. (1982) The sound of silence breaking: feminist pedagogy and curriculum theory. *Journal of Curriculum Theorizing*, 4, 5–11.

Miller, J.L. (1992) Teachers, autobiography, and curriculum: critical and feminist perspectives. In S.A. Kessler & B.B. Swadener (eds) *Reconceptualizing the Early*

Childhood Curriculum: Beginning the Dialogue. New York & London: Teachers College Press, 103–22.

Miller, J.L. (1999) Curriculum reconceptualized: a personal and partial history. *In* W.F. Pinar (ed.) *Contemporary Curriculum Discourses: Twenty Years of JCT*. New York: Peter Lang, 498–508.

Ministry of Education (1996) *Te Whāriki: He hāriki Māturanga mō ngā Mokopuna o Aotearoa: Early Childhood Curriculum*. Wellington: Learning Media.

Moss, P. (2002) Time to say farewell to 'early childhood'? *Contemporary Issues in Early Childhood*, 3, 435–48.

Moss, P. & Penn, H. (1996) *Transforming Nursery Education*. London: Paul Chapman Publishing.

Moss, P. & Petrie, P. (2002) *From Children's Services to Children's Spaces: Public Policy, Children and Childhood*. London: RoutledgeFalmer.

'mythopoetic, adj.' OED Online. June 2012. Oxford University Press. Online at: http:// www.oed.com/view/Entry/235090?redirectedFrom=mythopoetic (accessed 15 August 2012).

Nuttall, J.G. (2004) Why don't you ask someone who cares? Teacher identity, intersubjectivity, and curriculum negotiation in a New Zealand childcare centre. Unpublished PhD thesis, Victoria University of Wellington.

Olsson, L.M. (2009) *Movement and Experimentation in Young Children's Learning: Deleuze and Guattari in Early Childhood Education*. London & New York: Routledge.

O'Riley, P.A. (2003) *Technology, Culture, and Socioeconomics: A Rhizoanalysis of Educational Discourses*. New York: Peter Lang.

Orlikowski, W.J. (2006) Material knowing: the scaffolding of human knowledge ability. *European Journal of Information Systems,* 15, 460–6.

Osberg, D., Biesta, G.J.J. & Cilliers, P. (2008) From representation to emergence: complexity's challenge to the epistemology of schooling. *Educational Philosophy and Theory*, 40, 213–27.

'paideia, n.' OED Online. June 2012. Oxford University Press. Online at: http:// www.oed. com.ezproxy.lib.rmit.edu.au/view/Entry/135951?redirectedFrom=paedeia (accessed 15 August 2012).

Parr, A. (2005) Deterritorialisation/reterritorialisation. In A. Parr (ed.) *The Deleuze Dictionary*. Edinburgh: Edinburgh University Press, 66–9.

Pearsall, J. (1999) *The Concise Oxford dictionary*. 10th edn. Oxford: Oxford University Press.

Perkins, C. (2009) Playing with maps. In M. Dodge, R. Kitchin & C. Perkins (eds) *Rethinking Maps: New Frontiers in Cartographic Theory*. Abingdon: Routledge, 167–88.

Pinar, W.F. (1974) *Currere*: toward reconceptualization. *In* J.J. Jelinek (ed.) B*asic Problems in Modern Education; the Second Yearbook of the Arizona Association for Supervi–=sion and Curriculum Development*. Tempe, AZ: Arizona Association for Supervision and Curriculum Development, 147–71.

Pinar, W.F. (1975a) *Currere*: toward reconceptualization. *In* W.F. Pinar (ed.) *Curriculum Theorizing: The Reconceptualists*. Berkeley, CA: McCutchan Publishing Corporation, 396–414.

Pinar, W.F. (1975b) The method of 'currere'. Annual Meeting of the American Educational Research Association, Washington, DC.

Pinar, W.F. & Grumet, M. (1976) *Toward a Poor Curriculum*. Dubuque: Kendall/Hunt.

Pinar, W.F., Reynolds, W.M., Slattery, P. & Taubman, P.M. (1995) *Understanding Curriculum: An Introduction to the Study of Historical and Contemporary Curriculum Discourses*. New York: Peter Lang.

Podmore, V.A. & May, H. (2003) 'The child questions': narrative explorations of infants' experiences of Te Whāriki. *Australian Research in Early Childhood Education*, 10, 69–80.

Postman, N. (1994) *The Disappearance of Childhood*. New York: Vintage Books.

Prout, A. (2005) *The Future of Childhood*. London; New York: RoutledgeFalmer.

Quintero, E.P. (2007) Critical pedagogy and qualitative inquiry: lessons from working with refugee families. In J.A. Hatch (ed.) *Early Childhood Qualitative Research*. New York & London: Routledge, 109–28.

Ranz-Smith, D.J. (2007) Teacher perception of play: in leaving no child behind are teachers leaving childhood behind? *Early Education & Development*, 18, 271–303.

Readings, B. (1996) *The University in Ruins*. Cambridge, MA: Harvard University Press.

Reedy, T. (2003) Toku rangatiratanga na te mana-mātauranga 'knowledge and power set me free…'. In J. Nuttall (ed.) *Weaving Te Whāriki: Aotearoa New Zealand's Early Childhood Curriculum Document in Theory and Practice.* Wellington: NZCER, 51–77.

Rhedding-Jones, J. (2003) Questioning play and work, early childhood and pedagogy. *In* D.E. Lytle (ed.) *Play and Educational Theory and Practice.* Westport, CT: Praeger, 243–54.

Rhedding-Jones, J. (2007) Who chooses what research methodology? *In* J.A. Hatch (ed.) *Early Childhood Qualitative Research.* New York & London: Routledge, 207–22.

Richardson, L. (1992) The consequences of poetic representation: writing the other, rewriting the self. *In* C. Ellis & M. Flaherty (eds) *Investigating Subjectivity: Research on Lived Experience.* Thousand Oaks, CA: Sage, 125–37.

Richardson, L. (2000a) Writing: a method of inquiry. In N.K. Denzin & Y.S. Lincoln (eds) *Handbook of Qualitative Research.* 2nd edn. Thousand Oaks, CA: Sage Publications, 923–48.

Richardson, L. (2000b) Skirting a pleated text: de-disciplining an academic life. *In* E.A. St. Pierre & W.S. Pillow (eds) *Working the Ruins: Feminist Poststructural Theory and Methods in Education.* New York: Routledge, 153–63.

Richardson, L. (2001) Getting personal: writing-stories. International Journal of Qualitative *Studies in Education*, 14, 33–8.

Richardson, L. & St. Pierre, E.A. (2005) Writing: a method of inquiry. *In* N.K. Denzin & Y.S. Lincoln (eds) *The Sage Handbook of Qualitative Research.* 3rd edn. Thousand Oaks, CA: Sage Publications, 959–78.

Rinaldi, C. (2006) *In Dialogue with Reggio Emilia: Listening, Researching and Learning.* London/New York: Routledge.

Ritchie, J. (2001) Reflections on collectivism in early childhood care and education in Aotearoa/New Zealand. In S. Grieshaber & G.S. Cannella (eds) *Embracing Identities in Early Childhood Education: Diversity and Possibilities.* New York & London: Teachers College Press, 133–47.

Roffe, J. (2005) Multiplicity. *In* A. Parr (ed.) *The Deleuze Dictionary*. Edinburgh: Edinburgh Univerity Press, 176–7.

Rogoff, B. (1998) Cognition as a collaborative process. In D. Kuhn & R.S. Siegler (eds)

Handbook of Child Psychology. 5th edn. New York: John Wiley, 679–744.

Rogoff, B. (2003) *The Cultural Nature of Human Development*. Oxford: Oxford University Press. Royal Tangaere, A. (1999) He tā onga, te mokopunaed. First Transitions Seminar, Children's Issues Centre, Dunedin.

Ryan, P.M. (1997) *The Reed Dictionary of Modern Mā ori*. 2nd edn. Auckland, NZ: Reed.

Schubert, W.H. (1986) *Curriculum: Perspective, Paradigm, and Possibility*. New York & London: Macmillan Pub. Co./Collier Macmillan Publishers.

Sellers, M. (2005) Growing a rhizome: embodying early experiences in learning. *New Zealand Research in Early Childhood Education*, 8, 29–42.

Sellers, M. (2009a) A rhizo-poiesis: children's play(ing) of games. *Complicity: An International Journal of Complexity and Education*, 6(2), 91–103.

Sellers, M. (2009b) Re(con)ceiving children in curriculum: mapping (a) milieu(s) of becoming. Unpublished PhD thesis, University of Queensland.

Sellers, M. (2010) Re(con)ceiving young children's curricular performativity. *International Journal of Qualitative Studies in Education*, 23(5), 557–78. Online at: http://ejournals. library.ualberta.ca/index.php/complicity/article/view/8819/7139; http://www.tandfon–line.com.

Sellers, M. & Honan, E. (2007) Putting rhizomes to work: (e)merging methodologies. *NZ Research in Early Childhood Education*, 10, 145–54.

Sellers, W. (2008) Picturing *currere* towards *c u r a*: rhizo-imaginary for curriculum. Unpublished PhD thesis, Deakin University.

Semetsky, I. (2006) *Deleuze, Education and Becoming*. Rotterdam: Sense Publishers.

Silin, J.G. (1987) The early childhood educator's knowledge base: a reconsideration. *In* L.G. Katz (ed.) *Current Topics in Early Childhood Education*. Norwood, NJ: Ablex, 16–31.

Silin, J.G. (1995) Developmentalism and the aims of education. In J.G. Silin (ed.) *Sex, Death, and the Education of Children: Our Passion for Ignorance in the Age of AIDS*. New York & London: Teachers College Press, 81–110.

Silin, J.G. (2003) The future in question. *Journal of Curriculum Theorizing*, 19, 9–24.

Smith, A.B. (2003) Te Whā riki: diversity or standardisation? Innovative aspects of the New Zealand early childhood curriculum. Education in the Early Years:

International Developments and Implications for Germany Conference, Munich.

Smith, L.T. (1999) *Decolonizing Methodologies: Research and Indigenous Peoples.* London/Dunedin, NZ: Zed Books/University of Otago Press.

Smitherman Pratt, S. (2006) Playing with our understandings. *Complicity: An International Journal of Complexity and Education*, 3, 91–5.

Sorin, R. (2003) Research with young children: a rich glimpse into the world of childhood. *Australian Journal of Early Childhood*, 28, 31–5.

Soukhanov, A.H. (1999) *Encarta World English Dictionary.* London & New York: Bloomsbury & St Martin's Press.

St. Pierre, E.A. (1997) Guest editorial: an introduction to figurations – a poststructural practice of inquiry. *Qualitative Studies in Education,* 10, 279–84.

St. Pierre, E.A. (2000) Nomadic inquiry in smooth spaces. *In* E.A. St. Pierre & W.S. Pillow (eds) *Working The Ruins: Feminist Poststructural Theory and Methods in Education.* New York and London: Routledge, 258–83.

St. Pierre, E.A. (2001) Coming to theory: finding Foucault and Deleuze. *In* K. Weiler (ed.) *Feminist Engagements: Reading, Resisiting and Revisioning Male Theorists in Education and Cultural Studie*s. New York & London: Routledge, 141–63.

St. Pierre, E.A. (2004) Deleuzian concepts for education: the subject undone. *Educational Philosophy and Theory*, 36, 283–96.

St. Pierre, E.A. & Pillow, W.S. (eds) (2000) *Working the Ruins: Feminist Poststructural Theory and Methods in Education.* New York: Routledge.

Stagoll, C. (2005) Becoming. In A. Parr (ed.) *The Deleuze Dictionary.* Edinburgh: Edinburgh University Press, 21–2.

Suransky, V. (1982) *The Erosion of Childhood.* Chicago: University of Chicago Press.

Surtees, N. (2003) Unravelling the woven mat: queering Te Whāriki. *Waikato Journal of Education*, 9, 143–53.

Sutton-Smith, B. (1995) Conclusion: the persuasive rhetorics of play. *In* A.D. Pellegrini (ed.) *The Future of Play Theory: A Multidisciplinary Inquiry into the Contributions of Brian Sutton-Smith.* Albany, NY: State University of New York Press, 275–96.

Sutton-Smith, B. (1997) *The Ambiguity of Play.* Cambridge, MA: Harvard University

Press.

Sutton-Smith, B. & Magee, M.A. (1989) Reversible childhood. *Play and Culture*, 2, 52–63.

Swadener, B.B. & Mutua, K. (2007) Decolonizing research in cross-cultural contexts. *In* J.A. Hatch (ed.) *Early Childhood Qualitative Research*. New York & London: Routledge, 185–206.

Te One, S. (2003) The context for *Te Whāriki*: contemporary issues of influence. *In* J.G. Nuttall (ed.) *Weaving Te Whāriki : Aotearoa New Zealand's Early Childhood Curriculum Document in Theory and Practice*. Wellington, NZ: New Zealand Council for Educational Research, 17–49.

Threadgold, T. (1997) *Feminist Poetics: Poiesis, Performance, Histories*. London & New York: Routledge.

Toscano, A. (2005) Chaos. *In* A. Parr (ed.) *The Deleuze Dictionary*. Edinburgh: Edinburgh University Press, 43–4.

Trueit, D. (2002) Speaking of ghosts…*In* W.E. Doll Jr & N. Gough (eds) *Curriculum Visions*. New York: Peter Lang.

Trueit, D. (2005) Complexifying the poetic: toward a *poiesis* of curriculum. Doctoral dissertation, Louisiana State University. Online at: http://gateway.proquest.com/openurl%3 furl_ver=Z39.88–2004%26res_dat=xri:pqdiss%26rft_val_fmt=info:ofi/fmt:kev:mtx: dissertation%26rft_dat=xri:pqdiss:3199765 (accessed November 2012).

Trueit, D. (2006) Play which is more than play. *Complicity: An International Journal of Complexity and Education*, 3, 97–104.

University of Chicago Laboratory Schools (2012) *Educational Program: Curriculum*. Online at: http://www.ucls.uchicago.edu/about-lab/welcome/curriculum/index.aspx (accessed February 2012).

Varela, F. (1987) Laying down a path in walking. In W.I. Thompson (ed.) *Gaia a Way of Knowing: Political Implications of the New Biology*. Great Barrington, MA: Lindisfarne Press, 48–64.

Varela, F.J., Thompson, E. & Rosch, E. (1993) *Embodied Mind: Cognitive Science and Human Experience*. Cambridge, MA: MIT Press.

Viruru, R. & Cannella, G.S. (2001) Postcolonial ethnography. *In* S. Grieshaber & G.S. Cannella (eds) *Embracing Identities in Early Childhood Education: Diversity and Possibilities*. New York & London: Teachers College Press, 158–72.

Vygotsky, L.S. (1978) *Mind in Society: The Development of Higher Psychological Processes*. Cambridge: Harvard University Press.

Walkerdine, V. (1992) Progressive pedagogy and political struggle. *In* C. Luke & J. Gore (eds) *Feminisms and Critical Pedagogy*. New York: Routledge, 15–24.

Walkerdine, V. (1998/1984) Developmental psychology and the child-centred pedagogy: the insertion of Piaget into early education. *In* J. Henriques, W. Hollway, C. Urwin, C. Venn & V. Walkerdine (eds) *Changing the Subject: Psychology, Social Regulation and Subjectivity*. London & New York: Routledge, 153–202.

Walsh, D.J. (1991) Extending the discourse on developmental appropriateness: a developmental perspective. *Early Education & Development*, 2, 109–19.

Walsh, D.J. (2005) Developmental theory and early childhood education: necessary but not sufficient. *In* N. Yelland (ed.) *Critical Issues in Early Childhood Education*. Maidenhead: Open University Press, 40–8.

Wood, E. (2004) Developing a pedagogy of play. *In* A. Anning, J. Cullen & M. Fleer (eds) *Early Childhood Education: Society and Culture*. London: Sage Publications, 19–30.

Woodrow, C. (1999) Revisiting images of the child in early childhood education: reflections and considerations. *Australian Journal of Early Childhood*, 24, 7–12.

Woodrow, C. & Brennan, M. (2001) Interrupting dominant images: critical and ethical issues. In J. Jipson & R.T. Johnson (eds) *Resistance and Representation: Rethinking Childhood Education*. New York: Peter Lang, 23–43.

Wright, S. (2007) Graphic-narrative play: young children's authoring through drawing and telling. *International Journal of Education and the Arts*, 8(8), 1–28.

Yelland, N. (ed.) (2005) *Critical Issues in Early Childhood Education*. Maidenhead: Open University Press.

찾아보기

어린이의 교육과정 되기

들뢰즈, 테 파리키와 교육과정에 대한 이해

초판 1쇄 발행 2018년 9월 17일
초판 3쇄 발행 2024년 7월 16일

지 은 이 | Marg Sellers
옮 긴 이 | 손유진, 안효진, 유혜령, 윤은주, 이경화,
이연선, 이진희, 임부연, 전가일, 한선아
펴 낸 이 | 김기섭
책임편집 | 이윤미
펴 낸 곳 | 창지사 www.changjisa.com
08589 서울시 금천구 가산디지털 1로 83 파트너스타워 1차 9층
전화(02) 719-2211~3
팩스(02) 701-9386
등 록 | 1977년 4월 28일 · 제1-421호

ISBN 978-89-426-1167-6 (93370)

값 21,000원